# 学前儿童艺术教育与活动指导

陈金菊 滕忠萍 刘 英◎主编

清华大学出版社
北京

# 内 容 简 介

本书主要包括学前儿童艺术教育活动概述、学前儿童歌唱活动、学前儿童韵律活动、学前儿童打击乐活动、学前儿童音乐欣赏活动、学前儿童美术和美术教育、学前儿童绘画活动、学前儿童手工活动、学前儿童美术欣赏活动、学前儿童艺术综合活动和学前儿童艺术教育活动评价等内容；充分体现"课证融合"的特点，各章节除对本课程的知识点进行全面梳理外，还通过设置"小练习""知识链接""想一想"等栏目，让学生进行课堂操作、讨论以及课外实践，加强学生对理论知识的理解并提升其实践水平。本书针对幼儿教师资格证国家级考试要求设计了"真题训练"栏目，总结考试形式，帮助广大学生准确掌握答题技巧，并选取历年具有典型性的真题加以解析。同时，"在线测试"栏目设计了相应的在线测试模拟题供学生进行练习，帮助学生检测学习情况，巩固学习效果。此外"拓展阅读"栏目还提供了与学习内容相关的丰富课外资源供学生自主学习，实现资源共享。

本书可作为各大中专院校的教学用书和幼儿教师资格证考试的辅导书。

本书封面贴有清华大学出版社防伪标签，无标签者不得销售。
版权所有，侵权必究。举报：010-62782989，beiqinquan@tup.tsinghua.edu.cn。

图书在版编目（CIP）数据

学前儿童艺术教育与活动指导 / 陈金菊，滕忠萍，刘英主编. —北京：清华大学出版社，2021.5（2025.1重印）
ISBN 978-7-302-57387-6

Ⅰ.①学… Ⅱ.①陈… ②滕… ③刘… Ⅲ.①学前教育—艺术教育 Ⅳ.①G613.5

中国版本图书馆 CIP 数据核字（2021）第 018746 号

责任编辑：邓　艳
封面设计：刘　超
版式设计：文森时代
责任校对：马军令
责任印制：丛怀宇

出版发行：清华大学出版社
网　　址：https://www.tup.com.cn,https://www.wqxuetang.com
地　　址：北京清华大学学研大厦A座　　邮　编：100084
社 总 机：010-83470000　　邮　购：010-62786544
投稿与读者服务：010-62776969, c-service@tup.tsinghua.edu.cn
质量反馈：010-62772015, zhiliang@tup.tsinghua.edu.cn
印 装 者：三河市铭诚印务有限公司
经　　销：全国新华书店
开　　本：185mm×260mm　　印　张：17.75　　字　数：441千字
版　　次：2021年5月第1版　　印　次：2025年1月第4次印刷
定　　价：59.00元

产品编号：086605-01

# 前　言

"学前儿童艺术教育与活动指导"是学前教育专业课程体系中的专业实践课，也是主干核心课程之一，是幼儿教师资格证国家级考试的重点考查内容。本书认真贯彻《幼儿园工作规程》《幼儿园教育指导纲要（试行）》《幼儿园教师专业标准（试行）》《3~6岁儿童学习与发展指南》《教师教育课程标准（试行）》的思想，以0~7岁儿童，特别是3~6岁幼儿为研究对象，旨在帮助学前教育专业的学生比较系统地掌握学前儿童艺术学习的特点，了解幼儿园艺术教育活动的内容，学习幼儿园艺术教育活动的设计和组织实施，同时也为幼儿教师资格证的考取奠定理论基础，积累实践经验。

幼儿教师资格证是幼儿教师的从业许可证，该许可制度的全面实施，进一步明确了幼儿教师的从业门槛和基本素养，对幼儿教师队伍整体素质的提升做出了重要贡献。近年来，在产教融合的背景下，幼儿教师资格证被提升到与学历证和学位证同样的高度。考取幼儿教师资格证成为学前教育专业学生最重要的学习任务之一。帮助学生顺利考取幼儿教师资格证，也成为课程建设必须考虑的重要问题。因此，在确保学生获得学历证和学位证的课堂教学基础上，兼顾考证指导的"课证融合"教育模式备受关注。学生通过考取幼儿教师资格证，完善自身知识结构，提升自身实践能力，促进学生理论学习与工作实践的协调发展，实现产教融合。

"课证融合"是指在专业教学过程中涵盖职业资格标准的要求。在制订教学计划时，将该专业的职业资格标准融入高职学历教育要求，根据能力、知识和素质要求，进行课程的整合，使课程结构、教学内容和教学进度安排与职业考证的内容、要求和时间相一致，培养出大批高素质技能型人才。近年来"课证融合"的教学模式备受关注，本书正是在"课证融合"的基础上，以"学前儿童艺术教育与活动指导"课程改革为切入点进行编写。本书注重理论知识与实践操作相结合，紧扣《幼儿教师资格证考试大纲》，内容既系统地呈现了学前儿童艺术教育的必备知识和艺术教育活动设计、组织的基本方法，同时也梳理了本门课程在幼儿教师资格证国家级考试中的考试要求和考试要点，在满足学生掌握基础知识和提升能力的要求的同时满足学生考取幼儿教师资格证考试的需要，融"研、教、学、做、产"为一体，充分体现了前瞻性、科学性、实操性和多样性等特点。

本书是集体智慧的结晶，参加本书编写的人员既有具有丰富教学经验、长期从事学前教育专业课程教学工作的高校教师，也有参与编写正式出版的全国教师资格证书考试通用教材的专家。他们熟悉全国幼儿教师资格证书考试的各项工作，具有丰富的指导经验。本书由陈金菊拟定编写框架并撰写提纲，具体编写分工如下：第一、第六、第七、第八、第九、第十章由广西幼儿师范高等专科学校的陈金菊编写；第二章至第五章由广西幼儿师范高等专科学校的刘英编写；第十一章由广西幼儿师范高等专科学校的滕忠萍负责编写。最后，陈金菊、滕忠萍负责统稿并定稿。

  本书在编写过程中参考了国内相关研究成果及文献资料，谨向有关专家和学者一并表示诚挚的谢意！本书的出版得到了清华大学出版社的大力支持，在此表示衷心的感谢！

  鉴于编写时间和编者水平所限，本书还有诸多不足之处，恳请社会各界人士、同行和广大考生批评指正，以便我们在修订时完善。

编　者

# 目　　录

第一章　学前儿童艺术教育概述 ........................................................... 1
　第一节　学前儿童艺术学习的特点 ....................................................... 2
　　一、艺术对学前儿童发展的价值 ....................................................... 2
　　二、学前儿童艺术领域学习与发展的特点 ............................................... 3
　　三、学前儿童艺术领域核心经验 ....................................................... 5
　第二节　学前儿童艺术教育活动方案设计的基本要求 ....................................... 7
　　一、学前儿童艺术教育活动的内容 ..................................................... 7
　　二、学前儿童艺术教育活动方案的制定 ................................................. 9
　第三节　学前儿童艺术教育活动方案的实施 .............................................. 15
　　一、学前儿童艺术教育活动的实施与指导 .............................................. 15
　　二、学前儿童艺术教育活动常用的教学方法 ............................................ 16

第二章　学前儿童歌唱活动 ............................................................... 21
　第一节　学前儿童歌唱能力的发展特点 .................................................. 22
　　一、3～4岁儿童歌唱能力的发展特点 .................................................. 22
　　二、4～5岁儿童歌唱能力的发展特点 .................................................. 23
　　三、5～6岁儿童歌唱能力的发展特点 .................................................. 23
　第二节　学前儿童歌唱活动的设计与组织 ................................................ 25
　　一、学前儿童歌唱内容的选择 ........................................................ 25
　　二、学前儿童歌唱活动的目标 ........................................................ 34
　　三、指导学前儿童学唱新歌的一般步骤 ................................................ 35

第三章　学前儿童韵律活动 ............................................................... 59
　第一节　学前儿童韵律活动能力的发展特点 .............................................. 60
　　一、3～4岁儿童韵律活动能力的发展特点 .............................................. 60
　　二、4～5岁儿童韵律活动能力的发展特点 .............................................. 60
　　三、5～6岁儿童韵律活动能力的发展特点 .............................................. 61
　第二节　学前儿童韵律活动的设计与组织 ................................................ 62
　　一、学前儿童韵律活动内容的选择 .................................................... 62
　　二、学前儿童韵律活动的目标 ........................................................ 67
　　三、指导学前儿童韵律活动的一般步骤 ................................................ 68
　　四、学前儿童韵律活动的指导要点 .................................................... 70

## 第四章　学前儿童打击乐活动 ... 85
### 第一节　学前儿童打击乐演奏能力的发展特点 ... 86
　　一、幼儿园常用的打击乐器 ... 86
　　二、3~4岁儿童打击乐演奏能力的发展特点 ... 99
　　三、4~5岁儿童打击乐演奏能力的发展特点 ... 100
　　四、5~6岁儿童打击乐演奏能力的发展特点 ... 100
### 第二节　打击乐配器方案的设计 ... 101
　　一、学前儿童打击乐的配器 ... 101
　　二、学前儿童打击乐的记谱 ... 104
### 第三节　学前儿童打击乐活动的设计与组织 ... 105
　　一、学前儿童打击乐演奏活动目标 ... 105
　　二、指导学前儿童打击乐演奏活动的一般步骤 ... 106
　　三、学前儿童打击乐演奏活动应注意的问题 ... 108

## 第五章　学前儿童音乐欣赏活动 ... 120
### 第一节　学前儿童音乐欣赏能力的发展特点 ... 121
　　一、3~4岁儿童音乐欣赏能力的发展特点 ... 121
　　二、4~5岁儿童音乐欣赏能力的发展特点 ... 122
　　三、5~6岁儿童音乐欣赏能力的发展特点 ... 122
### 第二节　学前儿童音乐欣赏活动的设计与组织 ... 123
　　一、学前儿童音乐欣赏活动材料的选择 ... 123
　　二、学前儿童音乐欣赏活动的目标 ... 126
　　三、学前儿童音乐欣赏活动常用的方法 ... 128
　　四、指导学前儿童音乐欣赏活动的一般步骤 ... 130

## 第六章　学前儿童美术和美术教育 ... 141
### 第一节　儿童美术与儿童心理发展的关系 ... 142
　　一、儿童美术与儿童的感知觉 ... 142
　　二、儿童美术与儿童的想象 ... 143
　　三、儿童美术与儿童的创造力 ... 143
　　四、儿童美术与儿童的情感 ... 144
### 第二节　儿童美术的特征和表现方式 ... 144
　　一、强调与夸张 ... 144
　　二、避免图形的重叠 ... 145
　　三、图形独自的界线 ... 145
　　四、图形的融合 ... 146
　　五、水平—垂直关系的处理 ... 146
　　六、X光线式的透明画法 ... 147
　　七、最佳视觉面 ... 148
　　八、平铺展开式构图 ... 148
### 第三节　学前儿童美术教育及其意义 ... 148

一、学前儿童美术教育的取向 ... 148
　　二、学前儿童美术教育的意义 ... 149

## 第七章　学前儿童绘画活动 ... 154
### 第一节　学前儿童绘画能力发展的阶段及特征 ... 155
　　一、涂鸦阶段 ... 155
　　二、象征阶段 ... 156
　　三、图式阶段 ... 157
### 第二节　学前儿童绘画活动的设计和组织 ... 158
　　一、学前儿童绘画活动的类型 ... 158
　　二、学前儿童绘画活动目标的制定 ... 163
　　三、学前儿童绘画活动的指导 ... 165
　　四、不同年龄班绘画活动指导要点 ... 168

## 第八章　学前儿童手工活动 ... 181
### 第一节　学前儿童手工能力发展的阶段及特征 ... 182
　　一、学前儿童纸工能力发展的阶段 ... 182
　　二、学前儿童泥工能力发展的阶段 ... 184
### 第二节　学前儿童手工活动的设计和组织 ... 186
　　一、学前儿童手工活动目标的制定 ... 186
　　二、手工活动中讲解演示法的应用 ... 187
　　三、指导学前儿童手工活动的一般步骤 ... 188

## 第九章　学前儿童美术欣赏活动 ... 201
### 第一节　学前儿童美术欣赏能力发展的阶段及特征 ... 202
　　一、直接感知阶段（0～2岁） ... 202
　　二、主观的审美感知阶段（2～7岁） ... 202
### 第二节　学前儿童美术欣赏活动的设计和组织 ... 204
　　一、学前儿童美术欣赏活动中的基本知识与能力 ... 204
　　二、学前儿童美术欣赏内容的选择和目标的制定 ... 207
　　三、学前儿童美术欣赏常用的教学方法 ... 210
　　四、指导学前儿童美术欣赏活动的一般步骤 ... 211

## 第十章　学前儿童艺术综合活动 ... 219
### 第一节　学前儿童艺术综合活动统整的原理和基本思想 ... 220
　　一、学前儿童艺术课程与其他课程统整的原理 ... 220
　　二、统整学前儿童艺术教育活动的基本思想 ... 221
### 第二节　学前儿童艺术活动与其他领域的整合 ... 223
　　一、音乐教育活动与美术教育活动的整合 ... 223
　　二、艺术教育活动与健康领域的整合 ... 223
　　三、艺术教育活动与社会领域的整合 ... 224
　　四、艺术教育活动与语言领域的整合 ... 224

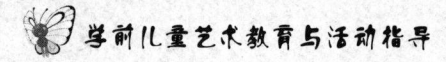

五、艺术教育活动与科学领域的整合 ............................................. 225
　　六、艺术区角活动 ............................................................................. 226
　　七、主题中的艺术教育活动 ............................................................. 227

# 第十一章　学前儿童艺术教育活动的评价 ............................................ 239
## 第一节　学前儿童艺术教育活动评价的原则和要点 .......................... 240
　　一、学前儿童艺术教育活动评价的原则 ......................................... 240
　　二、学前儿童艺术教育活动评价的要点 ......................................... 241
## 第二节　学前儿童艺术教育活动评价案例 .......................................... 243
　　一、学前儿童音乐教育活动评价案例 ............................................. 243
　　二、学前儿童美术教育活动评价案例 ............................................. 246

# 参考文献 ....................................................................................................... 250

# 附录 A　3～6 岁儿童学习与发展指南 .................................................... 252

# 附录 B　国务院关于当前发展学前教育的若干意见 ............................. 276

# 附录 C　幼儿园教育指导纲要（试行） ................................................. 276

# 附录 D　幼儿园工作规程 ......................................................................... 276

# 附录 E　幼儿园教师专业标准（试行） ................................................. 276

# 第一章 学前儿童艺术教育概述

【本章导读】

对初次学习学前儿童艺术教育课程的学生来说，首先要了解学前儿童艺术教育相关的基本问题，如学前儿童艺术学习有什么特点，学前儿童艺术领域包含哪些核心经验，有哪些途径和方法可以促进幼儿艺术领域核心经验的获得，集体教学活动中艺术教育活动方案如何设计。只有了解了艺术形式特有的内涵以及创造的特点，把基本问题梳理清楚，才能充分认识到学前儿童艺术教育的使命和任务，理解学前儿童艺术教育的意义和价值。

【学习目标】

1．了解学前儿童艺术学习的特点。
2．掌握学前儿童艺术领域的核心经验。
3．掌握学前儿童艺术教育活动方案设计的基本要求。
4．熟悉学前儿童艺术教育活动常用的教学方法。

【学习重点】

1．掌握学前儿童艺术领域的核心经验。
2．掌握学前儿童艺术教育活动方案设计的基本要求。

【思维导图】

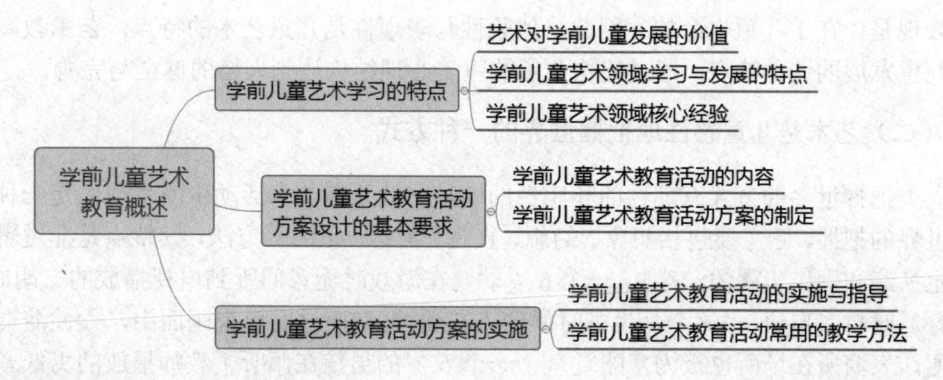

学前儿童艺术教育概述
- 学前儿童艺术学习的特点
  - 艺术对学前儿童发展的价值
  - 学前儿童艺术领域学习与发展的特点
  - 学前儿童艺术领域核心经验
- 学前儿童艺术教育活动方案设计的基本要求
  - 学前儿童艺术教育活动的内容
  - 学前儿童艺术教育活动方案的制定
- 学前儿童艺术教育活动方案的实施
  - 学前儿童艺术教育活动的实施与指导
  - 学前儿童艺术教育活动常用的教学方法

【典型案例】

夏丹同学是某师范院校学前教育专业的学生，她性格活泼开朗，在校期间声乐、舞蹈、琴法等技能类课程都很优秀，但是有一次去幼儿园见习，她满怀信心地想教孩子们唱一首歌，结果教到一半孩子们就不感兴趣了，这让她很受打击。老师知道后，安慰她说："自己会唱歌不一定能教会幼儿唱歌，我们所学的技能课和幼儿园的音乐活动有很大的区别，学校所学的技能类课程是为我们奠定了组织幼儿园艺术类教学活动的技能基础，具体怎么组织教学活动还需要有一定的方法和手段，因此我们还需要学习《学前儿童艺术教育与活动指导》。"

事实上，很多同学都遇到过这样的问题，你有过这样的经历吗？如何才能组织一次符合幼儿特点的生动的艺术教育活动呢？让我们带着疑问和期待开始本门课程的学习吧！

# 第一节 学前儿童艺术学习的特点

## 一、艺术对学前儿童发展的价值

### （一）艺术活动是儿童精神生命活动的表现

人的生命活动既有身体的活动（如吃饭、睡觉），也有精神的活动（如社会、文化的活动）。艺术活动是幼儿的一种精神成长性需要的满足；是一种没有直接功利性的、以活动过程本身为目的的需要的满足。日常生活中，我们常常会在幼儿身上看到一些这样的审美与艺术现象：面对天上的白云，幼儿自言自语，"这是神仙，那是妖怪，还有一匹大大的白马，神仙骑着大白马追杀妖怪"（对自然美的艺术想象）；面对图画书，幼儿并不认识文字，但根据画面形象，他们讲述了一个个生动的故事（对艺术美的解读）；只要一条纱巾，幼儿就会开始轻歌曼舞（歌舞艺术）；两个孩子，一个当爸爸，一个当妈妈，玩起了娃娃家（表演艺术）；一块黄泥巴，在幼儿手中变成了各种各样的动物形象（雕塑艺术）；幼儿园里幼儿用积木搭起了宫殿，沙滩上幼儿用沙子垒起了城堡（建筑艺术）；他们还用树枝在沙地上开始了涂鸦（绘画艺术）。诸如此类的活动，在幼儿身上数不胜数。在这些活动中，幼儿全神贯注地投入，或兴奋，或激动，或活泼，或安静，充分展示了自己的生命活力。由于这种艺术表现是内在于儿童生命的，因此，体验性与表现性是儿童艺术的特点，艺术教育应该顺应儿童发展的这种特点，通过建构儿童的审美心理结构达到人格的健全与完善。

### （二）艺术是儿童感性地把握世界的一种方式

人类把握世界的方式有理性的和感性的两种。幼儿在艺术活动中所呈现的是一种感性的对世界的把握，它主要包括想象、幻想、直觉、灵感、猜测等方法，其特点是非逻辑的、无固定秩序和操作步骤的。例如，一个6岁幼儿在游戏时无意间听到电视播放的二胡曲《阳关三叠》时自言自语："这个是说古时候的人在受苦。"而这时电视画面中，女性演奏者穿着华丽，表演所在场所也极为富丽堂皇。一个6岁的男孩在倾听了教师播放的男低音独唱《伏尔加船夫曲》时，画了一个肃穆送葬的场面，解释说："这是一个伟大的人死了！"而另一个男孩则画了一头狗熊被困在深坑里，并解释说："它出不来，在哼哼叫，难听死了！"第三个男孩则画了一条黑色的五线谱，并解释说："就是这种颜色的音乐，黑黑的！"绘画活动也是如此。例如，一个幼儿在画愤怒的爸爸时，用黑色镶嵌着红色的直线表现爸爸怒发冲冠，用深绿色表现爸爸脸气得铁青；另一个幼儿在画刷牙的情景时，把刷牙人的嘴和牙齿画得硕大无比，而把脸上的其他部位画得小小的；还有一个幼儿在画春天来到时，把燕子画得大大的，占据大部分的画面，而其他诸如房子、树、人乃至山都被画得小小的，并居于画面一角，这就是他们认识事物时最深的直觉印象。幼儿就是这样，无论是艺术感受还是艺术表现，经常对对象不加过多的分析和综合，而凭借第一印象与直觉反应，直接以清新、强烈、活跃的感觉来做解释与判断。在这些幼儿的眼里，事物都是具体的、生动的、有趣的，充满生命力的。正是由于这种思维的直觉性、具象符号性和情感性的特点，才使幼儿的艺术充满了活力与魅力。

因而，幼儿审美经验的获得，是一种在审美范畴内感悟生命的能力和看待事物的新的方式和经验的获得，而这种直觉、想象、顿悟的感性思维方式有别于通过科学认知等领域的学习所发展起来的那种逻辑的、程序性的理性思维方式，只有二者相辅相成，才能使幼儿整体地、更完美地理解世界。艺术还有助于幼儿理解人类的古今经验，学会借鉴、尊重他人的思维方式、工作方式和表达方式，并用各种方式交流他们的思想和感情，有力地增强自我表达的内涵。因而可以说，艺术教育是以完整的人为对象，把培养幼儿的艺术修养作为领域目标，把幼儿的完整、全面、和谐的发展作为自己的终极目标，即艺术教育是一种真正的塑造完整的人的教育。

### （三）艺术具有促进儿童向善与益智的价值

艺术对于幼儿来说除具有本体的审美价值外，还具有衍生的价值，通过艺术活动可以使幼儿获得其他领域发展所要具备的态度、能力与知识技能，获得多方位的全面发展。手段性的艺术教育更强调其服务性功能，它可以让幼儿在其他各领域活动中通过绘画、唱歌、舞蹈、戏剧等艺术的方式来表达自己对该领域的探索及其对探索结果的理解。成人也可以运用艺术的方式激发幼儿的兴趣并进一步加深他们的理解。例如，随着音乐的节拍做运动，能让幼儿对体育锻炼更感兴趣；在生活卫生习惯的养成中，动漫形象有助于幼儿产生亲近感；在语言讲述时，运用图画的方式，可以更直观地帮助幼儿理解文学作品的意义和情感；而在艺术作品的欣赏中，幼儿能更直观地获得有关社会生活与社会文化的知识；在探索周围环境与生活中，如花草树木的生长等自然现象时，幼儿可以用自己喜欢的艺术方式诸如绘画或舞蹈动作等表达所见所闻，这种艺术表征的方式既发展了幼儿的艺术表现能力，又让成人透过艺术作品更好地了解幼儿的心理发展。

## 二、学前儿童艺术领域学习与发展的特点

### （一）学前儿童审美感受的特点

幼儿的艺术感受是指幼儿被周围环境或生活中美好的事物或艺术作品所吸引，从感知出发，以想象为主要方式，以情感的激发为主要特征的一种艺术能力。也就是说，艺术欣赏活动中，幼儿在对象审美属性，诸如色彩、节奏的直接刺激下，可以不受现实生活中各种常规的约束，自由地展开想象，产生一种以情感愉悦为主调的心理状态，这就是一种审美感受。与快感、生理快适相比，其主要内涵是主体情感的体验、满足和愉悦，并由情感的愉悦达到精神的自由。

幼儿的这种审美感受包括两种含义：一是指幼儿以自己的方式感受到的情感表现性，

这种情感表现性并不是对象客体自身所具有的，而是幼儿与审美对象相互作用中，对象的形式特点与幼儿的情感达到交融时在心理上所产生的情感对应物。在幼儿看来，蓝天是白云的家，满天的繁星是万盏点亮的小灯，飘零的落叶是离开了大树妈妈的可怜的孩子，颠簸的汽车是在跳舞。二是指欣赏主体在欣赏过程中达到一种自由和谐状态时所产生的一种审美愉悦。这种愉悦是他们把自己的情感、意志、思想等投射到文本上的结果。儿童的自我中心使得儿童总是按照自己的体验去看待在他们身外发生的事件。儿童在审美活动中不自觉地把自身的情感状态倾注到审美对象上，把自身无意识的心理内容转移到对象之中，通过审美感知与想象，使其自然而然地带有儿童自身的情感色彩，具有儿童自身的情感基调所规定的意态状貌和情趣氛围，成为"人格化"的审美意象。我们常常发现这样一种现象：儿童在听音乐、听故事时会情不自禁地根据音乐的节奏、故事的情节"自编自演"，在绘画时，画到自己"军队"的枪炮射出的子弹与炮火落在"敌人"人群中时，儿童一边嘴里发出"哒哒哒""轰隆隆"的声音，一边又把自己变成了"中弹的敌人"而"啊"的一声"倒"在地上。这时，儿童欣赏着被倾注了自己的情感或生命的对象的形象，体验着欣赏与创作所带来的愉悦感。

幼儿的审美感受是建立在审美感知和审美想象基础上的，而幼儿的审美感知则是对杂乱无章或井然有序的事物具有一种直觉的整合作用，即以他们自己情感为原则来重新想象对象，使之成为以某种情感表现性为灵魂的有机统一体。儿童就是这么带有强烈的主观意识，把自己的主观想象附加于客观物体之上，将没有生命、没有意识的东西视为有生命、有意识、有情感的存在，表现出"万物有灵"和"万物有情"的特点。正如前述幼儿听到《阳关三叠》与《伏尔加船夫曲》时所描述的自己的感受那样，在这个过程中，幼儿将自己的审美趣味当作在知觉层面上剪裁对象的剪刀，于是各种与他们审美趣味吻合的部分就被夸大，而与审美趣味无关的部分则被淡化，甚至忽略。于是，在幼儿心里，形成审美感受的那些色彩、线条、形象等就活了起来，发出"儿童自己的声音"。

幼儿的艺术教育应该顺应幼儿发展的特点，寓教于美的享受之中，始终把对幼儿的个性、情感的尊重放在首位，强调在幼儿精神获得满足和愉悦的同时，培养其对美的感受能力，提高他们的审美情趣，以形成完整、和谐发展的人格为终极目标。

### （二）学前儿童艺术表现与创造的特点

幼儿的艺术表现与创造是指他们在头脑中形成审美心理意象，利用艺术的形式语言、艺术的工具和材料将它们重新组合，创作出对其个人来说是新颖独特的艺术作品的能力。这种表现与创造包括两个方面：一类是可视、可听的实在表现与创造，如一幅画、一首歌、一段表演。由于它的可视性、可听性，这一类表现与创造常常是我们关注的对象。另一类是审美的心理意象的创造，由于它的内在性、过程性，如果没有足够的了解，它常常不被我们所知晓，因而也常常被忽视。而这类创造又恰恰是前一类创造的前提，即为艺术创作积累丰富的、生动的、鲜明的内在意象。因此，要了解幼儿艺术创造不仅要研究幼儿的艺术作品，还要观察其创作的过程。

幼儿的艺术表现与创造首先表现为自发性，也就是说，儿童生来具有艺术潜能，自由哼唱和涂鸦活动几乎发生在每一个适龄儿童的身上。在游戏中活动，幼儿常常会自发地用唱歌或舞蹈来进行信息的交流与情感的表达。其次，由于受其自身肌肉动作发展的影响，幼儿的艺术表现与创造表现技能还不如成人熟练与完美，表现出粗糙、不整齐、不平滑、不到位的稚拙感。例如，有时我们看到幼儿所画的圆并不那么"圆"，舞蹈动作也并不优美，但幼儿自己却是全身心地投入，正因为幼儿这样纯真的童心、童趣，使得儿童艺术充满了魅力。第三，幼儿的艺术表现与创造，有时并不按照预想和计划来进行，而是依据自己的构思与表达不断地进行调整，以致最后的作品可能与预先的设想不一致。就幼儿的艺术作品而言，他们可以表现出许多打破成人有关艺术创作的条条框框，出现一些在成人看来既可笑又可爱的现象。这种超常规的、独特的现象，体现出幼儿大胆的想象力和创造力，带有明显的个人色彩。

艺术教育不但要关注幼儿艺术活动实际呈现出来的结果（即艺术作品），而且更加要关注艺术创造中幼儿的艺术思维过程、艺术形式、语言使用过程，以及对艺术工具和材料探索的过程。艺术教育应以幼儿的创造意识、创造能力和创造个性的培养为中心任务。[①]

### 三、学前儿童艺术领域核心经验

《3～6岁儿童学习与发展指南》中艺术领域目标包括感受与欣赏、表现与创造两个方面，强调让学前儿童学会发现和感受自然界与生活中美的事物，欣赏多种艺术形式和作品，萌发对美的感受和体验；鼓励和支持学前儿童自发的艺术表现和创造，培养初步的艺术表现能力与创造能力。艺术领域又包含音乐和美术两个子领域。

#### （一）幼儿园音乐领域核心经验

音乐在发展幼儿审美能力、表达能力、创造力及想象力等方面发挥着极大的作用。幼儿园音乐教育是通过音乐实践促进幼儿音乐能力发展，幼儿音乐领域的核心经验是指幼儿园音乐教育活动中带给幼儿的最基本、最核心的学习经验。

参照《3～6岁儿童学习与发展指南》音乐领域相关内容，我们从歌唱、节奏乐、韵律和欣赏四个维度来确定音乐领域核心经验的基本架构，具体如图1-1所示。

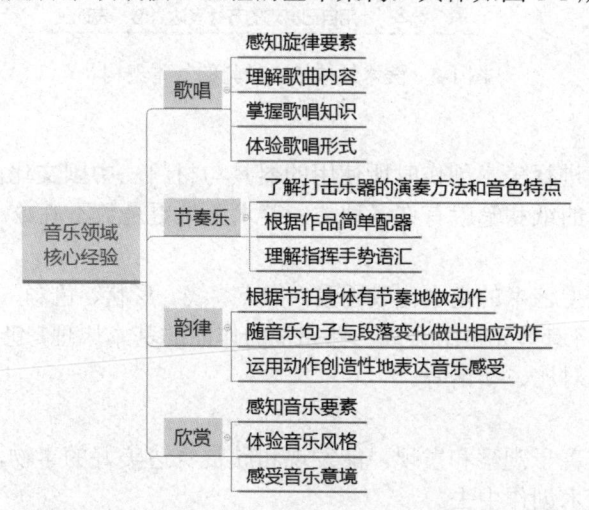

音乐领域核心经验
- 歌唱
  - 感知旋律要素
  - 理解歌曲内容
  - 掌握歌唱知识
  - 体验歌唱形式
- 节奏乐
  - 了解打击乐器的演奏方法和音色特点
  - 根据作品简单配器
  - 理解指挥手势语汇
- 韵律
  - 根据节拍有身体有节奏地做动作
  - 随音乐句子与段落变化做出相应动作
  - 运用动作创造性地表达音乐感受
- 欣赏
  - 感知音乐要素
  - 体验音乐风格
  - 感受音乐意境

图1-1 音乐领域核心经验的基本架构

---

[①] 李季湄，冯晓霞.《3～6岁儿童学习与发展指南》解读[M]. 北京：人民教育出版社，2013：151-158.

1. 歌唱活动

幼儿歌唱能力的发展主要包括歌词、音域、节奏、音准、呼吸、情感体验与表达、独立性、合作性以及创造性等几个方面。理想的歌唱活动能促进这些方面的发展，使幼儿能够舒适地、有理解力地、有感情地歌唱。

2. 节奏乐活动

节奏是组成音乐的核心要素之一，是音乐生命力的源泉，而节奏感是音乐能力的重要组成部分。节奏乐的学习不但能培养幼儿的节奏感、听辨能力、创造能力，还能发展幼儿与他人的合作能力。

3. 韵律活动

所有伴随着音乐进行表达的艺术活动统称韵律活动。主要包括韵律及其韵律组合、舞蹈、音乐游戏、歌表演。

4. 音乐欣赏

音乐欣赏是幼儿园音乐教学的基础，是幼儿感知、理解音乐，体验音乐情感的一种重要的音乐教育实践活动。

### （二）幼儿园美术领域核心经验

幼儿园美术领域学习和发展的核心经验就是感知美、表达美、创造美。相应的美术教育核心经验就是教师利用多种形式让幼儿在感知美、表达美、创造美的过程中形成的一些有价值的核心经验。我们将幼儿在美术领域中学习与发展的核心经验划分为美术工具、美术语言、美术感知和美术表达四个维度，如图1-2所示。

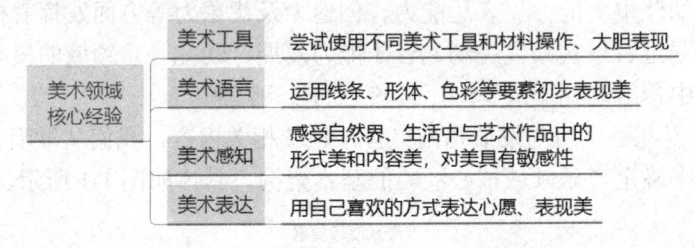

| 美术领域核心经验 | 美术工具 | 尝试使用不同美术工具和材料操作、大胆表现 |
| --- | --- | --- |
| | 美术语言 | 运用线条、形体、色彩等要素初步表现美 |
| | 美术感知 | 感受自然界、生活中与艺术作品中的形式美和内容美，对美具有敏感性 |
| | 美术表达 | 用自己喜欢的方式表达心愿、表现美 |

图1-2 美术领域核心经验的基本架构

1. 美术工具

美术工具是指在进行美术创作时所使用的器具与材料。中国文化博大精深，艺术传承从古至今，仅绘画用的纸和笔就有许多种类，美术工具更是数不胜数。

2. 美术语言

美术语言是指造型艺术的基本构成因素，如点、线、形状、色彩、结构、明暗、空间、材质、肌理等，以及将造型元素组合成一件完整的作品的基本原理，包括多样统一、比例、对称、平衡、节奏、对比、和谐等。

3. 美术感知

美术感知指的是善于观察和发现，能发现和欣赏身边美好的事物，并能把这些美好的体会运用到日后的美术创作中去。

4. 美术表达

美术活动对幼儿而言绝非简单的技法训练，而是一种情感、情绪的表达。幼儿运用绘画符号传递自己对世界的美好认知与感受。

## 第二节　学前儿童艺术教育活动方案设计的基本要求

学前儿童艺术领域核心经验的获得不是自发的，只有选择合适的艺术教育内容，制定符合幼儿年龄特点的目标，做好充分的活动准备，运用适宜的指导方法，才可能帮助幼儿提升艺术领域核心经验的水平。

### 一、学前儿童艺术教育活动的内容

《幼儿园教育指导纲要（试行）》中明确规定了幼儿园艺术活动的内容与要求，具体内容如下。

（1）引导幼儿接触周围环境和生活中美好的人、事、物，丰富他们的感性经验和审美情趣，激发他们表现美、创造美的情趣。

（2）在艺术活动中面向全体幼儿，要针对他们的不同特点和需要，让每个幼儿都得到美的熏陶和培养。对有艺术天赋的儿童要注意发展他们的艺术潜能。

（3）提供自由表现的机会，鼓励幼儿用不同艺术形式大胆地表达自己的情感、理解和想象，尊重每个幼儿的想法和创造，肯定和接纳他们独特的审美感受和表现方式，分享他们创造的快乐。

（4）在支持、鼓励幼儿积极参加各种艺术活动并大胆表现的同时，帮助他们提高表现的技能和能力。

（5）指导幼儿利用身边的物品或废旧材料制作玩具、手工艺品来美化自己的生活或开展其他活动。

（6）为幼儿创设展示自己作品的条件，引导幼儿相互交流、相互欣赏、共同提高。

《3~6岁儿童学习与发展指南》中将艺术领域中学前儿童学习与发展最基本、最重要的内容划分为两个方面：感受与欣赏、表现与创造。具体地以幼儿对艺术的积极态度即艺术兴趣，和幼儿艺术能力即感受能力与表现和创造能力两个方面的发展为目标。"喜欢自然界与生活中美的事物""喜欢欣赏多种多样的艺术形式和作品""喜欢进行艺术活动并大胆表现""具有初步的艺术表现与创造能力"这四个目标相辅相成，尤其强调幼儿艺术兴趣的养成。因为积极的艺术学习态度是开展艺术活动的内在动力，是艺术感受能力与表现能力的前提，而艺术感受能力和艺术表现与创造能力的提高又进一步加强了幼儿对艺术的兴趣，为幼儿的发展奠定基础。

#### （一）学前儿童音乐教育的主要内容

1. 歌唱活动

歌唱活动是借助嗓音表达思想、交流情感的一种音乐活动形式。在歌唱时应当以"声"表"情"，以"情"感人，用富有情感的歌声表达自己内心的感受。这就对歌唱活动中的儿童用嗓音造型的能力提出了一定的要求，需要保持正确的歌唱姿势，合理地运用气息并借助正确的发声方法，使声音产生高低、长短等变化来表现歌曲的内容情感。

2. 韵律活动

韵律活动是在音乐伴奏下用协调的身体动作表达音乐的一种较为复杂的音乐活动形式，包括律动、舞蹈和音乐游戏。由于这一活动体现了音乐与动作的关系，并且动作的表达是受到音乐的指挥和制约，因此，韵律活动首先必须是在音乐伴奏的情况下进行的，没有音乐伴奏的身体动作不能称为韵律活动。其次是在活动中要用协调的动作来表现音乐，即动作要能够体现音乐节奏的疏密、旋律的起伏、情绪的变化，能够跟随音乐的变化而产生及时的、相应的变化。

3. 打击乐活动

打击乐活动是借助打击乐器或替代性的打击乐器，通过一定的音色、节奏和力度的变化表现音乐的一种活动。这是儿童表达音乐的一种最自然、最直接的方式，也是最能令儿童感受到乐趣的一种音乐活动。由于幼儿园的打击乐活动大多都是伴随歌曲或者器乐曲而进行的演奏活动，所以学前儿童需要具备一定的打击乐器演奏的知识和技能；使打击乐器奏出与歌曲变化协调一致的随乐演奏的能力；使个体、声部、整体三者合作协调的能力。

4. 音乐欣赏活动

音乐欣赏是让儿童在倾听音乐的过程中，对音乐作品进行感受、理解、分析和鉴赏的一种审美活动。通过音乐欣赏，不仅可以让儿童接触到更多优秀的音乐作品，而且还能培养儿童良好的倾听习惯，锻炼儿童听觉的敏感性。虽然在音乐欣赏活动中，主要是利用听觉帮助儿童获得感受和体验，但是儿童在欣赏音乐时很难像成人一样安静地、单纯地倾听。因此，在学前儿童音乐欣赏活动中，还需要借助身体动作、与音乐情感吻合的视觉材料以及能够表达音乐内涵的文字材料等作为辅助感知手段，一方面通过多种感官的刺激让儿童更好地了解音乐的内涵与思想；另一方面也为儿童在欣赏之后的自由表达提供了更多的手段和素材。

## （二）学前儿童美术教育的主要内容

1. 美术欣赏活动

美术欣赏的对象主要包括以下几方面。

（1）绘画作品。从创作所用的工具材料看，学前儿童可欣赏的是那些所用工具材料和表现手法简单、清晰、明了的绘画作品。从作品的题材内容看，学前儿童可欣赏的是那些内容与学前儿童生活经验接近、表现手法为学前儿童所理解的作品，尤其是以人物为主题与情节的作品。

（2）雕塑作品。从制作工艺看，学前儿童可欣赏的雕塑可以有"雕"和"塑"两类。雕是从完整而坚固的坯体上把多余的部分删削掉、挖凿掉，来达到艺术创造的目的，如石雕、木雕等；塑则通过堆积可塑物质性材料来达到艺术创造的目的，如泥塑、面塑等。

（3）工艺美术作品。从实用性与陈设性看，学前儿童可欣赏的工艺美术作品有日用工艺品和陈设工艺品。

（4）建筑艺术。学前儿童可以欣赏的建筑艺术作品大致可以有以下几类：纪念性建筑类，如法国巴黎埃菲尔铁塔；宫殿陵墓建筑类，如故宫；宗教建筑类，如布达拉宫；住宅建筑类，如北京四合院、福建土楼、云南竹楼等；桥梁建筑类，如南京长江大桥；公共建筑类，如北京的"水立方"等。

（5）儿童美术作品。教师在选择优秀的儿童美术作品作为学前儿童欣赏的对象时，要注意选取那些同龄孩子的、有童趣的作品。

（6）自然景物。教师在选择自然景物作为学前儿童欣赏的对象时，应注意选取学前儿童可以观察到的景物，如日月星辰、花草树木、虫鱼鸟兽，并注意自然景物不同的美的形态和特征。

（7）周围环境。学前儿童可欣赏的周围环境大致有室内环境和室外环境两类。前者如居室、幼儿园教室、商场等；后者如广场、园林等。

2. 绘画活动

学前儿童绘画活动的题材有自然景物、日常用品、人物、植物与水果、动物、交通工具与生产工具、建筑物、简单的生活事件、动画影片的情节、自己想象中的物体与事件以及简单的装饰画。绘画的工具和材料通常用彩笔画、水粉画、蜡笔水彩画、水墨画、印画、纸版画、吹画、喷洒画、吸附画等。

3. 手工活动

学前儿童手工活动的题材有：玩具（如折纸、泥塑）、节日装饰物（如拉花、花）、游戏头饰（如帽饰、面具、纸花）、日常布置用品（如染纸、点线面状材料贴画、蔬果造型、瓶盒造型）和贺卡等。手工活动的材料可以分为颗粒状材料（如沙子、小珠子、纽扣、谷物、果核、种子等）、线状材料（如绳、棉线、毛线、麦秸、橡皮筋等）、面状材料（如纸、布、树叶、羽毛、刨花等）、块状材料（如泥、面团、萝卜、瓶子、纸盒等）四种形态。

## 二、学前儿童艺术教育活动方案的制定

学前儿童艺术教育活动方案应包含以下六项内容：活动名称、活动目标、活动准备、活动过程、活动延伸、活动评析（活动反思）。

### （一）活动名称（题目）的确定

名称或题目是一个活动的纲领，它既能使人们在阅读文本设计方案时对活动一目了然，也会在活动组织中发挥很大的作用，因此应认真设计，反复考量。

艺术教育活动的名称一般由三个部分构成：年龄班、活动类型和活动内容。名称表述一般有两种：一种是直接以作品的名称和活动类型、年龄班相结合作为活动的名称，如大班音乐欣赏活动《狮王进行曲》或小班韵律活动《拍手舞》等。另一种是从音乐活动主旨、情境或人物形象等多角度考虑为该活动提炼一个名字，如大班绘画"未来的房子"。另外，如是主题活动的一部分，应注明属于哪个主题。

### （二）活动目标的设计与表述

1. 学前儿童艺术教育目标制定的依据

（1）学前儿童艺术能力的发展水平。

幼儿是教育的主体、对象，幼儿的艺术能力发展水平是幼儿艺术教育目标确立的依据。苏联著名心理学家、教育学家维果斯基（Lev Vygotsky）重视心理发展与教学之间的关系，他认为教学应与儿童的发展水平相一致，但在确定发展过程与教学可能性的实际关系时，

他主张至少确定幼儿的两种发展水平，第一种水平叫作现有发展水平；第二种水平即"最近发展区"（即可能达到的发展水平）。

幼儿艺术教育活动目标的制定同样须遵循这一原则，即在幼儿现有艺术能力发展水平基础上确定幼儿可能达到的潜在发展水平，这个潜在的艺术能力发展水平就可作为幼儿艺术活动的目标。当然每个幼儿的艺术发展水平又有其独特性和差异性，幼儿艺术活动的目标，既要顾及全体幼儿的发展水平，又要顾及个体之间发展的差异性。

此外，我们也不能孤立地认识幼儿艺术能力的发展水平，幼儿的艺术能力势必是和幼儿现有阶段的认识能力、情感水平、手部动作能力等相联系。因此，应在综合考虑幼儿年龄阶段特点的基础上，根据幼儿实际的艺术发展水平制定合适的幼儿艺术教育目标。

（2）学前儿童艺术教育的学科特点。

在幼儿艺术活动中，个体的情感、思维、直觉、想象等因素在美术创造中表现得格外重要。在幼儿艺术创作的过程中，其个性必须得到极大的尊重和鼓励。这也使得幼儿艺术活动的教学目标应该是非常灵活多样的，以生成性目标和表现性目标为主，目标制定时更侧重幼儿感受美、体验美、表达美和创造美的能力。

（3）教育目标的全面性、完整性要求。

《3~6岁儿童学习与发展指南》中指出："要注重学习与发展各领域之间的相互渗透和整合，从不同角度促进幼儿全面和谐发展。"幼儿艺术教育作为教育的一个组成部分，应符合幼儿全面发展的整体目标。比如，幼儿期手眼协调能力初步发展，逐渐能够掌握较精细动作，但是对于小肌肉的控制还不够自如。我们应尊重幼儿身体的发展规律，在幼儿涂鸦期，尽可能提供较大的纸张，较容易拿住的绘画工具，让幼儿尽情涂鸦、手工制作。对幼儿来说，这时的绘画和手工就是他们的游戏，可以满足幼儿心理的需求和动作的发展，促进幼儿大脑的发育。到了四五岁，在小组美术活动中，幼儿集体进行的美工制作或是小组进行的绘画活动，又是对幼儿社会交往能力提出的考验。在一次次的小组美术活动中，幼儿逐渐学会讨论和决策、团结和谦让……总之，艺术教育活动不是独立存在的，而应是幼儿教育的组成部分，为幼儿的全面发展服务。

2. 学前儿童艺术教育的目标体系

（1）学前儿童艺术教育的总目标。

学前儿童艺术教育总目标是对学前儿童艺术教育最终结果的期望。它规定了学前阶段艺术教育总的内容和要求；同时，作为学前儿童教育内容的一个独立领域和组成部分，它与学前儿童总的教育目标要求是相一致的。

《幼儿园教育指导纲要（试行）》明确规定了幼儿园艺术教育的目标：能初步感受并喜爱环境、生活和艺术中的美；喜欢参加艺术活动，并能大胆地表现自己的情感和体验；能用自己喜欢的方式进行艺术表现活动。

《3~6岁儿童学习与发展指南》中将艺术领域的目标概括为以下两个方面。

① 感受与欣赏，体现为：

目标1 喜欢自然界与生活中美的事物；

目标2 喜欢欣赏多种多样的艺术形式和作品。

② 表现与创造，体现为：

目标1 喜欢进行艺术活动并大胆表现；

目标2　具有初步的艺术表现与创造能力。

不难看出,以上艺术领域的目标都非常强调学前儿童对艺术的"情感态度"。《幼儿园教育指导纲要(试行)》中三条总目标中两条用了"喜欢",《3～6岁儿童学习与发展指南》中的四个目标中的三个也用了"喜欢"这个词。这就告诉我们,幼儿园的艺术教育重在艺术兴趣的培养。长期以来,我们的幼儿园艺术教育对此是忽略的,尽管所有的教师在进行音乐、美术教学时,都不会漏写激发兴趣这一条目标,但事实上一旦在教学和评价的过程中强调了"技能"的时候,幼儿的兴趣就已经丧失了。所以,《3～6岁儿童学习与发展指南》中所陈述的各年龄阶段的典型表现,只是将一些基本的艺术表现形式,作为幼儿表达自己的一种手段提出来,比如"能通过哼唱、即兴表演或给熟悉的歌曲编词来表达自己的心情""能用自己制作的美术作品布置环境、美化生活"。至于表演得怎样,画得如何,基本上没有从技能水平上表述。那么教师的指导也就是对幼儿自发表现的支持,即当幼儿在表现中遇到问题和困难时,帮助幼儿满足他们自我表现的需要即可。

(2)学前儿童艺术教育的年龄阶段目标。

学前儿童艺术教育年龄阶段目标,即指某一年龄阶段的艺术教育目标。在幼儿园,一般以一年为界,可分为小、中、大班艺术教育目标。它在融合儿童艺术心理发展的规律和艺术学科本身特点的基础上,把学前儿童艺术教育的总目标转化为循序渐进、逐步提高要求的每一年龄阶段的具体目标。它能为儿童的艺术学习和艺术能力的发展提供更具体的要求和方向。艺术领域年龄阶段目标的具体内容将在后面单元中根据不同的活动类型逐一列出。

(3)具体的学前儿童艺术教育活动目标。

学前儿童艺术教育活动目标,即指某一具体的艺术教育活动所要达到的目标。它与上一层目标紧紧相扣,环环相连,共同组成一个金字塔式的目标层。具体的艺术活动目标需要教师根据教育内容科学、合理地制定。

3. 制定学前儿童艺术教育活动目标应注意的问题

(1)目标表述的角度应统一。

目标表述一般可从以下两个维度进行。

- 发展目标。可以从学前儿童发展的角度来设定目标,即学前儿童学会哪些知识,获得哪些能力,发展哪些情感、个性及社会性等;以幼儿作为暗含的主语,多使用"学会""懂得""感受""发现""体验"等行为词语,语句一般为省略主语的陈述句,体现活动推动学前儿童发展的期望值。例如,体验作品中悠闲、恬静的情感与氛围。
- 教育目标。可以从教育的角度出发设定目标,即教给幼儿哪些知识,培养幼儿哪方面能力、情感和习惯等。以教师为暗含的主语,多使用"培养""促进""鼓励"等词语,反映教师对自己的教育手段或教育行为预想的期望值。例如,引导幼儿根据自己的印象构思画面,表现一定的情景。

在同一个活动的几个目标中,要么全部用发展目标的表述方式,要么全部用教育目标的表述方式,不能前一个是发展目标,后一个是教育目标,或者一个目标的前半部分是发展目标,后半部分是教育目标,这些目标表述的角度都不统一。但根据"以幼儿发展为本"的理念,发展目标的表述指明了学前儿童通过学习应该达到的发展要求,突出了学前儿童在活动中的主体地位及以学前儿童发展为本的课程思想，同时，更可使教师转变观念，更多地关注活动中学前儿童的行为和表现。因此建议更多地从学前儿童发展的角度提出目标，使用以学前儿童为主语的发展目标的表述方式。

例如，小班音乐活动《北风爷爷别神气》的目标与分析：

1. 学唱歌曲，能有力、自豪地演唱歌曲……（这是发展目标）
2. 通过故事帮助学前儿童理解歌曲内容……（这是教育目标）
3. 初步探索、创编歌词，提高学前儿童的演唱兴趣……（前半段是发展目标，后半段是教育目标）

我们且不分析这三个目标设定得是否适度，是否符合小班儿童的特点。单从表述目标的角度看，一会儿从教育者角度提要求，一会儿又从学习者角度提要求，显得教师思维混乱。

（2）目标的制定要有系统性。

结合布鲁姆的教育目标分类学理论和我国学前儿童艺术教育的实践，我们可以以心理活动的不同领域为分类的出发点，将学前儿童艺术教育的目标分为认知、情感与态度、操作技能三个方面。

- 认知目标。表述的是学前儿童艺术教育中各种有关的艺术知识，以及认识能力方面的发展要求。如"能正确地感知和理解歌曲中歌词和曲调所表达的内容、情感""能认识并辨别各种常用打击乐器及音色特点"等。
- 情感与态度目标。包括在学前儿童艺术教育中儿童情感的体验和表达能力的发展，以及对艺术活动的兴趣和爱好的发展。如"乐意参与音乐欣赏活动，体验并享受音乐欣赏过程的快乐""喜欢摆弄打击乐器，喜欢参加集体的打击乐演奏活动"等。
- 操作技能目标。是指在学前儿童艺术教育中儿童运用身体动作进行音乐体验和表达的技能。如"能够较自如地运用身体动作进行简单的随乐动作表演""能够掌握一些最基本、最初步的歌唱技能"等。

目标制定要具有系统性，具有两层含义：一是制定活动目标时应当系统考虑认知目标、情感目标、技能目标和创造目标，每一次活动可能综合以上各项目标，也可能会侧重于某几个目标的达成，在制定时要根据具体的活动内容灵活取舍与兼顾。二是具体活动目标在方向上应与总目标、年龄阶段目标相一致。

（3）目标表述中不出现内容、方法和手段。

直接用省略主语的陈述句表述学前儿童要达到的目标，而不必出现音乐活动内容，达成目标的方法、策略和手段等，例如，不使用"通过……方法""利用……"等词语。

（4）目标表述用词要准确、具体。

准确、具体的用词，体现出目标的可行性，如行为的程度方面：学会、能够理解、尝试创编、感受、体验、运用等。

（5）目标表述用句子不用词。

目标应为省略主语的句子，不能只使用一两个词语。

◎ 小练习

请你为中班歌唱活动《在农场里》制定活动目标。

要求：目标表述要统一，符合幼儿的年龄特点，并能体现歌唱活动的特点。

### （三）活动准备的分类和表述

活动准备是学前儿童艺术教育活动预设中的重要内容，也是活动前必须做的工作。活动准备是否细致、充分，直接关系着活动的成败与质量。那么，准备工作有哪些内容呢？

1. 活动材料的准备

要求准备好活动中教师和幼儿要使用的所有材料，包括教师的教具，如琴、打击乐器、挂图、卡片、实物、音乐、播放设备；幼儿操作材料，如幼儿用书、道具（如头饰、纱巾、球、布娃娃等）、笔、纸等。

2. 活动环境的准备

环境是学前儿童艺术教育不可或缺的教育资源，它具有承担教育活动的主场地、引线、补充、延伸等功能。学前儿童艺术教育活动的环境准备包括墙饰、区角布置与活动有关的内容；对场地合理设计和利用，保证艺术活动安全、顺利地进行；营造艺术氛围，如用音乐和学前儿童打招呼等。

3. 学前儿童经验的准备

学前儿童在活动中可能运用到的艺术与非艺术经验的分析与准备。例如，学前儿童提前熟悉音乐旋律，为韵律活动做准备；观察、认识七星瓢虫的外形，为手工活动《七星瓢虫》做准备。

4. 教师经验的准备

教师在艺术、非艺术方面用于示范和活动组织的经验准备工作，例如，对音乐作品、材料、与活动有关的非音乐知识、技能的细致把握与呈现，属于教师备课的范畴，为学前儿童艺术教育活动的高质量进行，做知识性、技能性、常识性的资料储备。如熟练弹唱歌曲，能准确哼唱名曲的旋律，能准确指挥孩子的节奏活动，能详细介绍乐器，能介绍相关民俗知识，能熟练画图等。

### （四）活动过程的设计与表述

1. 活动过程设计的层级结构

活动过程的常见结构形式有三段式和一段式两种。传统的所谓"三段式"艺术教学活动中，其组织形式一般分为三个界线分明的部分。其中，第一部分（开始部分或准备部分）、第三部分（结束部分）的活动内容通常是复习儿童已学过的内容。以音乐活动为例，开始部分最常见的程序、内容为：律动进教室、练声、座位上的律动或歌曲复习。在结束部分中，最常见的程序、内容为：复习打击乐曲、韵律动作、歌唱表演或音乐游戏、律动出教室。第二部分（中间部分或基本部分）的活动内容通常是学习新作品或新技能。

在开始部分和结束部分采用儿童较为熟悉的内容，可能会比较有效地产生"唤醒"和"恢复"的效果。同时，儿童也有机会在对相对熟悉内容的复习中，不断巩固旧有知识和技能，并不断对熟悉的作品产生新的理解、新的体验；不断使熟练化、丰富化、深刻化了的旧经验更好地迁移到新的学习情境中去，不断地改造和重组，进而获得质与量两方面都更高一层的新经验。

一段式活动是近些年出现的活动方式，一段式没有较明显的板块结构，而是围绕学前儿童的兴趣和教学内容层层深入，由多个环环相扣的小环节组成。活动开始的"导入"比较开放，教师往往会设计一些出其不意、贴近学前儿童生活又能引发好奇的话题或活动，目的是激发学前儿童的兴趣,振奋学前儿童的精神,集中学前儿童的注意力,引导学前儿童关注教学内容。活动过程中注重学前儿童多种形式的参与。在活动结束时,利用学前儿童刚刚形成的新经验、新技能,使学前儿童能够通过对音乐活动完整的享受性参与、创造,来获得愉快、舒适的身心体验。

无论是传统的三段式,还是一段式音乐教学活动组织形式,其结构本身各有优缺点,可以单独使用,也可以两者结合使用,但不可随意摒弃,教学活动关键不在于外在的形式结构,而在于内在的组织过程要符合孩子的学习特点,符合科学发展规律,形式与结构可以多种多样。

2. 活动过程的表述

(1) 活动过程的层级呈现。形式运用上述讲到的三段式或一段式都可以,但内容上要互相取长补短。

(2) 活动过程表述主语统一为教师。体现教师的主导性,教师是组织者、指导者,是活动方案的使用者,因此用教师说话的口吻表述。

(3) 活动过程表述语言多为陈述句,尽量不要使用师幼对话的形式贯穿全文,但教师关键的引导语或提问可以出现。

(4) 活动过程教师行为表述用词需要特别注意。如过度使用"组织、让、使、带领"等行为词,给人一种过分强调教师主导,整个过程教师让学前儿童"干这做那",反映出以教师为中心的控制性,失去了学前儿童的主动性。应多使用"请、帮助、鼓励、引导、启发"等行为词,强调幼儿的主体性,体现幼儿为活动主体,教师只是幼儿学习的辅助者、引导者。

## (五)活动延伸的设计与表述

活动延伸的设计,可以是任何领域、任何方式的活动。一方面体现教育活动的系统性和开放性特征,建立活动与活动之间的联系,充分挖掘出一个活动材料、一个教育点的所有教育价值。另一方面也是要调动区域、一日生活、家庭、社区等各种教育资源,与学前儿童艺术集体教育活动形成互补,组成完整的教育链,随时随地为学前儿童提供发展的机会。

## (六)活动反思与调整

再周密的教育活动设计,通过活动实施的检验,也会从中发现有瑕疵和遗憾的地方,活动过后马上反思是现代教师专业化程度的一个标志。教师在每次活动后都应根据学前儿童参与活动的情况对活动进行细致的回顾,对自身的教育行为进行分析思考,总结自己在组织教育活动中获得的体验有哪些?如在活动时哪些地方觉得不顺畅?哪些地方幼儿参与兴致不高、不适应?哪个环节需要简略?哪个环节需要翔实?哪个提问不准确?哪些材料没有充分利用?等等。然后把反思结果及时写成独立的反思笔记,或记载在活动设计中,用于调整、修订已有的活动设计。

调整原有活动设计是教师反思后的必然行为,否则反思则只是停留在头脑中或一闪而过,不能落实在行动上。教师为学前儿童发展而设计的教育活动,应该体现为"设计——实施——调整——再实施……"的循环往复过程,逐步实现艺术教育活动学前儿童全员参与,从中体验快乐,得到最优化发展。

## 第三节　学前儿童艺术教育活动方案的实施

### 一、学前儿童艺术教育活动的实施与指导

活动实施是将幼儿园课程和幼儿园教育活动付诸教育实践的过程。学前儿童艺术教育活动实施的过程是艺术教育活动的组织与指导过程，幼儿教师是学前儿童艺术教育活动的组织者、指导者，幼儿是活动的主体。学前儿童艺术教育活动在设计时会带有预想中的理想化色彩，而组织与指导活动的教育实践则是实际行动，存在多种具体行为、特定的情境与临时性问题，需要教师扎实的教育功底和实践智慧才能高质量地完成。

#### （一）学前儿童艺术教育活动实施中的组织类型

1. 管理性组织

管理性组织是指在艺术教育活动过程中，教师为保证活动顺利进行而对秩序进行的有效管理，使学前儿童遵守活动常规。这类管理中可包括集体活动管理、小组活动管理和个别幼儿管理。一个好的音乐活动，管理性组织应尽量少用，运用太多，则说明班级存在常规建设不到位、活动设计问题很大、教师组织活动能力有限等很多问题。

2. 指导性组织

指导性组织是指艺术教育活动过程中，教师提出活动要求、引导活动方向、分析操作材料、点拨操作过程、提供练习范式等行为。

3. 诱导性组织

诱导性组织是指艺术教育活动过程中，教师用富有启发、诱导性的语言或行动鼓励学前儿童主动参与、积极思考、大胆表述、勇于探索和创造。教师主要的语言和行为方式包括鼓励和设疑，其中鼓励是教师用热情的态度、亲切的语言和行为排除学前儿童的胆怯、畏难心理，以欣赏、赞美的态度对待学前儿童的尝试和进步，与学前儿童共享成功的喜悦。设疑是教师精心设计疑问，把适当的活动障碍摆在儿童面前，点拨儿童思路，诱发好奇心，通过参与、操作、探索、创造解决问题。

#### （二）学前儿童艺术教育活动的指导要点

1. 活动体现艺术之美，提高学前儿童的审美情趣

艺术教育是美育的重要途径之一，教师应以美的形式和方法，带领学前儿童体验美的内容，收获美的感受，表达美的情感，赋予学前儿童审美的态度、眼光和情怀。

2. 调动学前儿童全员参与，关注个体差异

全体学前儿童均有兴致参与活动是活动组织过程中重要的评价指标，而学前儿童个体的兴趣与能力水平有着很大的差异性，怎样实现全员参与照顾差异呢？活动中教师要告诉孩子做得好不好不是最重要的，做不做才是关键。鼓励孩子参与活动，发现每个孩子的闪

光点并加以鼓励，有区别地对待孩子的能力水平。

3. 注重学前儿童的体验，引发学前儿童主动表现与创造

活动过程中既不能过分控制儿童的行为又不能过于放开，什么都不管，应把握好教师主导和幼儿自主之间的度。艺术教育活动过程中应注重为儿童提供亲身经历的艺术体验机会，引发学前儿童主动地、创造性地表达与表现。

4. 把握活动节奏，活动环节步步深入

活动节奏是指活动过程中的轻重缓急，突破重点、难点的环节要做细做透，复习或唤醒、过渡环节不要拖沓，整个活动张弛有度，孩子始终保持饱满的情绪参与活动。

5. 随时观察学前儿童的活动，即兴调整预设计划

预设的活动计划对音乐活动的顺利进行有着很高的保障作用，但设计中未考虑到的因素和活动过程中出现临时性问题均需要现场灵活调整和改变预设的活动计划。活动现场的灵活应变体现着教师的教学经验、组织水平和教育智慧，新手教师需要不断积累，逐渐提高。

## 二、学前儿童艺术教育活动常用的教学方法

### （一）提问法

提问法是教师根据儿童已有的知识经验，向儿童提出问题，引导儿童思考或讨论，并通过正确解答，使儿童获得新知识。如教师根据画面的内容，提出一些开放性问题，引导儿童观察对象。在运用提问法时，教师不仅要注意提出问题，还必须重视儿童的回答，鼓励儿童说出与别人不同的感受。

### （二）讲解法

讲解法是指教师用生动而具有启发性的语言进行讲解。其作用是清楚正确地评价作品，引导儿童产生正确的审美观，对儿童如何认识美、评价美具有示范性作用。在运用讲解法时，教师应引导儿童仔细观察画面或景物，体会自然美、艺术美或生活美之所在；教师的讲解应具体形象、抑扬顿挫，激发儿童听的兴趣，并有助于儿童结合自己已有的知识经验，对作品展开丰富的想象。

### （三）操作练习法

操作练习法是指学前儿童在教师的指导下，通过多次实践练习巩固和掌握知识与技能的方法。操作练习可以分为模仿练习和创造练习。模仿练习是学前儿童根据范例或教师的示范进行的练习，创造练习是学前儿童对已有的表象和材料进行加工、改造、制作，独自进行构思并加以表现。

### （四）情境法

情境法是指教师根据活动的需要为学前儿童创设生动、形象的学习情境，使之产生身临其境的感觉，并引发相应的情感和态度，促进学前儿童学习的教学方法。

## （五）多感官体验法

多感官体验法是指学前儿童通过感觉器官认识、判别事物特性的方法。这种方法能加深学前儿童对事物的印象，激发学前儿童的兴趣，引起学前儿童的注意。例如，画苹果，可以通过看一看、摸一摸、闻一闻、滚一滚、尝一尝等多种动作来充分认识苹果后再描绘它。

## （六）安静倾听法

音乐是声音的艺术，需要安静倾听。音乐活动中的音乐是各种活动的统领和基础，学前儿童养成倾听的习惯，是音乐学习的必然要求，也是学前儿童进行各种学习活动的要求之一。例如，据一些小学老师反映，学前儿童从幼儿园刚刚升入小学，造成学习困难的因素之一就是"不会听讲"，存在"根本不听、听了不懂和听了不思考"等各种不会倾听的现象。因此学会倾听也是幼小衔接的重要内容。

## （七）肢体动作法

闻乐起舞自古以来是人们感受音乐的途径，肢体动作能帮助我们更多地、更真实地参与到歌曲、乐曲中去。肢体动作包括生活动作、舞蹈、律动、声势、指挥等。如随乐自由动作、随乐舞蹈、韵律活动等均是常见的形式。

● **课后练习**

尽可能多地学唱儿童歌曲，如《小鱼快跑》《我是小海军》《学做解放军》《我的好妈妈》《颠倒歌》等。

【在线测试】

一、选择题

1. （　　）幼儿能自由探索和尝试铃鼓、圆舞板、鼓、沙球、蛙鸣筒等常见的打击乐器的演奏方法。
   A. 3～4岁　　　　　　B. 4～5岁
   C. 5～6岁　　　　　　D. 6岁以上

2. 下列不属于学前儿童音乐领域核心经验的是（　　）。
   A. 感知音乐要素　　　B. 体验音乐风格
   C. 感受音乐意境　　　D. 进行音乐表演

3. 教师根据活动的需要为学前儿童创设生动、形象的学习情境，使之产生身临其境的感觉，并引发相应的情感和态度，这种方法叫作（　　）。
   A. 操作练习法　　　　B. 讲解法
   C. 情境法　　　　　　D. 多感官体验法

4. 根据布鲁姆的目标分类，"尝试用自己喜欢的方式表达心愿、表现美"属于（　　）。
   A. 认知目标　　　　　B. 情感态度目标
   C. 操作技能目标　　　D. 创造目标

5. "能够运用套色的方式，点画花朵和叶子，并添画小虫。"这条目标属于（    ）。
   A．认知目标　　　　　　B．情感态度目标
   C．操作技能目标　　　　D．创造目标

二、简答题

1. 学前儿童艺术教育活动方案包含哪些要素？
2. 学前儿童艺术教育常用的教学方法有哪些？

【真题训练】

单选题

1. 幼儿园艺术教育的主要目标是（    ）
   A．发展幼儿的艺术技能
   B．培养幼儿的艺术感受和表达能力
   C．丰富幼儿的艺术知识
   D．拓展幼儿的逻辑思维能力

（选自2018年上半年幼儿园教师资格考试真题）

2. 下列有关幼儿美术教育的做法中，不正确的是（    ）
   A．支持幼儿表达自己对美术作品的独特感受
   B．出示范画让幼儿模仿
   C．鼓励幼儿用自己的方式表现美
   D．为幼儿的美术创作提供丰富的材料

（选自2019年上半年幼儿园教师资格考试真题）

【拓展阅读】

## 学前儿童艺术教育生活化的策略

众所周知，艺术来源于生活又高于生活，那么将艺术教育与生活结合起来，就显得十分合理了，而且能够有效提高幼儿艺术教育的质量。幼儿正处于人生发展的初期，发育最旺盛、变化最快、可塑性最强，这一时期的教育对于幼儿的发展至关重要。在这一时期对幼儿进行艺术教育，使幼儿接触美好的事物，感受美好的世界，可以有效提高幼儿的美感。通过幼儿身边的实际生活来实施艺术教育，可以激发幼儿的学习兴趣，开拓幼儿的眼界，促使艺术教育能够在潜移默化中影响幼儿的发展。

一、幼儿艺术教育中存在的问题

（一）进行艺术教育的场所具有局限性

幼儿正处于接触社会的初期，生理上以及心理上也都处于发展的起始阶段，因此，幼儿的兴趣比较广泛。幼儿天生对艺术比较敏感，比如他们喜欢唱歌和跳舞。但是，作为教师我们应该明白，因为这些艺术会让他们感觉到快乐，所以他们才需要、他们才喜欢。但是在目前的幼儿教育中，教师却以保护幼儿安全的理由将对幼儿进行艺术教育的场所局限于室内，使幼儿失去了接触自然的机会，也就失去了对幼儿进行艺术教育的最佳途径。因此，在室内对幼儿进行艺术教育，总是具有一定局限性的。

（二）进行艺术教育的形式比较单一

在对幼儿进行艺术教育的过程中，幼儿虽然年龄比较小，但他们也应该是教学活动的主体，而对幼儿进行艺术教育的目的也是让幼儿感受美、体验美，进而提高他们的审美能力以及创造美的能力。在目前的幼儿艺术教育中，教师通常会采用演示的方法，让幼儿以模仿为主，按照教师的思路来表现艺术行为。这一做法不利于幼儿创造能力以及思维能力的发展。

（三）进行艺术教育的目的不纯粹

在幼儿园的教育教学中，表演活动、集体比赛等都是幼儿展示才艺的舞台，也是对幼儿进行艺术教育的重要途径。但是，这种比赛或者活动却在一定程度上被教师曲解，幼儿园为了整体形象，教师为了节目质量，就会占用大量的时间来编排节目、练习节目，但是幼儿却在这种强制的练习中叫苦不迭。因此，进行艺术教育目的不纯粹不仅不能真正实现幼儿园举办活动的初衷，还有可能打消幼儿内心的积极性和好奇心，使幼儿丧失对艺术的兴趣和热情。

二、幼儿艺术教育生活化的策略

（一）幼儿园美术活动真实化

教师应该明确，幼儿的美术表达是一种自我行为，教师在对幼儿进行美术教育时应以鼓励为主，引导幼儿自我发现、自我创造。首先，教师要了解幼儿的兴趣爱好，从他们喜欢的事物来进行教学切入，教学效果自然会事半功倍。其次，教师要组织幼儿进行社会实践，社会与自然也是不可多得的教育场所，他们对幼儿心灵的启迪是教师教学所不能比拟的。最后，教师还要培养幼儿的动手能力，鼓励他们将自己所见、所想勇敢地表达出来。这样才能实现美术活动的真实化，艺术教育的生活化，进而提高幼儿的艺术综合素养。

（二）幼儿园音乐活动简易化

音乐是一门比较复杂且高深的艺术，以幼儿的年龄还不能很好地理解。所以，幼儿园教师要将音乐简易化，以游戏为主，将音乐渗透于幼儿的日常生活中，以激发幼儿的共鸣。而这就要求教师在音乐教学过程中，重在培养幼儿的节奏感，通过节奏感调动幼儿的情绪，促使他们活跃思维，表达自我情感，在实现幼儿个性发展的基础上培养幼儿的音乐兴趣。

（三）生活活动艺术化

艺术来源于生活又高于生活，换句话说生活处处皆艺术，所以，对幼儿进行生活化艺术教育的最主要方法，就是将幼儿的生活活动艺术化。可以将美术、音乐等艺术形式融入

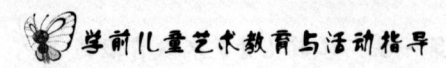

幼儿的生活活动中去，使他们在潜移默化中接受艺术的影响，从而实现艺术教育生活化的教学目的。比如，可以将幼儿园中的午睡铃声换成轻音乐，让幼儿在音乐中被唤醒，保持美好的心情。

资料来源：何苗. 浅谈幼儿艺术教育生活化的策略[J]. 课程教育研究，2019（36）：210-211.

## 学习评价与反思

------------------------------------------------------------

------------------------------------------------------------

------------------------------------------------------------

------------------------------------------------------------

------------------------------------------------------------

# 第二章 学前儿童歌唱活动

**【本章导读】**

　　学前儿童天生喜欢歌唱，常常随着音乐不由自主地跟唱起来，游戏时、绘画时、玩耍时哼唱自己熟悉的歌曲。歌唱活动是幼儿园艺术教育的重要内容，在实际的歌唱活动情境中，教师要引导幼儿感受和体验歌曲中蕴含的丰富的内容美和曲调美，帮助幼儿在获得愉悦的审美体验基础上，进行表现和创造。本章将围绕学前儿童歌唱能力的发展特点、歌唱内容选择、歌唱活动目标、歌唱活动的设计与组织展开讨论。

**【学习目标】**

1．了解学前儿童歌唱能力的发展特点，能根据学前儿童的年龄特点选择适宜的歌曲。
2．掌握学前儿童歌唱活动的总目标和各年龄阶段目标。
3．了解歌唱的多种形式，能有表情地示范演唱歌曲。
4．掌握学前儿童歌唱活动组织思路，能设计与组织实施学前儿童歌唱活动。

**【学习重点】**

1．了解学前儿童歌唱能力的发展特点，能为不同年龄儿童选择适合的歌曲。
2．掌握指导学前儿童学唱新歌的一般步骤，学会设计与组织歌唱活动。

**【思维导图】**

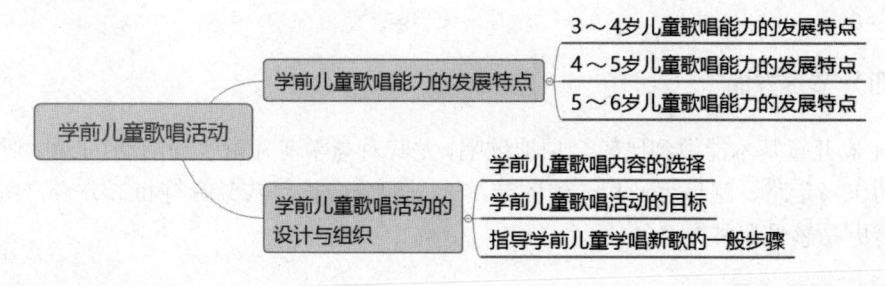

```
                          ┌─ 3～4岁儿童歌唱能力的发展特点
         ┌─学前儿童歌唱能力的发展特点─┼─ 4～5岁儿童歌唱能力的发展特点
         │                └─ 5～6岁儿童歌唱能力的发展特点
学前儿童歌唱活动─┤
         │                ┌─ 学前儿童歌唱内容的选择
         └─学前儿童歌唱活动的─┼─ 学前儿童歌唱活动的目标
           设计与组织      └─ 指导学前儿童学唱新歌的一般步骤
```

**【典型案例】**

　　吴老师正在组织小班歌唱活动《我爱我的小动物》，孩子们随着教师琴声伴奏努力地唱着。吴老师发现孩子们唱歌的声音较小，再看看下面听课的老师，心里想："声音不响亮怎么能够表现出孩子们学得好呢。"于是，吴老师鼓励孩子们："请小朋友们再大声一点儿，吴老师来听听谁的声音最大。"吴老师的激励产生了很大作用，孩子们的歌声顿时大了许多，有的孩子为了唱得大声，扯着嗓子，涨红了小脸，有的孩子甚至捂着自己的耳朵唱，不再去关注与琴声的协调，甚至有些跑调。吴老师也感觉到了孩子们演唱中的不和谐，有些不知所措……

思考问题：案例中吴老师的做法是否恰当？是否考虑到幼儿歌唱能力的发展特点？关注的重点是否与歌唱活动目标一致？歌唱活动如何组织与实施？

# 第一节　学前儿童歌唱能力的发展特点

## 一、3~4岁儿童歌唱能力的发展特点

### （一）歌词方面

3~4岁儿童能够完整地掌握比较简短的句子或较长歌曲中的相对完整的片断，但是他们对歌词含义的理解还存在一定困难。由于其听辨和发音能力还比较弱，对于难以理解的词，他们演唱时会吐字不清，或用其他所熟悉的语音代替，有时也会直接省略。

### （二）音域方面

3~4岁儿童唱歌的音域一般在 $c^1$~$a^1$（即 C 调的 1~6），其中唱起来最舒服、最轻松的是在 $d^1$~$g^1$（即 C 调的 2~5）。但个别儿童的音域发展有所偏差，音域偏窄的儿童仅能唱出 3 个音左右，音域稍宽的儿童音域在 $c^1$~$c^2$。

### （三）旋律方面

3~4岁儿童在旋律的感知方面存在不精确性，往往不能准确地唱出歌曲旋律，唱歌如同"说歌"。有相当一部分儿童的音准有问题，在无乐器伴奏或独立歌唱时走调、没调的情况较为严重。当然，这种现象可能是由于歌曲音域过宽、音调过高或过低、旋律太难等因素所致。

### （四）节奏方面

3~4岁儿童基本能做到比较合拍地歌唱，尤其对与学前儿童生理活动（心跳、呼吸等）和身体动作（走路、跑步等）相一致的节奏——四分音符、八分音符和二分音符所构成的歌曲节奏更易感受和掌握。

### （五）呼吸方面

3~4岁儿童因为呼吸较浅，肺活量较小，对气息控制的能力较弱，他们一般根据自己使用气息的情况来换气，而非根据乐句的需要换气，因此在歌唱的过程中常常因换气而中断句子、中断词意（一般会在强拍后面或时值较长的音后面自由换气）。

### （六）合作协调性方面

3~4岁儿童在集体歌唱时，还不会互相配合，常常是你超前，我拖后，个别儿童声音

特别响，但到小班后期，基本上能懂得在音量、速度、力度、音色等方面与集体相一致，初步体会到集体歌唱活动中协调一致的快乐。

## 二、4～5岁儿童歌唱能力的发展特点

### （一）歌词方面

4～5岁儿童掌握歌词的能力相比前一阶段有了进一步提高，一般能比较完整、准确地再现熟悉的歌曲中的歌词，而且对歌词的听辨、理解、记忆和再现能力有了较大的提高，唱错字、发错音的情况相对较少。

### （二）音域方面

4～5岁儿童歌唱的音域较以前有了扩展，一般可以达到$c^1$～$b^1$（即C调的1～7），但儿童的音域发展有较大的个体差异。

### （三）旋律方面

4～5岁儿童由于接触的歌曲日益增多，旋律的感知、再认能力以及音准把握能力有了一定提高。一般在乐器伴奏或成人带领下，大多数儿童能基本唱准旋律适宜的歌曲。

### （四）节奏方面

4～5岁儿童听觉分化能力提高，他们对歌曲节奏的把握和表现能力有较大发展。不仅掌握了四分音符、八分音符的歌曲节奏，还能够比较准确地再现二分音符的节奏，甚至带附点的节奏。

### （五）呼吸方面

4～5岁儿童对气息的控制能力进一步发展，能够逐步学会使用较长的气息，在教师的指导下一般都能学会按乐句和情绪的要求换气，任意中断句子、中断词意的换气现象较少。

### （六）合作协调性方面

随着集体歌唱活动经验增多，4～5岁儿童不仅能比较协调地参与集体歌唱，注意在速度、力度、音色和表情等方面与集体一致，还能协调地进行分唱和齐唱等。

## 三、5～6岁儿童歌唱能力的发展特点

### （一）歌词方面

5～6岁儿童随着语言的发展，他们能记住更长、更复杂的歌词，对词义的理解能力也进一步提高，歌唱的技能和水平显著提高，能够理解和记忆较长的歌曲，演唱时歌词的发音和咬字吐字比较清晰。

## （二）音域方面

5~6岁儿童歌唱的音域基本上可以达到$c^1$~$c^2$（即C调的1—$\dot{1}$），个别儿童的音域甚至更宽。

## （三）旋律方面

5~6岁儿童随着歌唱经验的不断积累，他们的旋律感，特别是音准方面的进步很大。他们已经初步建立了调式感，不仅能轻松地掌握小三度、大三度，纯四、纯五度音程，比较准确地唱出旋律的音高，而且对级进、小跳、大跳也不会有大的困难。

## （四）节奏方面

5~6岁儿童已经能够演唱旋律和节奏更为多样化的歌曲，不但能准确地表现2/4和4/4的歌曲节奏，还对三拍歌曲的节奏及弱起节奏有了一定的理解和掌握，同时还能够较好地掌握附点音和切分音节奏的演唱。

## （五）呼吸方面

5~6岁儿童的气息相比以前有了进一步的提高，他们气息保持的时间较以前延长了，能够按乐句和歌曲的情绪要求较自然地换气，同时歌唱的音量较以前有了明显的增加。

## （六）合作协调性方面

随着年龄的增长及歌唱活动经验的不断积累，5~6岁儿童歌唱协调能力大大增强。他们掌握了一些正确的与他人合作的技能，歌唱时在速度、力度、节奏、音量、音色和表情等方面与集体保持一致，尽量避免自己的声音过于突出。他们能够比较积极地参与集体歌唱活动，享受合作带来的快乐，同时，能够大胆地提出集体歌唱中出现的不协调因素并予以纠正。

### 资格考试要点

学前儿童歌唱能力的发展特点是幼儿园教师资格证面试中的考点。常常设置"这首歌适合哪个班或者哪个年龄段的幼儿来学唱？为什么？"等问题考核同学们对幼儿歌唱能力发展特点的把握。

### 想一想

通过了解不同年龄段儿童歌唱能力的发展特点，在歌曲选择、歌唱活动目标、歌唱形式等方面给我们什么启发？在设计和组织歌唱活动时应注意什么？

### 互动平台

请你选择几首歌曲，判断歌曲适合哪个年龄段幼儿学唱？

提示：分析一首歌曲时，我们可以从歌词、音域、旋律、节奏等方面进行分析，再结合幼儿已有经验确定适合的年龄段。如歌曲《我爱我的幼儿园》可以从如下几方面进行分析。

### 我爱我的幼儿园

1 = D  2/4 　　　　　　　　　　　　佚 名 词曲

中速

| 1 2 3 4 | 5 5 5 | 5 5 3 1 | 2 3 2 |
　我 爱 我 的　　幼 儿 园，　幼 儿 园 里　朋 友 多，

| 1 2 3 4 | 5 5 5 | 5 5 3 1 | 2 3 1 ‖
　又 唱 歌 来　　又 跳 舞，　大 家 一 起　真 快 乐。

歌曲短小，只有八小节，生动描述了幼儿园中有趣的事情，幼儿容易理解。全曲由五个音组成，以"1、3、5"几个音为主，旋律流畅，变化不大，第[5]~[8]小节基本重复[1]~[4]小节的旋律，且歌词与旋律一一对应，一字一音，节奏由八分音符和四分音符构成，小班幼儿容易掌握。刚入园的幼儿常出现入园不适应现象，歌曲能激发幼儿喜爱幼儿园的情感，因此适合小班幼儿学唱。

## 第二节　学前儿童歌唱活动的设计与组织

### 一、学前儿童歌唱内容的选择

教师在选择歌唱材料时，要考虑学前儿童的年龄特点，选择符合他们身心发展需要，贴近生活、富有童趣、易于理解的歌曲。歌曲是由词曲结合的艺术作品，在选择歌唱材料时要同时兼顾歌词和曲调两个方面，其中曲调包含旋律、节奏、音域、乐曲结构、速度力度、词曲结合等方面。教师要选择歌词和曲调都易于学前儿童演唱的歌曲。

#### （一）歌曲的选择

1. 歌词方面

（1）歌词形象生动并能为儿童所熟悉和理解。

学前儿童的生活经验不够丰富，理解事物的能力有限。歌词生动形象、富有童趣，易于理解，更易引起他们的兴趣和对作品的共鸣。一般来说，歌词内容和形象是儿童比较熟悉和喜爱的，他们容易理解和记忆，通常包括动植物、自然现象、交通工具、身体的各个部分、游戏活动、节日活动等。此外，他们对歌词中押韵的句子、象声词、无意义音节（如咕嘟咕嘟、啊呜啊呜等）以及滑稽、幽默的事情很感兴趣。

## 胡 说 歌

美国幼儿歌曲
卢乐珍　汪爱丽　译配

$1=F$　$\frac{4}{4}$

```
5̣ 6̣ | 1 1 1 1 1 1 6̣ 5̣ | 1 — — 1 1 | 2 2 2 2 2 2 7̣ 5̣ | 2 — — 2 2 |
你 把 袜 子 穿 在 耳 朵 上　　 吗？ 袜 子 穿 在 你 的 耳 朵 上　　 吗？ 你 把

3 3 3 3 3 3 3 2 1 | 4 4 4 4 4 4 4 4 | 3 3 3 3 2 2 2 3 2 | 1 1 — — ‖
袜 子 穿 在 耳 朵 上 吗？ 袜 子 穿 在 耳 朵 上 吗？ 你 把 袜 子 穿 在 耳 朵 上 吗？
```

（2）歌词内容富有美感和教育意义。

学前儿童思想单纯，为其选择的歌曲歌词应积极向上、健康乐观、富于美、富于爱，让他们在享受歌唱的同时能萌发对生活的热爱，达到审美教育和思想教育的目的。例如，《好娃娃》《好妈妈》《朋友，你好》等歌曲不仅优美，而且富有教育意义。

## 好 娃 娃

$1=C$　$\frac{2}{4}$

佚 名 词曲

```
 3  3    3  1 | 5    3 | 6  6    6  3 | 5  — |
1.爷 爷  年 纪   大   呀， 头 发  白 花   花。
2.奶 奶  年 纪   大   呀， 嘴 里  掉 了   牙。
3.爸 爸  和 妈   妈   呀， 齐 声  把 我   夸。

 6  6    1̇  1̇ | 5  6  5  3 | 2   5 | 3  2 | 1 — :‖
 我 给   爷 爷  搬 凳 坐 呀， 爷  爷   笑 哈  哈。
 我 给   奶 奶  端 杯 茶 呀， 奶  奶   笑 哈  哈。
 尊 敬   老 人  有 礼 貌 呀， 是  个   好 娃  娃。

 结束句           渐慢
 6  6    1̇  1̇ | 5  6  5  3 | 2   5 | 3  2 | 1 — ‖
 尊 敬   老 人  有 礼 貌 呀， 是  个   好 娃  娃。
```

（3）歌词的结构简单多重复。

结构简单且多重复的歌词便于理解和记忆，而且有利于学前儿童进行歌词填充和创编。例如，歌曲《我爱我的小动物》，每段的句子比较工整，除小动物的名称和叫声外，其他所有的歌词都相同，这非常利于理解和记忆。创编歌词也非常容易，只需改动物名称和叫声即可，如增添小狗、小牛、小猪等动物及其叫声，这样既能激发学前儿童歌唱的积极性，又能培养其创造性。

## 好 妈 妈

1=F 2/4　　　　　　　　　　　　　　　　　潘振声 词曲

(5̲ 5　6̲5̲ | 3̲3̲3̲ 30 | 5̲ 3̲3̲ 3̲2̲ | 10)| 3̲3̲5̲ 2̲2̲ | 10 |
　　　　　　　　　　　　　　　　　　　　 我的　好妈妈，

3̲3̲5̲ 6̲6̲ | 5 0 | 2̲3̲ 5̲6̲ | 3̲2̲ 30 | 5̲6̲ 5̲3̲ | 20 |
下班　回到家，　劳动了一天　多么辛苦　呀。

3. 3̲ 3̲2̲ | 1̣̲ 5̣̲ 0 | 3. 3̲ 3̲2̲ | 1̣̲ 5̣̲ 0 | 5̲6̲ 1̲2̲ | 3 — |
妈妈 妈妈 快 坐 下，　妈妈 妈妈 快 坐 下，请喝 一杯 茶，

5̲3̲5̲ 6̲6̲ | 5̲3̲ 20 | 5̲3̲ 5̲6̲ | 5̲3̲ 20 | 5̲3̲ 3̲2̲ | 1 — |
让我　亲亲你　吧，　让我　亲亲你　吧，我的好妈　妈，

3. 5̲ | 2̲0̲2̲0̲ | 10 ‖
我 的 好　妈　妈。

## 我爱我的小动物

1=C 4/4　　　　　　　　　　　　　　　　　佚 名 词曲

5̲6̲ 5̲4̲ 3̲ 1̲ | 2̲1̲ 2̲3̲ 5 — | 3̲3̲3̲ 5̲5̲5̲ | 3̲3̲ 2̲2̲ 1 — ‖
我爱我的小羊，小羊怎样叫？　咩咩咩咩咩咩 咩咩咩咩咩。
我爱我的小猫，小猫怎样叫？　喵喵喵喵喵喵 喵喵喵喵喵。
我爱我的小鸡，小鸡怎样叫？　叽叽叽叽叽叽 叽叽叽叽叽。
我爱我的小鸭，小鸭怎样叫？　嘎嘎嘎嘎嘎嘎 嘎嘎嘎嘎嘎。

（4）歌词内容宜于用动作表现。

学前儿童活泼好动，肢体语言丰富，喜欢边歌唱边做动作。选择的歌曲内容宜用动作来表现，不仅能帮助他们更好地理解歌词内容，还能够充分发展其节奏感和动作协调性，有利于歌曲的情感表达。在组织歌唱活动《小小蛋儿把门开》中，教师引导学前儿童边唱边做动作，用肢体动作表现小鸡出壳，这有利于他们理解和记忆歌词，还能增强活动趣味性，锻炼其肢体协调能力。

## 小小蛋儿把门开

陈镒康 词
王志刚 曲

1 = E 2/4

1 3 | 1 3 | 1 5 | 5 — | 3 5 | 3 5 | 3 2 | 2 — |
小 小 蛋 儿 把 门 开， 开 出 一 只 小 鸡 来，

1 3 | 1 3 | 5 4 | 4 — | 5 5 4 4 | 3 3 2 2 | 7 5 | 6 7 | 1 — ‖
毛 茸 茸 呀 胖 乎 乎， 叽 叽 叽 叽 叽 叽 叽 叽 唱 起 来。

2. 曲调方面

（1）音域不宜太宽。

音域是指一首歌曲中最低音到最高音的范围。学前儿童一般不宜唱过高或过低的音，只有在适合的音域内歌唱时，才比较容易唱出自然优美的声音，不容易"走调"。所以，在为学前儿童选择歌曲时，不应该选择音域过宽的作品。如前所述，各年龄段的合适音域一般如下。

3～4 岁：$c^1$～$a^1$（1=C，1～6）

4～5 岁：$c^1$～$b^1$（1=C，1～7）

5～6 岁：$c^1$～$c^2$（1=C，1～$\dot{1}$）

总体上说，所选歌曲的音域应当控制在上述范围之内。但不能机械、绝对地处理音域问题。例如，有的歌曲音域较宽，但主要旋律在儿童最感舒适的音区内进行，偶尔有个别非长时值的音超出音域范围，也是适合儿童学唱的。如歌曲《学做解放军》的音域为九度（5～$\dot{6}$），但旋律主要在 1～5 进行，最高音和最低音出现的次数少，并位于弱拍，时值仅占 1/4 拍，因此若将这首歌曲定为 D 调，也比较适合中、大班儿童学唱。由此看来，对歌曲的音域要做具体分析，不能简单化地仅看几度就决定哪个年龄班的儿童学唱。

## 学做解放军

杨 墨 词曲

1 = D 2/4

3. 3 3 0 | 3. 2 1 0 | 3. 2 1 3 | 5 — |
敲 起 锣， 打 起 鼓， 吹 起 小 喇 叭，

3 5 3 | 6 6 5 | 2. 2 2 3 | 2 0 |
排 好 了 队 伍， 学 做 解 放 军。

1 1 1 5 | 3 — | 3 3 3 1 3 | 5 — |
哒 哒 哒 哒哒 嘀， 嘀 嘀 嘀 哒嘀 哒，

3 5 3 | 6 6 5 | 2 2 2 2 3 | 1 — ‖
人 民 呀 解 放 军， 多 呀么 多 光 荣。

歌曲的音域也与调高有关系。教师还应该根据上述音域范围为歌曲确定合适的调高。有些教师往往习惯于将音域在 3~5 度之内的歌曲全部定在 C 调上。实际上，这种处理往往是错误的。如《摇啊摇》这首歌曲只有 do re mi 三个音，对于这首歌曲来说，最为合适的调应该是 E 调。而对于一首只含有 do re mi fa so 五个音的歌曲来说，最为合适的调应该是 D 大调。

**摇啊摇**

儿　　歌
韩德常　曲

1 = D  2/4

| 1　3 | 2 — | 1　3 | 2 — | 1　1 | 2　2 | 3　2 | 1 — ||

摇　啊　摇，　摇　啊　摇，　我　的　娃　娃　要　睡　觉。
小　花　被，　盖　盖　好，　两　只　小　手　放　放　好。
摇　啊　摇，　摇　啊　摇，　我　的　娃　娃　睡　着　了。

（2）节奏节拍比较简单。

学前儿童一般不适合唱过于复杂的节奏，为 3~4 岁的儿童选择的歌曲，曲调中的节奏应主要以四分音符、八分音符和二分音符的节奏为主，偶尔也可以出现含有附点音符和休止符的节奏。为 4~6 岁的儿童选择歌曲时，可选择含有少量十六分音符、切分音的节奏，附点节奏出现的次数也可以稍微多一点。

为学前儿童选择歌曲的节拍，以 2/4 和 4/4 拍为主。为 4 岁前儿童选择歌曲时，除 2/4 和 4/4 拍的歌曲外，偶尔也可以选择一些 3/4 的歌曲。为 4~6 岁的儿童选择歌曲时，除 2/4 和 4/4 拍的歌曲外，还可以选择 3/4 拍甚至 6/8 拍、弱拍起唱、混合拍子的歌曲。

（3）速度适中。

由于学前儿童呼吸比较浅、短，气息不能支持快速和慢速的演唱。因此，选择歌曲一般以中速或中速稍快、中速稍慢为宜。为 4 岁前的儿童选择歌曲时，中速比较合适。4~5 岁的儿童比较容易兴奋，除适当选择比较轻快活泼、速度稍快的歌曲外，还应注意选择一些安静柔美、速度稍慢的歌曲。5~6 岁儿童发音器官和呼吸器官以及情感自控能力有了很大进步，可以为他们选择速度更快（慢）一些的歌曲，也可以选择一些含有速度变化的歌曲，如明显的快慢对比及渐快渐慢等。

（4）旋律比较平稳。

学前儿童一般不适合唱旋律起伏太大的歌曲。为学前儿童选择歌曲时，宜多选旋律比较平稳的歌曲。一般来讲，他们比较容易掌握的是三度（或以下）的音程，其次是四度、五度和六度音程。为 4 岁前儿童选择的歌曲应选以三度音程、五声音阶为主干的旋律。5~6 岁儿童的歌曲旋律可稍复杂一些，可以增加一些三度以上的跳进，但不宜有连续的大音程跳进。

（5）结构比较短小工整。

学前儿童一般不宜唱结构过长或复杂的歌曲。为 3~4 岁儿童选择歌曲，一般以 2~4 个乐句为宜，每个乐句不宜太长，总长度一般在 8 小节左右，而且结构比较工整（也就是说，乐句与乐句之间，在长度上是相等的，在节奏上是相同或相似的），多为一段体，一般没有间奏、尾奏等附加成分。为4～6岁儿童选择的歌曲，可含有5～8个乐句，偶尔也可唱稍长乐句的歌曲，总长度可增至16～20小节，在结构上可以选择一些简单的两段体或三段体的歌曲，一般可以有间奏和尾奏等附加成分，但仍然以一段体为主。

（6）词曲关系比较单纯。

学前儿童一般不宜唱词曲关系过于复杂的歌曲。由于学前儿童气息较浅，对呼吸的控制力较弱，所以唱词曲关系复杂的歌曲较难。为3～4岁儿童选择的歌曲，一般为一个字对一个音的。4岁以后，儿童可以逐步掌握一个字对两个音的词曲关系。但总的说来，为学前儿童所选的歌曲应以一字一音为主。

3. 歌曲类型方面

为学前儿童选择的歌曲要注意避免单一化，应体现内容、形式、风格等方面的丰富性和多样性。

（1）选择我国传统的经典儿童歌曲。

传统的经典曲目不仅旋律优美，学前儿童也乐于传唱，如《小燕子》《数鸭子》《大公鸡》《好妈妈》《好孩子要诚实》《小小猴真淘气》《我来当老师》等，在选材方面可以放心地使用。

（2）选择其他国家和民族的优秀儿童歌曲。

除中国歌曲，还可以适当选择世界其他国家和民族的优秀作品，这对扩大学前儿童的认识，提高他们歌唱的兴趣，领会不同风格的歌曲等，都有一定的积极意义，如《闪烁的小星》《张家爷爷的小花狗》《顽皮的杜鹃》《六只小鸭子》《亲爱的回声》等。

（3）选择适应新的语境变化的歌曲。

孩子们对于新事物比成人更加敏感，更易于接受。在新的时代，面对新的文化语境，教师应该对传统的经典歌曲加以传承和创新，可进行歌曲创编或自创歌曲。创编歌曲的常用方法是根据教学所需改编歌词或旋律，如将原有的歌词改成目的性较强、隐性地渗透价值观的内容。例如，将《两只老虎》歌词改编成："小朋友们，小朋友们，起床了，起床了。音乐已经响起，音乐已经响起，叮叮当，叮叮当。"除此以外，教师还可以自创歌曲。

## （二）歌唱形式的选择

歌唱的表演形式是指歌唱活动中参加者的人数、全体参加者的合作方式以及歌唱时所伴随的表演方式（如动作表演、乐器演奏等）的总和。学前儿童可以掌握的歌唱表演形式（包括节奏朗诵形式）主要有独唱、齐唱、接唱、对唱、领唱齐唱、轮唱、合唱和歌表演等。

1. 独唱

一个人独立地歌唱或独自歌唱。

2. 齐唱

两个或两个以上的人在一起整齐地演唱完全相同的曲调和歌词。

3. 接唱

个人或小组轮流或依次接唱，包括个人对个人的接唱、个人对小组的接唱以及小组对小组的接唱。常见的形式有半句半句的接唱、一句一句的接唱和两句两句的接唱。

找一个朋友碰一碰

1=C 2/4

1 34 | 53 | 64 | 2 - | 1 34 | 53 | 42 | 1 - |
找 一个 朋友，碰 一 碰， 找 一个 朋友 碰一 碰。

方案一：甲……………………………………………乙………………………
方案二：甲………………乙…………………甲………………乙…………

4. 对唱

形式上与接唱类似，内容上更强调问答式的呼应。包括个人对个人、个人对小组（或集体）、小组与小组之间的问答式的歌唱。

我爱我的小动物

1=C 4/4

5 6 5 4 3 1 | 2 1 2 2 3 5 — | 3 3 3 5 5 5 | 3 3 2 2 1 — ||
我 爱 我 的 小羊，小羊 怎样 叫？ 咩 咩 咩 咩 咩 咩 咩 咩 咩 咩。

方案一：甲问：………………………… 乙答：…………………………
方案二：甲问：………………………… 小组（集体）答：……………
方案三：小组问：……………………… 小组（集体）答：……………
方案四：小组问：……………………… 个人答：………………………

5. 领唱齐唱

一个人或几个人演唱歌曲中比较主要的部分，集体演唱歌曲中配合的部分。

谁也数不过

王森 词<br>汪玲 曲

1=D 2/4

3 3 5 3 | 50 | 5.3 | 5 — | 2 2 4 3 | 20 | 5 5 4 3 | 2 — | ……
天上 什么 多， 什么 多？ 小小 星儿 多， 小小 星儿 多。

方案一：甲领：………… 集体齐：………甲领：………… 集体齐：………
方案二：小组领：……… 集体齐：………小组领：……… 集体齐：………

6. 轮唱

各声部（主要是两个声部）先后按一定间隔开始演唱同一首歌曲。例如《闪烁的小星》具体的轮唱方法为：第二声部迟一小节开始，二声部可以前后结束，也可以第一声部与第二声部同时结束。若同时结束，第一声部可以重复唱一次最后一小节 | 2 2 1 — | 2

2　1　— ||，也可以让第一声部的最后一小节拉宽成 | 2　—　2　— |1　—　—　— || 与第二声部同时结束。

闪烁的小星

1=C $\frac{4}{4}$　　　　　　　　　　　　　　　　　　　　　　　　法国童谣

方案：

一声部：1　1　5　5 | 6　6　5　— | 4　4　3　3 | 2　2　1　— | ……
　　　　一 闪 一 闪　亮 晶 晶，　满 天 都 是　小 星 星。

二声部：　　　　　1　1　5　5 | 6　6　5　— | 4　4　3　3 | 2　2　1　— | ……
　　　　　　　　　一 闪 一 闪　亮 晶 晶，　满 天 都 是　小 星 星。

教师引导幼儿进行轮唱时，可以采用"公平支持"的带唱方式，如教师带第一声部唱"一闪一闪"后带第二声部唱"一闪一闪"，接着带第一声部唱"满天都是"后带第二声部唱"满天都是"，直至歌曲结束。同时，教师注意将脸部和目光朝向正在支持的声部，并注意使用夸张的口型和表情向幼儿提供暗示。

学前儿童以具体形象思维为主，教师可以通过视觉媒介帮助他们理解和把握两声部之间的配合关系。

7. 合唱

合唱是指分成两个或两个以上的歌唱组，各组按照不同的方式进行演唱。适合学前儿童的歌唱形式有四种：① 两个声部演唱相同的曲调，一个声部唱歌词，另一个声部用相同旋律唱衬词；② 一个声部用哼鸣的方式演唱旋律，另一个声部按节奏朗诵歌词；③ 一个声部唱原歌曲，另一个声部在第一个声部休止或延长处用演唱填充的词曲；一个声部唱歌词，另一个声部演唱固定音型式的词曲或延长音；④ 两个声部同时演唱两首相互和谐的歌曲等。

新　年　好

1=♭E $\frac{3}{4}$　　　　　　　　　　　　　　　　　　　　　　　英国儿歌

方案一：一声部：（演唱）1　1　1　5 | 3　3　3　1 | 1　3　5　5 | 4　3　2　— |
　　　　　　　　　　　　新 年 好 呀，新 年 好 呀，祝 福 大 家，新 年 好。
　　　　二声部：（衬词）啦 啦 啦 啦，啦 啦 啦 啦，啦 啦 啦 啦，啦 啦 啦。
方案二：一声部：（哼鸣）呜…………………………………………………………。
　　　　二声部：（朗诵）新 年 好 呀，新 年 好 呀，祝 福 大 家，新 年 好。

## 哈 巴 狗

1=C 2/4　　　　　　　　　　　　　　　　　　　　　佚 名 词曲

第一声部： 1 1 1 2 | 3 — | 3 3 3 4 | 5 — |
　　　　　 一 只 哈 巴　狗，　　 坐 在 大 门　口，
　　　　　 一 只 哈 巴　狗，　　 吃 完 肉 骨　头，

第二声部： 0　0　| 0 X X | 0　0 | 0 X X |
　　　　　　　　　　 汪 汪　　　　　　　　汪 汪

第一声部： 6 6 5 4 | 3 — | 5 5 2 3 | 1 — ‖
　　　　　 眼 睛 黑 黝　黝，　　 想 吃 肉 骨 头
　　　　　 尾 巴 摇 一　摇，　　 向 我 点 点 头

第二声部： 0　0　| 0 X X | 0　0 | 0 X X
　　　　　　　　　　 汪 汪　　　　　　　　汪 汪

**8. 歌表演**

歌表演是指在学前儿童歌唱的同时配以简单形象的动作、姿态、表情，来充分表达歌曲的内容和音乐形象。

## 猫 和 老 鼠

1=C 2/4　　　　　　　　　　　　　　　　　　　　　佚 名 词曲

1. 1 5 6 | 1 — | 1. 1 5 6 | 1 — | 1. 1 5 6 | 1. 2 3 5 |
一 只 小 老 鼠，　瞪 着 小 眼 珠，　呲 着 两 颗 小 牙，
2. 1 5 7 | 1 — | (2. 1 5 6 | 1 —) | 5. 5 5 5 | 1 — |
长 着 八 字 胡。　　　　　　　　　　 一 只 小 花 猫

2. 1 2 3 | 2 — | 1. 1 5 6 | 1. 2 3 5 | 2. 1 5 7 | 1 — ‖
喵 喵 喵 喵 喵，　吓 得 老 鼠 赶　紧　往　回　跑。

动作建议：

"一只小老鼠"：学做老鼠的样子。

"瞪着小眼珠"：双手做眼睛放在眼前。

"呲着两颗小牙":双手十指,做呲着两颗小牙状。
"长着八字胡":双手食指,胡须绕一圈,摇头摆出一副神气的样子。
间奏部分:做老鼠探头探脑的样子。
"一只小花猫":学猫走路的样子。
"喵喵喵喵喵":双手做胡须在嘴边学猫叫。
"一只小花猫":儿童自己创编各种受惊吓的动作。
结束部分:可学一声猫叫,儿童一起跑回座位。

☆ 互动平台

这些演唱形式分别适合哪个年龄班?哪些歌曲适合这一演唱形式?和同伴一起唱一唱,体验歌唱形式的多样。自选歌曲,为歌曲设计表演动作,边唱边表演。

## 二、学前儿童歌唱活动的目标

学前儿童歌唱活动的目标不仅仅是学会歌曲,还要以歌唱活动为载体提高儿童感受与欣赏美、表现美与创造美的能力,促进学前儿童在音乐素养、学习品质和个性社会性等方面的发展。

### (一)学前儿童歌唱活动的总目标

1. 认知目标

(1)能够感知、理解歌曲的歌词和曲调所表现的内容和情感。
(2)知道保护嗓音,会用适度的美的声音歌唱。
(3)知道如何用歌唱的方式与他人交流。
(4)能够理解各种集体歌唱表演形式所需的合作协调要求,知道如何在集体歌唱活动中与他人协调。

2. 情感与态度目标

(1)喜欢参加歌唱活动,体验歌唱活动的快乐。
(2)能够体验并努力追求唱出美好的声音的快乐。
(3)能够体验并努力追求与他人用歌唱的方式进行交流的快乐。
(4)能够体验并努力追求集体歌唱活动中的声音和谐与情感默契的快乐。

3. 操作技能目标

(1)能够基本正确地再现歌曲的歌词和曲调,较正确地咬字、吐字和呼吸。
(2)能够用自然、美好的声音进行歌唱,在歌唱时自然地运用脸部表情和身体动作表情。
(3)尝试用不同的速度、力度、音色、表情和身体动作等变化表现歌曲的不同形象、内容和情感。
(4)能够在集体歌唱活动中控制和调节自己的声音使之与集体相协调。
(5)学习领唱、齐唱、对唱、接唱、合唱及简单的两声部轮唱等形式的演唱方式。

## （二）学前儿童歌唱活动的年龄阶段目标

1. 小班

（1）对歌唱活动感兴趣，喜欢参加歌唱活动。

（2）集体歌唱时，能注意使自己的歌声与集体相一致，体验歌唱活动的快乐。

（3）能初步理解和表现歌曲的形象、内容和情感。

（4）学习用正确的姿势、自然的声音歌唱，并基本做到吐字清楚、唱准曲调和节奏（音域 $c^1 \sim g^1$）。

（5）初步学习听前奏，学习跟随伴奏唱歌，逐步做到一起开始和结束。

（6）在教师的帮助和引导下，能够为熟悉、短小、工整而多重复的简单歌曲创编歌词。

2. 中班

（1）喜欢演唱自己熟悉的歌曲和参与创造性的歌唱活动。

（2）能保持正确的姿势，用自然的声音大胆有表情地歌唱。

（3）学习接唱和对唱等形式，学习用不同的速度、力度和音色变化来表现歌曲的不同内容和情感。

（4）能够为熟悉、短小、工整的歌曲创编新歌词，并能尝试加入曲调演唱。

（5）掌握歌曲中的弱起节奏和休止符，会听前奏和间奏。

（6）在伴奏或无伴奏下完整地独立演唱，能在集体演唱时注意声音的协调。

3. 大班

（1）喜欢歌唱，能大胆、独立地在集体面前进行歌唱表演。

（2）能够用正确的姿势，愉快地、表情恰当地歌唱。

（3）能用优美、自然的歌声唱歌，并在音域（$c^1 \sim c^2$）内能正确地表现旋律、节奏和歌词。

（4）学习领唱、简单的两声部轮唱、合唱等歌唱形式，学习基本独立地即兴编、即兴唱。

（5）能用不同速度、力度、音色变化来表现音乐形象和情感，恰当地表现不同性质、风格的歌曲。

（6）尝试演唱富有民族特色的地方戏曲，并能用动作和表情表现戏曲特点。

## 三、指导学前儿童学唱新歌的一般步骤

### （一）活动前的准备工作

1. 分析歌曲并熟练生动地演唱歌曲

教师首先要对歌曲进行分析，分析歌曲的词曲作者、风格、内容以及情绪情感；分析歌曲主题思想及对学前儿童发展的作用；分析歌曲的构成要素如节奏、旋律、表现手法等；分析歌曲重点和难点，思考是否适合本班儿童。其次，教师要熟悉歌曲，在反复练习之后，准确、熟练地表现歌曲，能通过声音的强弱、快慢、音色、呼吸、表情及形象等技巧准确、生动地表现歌曲内容与情感，能为歌曲编配适宜的伴奏、动作等。

2. 经验的准备

在活动前教师应充分了解学前儿童，了解其音乐素养、歌唱能力、已有经验、对歌曲

的兴趣、性格、身体状况、情绪等,并为学前儿童做好前期经验的准备。

第一,提前感受与欣赏歌曲。利用一日活动间隙播放或教师唱给学前儿童听,使其形成对歌曲的初步印象;也可在各种活动如区域活动、语言、科学、社会、健康、艺术等活动中进行渗透。例如,学习《大皮球》这首歌曲,可以在早操或体育活动中学习歌词:"大皮球,圆又圆,拍一拍,跳一跳,拍得轻,跳得低,拍得重,跳得高,我的皮球接住了";学习《拔萝卜》这首歌曲,可以通过听故事了解歌词内容以及人物出场顺序,为学唱歌曲奠定基础。

第二,积累歌曲相关经验。可以是认知方面的经验,也可以是某种技能、动作、情感等方面的经验。例如,学习歌曲《我爱我的小动物》之前,引导幼儿认识小动物特征,了解其生活习性;学习歌曲《数高楼》之前,带学前儿童到大街上看高耸的楼房;学习歌曲《买菜》之前,带领学前儿童参观菜市场,认识菜市场中常见菜的名称及特征;学习歌曲《在农场里》之前,和学前儿童一起照顾园中或班里饲养的小动物,培养学前儿童喜爱动物、对动物友好的情感。有了相关经验后,对歌曲表达的内容和情感歌词就更容易理解和掌握,能大大提高学前儿童参与歌唱活动的兴趣。

3. 环境与物质材料的准备

环境具有承担教育活动的主场地、引线、补充和延伸等功能,教师可以营造歌唱氛围,布置与歌曲相关的墙饰、区域,提前布置好活动场地,保障歌唱活动顺利地进行。如学习歌曲《在农场里》之前,以"我的动物朋友"为主题布置墙饰,表现出小鸭跳舞,猫与小鸟追逐嬉戏,小猫、小狗与小鸭子在家门口玩耍,大马在草原上奔跑等情境,在墙饰上还可以布置农场场景,将农场中的各种动物表现在背景中,同时请学前儿童收集农场中的动物图片以及它们的特点等资料,丰富墙饰内容。

教师还需准备好歌唱活动中需要用到的物质材料。具体包括:教师的教具,如钢琴、打击乐器、实物、模型、图片、纸偶、音乐、音响设备、歌曲录音等;幼儿操作材料,如道具(头饰、纱巾、球等)、节奏卡、各种操作材料等。例如,歌唱活动《小小蛋儿把门开》,教师在活动前准备好中间有裂纹可以向两边打开"蛋"的大幅图画,以及小鸡和其他卵生动物的头饰,让学前儿童对"蛋儿把门开"有一个直观形象的认识,也便于游戏的开展。

### (二)指导学前儿童学唱新歌的一般步骤

1. 导入新歌

通过导入能将学前儿童的注意力吸引到新歌情境中,为感受与欣赏、表现与创造歌曲打下基础。常用的导入方法有发声练习、游戏、经验导入、故事、谜语、视频、声音、提问、谈话、图片、手偶、谜语、儿歌等。教师要根据学前儿童的情况和歌曲特点,采用适宜的导入方式。

(1)发声练习。

发声练习是教师通过游戏或师幼互动的方式让学前儿童在轻松愉悦的氛围中进行嗓音热身,起到保护嗓音,调动歌唱情绪的作用。发声练习的设计要注意趣味性和生动性,最好与接下来学习的歌曲有关。例如,在欣赏歌曲《我爱我的小动物》之前,教师选择歌曲中的小动物小羊、小猫、小鸡、小鸭设计发声练习,联系生活实际,请学前儿童尝试发出不同情境下的动物叫声,如小猫肚子饿怎么叫?生病时怎么叫?看到喜欢吃的鱼时会怎么叫?两只小猫吵架时会怎么叫?遇到危险时会怎样叫?特别开心时会怎样叫?学前儿童在有趣、多变的模唱中不知不觉进行了发声练习,也为接下来的歌唱活动做好了准备。并非每个歌唱活动都需要设计发声练习，教师可以根据需要来进行选择。

（2）游戏导入。

游戏对幼儿具有很大的吸引力，教师可以和学前儿童玩节奏游戏、语言游戏、感官游戏、手指游戏等导入活动。例如，小班歌唱活动《摸耳朵》，教师设计"听一听，摸一摸"的游戏，学前儿童听到什么，就摸自己相应的身体部位，从而引出歌曲；歌曲《我爱我的小动物》中的节奏 | 3 3 3　5 5 5 | 3 3　2 2　1 — | 学前儿童较难掌握，教师可以通过"节奏卡游戏"（如图 2-1 所示，看到一只小鸭子就学小鸭子叫一声）或者"听铃鼓走"的游戏导入，引导学前儿童看动物有节奏地学动物叫或者听铃鼓节奏走路，为其学习歌曲做好节奏的铺垫。

图 2-1　节奏卡

（3）经验导入。

已有经验是学前儿童学习的基础，教师可以通过提问、谈话等方式引导他们回忆与歌曲相关的已有知识或生活经验进行活动导入。例如，小班歌唱活动《我爱我的小动物》中，以"我喜欢的动物"为主题进行谈话，调动学前儿童已有经验，与他们共同交流、回顾饲养小动物、管理小动物的感受，帮助他们体验歌曲中对小动物的喜爱之情；中班歌唱活动《买菜》，教师通过"和谁一起去买过菜？有些什么菜？这些菜是什么样的？"等问题引导学前儿童回忆和家人去买菜的已有经验，有利于他们理解歌曲内容。

（4）直观材料导入。

直观材料简单易行，符合学前儿童的认知水平。教师可以利用图片、实物、玩具、手偶、木偶、指偶、头饰等直观材料，引入活动。例如，小班歌唱活动《袋鼠》，教师通过出示手偶引出活动，引导学前儿童认识袋鼠妈妈和袋鼠宝宝，帮助他们了解袋鼠妈妈用袋袋装着宝宝的喂养方式，体会袋鼠妈妈对宝宝的爱。

（5）情境导入。

情境导入具有形象、直观等特点，容易调动学前儿童的兴趣。教师根据歌曲内容，创设一定的情境导入活动，让学前儿童置身于特定的情境中，不知不觉进入主题。例如，中班歌唱活动《在农场里》，教师创设"农场准备举办一场音乐会，农场主邀请小朋友参加音乐会"的情境，激发学前儿童参与活动的兴趣；在歌唱活动《小猫钓鱼》中，学前儿童通过观看情境表演，初步了解歌曲内容。

（6）多媒体导入。

多媒体导入法是指教师运用视频、音频等多媒体手段导入活动的一种方式，对视觉和感官有较强烈的冲击，有利于激发学前儿童的学习兴趣。例如，在中班歌唱活动《学做解放军》中，教师通过让学前儿童观看解放军表演的视频，萌发其对解放军的热爱之情以及向解放军学习的美好愿望。

（7）故事导入。

学前儿童好奇心强，喜欢听故事，容易被生动的故事情节感染。教师可以通过讲故事吸引他们参与活动的兴趣。这种方法主要适用于故事性较强的歌曲，也适用于歌词内容和语言结构比较复杂的歌曲。例如，大班歌唱活动《雨中接妈妈》，教师随背景音乐声情并茂讲述故事，引导学前儿童体会小朋友不怕困难冒雨接妈妈的精神和他对妈妈爱的情感。

（8）谜语导入。

谜语是学前儿童喜闻乐见的一种语言游戏，猜谜语不但能够引起学前儿童兴趣，而且能锻炼其思维能力。例如，中班歌唱活动《小雨沙沙》中，教师说出谜面："千条线万条线，掉到水里看不见，这是什么呢？"引导学前儿童结合已有经验进行猜想，在教师引导和同伴相互启发下猜出谜底。

（9）动作导入。

动作导入主要适合歌词内容是直接描述动作过程或是比较富于动作性的歌曲。例如，歌曲《头发肩膀膝盖脚》，教师说出身体某一部位的名称时，学前儿童就将双手移到该部位。

2. 感受与欣赏新歌

学前儿童感受与欣赏新歌，一般有两种方式：一是教师范唱；二是播放歌曲录音或视频。相比歌曲录音或视频，学前儿童更喜欢教师范唱，教师范唱有演唱情感的交流，更能让他们产生亲切感，使其感受到音乐的魅力。因此，教师不应该依赖于音响，尽可能采用教师范唱的方式。

教师的范唱应准确、优美，为学前儿童做出正确的歌唱榜样。演唱时不走调，字正腔圆，遵循歌曲旋律的风格、旋律节奏准确、发音吐字清晰、姿势正确，同时能运用恰当的音色、表情和肢体动作来正确表达歌曲的思想感情，演唱要有一定的表现力和感染力，这样才能激发学前儿童感情的共鸣，产生学习新歌的兴趣和愿望。在学前儿童欣赏歌曲时，要"淡化伴奏"，在配曲伴奏时，要突出主旋律的音高，在主旋律清晰的基础上适当追求优美伴奏，应控制伴奏音量，以免影响学前儿童听清曲调。范唱时速度可以稍慢，尽量注意唱清楚歌词，范唱音量可以适当低一些，学前儿童可以听见即可，以防止受教师榜样暗示而在歌唱时喊叫。

学前儿童初次欣赏歌曲时，教师应让其完整欣赏，感知整个音乐形象，增强对歌曲的整体感受，这能引发他们对新歌的兴趣，对歌曲留下深刻印象。在欣赏歌曲前，教师可以提出问题，引导学前儿童带着问题欣赏歌曲，这样做有利于集中学前儿童的注意力，使他们在欣赏歌曲时更加专注。在歌唱活动中，教师应该让学前儿童对歌曲进行充分的感知，通过多次欣赏，帮助其感受和体验歌曲中蕴含的丰富的内容美和曲调美，以及理解记忆歌词和旋律。在多次欣赏中，教师可以变化不同的形式调动学前儿童的学习兴趣，如清唱、表演唱、弹唱等形式。

## 资格考试要点

弹唱歌曲、清唱歌曲是幼儿园教师资格证面试中的考点。要求熟练、完整地弹唱歌曲，富有表现力；旋律流畅，节奏准确，伴奏编配合理；弹唱协调，声音悦耳，表情丰富，具有感染力。

教师在弹唱歌曲时要注意突出主旋律的音高，在主旋律清晰的基础上追求优美伴奏，注意控制好伴奏的音量。

演唱时要遵循歌曲旋律的风格。一般来说，演唱抒情、优美、温柔的歌曲时，采用较慢速度、较弱力度以及连贯绵长的气息流动方式和"推"出去的咬字、吐字方式，如《我的好妈妈》《摇啊摇》等歌曲；演唱活泼、欢快、热情的歌曲时，采用适中的力度，较快的速度和相对有弹性、短促、不连贯的气息流动方式，如《小小蛋儿把门开》《洋娃娃和小熊跳舞》等；演唱坚定有力、朝气勃勃、雄壮激昂的歌曲时，多采用较强的力度、较快的速度和相对较短促，但比"跳音唱法"稍稍长一点、不连贯的气息流动方式和"打"出去的咬字、吐字方式，如《这是小兵》《小海军》等。

3. 通过多种方式帮助学前儿童理解歌曲

（1）提问法。

提问法是指教师可以通过提问帮助学前儿童理解歌曲。例如，欣赏歌曲《买菜》后，教师根据歌词顺序提问："今天的天气怎么样？""我和奶奶去干什么？""买了什么菜？"，引导学前儿童根据教师的提问和自己对歌曲的理解，回答出："今天的天气真呀真正好，我和奶奶去呀去买菜"……通过提问的方式，引导学前儿童在回答问题的过程中熟悉和记忆歌词。若不能回答出，可带着问题再次欣赏歌曲。

（2）图谱法。

图谱能具体、形象地展现歌曲的结构和内容。学前儿童以具体形象思维为主，通过图谱可以帮助其理解、熟悉、记忆歌词，了解歌曲旋律特点，理解歌曲内容。图谱设计要考虑歌曲结构和内容，图画要形象生动，注意色彩搭配。

## 资格考试要点

为歌曲配画是幼儿园教师资格面试中的考点。图谱设计一般要根据歌曲结构和内容进行设计。歌唱活动中的图谱多为一句歌词配一幅图，也可以采用一乐句两图、两乐句一图、一段一图的设计，具体根据歌词难易程度而定。如歌曲《蚂蚁搬豆》采用了一乐句一图的设计。歌曲《粉刷匠》采用了一乐句配两图的设计。

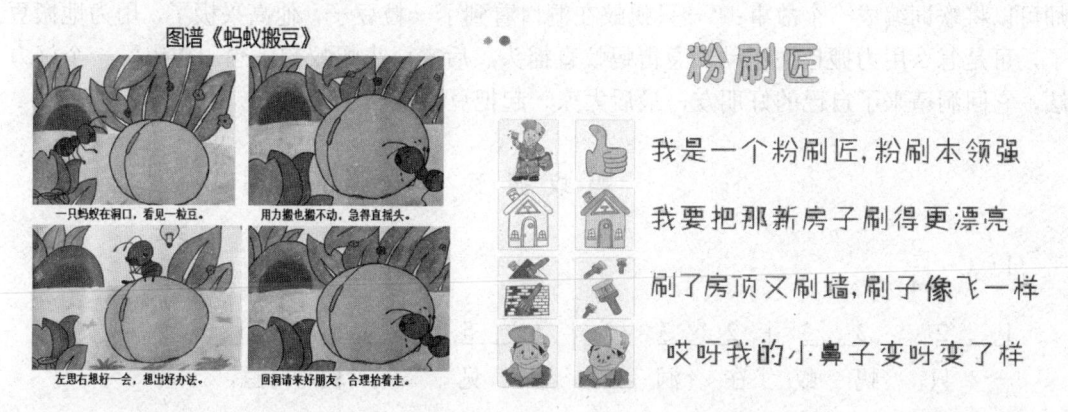

设计图谱要注重歌词形象化。制作图谱时，将歌词转换为相应图画。如歌曲《小鸟小鸟》的图谱，画上与歌词相匹配的图画，春天里，有阳光，树林里有花香……形象描绘春天的美丽景象。对于有实际意义便于用图画表示的歌词，可以用写实图片、象征图案，如《拉拉勾》既运用了写实图片也运用了象征图案。对于"啦啦啦"这类无实际意义的歌词，

可以用符号、图形、线条表示，如问号、感叹号、爱心符号、表情符号、圆形、波浪线等。如歌曲《歌唱春天》用实心圆点和波浪线的组合表现歌词"嘿啦啦啦啦"；歌曲《大象》用"？"表示"怎么那么长"，用竖起大拇指表示"才是漂亮"，用爱心表示"喜欢"等。大班幼儿有认识简单常用字的经验，并且对识字也有浓厚的兴趣，可以采用图文并茂的方式呈现图谱，运用文字来替代难以用图形表达的内容。

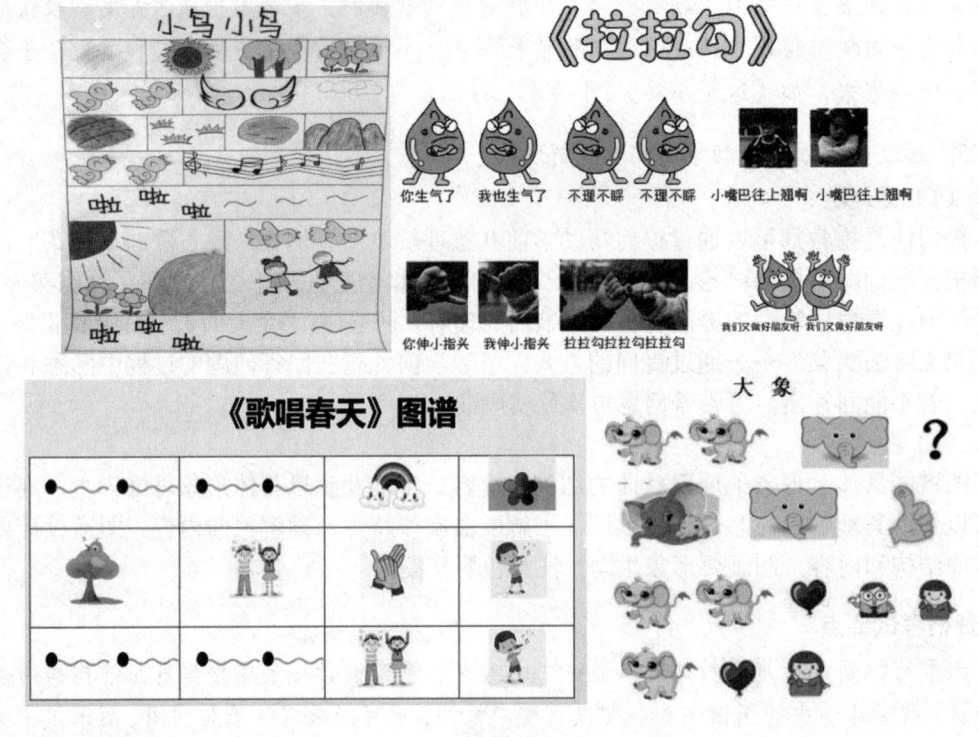

（3）故事法。

教师可以尝试把歌曲编成一个故事，帮助儿童理解歌曲内容。如歌曲《蚂蚁搬豆》，教师可以将歌词编成一个故事："一只蚂蚁在洞口看到了一粒豆子，他高兴极了，用力地搬豆子，可是怎么用力搬也搬不动，急得蚂蚁直摇头。后来，小蚂蚁想了想，想出了一个好办法，它回洞请来了自己的好朋友，最后大家一起把豆子抬回了家。"

## 蚂 蚁 搬 豆

1 = C  2/4

| 1  2  | 3  3 | 2  3  | 5  | 6  5 | 3  6 | 5  —  |
| 一 只 | 蚂 蚁 | 在 洞 | 口， | 看 见 | 一 粒 | 豆， |
| 小 小 | 蚂 蚁 | 想 一 | 想， | 想 出 | 好 办 | 法。 |

| 5. 6 | 5  3 | 1  2  3 | 5. 3 | 2  3 | 1  —  ‖ |
| 用 力 | 搬 也 | 搬 不 动， | 急 得 | 直 摇 | 头。 |
| 回 洞 | 请 来 | 好 朋 友， | 抬 着 | 一 起 | 走。 |

（4）动作表演法。

动作表演法是在歌唱活动中配以简单形象的动作、姿态、表情，用来表达歌词的内容和音乐形象。歌唱活动中的动作表演是儿童喜爱的一种音乐形式。它的最大特点是不仅能大大提高儿童学习的积极性，对帮助儿童记忆歌词、促进动作发展、增强节奏感、有感情地表达上都有一定的好处。例如，中班歌曲《树叶》，教师引导学前儿童为歌曲配上了树叶飘落的动作，不仅能帮助他们记忆歌词，还利于他们轻松自由地进行歌曲表现。

树　叶

1 = C　2/4

1 2 3 4 | 3 2 1 | 5 6 5 6 | 5 — | 5 6 5 4 | 3 1 |
我 是 一 片　树 叶　一 片 树　　叶，　秋 风 吹 落　我 呀！

2 3 2 3 | 2 — | 1 2 3 4 | 3 2 1 | 5 6 6 | 6 — |
飘 呀 飘 呀　飘，　　　一 片 一 片　树　叶　吹 在 一　起，

5 6 5 4 | 3 1 | 2 4 3 2 | 1 — ‖
变 成 许 多　树 叶　许 多 树　　叶。

（5）游戏法。

游戏是幼儿园的主要活动形式。在歌唱活动中，教师可以将游戏渗入其中，帮助学前儿童理解歌曲内容。如小班歌曲《小小鸡》，教师扮演鸡妈妈，幼儿扮演小鸡，让幼儿在玩游戏的过程中自然而然地熟悉和演唱歌曲。

（6）节奏朗诵法。

有些歌曲节奏鲜明，词曲结构朗朗上口，可以采用节奏朗诵法，引导学前儿童按歌曲的节奏朗诵儿歌，帮助他们熟练掌握节奏，进而学会演唱歌曲。

买　菜

1 = F　2/4　　　　　　　　　　　　　　　　　　　湖北民歌

1 5 | 1 5 | 3 2 3 5 | 1 — | 5 1 | 5 1 | 3 2 3 1 | 2 — |
今 天 的　天 气　真 呀 真 正　好，　我 和　奶 奶　去 呀 去 买　菜。

‖: 1 1 1 3 | 5 5 | 1 1 1 3 | 5 · 5 :‖ X X X X | X X X | X X X X |
鸡 蛋 圆 溜溜　呀，青 菜 绿 油油　呀，萝 卜 黄 瓜　西 红 柿，蚕 豆 毛豆
母 鸡 咯 咯叫　呀，鱼 儿 水 里游　呀，

X X X ‖: 1 5 5 | 1 5 5 | 3 2 3 5 | 1 — :‖ 1 X ‖
小 豌 豆　　哎 呀 呀　哎 呀 呀　拿 也 拿 不　了。　　嘿！

⊙ 练一练

尝试有节奏地朗诵歌曲《买菜》。

总之，帮助儿童理解歌词可以通过多种方式，教师应根据歌曲的特点和本班儿童的年龄特点灵活选用。

4. 学唱歌曲

教师引导学前儿童学唱新歌，有整体跟唱法和分句教唱法。整体跟唱法就是教师演唱全曲，学前儿童从头到尾跟着学唱全曲，通常用于结构短小、歌词简单的歌曲。这种教唱方法能够让学前儿童整体感受歌曲的意义、内容、情绪，易于引起相应的情感体验。分句教唱法就是教师唱一句，学前儿童学一句，通常用于歌曲中的重点和难点乐句或较长乐句。这种教唱方法教师容易教，学前儿童容易学，但容易破坏歌曲的完整性和要表达的艺术形象，同时一句一句的机械学唱，不利于学前儿童有意注意和有意记忆的发展。

教师在活动中要根据歌曲和学前儿童的实际情况灵活选用方法。例如，教师在歌唱活动《小猪睡觉》中，教师先采用整体跟唱法引导学前儿童学唱歌曲，学前儿童在学唱中对歌曲第九至十二小节"呼噜噜噜噜，呼噜噜噜噜，呼噜呼噜，呼噜呼噜"的节奏把握不准，教师再用分句教唱的方法引导学前儿童唱准这一句歌词，将整体跟唱法和分句教唱法结合在一起使用。

## 小 猪 睡 觉

刘明将　词曲

$1=^bB$　$\frac{2}{4}$

3 5　3 5 ｜ 5 ｜ 3 5　3 5 ｜ 5 ｜ 6 1　1 6 ｜ 5 3 ｜
小 猪 吃 得　饱 饱，闭 着 眼 睛　睡 觉，大 耳 朵 在　扇 扇，

6 1　1 6 ｜ 5　3 ｜ 5 5 5 5 ｜ 1　5 5 5 5 1 ｜ 5 1　5 3 ｜ 5　1 5 3 ｜
小 尾 巴 在　摇 摇，呼 噜 噜 噜　噜，呼 噜 噜 噜 噜，呼 噜 呼　噜，呼 噜　呼 噜

5 1　3 2 ｜ 1　1 ‖
小 尾 巴 在　摇 摇。

5. 巩固歌曲，变换多种形式演唱歌曲。

当学前儿童基本会唱之后，教师可以通过多种方式巩固，保持学前儿童对歌曲的新鲜感和演唱的积极性，提高他们在原歌唱水平上的表现力。

（1）巩固歌曲的组织形式。

① 全体唱。全班学前儿童齐声欢唱，能够营造一种欢乐的气氛，也能增加唱歌的兴趣，在一起演唱的过程中，可以互相学习，取长补短。

② 部分儿童唱。部分学前儿童唱能够满足其表达自己情感的愿望。同时，可以让学前儿童轮流得到休息，并养成仔细倾听别人唱歌的良好习惯。

③ 单独唱。教师应有意识地请学前儿童单独唱，逐步使每个儿童都具有大胆地在众人面前歌唱的能力。

（2）巩固歌曲的方法。

① 表演唱。表演唱是歌唱与表演结合，这种方法适合角色比较丰富或情境性强的歌曲。边唱边表演或分角色表演能激发学前儿童歌唱的兴趣，同时有助于记忆歌词、增加节奏感、

促进动作的协调以及提高歌曲表现的能力。教师可以准备一些挂饰、服装等道具,学前儿童自选角色进行表演,体验歌表演的乐趣。

② 变换演唱形式。不同歌唱表演形式可以表达出歌曲不同的演唱效果,并能增进学前儿童唱歌的兴趣。具体来说,可以根据歌曲的内容以及学前儿童的能力选择接唱、对唱、领唱齐唱、轮唱、合唱等演唱形式。

③ 边操作教具边唱。准备一些形象可爱、色彩鲜明又便于操作的教具,让学前儿童边使用教具边唱歌,能激发其唱歌的积极性。如歌曲《小鸭小鸡》,可用小鸭子和小鸡的玩具辅助儿童歌唱。

④ 游戏中演唱。在学前儿童学会歌曲后,用游戏的方法可以提高他们的兴趣,在玩中学,学中玩。如巩固歌曲《扮家家》时,学前儿童边做游戏边巩固歌曲。

⑤ 边画边唱。对于形象鲜明、生动,具有很强的视觉联想效果的歌曲,可通过绘画巩固歌曲。例如,在学会《粗心的小画家》这首歌曲后,改编歌词为:"画只螃蟹八条腿;画只鸭子扁嘴巴;画只小兔长耳朵;画匹大马粗尾巴",后续编绘画《细心的小画家》。

⑥ 为歌曲伴奏。教师可以引导学前儿童用拍手、跺脚、念白、乐器演奏等方法为歌曲伴奏,以达到复习、巩固和提高学前儿童歌曲表现力的效果。

⑦ 创造性歌唱活动。在实际教学中,教师还可以将歌曲复习与创造性歌唱活动结合起来,使复习的形式更加多样、生动、有效。

● 创编动作

在歌唱活动中,对于结构简单、工整,歌词内容富有动作性的歌曲,教师可以有意识地引导学前儿童展开想象,为歌曲编出生动形象而有趣的表演性动作,以发展其创造性。如歌曲《走路》,欢快活泼,歌词生动有趣,非常适于学前儿童用动作来表现,可以根据歌词内容,引导他们创编相应的表演动作。

走　路

陈镒康　词
苏勇　王平　曲

$1=C$　$\frac{2}{4}$

1 3 | 5 3 | 1 1 1 1 | 5 — | 1 6 | 5 3 | 4 4 4 4 | 2 — |
小兔　走路,蹦蹦蹦蹦跳,　小鸭　走路　摇呀摇呀摇,

渐慢

3 4 5 | 3 4 5 | 6 6 | 6 — | 5 1 1 | 3 6 5 | 4 3 2 | 1 — ‖
小乌龟走路慢吞吞,　　小花猫走　路　静　悄　悄。

动作参考:

小兔走路蹦蹦蹦蹦跳——小朋友双手竖起中指和食指放在头顶上做小兔子的耳朵,跟着音乐节奏双脚往上跳。

小鸭走路摇呀摇呀摇——小朋友双脚屈曲着走路,双手打开在身体两旁,手掌并拢往上压,并前后摇。

小乌龟走路慢吞吞——双手在前面交替不停地做爬的动作。

小花猫走路静悄悄——双手撑开五指在脸的两旁往外拉，双脚轻轻地往前走。
● 创编歌词
在歌唱活动中，教师可以有意识地引导学前儿童创编歌词，体验和享受自我表达的乐趣。例如，小班歌曲《大苹果》，教师可以引导学前儿童一起创编梨子、橘子等水果；歌曲《两只老虎》，教师可以引导学前儿童进行多种创编。

创编第一句歌词：除了老虎，还有什么动物跑得快？在儿童回答的基础上，将第一句改成其他跑得快的动物（狮子、马）来唱唱。

创编第二句歌词：跑得慢的动物有哪些？提醒儿童自己说一说，替换歌词唱一唱。

创编第三句和第四句歌词：想一想小动物除了没有眼睛、没有尾巴，还会是什么样子的？鼓励儿童把第三、第四两句歌词替换唱一唱。

## 两只老虎

1=C 2/4　　　　　　　　　　　　　　　　　　　佚名 词曲

| 1 2 3 1 | 1 2 3 1 | 3 4 5 | 3 4 5 |
两　只　老　虎，两　只　老　虎，跑　得　快，跑　得　快，

| 5 6 5 4 3 1 | 5 6 5 4 3 1 | 2 5 1 | 2 5 1 ‖
一只没有眼　睛，一只没有尾　巴，真　奇　怪，真　奇　怪。

● 创编伴奏
在复习歌曲中，教师可以引导儿童用拍手、乐器演奏、拍腿、跺脚等方式为歌曲编配伴奏，以此来增强儿童的节奏感，激发儿童复习歌曲的兴趣。例如，歌曲《大雨和小雨》，教师首先引导儿童边唱边拍手，表现大雨时重重地拍手，表现小雨时轻轻地拍手。其次，教师引导儿童选择合适的乐器进行演奏，例如，用铃鼓来表示大雨，用碰铃表示小雨。

## 大雨和小雨

1=C 2/4　　　　　　　　　　　　　　　　　　　金潮 词曲

活泼地

| 5 3 4 2 | 3 — | 5 3 4 2 | 3 — | 5 3 4 2 | 5 3 4 2 |
大雨哗啦　啦，　小雨淅沥沥，　哗啦啦，　淅沥沥，

| 5 3 4 2 | 1 — | 5 3 4 2 | 5 3 4 2 | 4 4 3 4 | 5 — |
大雨　小雨　落下　来。大雨　哗啦　啦，　小雨　淅沥　沥。

| 6 6 | 5 5 5 3 | 4 4 3 4 | 2 — | 5 5 5 3 | 5 5 5 3 |
大雨　哗啦　啦，　小雨　淅沥　沥。　哗啦　啦　淅沥沥，

| 4 4 4 2 | 4 4 4 2 | 5 4 3 2 | 1 1 1 ‖
哗啦　啦　　淅沥沥，　大雨　小雨　落下　来。

## 资格考试要点

歌曲创编是幼儿园教师资格证面试中的考点。可以根据歌曲创编歌词、动作和伴奏。

## 相关链接

《3~6岁儿童学习与发展指南》中指出：要营造安全的心理氛围，让幼儿敢于表达，乐于表现。如在幼儿自主表达创作过程中，不要过多干预或把自己的意愿强加给幼儿，在幼儿需要时再给予具体的帮助。

**【案例赏析】**

小班音乐活动：小乌龟[①]

一、设计意图

《幼儿园教育指导纲要（试行）》中的艺术领域强调幼儿的感受能力、表现能力与创造能力，把感受放在活动的首位。在幼儿园音乐活动中，歌曲教学居多，而歌曲教学往往只重视学，轻视感受。教师要创造性地运用各种教学方法，激发幼儿参与音乐活动的兴趣。结合幼儿的思维特点以及发展水平，笔者选择了《小乌龟》这首通俗易懂、旋律简单的歌曲，旨在让幼儿在生动化、游戏化的音乐体验中感受美、表现美和创造美。以"感受—体验—表现"为设计线索，用多种形式让幼儿体会歌曲的节奏、乐趣，与其他领域活动结合渗透，让幼儿在音乐的体验和感受的轻松氛围中学唱歌曲，培养幼儿的歌唱能力和表现力。

二、活动目标

1．知识与技能目标：在音乐游戏中体会《小乌龟》中的四个乐句，模仿学唱歌曲。

2．过程与方法目标：通过肢体动作的配合感受歌曲四二拍子的节奏，大胆演唱歌曲。

3．情感与价值目标：体验歌唱活动带来的快乐，激发对小动物的喜爱之情。

三、活动重难点

1．重点：在体验中掌握歌曲旋律，学唱《小乌龟》这首歌曲。

2．难点：以积极、饱满的情感大胆演唱歌曲。

四、活动准备

《小乌龟》音乐、小乌龟公仔、小乌龟手指偶、碰铃。

五、活动过程

（一）故事导入，吸引兴趣

1．出示小乌龟

教师："孩子们，你们看这是谁呀？"教师模仿小乌龟说话的语气口吻，并且融入语言节奏。教师再向幼儿问好："小朋友，你们好！"（♩ ♩ ♩ ♩ ♩ ♩）。引导幼儿也用同样的语言节奏回应问好："小乌龟，你好！"（♩ ♩ ♩ ♩ ♩ ♩）。让幼儿初步感受四二拍子的节奏。

2．讲故事

有一个关于小乌龟的故事，要跟你们分享。从前，小乌龟住在山坡的下面，小乌龟的

---

① 陈嘉靖．小班音乐活动：小乌龟[J]．教育观察，2020，9（04）：100-102.

奶奶住在山坡的上面……

3. 歌词融入

用问题引导幼儿回忆故事情节：

这个故事讲的是谁呀？它要做什么呢？（小乌龟上山坡）。

小乌龟都干吗去了？（去看它的奶奶了）

小乌龟是怎么去的呢？（爬呀爬呀）

小乌龟是怎么爬的呢？我们来学学小乌龟吧。（幼儿自由发挥乌龟爬的姿势）

小乌龟爬山坡累了，他们会发出什么声音呀？（嘿嘿呦，嘿嘿呦）

小乌龟去看奶奶还带了好吃的，还记得是什么吗？（带了面包和糖果）

小乌龟远足去看奶奶，它的心情怎么样？（小乌龟一路非常高兴，沿途乐悠悠）

（二）创设情境，熟悉旋律

1. 播放音乐

教师说："小朋友们知道吗，这个故事还可以唱出来。我们来听一听是怎么唱的？"幼儿欣赏音乐，教师边唱边做动作，面带微笑地做好示范。教师引导："好不好听呀？这首歌曲有个好听的名字，叫《小乌龟》。"

2. 设置情景

教师："现在我是乌龟妈妈，你们是小乌龟，小乌龟们跟着妈妈一起爬山坡好吗？请小朋友们起立，带上甜甜的笑容。"（播放音乐两遍）幼儿跟随教师模仿小乌龟爬山坡的动作并逐渐熟悉歌词，学着跟唱。

（三）手偶配合，感知节奏

教师："小乌龟爬山坡爬累了，现在乌龟妈妈带了好玩的东西。"（乌龟手偶）

教师："小朋友们看看，乌龟妈妈是怎么跟乌龟手偶来做游戏的？"

教师示范一遍：跟随音乐做向上爬的动作，每一句的结束点拍一下手。提问幼儿拍了几下？（四下）接着提问："一共有几个乐句？"（四句）

教师发给每位小朋友两个手偶，并清唱示范一遍。教师说："这一次我们带上小乌龟手偶来跟我们一起爬山坡。"教师带领幼儿边唱边做，注意观察幼儿的节奏，拍手的点是否准确，根据幼儿的情况适当示范和说明。（重复两遍音乐）

（四）乐器伴奏，体会乐句

教师："我有更好玩的游戏，我们用碰铃来为这首歌曲伴奏吧。"教师出示碰铃，向幼儿交代碰铃的使用要求和注意事项，并首先示范唱，用碰铃配合节奏，每一乐句的结束点碰一下，再用语言引导、提醒幼儿："听一听碰铃在什么时候碰了一下？一共碰了几下，一共有几个乐句？"然后，教师总结："我们一共碰了四下，我们有四个乐句。"教师把碰铃发给每位幼儿，边唱边伴奏。

（五）齐唱歌曲，动作配合

教师："现在我们都变成小小乌龟去远足喽。"教师带领幼儿一起清唱，加上动作，鼓励幼儿大声歌唱，接着放音乐伴奏，边唱边做爬山坡的动作。教师带着演唱两遍之后，逐渐放手让幼儿独立演唱歌曲。让唱得好的幼儿大胆表现。

（六）歌词改编，区域延伸

教师："小朋友们想想，除了小乌龟可以和我们爬山坡，你们还想让什么动物跟我们一起爬山坡？"

幼儿："猴子、小猫、小狗……"

教师："那现在我们都变成小猴子去爬山坡喽。"教师带领幼儿一起歌唱并模仿小猴子的动作。

教师："我们的区域音乐小剧场有很多小动物，你们可以带着它们一起爬山坡。"

六、活动反思

这次歌唱活动的设计与开展，优势体现在能够做到与其他领域活动相结合，如与语言领域活动的结合（故事导入）、与科学领域活动的相结合（观察小乌龟外形、模仿爬行动作）等。本次活动可以满足幼儿园整体课程改革综合化、一体化的需要，有助于将各种教育因素全面整合利用起来，促进幼儿在音乐能力及其他方面的全面发展。通过活动，幼儿能细致解读歌曲，找准歌曲的重难点。游戏让歌曲学习由枯燥变得有趣，幼儿可以运用多种形式掌握歌曲节奏和歌词，并且为下次的创编留有余地。

同时，本次歌唱教学活动也存在不足，这里总结了一些改进的方法。

第一，幼儿的情绪情感没有充分地调动起来。在教学当中，虽然教师用多种方式让幼儿体验歌曲，但是幼儿体验得不够，每种形式体验的时间和次数少，情感的表现也很平淡。歌曲本来就短，幼儿刚开始进入就结束了，如果把歌曲改编为两遍，或者多让幼儿一边唱歌一边体验，幼儿的表现可能会更好一些。

第二，教师的语言感染力、表现力有待加强。依据小班的年龄特点，教师在组织活动时说话语气的风格应趋向童趣化，语调抑扬顿挫、生动化的语言才能吸引幼儿的注意力，若用"成人化"的语言，会让幼儿难以理解语句所表达的意思。在环节过渡时，少用"好不好呀""好吗"这样的提问，否则会使幼儿产生听觉疲劳，分散注意力。教师要站在幼儿的角度，多用生动、有趣的、幼儿容易理解的话语引导、提醒、吸引幼儿参与。

虽然教师预先设计好了教学方案，但是真正落实到活动中，"执行力"还是没有充分体现出来。幼儿易被教师的动作、教具（如手偶、碰铃）所吸引，而忽略对歌词的理解记忆，这样对幼儿的记忆是有影响的。这跟教师自身的处理是有关的，没有运用自身的语言技巧把幼儿的注意力从教具上吸引过来。因此，教师需要继续加强语言感染力和表现力，注意语言的轻重高低，面部表情、举止、身段、动作神态等，提高自身的教学水平，积累教学经验。

**大班歌唱活动：我们都是好朋友**[①]

一、设计意图

在开展大班主题活动《小小地球村》时，孩子们就对周围的环境以及常见的小动物很感兴趣，而歌曲《我们都是好朋友》正抒发着对小动物的喜爱以及对我们的生存环境——地

---

① 徐朗煜. 大班歌唱活动：我们都是好朋友[J]. 当代学前教育，2017（04）：43-45.

球的美好情感。整首歌曲旋律优美，呈 AB 结构。A 段的四个乐句在节奏型上较相似，在句式上表现为倒装句，如"留一片绿草给小兔""留一片蓝天给小鸟"……适合大班幼儿学唱。

二、活动目标

1．熟悉歌曲旋律，在扔骰子、传骰子等游戏中初步学唱歌曲。

2．通过观察骰子六面图、模仿动作等理解记忆歌词，在挑战游戏中模仿创编部分歌词。

3．感受歌曲和谐快乐的情绪，初步建立保护环境的意识。

三、活动准备

1．骰子1个，四周分别贴有歌词中出现的小兔、小鸟、小鱼、熊猫图片，上下两面贴有最后两句歌词对应的图片；另根据歌词准备四张小动物生活环境的图片（如草地、蓝天、清泉、森林）供制作骰子。

2．钢琴现场伴奏。

四、活动过程

（一）跟随琴声学小动物进场：感知歌曲旋律

教师：孩子们，听，美妙的音乐响起来了，吸引了许多小动物呢，我们学小动物玩一玩吧！

教师：你发现有哪些小动物来啦？

幼儿：有小兔，还有小鸟。

幼儿：我看到了小鱼。

幼儿：熊猫也来了。

小结：原来一共来了四只小动物呢！

（分析：导入环节中，教师引导幼儿跟随琴声学相应的小动物进入活动室。幼儿一方面初步感知歌曲的旋律和节奏，另一方面对歌词中出现的四种小动物有了初步的了解。）

（二）尝试给小动物送礼物：熟悉理解歌词

1．第一次倾听欣赏歌曲，感知歌曲的内容。

教师：四只小动物来做客了，我们送一些礼物给它们吧！送什么呢？仔细听！

教师：歌曲中给小动物送了些什么？谁能用歌词里的话说一说？

幼儿：留一片蓝天给小鸟。

幼儿：留一片森林给熊猫。

教师：请你们给小动物送上相应的礼物。

2．第二次倾听欣赏歌曲，把握歌曲的内容。

教师：还有吗？需要我再唱一遍吗？

小结：我们小朋友把送给小动物的礼物都找出来了。

（分析：此环节中，教师组织幼儿有目的地倾听、欣赏两遍歌曲，并在每次欣赏后，引导幼儿先说一说歌词内容，再根据歌词把小动物对应的环境图片贴到骰子对应的动物面上。运用骰子既帮助幼儿感知、理解了歌词，又在送礼物的过程中帮助幼儿建立起小动物与其生活环境之间的内在联系。）

（三）玩传骰子、扔骰子游戏：初步学唱歌曲

1．介绍传骰子、扔骰子游戏的规则。

教师：骰子做好了，扔一扔！朝上的一面是什么？（蓝天）应该留一片蓝天给谁呢？我们一起学小鸟飞一飞！

教师：你们想玩扔骰子的游戏吗？听好了，我们一边唱歌一边传骰子，当唱到最后一句"世界变得更美妙"的"妙"字时，骰子在谁的手中，谁就来扔。

2．幼儿一边2～3遍玩骰子游戏，一边倾听并学唱歌曲。

教师：骰子在谁的手里？谁来做小动物的动作？

（分析：前一环节，教师组织幼儿在送图片的过程中理解歌词，并完成骰子的制作；此环节中，教师引导幼儿按照游戏规则进行传递骰子、扔骰子，并根据骰子朝上面的图片模仿相应小动物的动作。整个倾听、学唱歌曲的过程都是在传、扔骰子的游戏中实现的。）

（四）跟琴唱、反思唱、表演唱：完整学唱歌曲

1．跟随琴声伴奏，完整学唱歌曲。

教师：刚才我们一边传骰子一边唱了一首歌，歌曲的名字叫《我们都是好朋友》，让我们跟着琴声轻轻地唱一唱！

2．对歌曲的掌握情况进行自我反思。

教师：小朋友们会唱了吗？你觉得哪一句有难度？怎么办？

幼儿：请老师再唱一遍/请会唱的小朋友再唱一遍。

3．一边做动作一边演唱歌曲。

教师：这一次我们一边唱歌一边进行动作表演，把歌曲里的小兔、小鸟、小鱼和熊猫的动作表演出来，试一试！

（分析：此环节中，教师鼓励并支持幼儿用各种不同的方式完整学唱歌曲，如跟随琴声唱、反思唱、表演唱等，幼儿在学唱中反思自己对歌曲的掌握情况，并通过思维碰撞找到听别人唱、自己练习等学习的好方法；幼儿在表演唱中，除了能提升动作技能，也发展了艺术表现的自信。）

（五）玩抢椅子挑战游戏：创编部分歌词

1．介绍抢椅子的游戏规则。

教师：这一次游戏再升升级！我们把椅背转过来，椅面朝外，小朋友围着椅子一边走一边唱歌。唱到最后一句"美妙"的"妙"字时找椅子坐下。听明白了吗？

2．玩3～4次抢椅子游戏，创编歌词。

教师：让我们走起来，唱起来！谁没抢到椅子？怎么办？没抢到椅子的小朋友有机会来扔骰子完成一句创编，听明白了吗？

教师：请你来扔骰子！哪一面朝上？还可以唱留一片××给谁呢？请你把这一句唱出来！

小结：小朋友们真会动脑筋，把美妙的世界留给了这么多的小动物。

（分析：在此环节中，为了引发幼儿创编歌曲的兴趣，教师借助抢椅子的挑战游戏，

让没有抢到椅子的幼儿来扔骰子完成一句创编。游戏3~4次后，替换掉歌曲中的所有小动物，完成创编部分歌词的目标。挑战游戏激发了大班幼儿参与活动的积极性和目的性。）

（六）完整表演唱：升华环保主题

教师：我们学唱了歌曲《我们都是好朋友》，还创编了属于自己的一段歌词，现在我们将两段歌曲连起来完整地唱一唱，演一演。哪位小朋友自告奋勇来为我们的表演报个幕？

总结：在自然界中，不仅动物是我们人类的好朋友，像植物、我们周围的环境，都是我们的好朋友，我们要保护它们！现在，让我们一边唱着歌儿一边去找找周围的美妙世界吧！

（分析：此环节教师鼓励幼儿毛遂自荐报幕，这样的"放手"给了幼儿充分的自主与自信。幼儿尝试将歌曲原有的歌词和自己创编的歌词完整地进行表演唱，体验到了完整演唱、自我表现的满足感。在活动最后，通过师幼互动总结，升华了保护我们周围环境的主题。）

五、延伸活动

在幼儿初次体验到演唱自己创编歌词的满足感后，教师可以给幼儿更大的挑战，如分组轮唱PK赛。可以将幼儿分成若干组来个轮唱PK赛，看看哪组创编的小动物更多，创造的世界更美妙、更丰富！

六、活动反思

整个活动我只用了一个六面体的骰子进行游戏化的教学，骰子的六个面正好每面对应一句歌词。通过引导幼儿往骰子上贴歌词画面熟悉歌词、传骰子学唱歌曲、抛骰子创编歌词循序渐进地组织活动。实现了"最简单的材料投入，最大的优化利用"。

在活动中，我通过设境激趣，鼓励幼儿用多样的方式演唱歌曲，调动幼儿的多种感官体验，帮助幼儿实现在游戏中学唱、乐唱、编唱歌曲。

1. 设境激趣，在游戏中学唱歌曲。

本次活动打破了传统学唱歌曲的模式，通过创设给小动物送礼物的情境，激发幼儿学唱歌曲的兴趣。在活动中，幼儿根据歌词为小动物送相应的环境图片作为礼物，巧妙制作了骰子，并玩传递骰子、扔骰子，在一系列的游戏中逐步熟悉歌词内容、感知旋律、学唱歌曲。

2. 方式多样，在游戏中乐唱歌曲。

幼儿在游戏中倾听歌曲，产生了想尝试唱歌的美好愿望。引导幼儿运用跟琴唱、反思唱、表演唱等多种方式进行歌唱。尤其是反思唱的运用，幼儿能及时反思自己演唱歌曲过程中出现的问题，自己动脑筋寻找办法，体验到了通过自身努力解决问题的快乐情绪。

3. 多官体验，在游戏中编唱歌曲。

在创编歌词环节，运用传统的体育游戏"抢椅子"。没有抢到椅子的幼儿扔骰子完成指定面的歌词创编。在此过程中，幼儿综合运用视觉、听觉、肢体运动觉等各种感官，完成对不同环境中出现的小动物的歌词创编。当四句都创编结束后，及时引导幼儿将创编部分装进歌曲旋律中完整演唱，从而感知整首歌曲的完整性，提高幼儿的审美情趣。

## 中班音乐活动：鸭子上桥（皮影介入）[①]

一、设计意图

歌曲《鸭子上桥》是一首生动有趣、朗朗上口且富有一定情境的歌曲，深受中班幼儿喜爱。歌词浅显易懂，但乐曲中的间奏停顿和附点对中班幼儿有一定的难度，以及鸭子"上桥"和"下桥"的数序概念，都需要借助生动、直观的教学媒介来帮助幼儿理解，从而突破学习难点。皮影艺术是一种艺术元素丰富、形态可知可感的综合性传统艺术，将其作为一种教学媒介介入幼儿园集体教学中，有其他教学媒介难以替代的优势，相比其他的教学媒介，如图谱、视频、图片、实物等，皮影在介入的过程中灵活性更强。幼儿可以拿着皮影直接操作、体验游戏、表现和创造等，进而激发学习兴趣，营造学习的情境，生成新的想法等。同时，将皮影艺术以介入渗透的方式融入幼儿的学习与生活，除了有支持幼儿音乐学习的教育价值，还有增进幼儿对传统艺术的了解和喜爱的文化传承价值。

二、活动目标

1. 体验"皮影"和"游戏"来表现"鸭子上桥"的情境，感受轻松、趣味的歌唱氛围。
2. 大胆地配合"皮影"表演和情景体验，完整地演唱歌曲。
3. 在倾听、感受过程中合拍做动作，理解歌词内容中"上桥"和"下桥"的不同顺序。

三、活动准备

活动需要准备如下材料：歌曲《鸭子上桥》CD、皮影舞台、皮影小鸭8只、皮影木桥1座、小鸭头饰16个、数字贴1~8两套、草地布景道具若干、独木桥2座。

四、活动过程

（一）观看皮影故事"小鸭上桥"，初步感受歌曲的情境

教师：幼儿园来了一群小鸭子，它们会做什么事情呢？

（二）欣赏歌曲，通过适时的"皮影表演"介入，熟悉乐曲旋律、歌词

1. 第一遍欣赏音乐，完整感受歌曲内容。

教师：你们听到了什么？

2. 第二遍欣赏教师示范唱，感知歌词中"小鸭"的数量。

教师：鸭妈妈有几只鸭宝宝呢？

3. 第三遍欣赏教师示范唱，理解歌词中"小鸭上桥"的方式。（配教适时介入皮影表演，帮助幼儿验证小鸭上桥的方式）

教师：鸭宝宝是怎样来上桥的呢？

4. 第四遍欣赏教师示范唱，发现歌曲节奏中快慢的变化。

教师：它们上桥的速度一样吗？谁发现哪几只鸭子上桥的速度是慢慢的，哪几只鸭子上桥的速度是快快的呢？

5. 第五遍欣赏教师示范唱并加入肢体动作，帮助幼儿感知歌曲间奏部分。

教师：八只鸭子中有两只顽皮的小鸭，你们有没有发现？是第几只和第几只呢？

---

[①] 张雯轩，陈芬. 中班音乐活动：鸭子上桥（皮影介入）[J]. 教育观察，2019，8（22）：66-67.

教师：你们再听一听，我在唱这一句时做了一个什么动作？仔细观察我在唱第几只和第几只鸭子时做的这个动作？

（三）在"皮影表演"的介入下和情景体验中，幼儿尝试跟着教师演唱歌曲第一段

1．在"皮影表演"的介入下，幼儿尝试跟钢琴轻声演唱。（当幼儿声音变小或声音消失时，皮影小鸭停止表演，教师适时地介入情景化语言的引导）

教师：你们想不想跟鸭妈妈一起来请小鸭子上桥呀？

2．讨论"哪一句歌词不会唱"，并通过师幼互助或幼幼互助的形式学唱歌曲。

教师：你们在请小鸭子上桥的时候，觉得哪一句比较难唱？

3．幼儿尝试配合"皮影表演"自主、完整地演唱第一段。

教师：鸭妈妈现在有点累了，你们能不能用歌声帮助皮影小鸭来上桥？

4．在创设的情景中，幼儿进行分组表演唱。

教师：请红队的小朋友当小鸭子按顺序上桥，请蓝队的小朋友用歌声请红队的小朋友上桥，如图2-2所示，两组轮换进行。

图2-2 幼儿分组演唱歌曲《鸭子上桥》第一段

（四）在情景表演中，观察、倾听歌曲第二段，并在"皮影表演"的介入下尝试演唱歌曲的第二段

1．在幼儿情景游戏中，教师范唱歌曲第二段，引导幼儿理解歌曲第二段歌词的不同点。

教师：天黑了，小鸭子们要回家了，小鸭子们能不能跟着鸭妈妈唱歌的顺序"下桥"呢？

教师：刚才小鸭子是按什么顺序下桥的？

2．幼儿在"皮影"表演的介入下尝试演唱歌曲的第二段。

教师：你们能用歌声请"皮影"小鸭子下桥吗？

（五）幼儿集体跟随音乐，在情景表演中完整演唱歌曲，自然地结束活动

教师：小鸭子们，跟着鸭妈妈一起去做游戏吧，如图2-3所示。

图 2-3 幼儿在情境表演中完整演唱歌曲《鸭子上桥》

五、活动延伸

在表演区中,创设一定的情境,投放《鸭子上桥》相关的皮影道具和音乐,鼓励幼儿结合歌曲和皮影进行自主表演游戏。

六、活动反思

本活动在流程上借鉴的是南京师范大学许卓娅教授提出的幼儿园音乐活动游戏化设计的"傻瓜流程",即故事—动作—音乐—其他。一是故事为引,激发幼儿兴趣热情;二是以动作为形,启发幼儿观察模仿;三是以音乐为主,引领幼儿欣赏体验;四是以其他为辅,鼓励幼儿在游戏中创新挑战。整个活动以幼儿对音乐的情感体验为主线,以多元化、高参与、趣味性的游戏化学习为载体,幼儿在活动中的情感体验与表达、同伴合作与交流、自主想象与创造都得到了很好的关注与支持。

同时,本活动的亮点在于使用的教学媒介是"皮影表演",它一直贯穿于整个活动过程。在导入环节,通过"皮影表演"来为幼儿创设、营造歌曲学习的情境。在介入时根据歌词内容创编"皮影故事"进行表演,可以不介入音乐。在欣赏环节,"皮影表演"既可以是一种幼儿"听"的理由,也可以给教师提出的抽象问题、情境性问题提供验证的途径,进而帮助幼儿理解歌曲的内容和情感。介入时应注意不能在每次的欣赏环节中出现,尤其是前两遍的欣赏中,它不利于幼儿"仔细听"音乐。在演唱环节,一方面是给幼儿提供"唱"的理由,另一方面是激发幼儿为"皮影表演"伴唱。介入时应注意"皮影表演"与幼儿的互动。在表演环节,"皮影表演"能激发幼儿表现与创造的欲望,介入时可根据不同年龄班幼儿的能力灵活地设计表演形式。

总之,皮影表演是一种综合性的艺术,它有角色、有情节、有音乐、有动作,有其他教学媒介不可替代的优势。相比视频、图片等教学媒介,皮影表演可快可慢,可动可静,有声有色,综合了视频和图片的优点。在教学活动中,教师可根据幼儿在活动中的兴趣和需求,进行即兴表演,灵活性强。

随着现代信息技术的发展,教学媒介越来越多,运用也越来越方便,但教师应保持一种审慎的态度。因为教育是生命影响生命的过程,需要人与人之间的生动交流,需要师幼间情感的连接。皮影表演作为教学媒介,其形式是皮影,但表演皮影的是教师,皮影表演凝聚着教师的智慧,透露着教师的情感,对于幼儿而言,它更具有在场性、真实性和感染力。

同时,皮影艺术属于我国的传统民间艺术,具有浓厚的中国气息,它不仅在形式上有直观、生动的优势,将它介入幼儿的学习活动中,更是一种无形的文化传承与价值观的渗透。

【在线测试】

一、选择题

1. 在歌唱活动中,帮助学前儿童清晰准确地表现内容和富于感染力地表达情感的方法,主要是(    )。
   A. 倾听录音范唱　　　　　　　　　B. 欣赏录像带中的优秀表演
   C. 倾听教师精湛的弹奏　　　　　　D. 教师正确的范唱

2. 一个两岁半的男孩在看了动画片《三只小猪》以后,模仿另一个大孩子唱该片的主题歌。大孩子唱的是唱名,而他却在觉得不好唱的地方唱"登登登登",在觉得好唱的地方反复唱"唐老鸭"。一个大人听了觉得有趣就逗他说:"什么唐老鸭?还米老鼠呢!"于是,在接连几天中,这个男孩一直反复地唱这首歌,并把"米老鼠"也作为歌词加了进去。这是该幼儿的(    )表现。
   A. 独立歌唱　　　　　　　　　　　B. 合作协调能力
   C. 创造性　　　　　　　　　　　　D. 节奏表现

3. 《十个绿瓶子》这首歌中,每段之间,除瓶子的数量越来越少外,所有歌词都相同。学前儿童唱着这样的歌曲,语言记忆负担很轻,可以有更多的精力去享受歌唱和做动作的快乐。这是指为学前儿童选择歌曲的歌词时应注意(    )。
   A. 内容与文字要有趣并易于理解　　B. 歌词的内容应适于用动作表现
   C. 歌词结构应简单,多重复　　　　D. 歌词完整

4. 就词曲关系而言,4岁以前的儿童所唱的歌曲大多数应该是(    )。
   A. 一个字对两个音　　　　　　　　B. 一个字对多个音
   C. 多个字对一个音　　　　　　　　D. 一个字对一个音

5. 如果每一个儿童都因被鼓励而只知道倾听自己的声音,突出自己的声音,那么集体歌唱活动中最有可能被流失的潜在价值是(    )。
   A. 群体性教育价值　　　　　　　　B. 个性教育价值
   C. 创造性教育价值　　　　　　　　D. 表现性教育价值

6. 一般来说,在唱活泼、欢快、轻松的歌曲时,咬字吐字的方式用比较形象的动词来说,应该是(    )。
   A. "打"出去的　　　　　　　　　　B. "推"出去的
   C. "弹"出去的　　　　　　　　　　D. "爆发"出去的

二、问答题

1. 怎样为学前儿童歌唱活动选择歌唱材料?
2. 学前儿童可以掌握的歌唱表现形式有哪些?
3. 教师范唱时应注意些什么?
4. 帮助学前儿童理解歌曲有哪些方法?

【真题训练】

1. 题目：小蜡笔
内容：

## 小 蜡 笔

1=C 2/4　　　　　　　　　　　韩识博谱

5 6 5 5 | 1 6 5 | 5 5 5 6 | 5 3 2 |
小 蜡 笔 呀 真 漂 亮， 红 黄 蓝 绿 不 一 样。

5 6 5 | 1 1 6 | 5 5 5 3 | 2 3 1 :‖ 5 5 5 3 | 2 3 1 — ‖
红蜡笔，画太阳，黄蜡笔，画月亮。绿蜡笔，画山岗。
蓝蜡笔，画海洋，

基本要求：
（1）弹唱歌曲。
① 完整、流畅地弹奏，节奏准确。
② 有表情地歌唱、吐字清晰，把握准确的音高。
（2）教学内容符合4~5岁幼儿学习，帮助幼儿学会演唱。
（3）请在10分钟内完成上述任务。

答辩题目：
（1）本次活动的目标是什么？
（2）音乐活动中可以培养幼儿的什么能力？

2. 题目：幼儿园里真快乐
内容：

## 幼儿园里真快乐

1=E 4/4　　　　　　　　　　　李 胤 词曲
每分钟124拍　快乐地

1 5 5 5 5 4 — | 6 4 4 4 4 2 — | 5.4 3 6 5 | 4.3 2 1 1 — — |

1 2 3 0 | 1 2 3 0 | 3 4 3 4 | 5 6 5 — | 6 5 4 6 | 5 4 4 — |
A B C 要看齐， 小朋友们 一二一， 看图识字 做游戏，
多来咪 真开心， 老师阿姨 像园丁， 听完故事 唱首歌，

3 3 5 5 3 2 | 1 2 — 0 :‖ 3 5 5 4 3 | 2 1 — — 0 ‖
老鹰不要欺负 小 鸡。 喜 羊羊勇敢 聪 明。

1. 6 6 6 | 6 4 1 — | 7. 7 6 5 | 6 — — — |
幼 儿园里真快乐， 我 们都爱你，

3 5 3 0 0 | 4 2 2 0 0 | 7 7 5 5 4 3 | 2 1 1 — — |
一幅画， 一个家， 快快乐乐在一 起。

6. 6 6 5 | 6 0 1 — | 1 — — | 1 — — 0 ‖
快 快乐乐在 一 起。

基本要求：

（1）弹唱歌曲。在指定的调内，有表情地边弹边唱、吐字清晰，把握旋律音高，做到吐字清晰，节奏准确。

（2）模拟面对幼儿创设教学情境（二选一）。

① 用拍子打节奏。

② 音乐游戏活动。

（3）请在 10 分钟内完成上述任务。

答辩题目：

（1）这首歌表达的内容是什么？

（2）针对 5~6 岁幼儿，你还会开展一个什么样的活动？

3．题目：走路

内容：

（1）弹唱歌曲。

（2）模拟组织幼儿教唱歌曲。

### 走　路

1=C 2/4

陈镒康　词
苏　勇　王　平　曲

1　3 | 5　3 | 1 1 1 1 | 5 - | 1　6 | 5　3 | 4 4 4 4 | 2 - |
小　兔　走　路，蹦 蹦 蹦 蹦 跳，小　鸭　走　路　摇 呀 摇 呀 摇，

渐慢

3 4 5 | 3 4 5 | 6 6 | 6 - | 5 1 1 | 3 6 | 5 | 4 3 2 | 1 - ‖
小 乌 龟 走　路 慢 吞 吞，小 花 猫 走　路 静 悄 悄。

基本要求：

（1）弹唱歌曲。

① 完整、流畅地弹奏，节奏准确。

② 有表情地歌唱、吐字清晰，把握准确的音高。

（2）模拟组织幼儿教唱歌曲。教唱的方法基本适合 4~5 岁幼儿的特点，能激发幼儿的兴趣，适合幼儿的能力水平。

（3）请在 10 分钟内完成上述任务。

答辩题目：

（1）请问这次活动的重难点是什么？

（2）选择幼儿园教育活动内容的原则是什么？

4. 题目：摇篮

要求：① 完整的弹唱歌曲。② 给儿歌配上插画，要求生动有趣，符合幼儿教学。

5. 题目：彩虹

要求：① 完整、有表情地进行歌曲表演。② 采用4～5岁幼儿合适的感兴趣的方式进行教学。

6. 题目：蝴蝶

要求：① 完整弹唱、引发幼儿兴趣；② 展示音乐教学片断。

7. 完整弹唱《小鸡出壳了》

8. 歌表演《两只小鸟》

9. 弹唱《小鼓》

10. 弹唱《小鸭回家》

11. 弹唱《小熊走路》

12. 弹唱《小车》

13. 能够连贯性地演唱歌曲并弹奏《小鸭回家》

14. 歌曲《大公鸡》配画

15. 歌曲《拉拉勾》配画

16. 歌曲《颠倒歌》配插图

17. 弹唱歌曲《彩灯》，模拟面对幼儿教"歌表演"

18. 弹唱歌曲《变幻的脚步》，模拟幼儿"歌表演"

19. 完整有表情地演唱歌曲《五星红旗，我爱你》，展示音乐教学片段（听音乐拍节拍或者歌唱歌曲）

20. 表演儿歌《小手拍拍》，模拟组织幼儿学习儿歌的一个活动

21. 弹唱《小鼓》，听着节奏，组织一个音乐活动

（选自历年幼儿园教师资格考试面试真题）

**【拓展阅读】**

**教师如何引导儿童用自然美好的声音歌唱**

在歌唱活动中，我们经常看到有一些教师要求儿童"大声唱"，实际上，学前儿童刚刚开始学习歌唱，发声的方法基本上与说话是一样的，同时他们控制气息的能力较差，还不会灵活地调度使用发声器官，所以当教师提出"大声唱"时，他们往往扯着嗓子喊叫。而儿童一旦形成喊唱的习惯，便只顾自己喊，不会倾听他人的歌声了，这对发展他们的音乐听觉和保护嗓子都是有害的，自然也就不可能指望他们发出自然美好的声音了。

目前，很多教材强调要用自然美好的声音歌唱。但实际上，我们在幼儿园很难听见由

学前儿童唱出的真正自然美好的歌声，最普遍的现象便是儿童扯着嗓子大声喊叫。

究其原因，是教师不知道如何引导儿童用自然美好的声音歌唱。因此引导儿童用自然美好的声音歌唱成了一纸空文。作为教师，我们应如何引导儿童用自然美好的声音歌唱呢？下面介绍一种可操作性较强、有助于帮助儿童获得自然美好声音的方法：轻声入手、口、面、腔共鸣和向前唱。

儿童在非压抑的情况下，尤其在自由、自然地进行歌唱的情况下，所发出的声音总是比较自然、舒适、松弛和美好的。在这种情况下，儿童唱"走音"的情况也往往会大大缓解。所以，用柔和的声音、轻声歌唱，更通俗地讲就是用"说悄悄话"的方法歌唱，是儿童歌唱的"入门要诀"。

虽然，在"轻声入手"的初期，学前儿童的音色会让人感到软弱一些，但那不过是因为儿童在生理和心理上都还没有完全达到协调而已。实践证明，在有着"轻声入手"习惯的班级，在完全没有心理负担的情境下，演唱完全没有记忆负担和技术负担的熟悉歌曲时，一旦儿童的情绪、情感进入适宜的状态，明亮、美好、富于感染力的歌声马上就会自然出现。所以，教师不必过分担心"轻声入手"会造成失去美好童声音色的问题。

当然，需要特别提醒的是，儿童自然美好的歌声产生的先决条件是"在非压抑的情况下"。所以，教师在指导儿童进行"轻声入手"的歌唱练习时，绝不应该直接用指令的方法要求儿童压低音量。而应该用富于感染力的、耳语般轻柔的声音来对儿童讲解要求、发出邀请和进行范唱，提供的琴声前奏和伴奏的感觉也是一样的标准。总之，只有教师在声音和行为上做出了正确、美好的榜样，我们所追求的自然美好的声音才有可能出现。

"口、面、腔共鸣和向前唱"，一方面，是中国母语语音发音最自然的方式；另一方面，也是获得童声清澈明亮音色的最自然的方式；再一方面，更是使儿童避免将声音压在喉咙里或压进胸腔里的最自然的防范措施。当然，教儿童歌唱发声，绝不能给他们讲歌唱发声的共鸣部位，"聪明"的办法只能是选择那些能够获得口、面、腔共鸣的歌曲，在教师正确的发音共鸣榜样的带动下进行练习。这样，通过听觉，儿童可以自然模仿和接近教师的发音共鸣方式。

## 学习评价与反思

# 第三章　学前儿童韵律活动

【本章导读】

韵律活动是指在音乐的伴奏下，运用一个或一组自然的身体动作来反映音乐感受的写实性表现活动。韵律活动是幼儿园音乐教育的重要组成部分，它既能满足学前儿童对音乐参与、探究的需要，提高其音乐感受力、表现力和创造力，又能促进其身体运动能力和协调性的发展。本章将围绕学前儿童韵律活动能力发展特点、韵律活动内容选择、韵律活动的目标、韵律活动的设计与组织展开讨论。

【学习目标】

1．了解学前儿童韵律动作能力的发展特点，并能根据其发展特点创编韵律动作。
2．掌握学前儿童韵律活动的总目标和各年龄阶段目标。
3．能为学前儿童选择适宜的韵律活动内容。
4．掌握学前儿童韵律活动的指导要点，能设计与组织学前儿童韵律活动。

【学习重点】

掌握学前儿童韵律活动的指导要点，能设计与组织学前儿童韵律活动。

【思维导图】

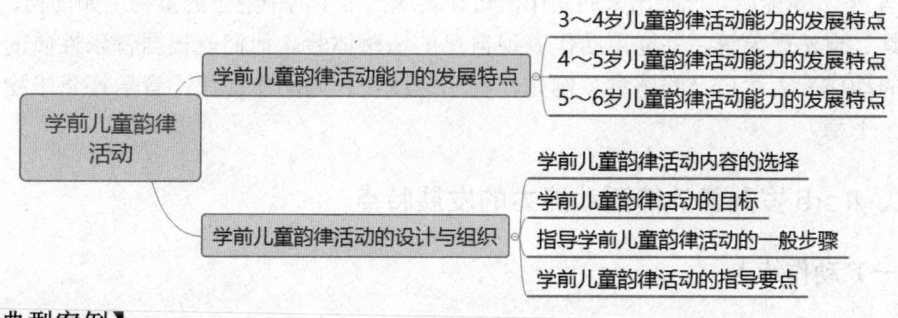

学前儿童韵律活动
├── 学前儿童韵律活动能力的发展特点
│   ├── 3～4岁儿童韵律活动能力的发展特点
│   ├── 4～5岁儿童韵律活动能力的发展特点
│   └── 5～6岁儿童韵律活动能力的发展特点
└── 学前儿童韵律活动的设计与组织
    ├── 学前儿童韵律活动内容的选择
    ├── 学前儿童韵律活动的目标
    ├── 指导学前儿童韵律活动的一般步骤
    └── 学前儿童韵律活动的指导要点

【典型案例】

莉芳同学舞跳得好，自认为在幼儿园组织韵律活动肯定没问题。在幼儿园实习期间，她自告奋勇地对带班老师说："我教小朋友跳一支舞吧。"结果她反复教了孩子4遍，效果很不理想，很多孩子跟不上韵律，动作不协调。原来组织好一次韵律活动并不像自己想象的那么简单。学前儿童韵律活动能力的发展特点是什么？应该为幼儿选择什么韵律动作？如何教幼儿学习韵律动作？

# 第一节 学前儿童韵律活动能力的发展特点

## 一、3～4岁儿童韵律活动能力的发展特点

### （一）动作特点

3～4岁儿童动作逐步进入初步分化的阶段，他们能掌握站着或坐着不移动的上肢大动作，如拍手、点头、摆臂等，也可以做简单的单纯的下肢动作，如走路、小碎步、小跑步等。受神经系统协调性发展的局限，他们的平衡能力以及自控能力较差，特别腿部力量较弱，脚掌缺乏一定的弹性，对跳跃动作及上下肢联合的复合动作较难掌握。

### （二）随乐协调性

3～4岁儿童听到喜爱或熟悉的音乐时，会自发地跟着音乐做简单的身体动作，但不能做到完全合拍，因此教师应为儿童选择适宜的音乐和动作。随着参与音乐活动经验的增多，他们能逐渐根据音乐的特点，使自己的动作与音乐节奏相一致，使动作的速度逐步变得均匀。

### （三）合作交流

3～4岁儿童在韵律活动中有了初步合作协调的意识，能够用简单动作、表情和眼神与同伴进行初步交流。

### （四）创造性表现能力

3～4岁儿童能用自己想出来的动作模仿和表现日常生活中熟悉的事物，如动物、植物、交通工具、自然现象等，并能用动作表现自己的情感体验。他们能根据音乐性质的变化，用相应的动作来表达自己的感觉。例如，音乐速度快，则动作加快；音乐连贯平稳，则动作缓慢、平稳。

## 二、4～5岁儿童韵律活动能力的发展特点

### （一）动作特点

4～5岁儿童动作发展有了明显的进步，身体大动作及手臂动作得到了很好的发展，走、跑、跳的下肢动作也逐步得到提高，能够比较自由地做一些连续的移动动作：如跑步、跳步、垫步等，平衡能力及动作的控制能力有所增强，上下肢联合的复合动作也得到逐步发展。

### （二）随乐协调性

4～5岁儿童动作的协调性有了进一步的提高，他们能够合拍地跟着音乐节奏做动作（2/4或4/4拍），而且能随着音乐的变化自如地调整动作，不再像以前那样显得紧张、僵硬。

### （三）合作交流

4~5岁儿童开始注意运用动作与同伴进行合作、交流，还能适应空间的变化，根据空间大小调节位置和动作的幅度，会与同伴合作表演动作，还会主动邀请同伴共舞。

### （四）创造性表现能力

随着认知能力的发展，情感的逐步丰富和深化以及动作语汇和动作表达经验的不断积累，4~5岁儿童开始尝试用一些基本的舞蹈语汇来进行简单的创编。虽然这种创编需要教师较大程度的提示和整理，但是他们主动创编的意识以及运用已有经验的能力明显得到发展。

## 三、5~6岁儿童韵律活动能力的发展特点

### （一）动作特点

5~6岁儿童的动作进一步分化且更精细，他们可以自如地变化上下肢动作的速度及幅度，能做更复杂的上下肢配合的联合动作。如采蘑菇的动作，需要同时协调配合手臂、手指、头部、眼睛、腰部及脚的动作。他们也能掌握更为复杂的连续移动动作：如十字步、踵趾小跑步、跑马步等。

### （二）随乐协调性

5~6岁儿童随乐能力有明显提高，动作节奏的均匀性和稳定性明显增强。他们能够轻松自如地跟着音乐的节奏、节拍做动作，并且能用较灵敏的动作反映音乐的速度和力度变化。

### （三）合作交流

5~6岁儿童在韵律活动中的合作协调意识和技能也越来越强，并开始主动追求与同伴一起参与韵律活动的快乐。他们能用动作、表情和眼神与同伴交流、合作，对创造性表现音乐的积极性更高。同样的音乐、同样的主题内容，他们会努力用已有的表达经验创造与别人不同的动作。

### （四）创造性表现能力

5~6岁儿童在韵律活动中的创造性表现能力明显增强。他们的创造性表现更为灵活、新颖，调动并运用已有经验的能力明显提高。在灵活性方面，能够采用多种动作来表示同一种物体，例如，用"打开双臂在身体两侧慢慢地做大幅度摆动"和"弯曲手腕在身体两侧做小幅度快速摆动"来表现小鸟飞。在变通性方面，能够想出更多的造型来表现不同的事物。在新颖性方面，能够在韵律活动中创造出一些独特的、与别人不同的动作。

总之，学前儿童韵律活动能力的发展受到生理发展和心理过程相互作用的影响，每一个发展个体表现出较大的差异。教师应针对不同年龄层次、不同发展水平、不同个性差异的学前儿童进行循序渐进地引导，帮助他们积累动作语汇，使其更好地体会和享受用身体动作进行表达和表现的乐趣。

## 第二节　学前儿童韵律活动的设计与组织

### 一、学前儿童韵律活动内容的选择

#### （一）学前儿童韵律活动的内容

学前儿童韵律活动的教育内容一般包括律动、舞蹈、歌表演、音乐游戏和节奏活动五个方面的内容。

1. 律动

律动是指在音乐的伴奏下，根据音乐性质、节拍、速度等做各种有规律的身体动作。一般分为基本动作、模仿动作和舞蹈动作。这三种动作可单独出现也可随意组合。

（1）基本动作。

基本动作是指在反射动作基础上发展起来的日常生活动作。如走、跑、跳、拍手、点头、弯腰、屈膝、击掌、摆臂及其他身体动作。

（2）模仿动作。

模仿动作是指模仿特定事物的外在形态和动作状况所做的身体动作。学前儿童律动中的模仿动作可以细分为以下种类。

① 日常生活的模仿动作：洗脸、刷牙、梳头、照镜子、穿衣服、穿鞋、吃早餐等。

② 各种动物形象的模仿动作：鸟飞、兔跳、鱼游、马跑、乌龟爬、鸡走、鸭行、大象走等。

③ 自然现象的象征性模仿动作：花儿开放、风吹、下雨、雪花飘、柳树摇摆、植物生长等。

④ 劳动或活动的模仿动作：开汽车、扫地、浇花、划船、播种、织网、摘果子、锄地、骑马、打枪等。

（3）舞蹈动作。

舞蹈动作是经过多年文化积淀已经程式化了的艺术表演动作。学前儿童需要学习和掌握的舞蹈动作主要是一些基本舞步。教师可以从舞蹈动作中选择一两个适合学前儿童的单个动作，让他们随音乐有规律地做动作，如碎步、小跑步、垫步、蹦跳步等。

2. 舞蹈

（1）学前儿童舞蹈的基本构成。

学前儿童舞蹈主要由基本舞步、简单的上肢动作以及简单的队形变化构成。

① 学前儿童学习和掌握的基本舞步有：3~4岁儿童掌握碎步、小跑步等；4~5岁儿童掌握蹦跳步、垫步、侧点步、踵趾小跑步、踏点步和踏踢步等；5~6岁儿童掌握进退步、跑跳步、跑马步、秧歌十字步等。

② 学前儿童学习和掌握的上肢动作有手腕转动、提压腕、手臂平举上下摆、弯曲和划圈。在学前阶段，很少专门学习臂和手的舞蹈动作。一般在中班学习"手腕转动"，在大班学习"提压腕"。

③ 舞蹈中的队形变化有圆形、半圆形、八字形、竖排、横排、斜排等。

（2）学前儿童舞蹈的形式。

幼儿园常见的舞蹈形式有集体舞、邀请舞、表演舞、双人舞、独舞、自编舞、小歌舞和童话歌舞。

① 集体舞。集体舞是指大家按照一定的队形，在音乐的伴奏下，有表情地协调做动作，跳完一遍后可以交换舞伴。这是一种人人都可以参与的一种舞蹈形式，如《圆圈舞》。

② 邀请舞。邀请舞是集体舞的一种变形，是学前儿童比较喜欢的舞蹈形式。通常先有一部分儿童为邀请者，在与被邀请者跳完一遍后双方互换角色继续跳舞，这是学前儿童非常喜爱的一种舞蹈形式。

③ 表演舞。表演舞是一种带有表演性质的舞蹈形式。这类舞蹈可以在平时所学的歌表演或简单舞蹈动作的基础上加工而成，可以含有一定的简单情节，也可以仅表现一种情绪，比较强调动作的组织结构，可以适当采用一些舞蹈道具等辅助材料。这种舞蹈参加的人数有限，一般几人至十几人，通常在"六一""国庆""元旦"等节日活动或文艺演出活动中被采用。

④ 双人舞。双人舞是两个人相互配合的一种舞蹈形式。舞伴之间相互配合，偶尔会产生主导和辅助的关系。

⑤ 独舞。幼儿园的独舞不同于广义上的独舞，而是指一个人独立进行的一种舞蹈形式。即使是许多学前儿童一起表演，如果相互间没有任何协作和交流，也是各自单独地跳。

⑥ 自编舞。自编舞是学前儿童在掌握基本舞步和动作的基础上，根据对音乐性质、情绪的感受，随音乐创造性地自编舞蹈动作，以表达自己对音乐作品的理解。自编舞的结构较自由、松散，可以一个人跳，也可以几个人一起跳，舞伴之间的交流配合方式也十分自由和即兴。

⑦ 小歌舞和童话歌舞。小歌舞和童话歌舞是一种综合性较强的舞蹈形式，有一定的情节，分几个角色，可以将说、唱、跳几种音乐活动综合在一起，用歌舞的形式表演。

3. 歌表演

歌表演是指在歌曲演唱中配以简单形象的动作、姿态、表情等来表达歌词内容和音乐形象，边唱边表演。歌表演有别于表演唱：表演唱是以唱为主，适当做一些动作来表达歌唱时的感情；而歌表演是以动作为主，在掌握歌曲旋律和歌词后，在理解的基础上用动作来表达歌曲的内容和性质。

4. 音乐游戏

音乐游戏是在音乐伴随下，按照音乐的内容、性质、节奏、结构等进行的游戏活动，有一定的规则和动作要求。它是一种比较特殊的韵律活动，其特殊性主要表现在游戏和音乐的相互关系上。在音乐游戏中，音乐和游戏是相互促进、相辅相成的。音乐指挥、促进和制约着游戏活动，而游戏动作又能帮助学前儿童更具体、形象地感受和理解音乐，获得一定的情绪、情感体验。根据目前幼儿园音乐游戏活动的实践，大致做以下分类。

（1）从游戏的内容和主题来分。

按游戏的内容和主题来分，可以分为有主题的音乐游戏和无主题的音乐游戏两类。

① 有主题的音乐游戏。这类音乐游戏一般有一定的内容、情节和一定的角色。学前儿童根据游戏中的角色模仿一定的形象，完成一定的动作。例如，音乐游戏"捉小鱼"表现

了一群小鱼在水里一会儿游来游去，一会儿捉鱼捉虫吃，最后碰到渔网来捕捉。学前儿童可扮演小鱼和渔网，随音乐进行游戏。

② 无主题的音乐游戏。这类游戏一般没有情节，只是随音乐做动作，相当于律动或律动组合，但动作带有一定的游戏性，即含有游戏的规则。例如，"抢椅子"的游戏，学前儿童随着音乐自由地做各种动作，当音乐停止时，要抢坐一把椅子。

（2）从游戏的形式来分。

按游戏的形式来分，可以分为歌舞游戏、表演游戏和听辨反应游戏。

① 歌舞游戏。这类游戏一般在歌曲的基础上产生，按照歌词、节奏、乐句和乐段的结构做动作并进行游戏。游戏规则通常定在歌曲的结束处。例如，音乐游戏"猫捉老鼠"：学前儿童在熟悉并学会演唱歌曲的基础上，根据歌词自由做表演动作，分别扮演大猫和老鼠，当唱完歌曲的最后一个音后，"大猫"去抓"老鼠"。

② 表演游戏。这类游戏是按专门设计、组织的不同音乐来做动作而进行的游戏。从游戏内容上看一般有一定的情节和角色；从游戏形式上看，带有较强的表演性。如音乐游戏"小鸭与大风"，音乐由三部分组成（"小鸭走路、游泳、开心游玩""大风来了""小鸭走路、游泳、开心游玩"）。在玩游戏时，根据音乐展示的情节和内容进行表演：第一部分，听音乐学小鸭子的各种动作；第二部分，大风吹来，做躲避大风的各种动作；第三部分，大风吹过，听音乐学小鸭子走路、游泳、开心游玩。游戏依次反复进行。

③ 听辨反应游戏。这类游戏侧重于对音乐和声音的分辨、判断能力的训练，以培养学前儿童对音乐的高低、强弱、快慢、音色、乐句等的分辨能力，一般没有固定的游戏情节或内容，以对音乐要素的反应和理解为主。例如，音乐游戏"什么乐器在唱歌"要求分辨的是乐器的音色；音乐游戏"奇怪的声音"要求分辨声音的强和弱，并用身体动作来表现。

5. 节奏活动

（1）语言节奏。

语言节奏是指通过语言活动来进行节奏训练，是韵律活动中很重要的一种形式，它简便易做，很受学前儿童喜爱。一般有人名节奏、水果名称节奏、动物名称节奏、日常用品名称节奏、儿歌节奏等。

① 人名节奏。人名节奏是指学前儿童依次边拍节奏边说名字。无论是两个字的单名，还是三个字的双名，都可以拍出丰富、生动的节奏。

② 水果名称、动物名称、日常用品名称的节奏练习。水果名称、动物名称、日常用品名称的节奏练习是指用水果名称、动物名称、日常用品名称进行节奏练习，除了培养学前儿童的节奏感，还可以帮助他们认识这些事物，进一步丰富其社会常识和科学常识。

③ 儿歌节奏。儿歌是幼儿园语言教育活动的一种重要形式。在韵律活动中，儿歌以它自身特有的节奏魅力显现出独特的风格。一些节奏鲜明、形象生动、朗朗上口的儿歌更是语言节奏练习的好材料，很受学前儿童欢迎。

（2）人体动作节奏。

在韵律活动中，教师可以引导学前儿童通过人体这个天然的打击乐器，发出很多种美妙的声音，如拍手、拍肩、拍腿、跺脚、捻指、弹舌等。有很多歌曲就运用这些形式帮助学前儿童进行人体动作的节奏练习。

除用歌曲进行人体节奏活动外，最常用的人体节奏活动还有节奏模仿和节奏应答。

① 节奏模仿是学前儿童模仿教师的人体节奏动作，或学前儿童之间的相互模仿。具体

做法：教师有节奏地说"请你跟我这样做"，学前儿童有节奏地回答："我就跟你这样做"。随后，教师做一个动作，学前儿童模仿。模仿的动作可以是拍手、拍腿、跺脚、拍肩、点头、响指、弹舌等。

② 节奏应答是人体节奏活动的另一种形式，它是由教师拍出一个节奏，学前儿童以拍数相同的另一种节奏来"应答"的活动。例如，教师拍出一种节奏共二拍，学前儿童也拍二拍，但节奏不同，这样就会产生出多种不同的拍法。学前儿童除了用拍手的动作拍出节奏应答外，还可以用其他的动作如拍腿、跺脚、捻指、弹舌等来应答。

在节奏应答活动中，学前儿童既要看清教师的节奏动作，还要听清节奏节拍，然后即兴应答，能促进学前儿童观察力、记忆力、思维力、想象力和创造力的发展。人体节奏动作还可以相互配合进行多声部节奏练习，即把拍手、拍腿、跺脚、弹舌等不同的动作按声部结合起来，效果也非常好。

### （二）音乐的选择

1. 旋律优美，形象鲜明

旋律优美、动听的音乐作品能吸引学前儿童主动参与韵律活动，引发他们积极用动作和游戏来表达对音乐的感受。学前儿童处于形象思维阶段，知识经验和音乐经验有限，选用的韵律活动音乐应注意音乐形象生动、鲜明和有趣，有助于他们用动作和游戏加以表现。例如，大象走路的音乐沉重而缓慢，小兔子跳的音乐活泼而轻快，小鱼游的音乐流畅优美。

2. 节奏清晰，结构工整

节奏清晰、鲜明的音乐能够激发学前儿童动起来的欲望。结构工整的音乐，学前儿童容易把握，也有利于他们的动作、游戏与音乐的曲式结构相适应。教师要选择乐段或乐句之间对比较明显的音乐，便于学前儿童区分、辨别并用动作加以表现。

3. 速度适中，节拍适宜

为小班学前儿童选用的音乐，速度不宜太快，应先用音乐去跟随儿童的动作。待其逐步学会用动作跟随音乐，选用中等速度的音乐。学前儿童控制动作的能力增强后，可以采用稍快或者稍慢的速度和突然变化或逐渐变化的速度。

4. 长度适宜，适当剪裁

为学前儿童选择的韵律活动音乐，长度要适宜，不能太长。为了让学前儿童理解和表现音乐，教师要根据其发展实际水平和韵律活动的需要，进行恰当的剪辑。

5. 内容多元，适合学前儿童

在音乐的选择中，可以为同一种动作选用不同的音乐，有利于学前儿童的音乐感受力和迁移能力的发展。也可以为不同的动作选用同一首乐曲，如活泼而轻快的音乐可以表现小兔跳、小鸡走等动作。教师应根据学前儿童的年龄特点选择适宜的韵律活动音乐，小班可以选择较简单的儿童音乐和一般中国风格音乐，中班可有意识地逐步加入具有明显民族个性的不同中国风格的音乐。大班可选择具有明显地域、民族个性的异国风格的音乐以及情绪健康向上、适度的少量成人音乐。

### （三）动作的选择

1. 根据学前儿童兴趣选择动作

不同年龄儿童的兴趣的不同。小班儿童喜欢简单而重复的动作，喜欢模仿动作和同一动作的方位、速度和力度变化；中班儿童喜欢表现力较强，有一定游戏性的韵律动作；大班儿童除喜欢表现力强的动作外，还喜欢合作、有创意和竞争性的韵律动作。

2. 根据学前儿童动作发展水平选择动作

韵律动作的选择总体来说有一定的规律和原则：从大的整体动作到小的精细动作；从不移动动作到移动动作；从单纯动作到复合动作。

（1）3～4岁儿童的动作。

3～4岁学前儿童大肌肉动作发展较好，小肌肉动作、联合性动作发展较弱。因此，可以先选择坐着或站着不移动的单纯上肢大肌肉动作，如打鼓、吹喇叭、洗脸、拍球、擦玻璃等。随后，可以逐步学习一些单纯的下肢动作，如走步、踏步、小碎步等。

在上述动作熟练的基础上再做移动与不移动的联合动作，如边走边拍手、边走边打鼓、模仿小鱼游、模仿小猫走路、小跑步平举两臂模仿开飞机动作、踏脚绕臂模仿开火车等。此外，对3岁多的学前儿童来说，跳跃动作稍难，要边跳边合上音乐的拍子很不容易。因此，做小兔跳、青蛙跳等移动动作最好不要在小班初期教，可稍迟一些。

（2）4～6岁儿童的动作。

4～6岁儿童控制动作的能力与节奏感都有所发展，因而可以较多地学习移动动作、联合动作和一些小肌肉的、细小的动作，如手腕转动摘苹果、边走秧歌步边甩红绸等。

3. 根据年龄特点选择动作类别

小班儿童以拍手、点头、走、跑等"基本动作"的学习为主，同时逐步增加"模仿动作"的比例。小班中后期可适当加入一些简单的舞蹈动作，如小碎步、小跑步等基本舞步。这些舞步要结合学前儿童熟悉的事物进行，如小碎步开飞机、小碎步学老鼠跑来跑去等。中班儿童可以学习一些较有难度的"基本动作"，提高"模仿动作"的比例，一些难度稍高的基本舞蹈动作在总体学习内容中的比例可以逐步提高。大班儿童以"模仿动作"和"舞蹈动作"的学习为主，"基本动作"逐步退居更次要的地位。

### 资格考试要点

为音乐设计韵律动作是幼儿园教师资格证面试的考点。要求根据给定的音乐设计韵律动作。不同年龄段儿童韵律动作发展水平不同，设计的韵律动作要符合年龄特征。

### （四）道具的选择

道具的作用在于渲染气氛，增强活动的趣味性，丰富学前儿童的想象，增加动作的表现力。在选择时要注意以下几点。

1. 安全卫生，美观耐用

为学前儿童选择的道具，首先要考虑安全卫生，保证他们在取放和操作道具时不受到伤害。其次，要有一定的美感，道具要牢固、实用，以免在活动过程中碰坏，造成不必要的活动障碍。

2. 利于表现，操作方便

为学前儿童选择的道具应有助于增强活动的趣味性，帮助学前儿童展开一定的想象和联想，丰富对作品的体验和理解，促进他们对音乐和动作的表现。道具不宜过大、过重，且使用方法简单，便于学前儿童操作。

3. 经济实用，数量充裕

教师可以利用废旧物品作为道具，例如，用旧纱巾当作"小鱼尾巴""妈妈的围裙""小姑娘的披风"。教师也可以引导学前儿童利用身边的废旧材料自制韵律活动所需的道具。此外，需要注意道具数量要充裕，避免因争抢道具引起矛盾，影响学前儿童的活动兴趣。

## 二、学前儿童韵律活动的目标

### （一）学前儿童韵律活动的总目标

1. 认知目标

（1）能够感知、理解韵律动作所表现的内容、情感和意义，并知道如何进行带有创造性的动作表现。

（2）能够感知、理解韵律动作与音乐的关系，并知道如何使自己的动作与音乐相协调。

（3）能够感知、理解道具使用在韵律动作表现活动中的意义，并知道如何运用简单的道具。

（4）能够理解与韵律活动有关的空间知识，并知道如何运用空间因素进行创造性动作表现。

（5）能够理解各种韵律活动形式所需的交往、合作要求，知道如何在韵律活动中与他人交往、合作。

2. 情感与态度目标

（1）喜欢参与韵律活动，体验并享受参与韵律活动带来的快乐。

（2）喜欢用身体动作探索音乐，体验并积极追求做出与音乐相协调的韵律动作的快乐。

（3）能够主动注意各种动作表演中道具的用法，喜欢探索和运用道具并为这种探索和带有创造性的运用感到满足。

（4）能够主动注意身体造型和身体移动过程中的空间，喜欢探索和运用空间知识，并为这种探索和带有创造性的运用感到满足。

（5）能够体验与他人合作动作表演活动中获得交往、合作的快乐。

3. 操作技能目标

（1）能运用和控制自己的身体，比较协调地做出各种韵律动作。

（2）能够比较自如地运用自己的身体动作进行再现性和创造性表现，做出比较美好的姿态动作。

（3）能够在韵律活动中运用简单的道具，并能够创造性地选择、制作和使用道具。

（4）能够较熟练地运用简单的空间知识、技能进行动作表现。

（5）能够在合作的韵律活动中比较自然地运用动作、表情与他人交往、合作。

### （二）学前儿童韵律活动的年龄阶段目标

年龄阶段目标把学前儿童韵律活动的总目标转化为循序渐进、逐步提高要求的各年龄阶段的具体目标。能为学前儿童韵律活动的学习和能力的发展提供更具体的要求和方向。

1. 小班

（1）喜欢参加韵律活动，初步体验活动带来的快乐。

（2）能初步感知、理解韵律动作表现的内容、情感和意义。

（3）能够随音乐做简单的基本动作和模仿动作。

（4）初步用动作感知稳定拍，拍手、扭动等原地动作基本合拍。

（5）初步尝试和体验用动作、表情和姿势与他人交流的方法和乐趣。

2. 中班

（1）喜欢参加韵律活动，能够大胆地表现。

（2）能够合拍地随着音乐做身体不移动或移动的动作。

（3）能够随音乐合拍地做简单的上、下肢联合的基本动作、模仿动作和舞蹈动作。

（4）初步尝试用创造性的动作自发地随音乐自由表现，享受并体验用动作、表情和姿态与他人交流的方法和乐趣。

（5）能够在动作表演过程中学习使用一些简单的道具。

3. 大班

（1）乐于参与韵律活动，能积极主动、大胆地表现。

（2）能够比较准确地按音乐的节奏做各种稍复杂的基本动作、模仿动作和舞蹈动作组合。

（3）进一步丰富舞蹈动作语汇，在掌握一些基本的舞蹈动作的基础上，学习一些含有创造性成分稍复杂的舞蹈组合。

（4）能够积极体验用动作、表情和姿态与他人交流的方法和乐趣，并在合作表演的过程中尝试用创造性的动作大胆、主动地表现。

（5）能够在动作表演过程中学习选择并较熟练地使用一些简单的道具。

### 三、指导学前儿童韵律活动的一般步骤

#### （一）活动前的准备

1. 教师的准备

教师在活动前要分析音乐，包括主题、风格、内容、情节、形象等，根据音乐特点和本班儿童发展特点，设计韵律活动内容。熟悉音乐，能熟练地弹唱音乐材料，动作熟练、优美，并处理好音乐与动作的关系。熟悉韵律活动中的关键经验：合拍做动作（用身体动作表达出音乐节拍的稳定特质）；合句段结构做动作（用身体动作表达出音乐形象的细节）；合乐按规则做动作（在保持正常队形并遵守规则的前提下，合拍、合句段结构做动作）；用动作表述音乐内容与形式（包括对音乐内容的动作探究与对音乐元素、音乐情绪特征的动作表现）；用语言描述音乐内容与形式（包括用语言描述身体动作、音乐内容、音乐元素与情绪特征）。

2. 活动材料和环境的准备

教师要准备好与韵律活动相关的材料，包括音乐、教具、道具、服装、乐器以及其他材料。由于学前儿童韵律活动需要一定的空间，教师要提前做好环境的布置和场地的设计。同时做好相关环境布置，环境和音乐相和谐，才能更好地调动学前儿童的音乐思维，促进其想象力和创造力的发展。在《三只小狼和大坏猪》韵律活动中，教师可以创设房子的场景，将第一次盖砖头房子，第二次盖水泥房子，第三次盖钢板密码房，还有最后盖的漂亮

的花房用各种材料表现出来。通过这样的环境创设，学前儿童能很快融入音乐的氛围中，从而快乐地学习。

3. 幼儿经验准备

生活经验是学前儿童动作表现的基础，教师在韵律活动前，要了解其已有经验，并利用各种方式丰富他们的感性经验，如观察实物、带领他们进入实际生活情境中去感受等。例如，中班韵律活动《有趣的洗衣机》，教师通过谈话了解到洗衣机虽是学前儿童生活中的常见物品，但未细心观察过，只是大致了解洗衣机有洗衣和甩干功能，并不清楚洗衣机的具体工作流程（放衣服—进水—转动洗涤—漂洗—甩干），对放水后衣服漂浮的状态、甩干后衣服的位置等细节的经验少。教师通过带领学前儿童到盥洗室观察洗衣机工作、投放洗衣机工作相关图片到音乐区、家园共育（请家长帮助孩子在家丰富相关经验）等方式丰富学前儿童经验。

## （二）韵律活动组织的一般步骤

1. 运用多种方式导入活动，激发活动兴趣

有趣的导入方式在教学活动中能引起学前儿童的注意，激发其活动兴趣。教师可以用故事、儿歌、图片、谈话、游戏等方式，将学前儿童引入音乐所表现的游戏情境中。例如，中班韵律活动《猪八戒吃西瓜》，教师配合背景音乐讲述了猪八戒找西瓜、搬西瓜、切西瓜、吃西瓜的故事情节。

2. 熟悉音乐

引导学前儿童倾听音乐，感受音乐的节奏、节拍、结构、情绪和风格特点，帮助学前儿童理解音乐内容，为表现音乐做情感和经验上的准备。在这一环节中，教师要给予学前儿童充分聆听音乐的时间，不要让他们笼罩在教师的"诠释"之中。教师可以配合简单的动作，用动作表征音乐，将音乐形象化，帮助学前儿童理解音乐的形象、情绪和结构。例如，中班韵律活动《擦镜子》，教师先请学前儿童完整地倾听音乐，引导他们说出对音乐的独特感受，"很欢快""听了想跳舞"等。在他们对整段音乐有了初步感受后，将音乐的A、B和B'段分解，分段请学前儿童倾听，边听边想可以跟着音乐做哪些擦镜子的动作，并帮助他们分析每一段音乐的特点，引导他们将擦镜子的动作、洗抹布的动作和表现自己劳动后喜悦心情的动作与每段音乐相匹配。

3. 动作学习

教师引导学前儿童用动作来表现音乐，动作可以由教师设计，也可以由学前儿童自己创编。教师设计的韵律动作不宜太复杂，不能要求学前儿童动作整齐划一，这会导致他们将注意力放在动作的学习上，而忽略对音乐感知与表达。在引导他们进行动作学习时要循序渐进、逐层叠加、由非移动动作到移动动作进行教学。

教师可以帮助、启发学前儿童，让他们根据自己对角色的理解及生活的观察，将学过及看过的动作再现出来，实现将已有经验与音乐相匹配。例如，小班韵律活动《生活模仿动作》，教师引导学前儿童根据已有生活经验创编刷牙、洗脸、梳头发、照镜子等动作。

4. 随乐完整表演

学前儿童学习动作后，教师引导学前儿童随着音乐完整表演，帮助他们将形象的动作和抽象的音乐建立联系，用动作来表现对音乐的感知和理解。为了提高学前儿童表演的兴

趣，可以利用一些辅助材料，如彩带、纸花、头饰等道具。

5. 创造性地表达

在掌握基本动作的基础上，引导学前儿童进行创造性地表达。尤其是律动中的模仿动作、舞蹈中的自编动作和音乐游戏中的动作，教师善于启发调动学前儿童的已有经验，肯定、鼓励他们富有个性的表达。随着学前儿童对学习内容的熟悉，教师可逐步增加有趣的挑战，如合作、创编、变换队形、竞争等。

## 四、学前儿童韵律活动的指导要点

### （一）采用四层次动作教学引导学前儿童学习动作

空间和稳定性有着紧密的联系，不同的空间，其心理的稳定性不一样。一般而言，坐着做上肢动作最稳定，坐着做下肢动作次之。坐着比站着稳定，站着比移动稳定。在规定空间下移动比自由空间下移动稳定。在个人独立空间下移动比合作交往空间状态下移动稳定。[1]因此，教师可以采用不移位替代动作（手代脚）→不移位下肢动作→站立位上、下肢动作→移位、完整做动作四层次动作教学方法引导学前儿童学习动作。例如，大班韵律活动"小狗与哨子"，由于"遇狗、跳舞"的动作组合很可能使学前儿童过度兴奋，教师在带领他们集体学习时，先用坐姿、再用立姿，最后再移动做动作。

### （二）引导学前儿童学习动作时，借用形象的语言辅助教学

在引导学前儿童学习动作的过程中，教师可以合着音乐节拍运用一些语言提示。如学习"踵趾小跑步"时，可以配合曲调"脚跟、脚尖、跑跑跑"。有时也可以用"一、二、三、四"的个数，但要注意不能将口令代替音乐，要尽快让学前儿童从听口令过渡到听音乐节拍做动作。

### （三）通过多种方式引导学前儿童站位和变换队形

1. 使用固定提示语

在韵律活动中，教师可以使用固定提示语来表示某种特定的队形。如教师使用"面向圈上""面向圈里"的固定提示语帮助学前儿童学习两种特定圆圈舞蹈队形的站位。"面向圈上"是指所有人的身体和面部都朝着自己前方舞伴身体的背部，而面部正好对着自己前方舞伴的后脑勺。"面向圈里"是指所有人的身体和面部都朝着圆心，每个人都能看到对面人的脸。

2. 使用特定标志物

针对年龄小、分不清左右的学前儿童，或较难、变换比较复杂的队形，教师可以在地上贴一些标记（如小动物头像、圆形、三角形、方形等图形），帮助他们明确自己的位置并逐步形成一种距离意识。为了帮助分不清左、右方向的学前儿童，教师可以让他们一手戴手腕花，减轻记忆动作方向的负担，更专心地去学习动作和交流。教师只要说出"伸出戴手腕花的手"，学前儿童就能迅速地做出反应。

---

[1] 许卓娅，吴巍莹. 学前儿童音乐教育与活动指导[M]. 长沙：湖南大学出版社，2018：103.

3. 绘制队形图谱

根据学前儿童在韵律活动中的队形、位置变化,可以由教师设计一种学前儿童熟悉的,或由师幼共同约定的相应符号或图案,以指导他们准确进行队形与位置的变化。例如,队形的变化,用圆圈、"人"字形、菱形、花朵形等图案发出指令;位置的变化,用与学前儿童预先约定的符号发出指令(如面对面的符号是箭头对箭头,背对背的符号是箭尾对箭尾,拉手转圈的符号是风轮)。由于图案和符号是师幼事先约定设计的,它们形象直观,符合学前儿童的年龄特点和认知水平。因此,学前儿童对教师指令的领会和掌握速度较快。通常只需经过一定的讲解与训练,他们一看图案、符号就知道自己应该做什么、怎么做,以及大家应共同遵守的规定等。

4. 带示范性的小组练习

练习队形变换时,可以根据实际情况,先请一组学前儿童学习队形变化,向全班示范,然后由这一组带着全班学习队形变化。值得强调的是,指导小组学习的时间不能太长,应使全班都有练习机会。

5. 根据韵律动作的难度选编队形

学前儿童韵律活动的队形(如圆形、半圆形、横排、纵队等)可以根据动作的需要而定。动作比较复杂的宜采用横排或纵排队形,简单的邀请舞可以先横排、再圆形的队形。

【案例赏析】

### 小班音乐游戏:猫捉小鸟[①]

一、设计意图

教师把游戏元素植入音乐活动中,可以使音乐活动更有效。音乐游戏以音乐为连接,音乐是沟通游戏环节的主要手段,具有愉悦性、形象性、情感性的特点。音乐游戏是伴随音乐进行的,以发展幼儿音乐能力为目标的一种有规则的游戏活动。本次活动通过猫和小鸟这样有趣的形象,激发幼儿参与的积极性。幼儿根据音乐的变化进行角色扮演,展开"猫捉小鸟"的游戏,攻守双方来回跑动,使幼儿在快乐中加速音乐经验的获得。活动的设计以3~4岁幼儿音乐领域的核心经验为依据,抓住突出的音乐内容形象,让幼儿在故事情景和音乐游戏中感受和表现音乐。同时,通过游戏规则,可以让幼儿获得一些社会规范的经验。

二、活动目标

1. 喜欢参加音乐活动,并能大胆地表现自己的情感。
2. 根据音乐内容的情节,用自己喜欢的方式创编小鸟、小猫的动作。
3. 按照游戏规则和箭头方向,跟随音乐在圆圈上进行游戏。

三、活动重难点

使幼儿创编猫和小鸟的动作,按照游戏规则和箭头方向,跟随音乐在圆圈上进行游戏;使幼儿学习自我克制,从而有序地参加集体游戏。

四、活动准备

小猫头饰一个,小鸟头饰若干;歌曲《猫捉小鸟》;箭头若干;PPT;情景大树两棵。

---

[①] 牛娜娜,梁洁. 小班音乐游戏:猫捉小鸟[J]. 教育观察,2019,8(34):77-78.

五、活动过程

（一）游戏情景导入

1．教师：请小朋友们观察，老师戴的是什么头饰？你们戴的又是什么头饰？

2．自由讨论：为什么要带这样的头饰呢？

3．介绍：老师要和小朋友玩猫捉小鸟的游戏。

（二）感知和欣赏《猫捉小鸟》的音乐

1．播放歌曲，使幼儿初步感知音乐。

教师：孩子们，你们听到猫和小鸟是什么时候出现的？

2．观看PPT，使幼儿初步了解歌曲内容，尝试玩游戏。

小猫蹲在地上念儿歌，小鸟们自由地飞来飞去捉虫子。忽然，小猫发现了小鸟，"喵"的叫声传来，吓得小鸟们赶紧飞回自己的小窝（椅子），没飞回的小鸟，就会被小猫捉住。

（三）观看PPT，使幼儿了解完整的歌曲内容，并创编肢体动作

1．观看PPT，使幼儿了解完整的歌曲内容。

小朋友们，你们都已经会玩了，我们增加点难度再玩，接下来我们来跟着音乐玩"猫捉小鸟"的游戏。现在请小朋友一边看动画一边听，熟悉歌曲。

教师：小朋友听到了什么？谁来说一说？

教师：鸟妈妈带着小鸟出去玩累了，飞回大树上，小鸟在树上喳喳叫。小朋友们，你们来学一学，小鸟是怎样喳喳叫的？

教师：小猫树下静悄悄（老师扮演），小鸟想逗小猫玩，结果小猫想把小鸟捉，"喵"，小鸟扑扑飞走了，小猫气得蹦蹦跳；"喵"，小鸟扑扑飞走了，小猫气得蹦蹦跳；（间奏）小猫非常生气到处找小鸟，说："一定要捉到小鸟。""喵"，小鸟扑扑飞走了，小猫气得蹦蹦跳；"喵"，小鸟扑扑飞走了，小猫气得蹦蹦跳。

请小朋友们来学一学小鸟……

2．边听音乐边练习玩游戏。

3．学习边听音乐边按照箭头的方向在圆圈上进行游戏1~2次。

游戏规则：前奏、树上小鸟喳喳叫（小朋友扮演小鸟按照箭头指向的方向飞）；树下小猫静悄悄（教师伏地休息），小鸟想逗小猫玩（幼儿自由逗小猫）；小猫想把小鸟捉（教师捉），小鸟扑扑飞走了（小朋友站在原地不动，双手在头顶搭房子）；小猫气得蹦蹦跳（教师生气的表情蹦蹦跳），重复小鸟扑扑飞走了……

教师：小朋友们本领真大，跟着音乐玩"猫捉小鸟"的游戏都难不倒你们。但是小猫没有捉到小鸟，非常生气。小猫说："这次如果小鸟不按照地上箭头方向飞，听到'捉'和小猫来了，不会用手搭房子站在圆圈上保护自己的，我一定要捉住。"

总结：小猫和小鸟今天玩得很开心，它们现在很累了，小鸟跟着小猫一起去休息一下吧（走到情景大树的后面）！

六、活动延伸

1．规则教育。

教师：不守规则的小鸟就会被小猫捉住，小朋友们要了解游戏规则和社会上的一些规则，学习遵守规则。

2．在音乐角投放小猫和小鸟头饰、音乐，供幼儿区角活动时玩耍。

3．延伸到家庭中，家长陪同幼儿观察小猫和小鸟，也可以到动物园观察其他动物的动作。

七、活动反思

本次音乐游戏活动选择的音乐作品，符合3～4岁幼儿的兴趣和发展特点。幼儿对音乐强弱、快慢的把握到位，涉及随音乐做动作与按规则做动作的关键经验。在规则游戏部分，幼儿创编动作积极，放松。在规则游戏中，游戏内容比较刺激，按箭头方向在圆圈上游戏对于幼儿来说是一种挑战。在追与躲的过程中，游戏流程循环比较快，两棵大树富有情景性，幼儿在两棵树中来回奔跑，导致幼儿情绪上有些兴奋过度。伴随音乐游戏时，有的幼儿在游戏开始和结束部分会跟不上或收不住。

游戏化的音乐教学应包括充满诗意和画意的语言、故事配乐活动、声情并茂的音乐活动、形体优美的韵律活动、有趣多变的造型活动以及在音乐伴奏下各种创造活动。本活动中的造型活动比较单一，留给幼儿创造的空间比较小。可是在与其他活动进行后续的结合，如故事表演，请小朋友想象猫和小鸟的其他对话等活动中，便可对其进行改善。音乐游戏活动一般由两个课时构成，本次活动未分课时导致幼儿还没有很好地感受完音乐，就直接进入游戏玩法与规则的学习，这是本次活动需要反思的地方。另外，在游戏规则方面，教师应对幼儿进行特别的练习，在第一次游戏完成后，要解决幼儿在游戏中出现的问题。

## 大班韵律活动：猪八戒背媳妇[①]

一、设计意图

一年一度的"与经典结缘"童话剧主题活动又拉开了帷幕，大班的幼儿都很喜欢《西游记》的故事情节，于是教师选用《猪八戒背媳妇》这首略带幽默与诙谐的乐曲开展韵律游戏，带领他们重温经典，一起看剧、演剧。根据乐曲的风格，设计了猪八戒打扮自己、娶新娘、找新娘三个环节，让幼儿在玩传递游戏中随乐而动。在教学过程中，教师不断累加挑战，循序渐进地提升幼儿的音乐节奏感和艺术表现力。

二、活动目标

1．感受乐曲欢快诙谐的风格，能用动作表现照镜子梳洗、打扮等情节。

2．能根据音乐的节奏玩传递找新娘的游戏，丰富游戏经验。

3．在与同伴合作玩游戏的过程中，感受互动游戏的乐趣。

三、活动准备

1．由《猪八戒背媳妇》剪辑成的A、B两段音乐。

2．眼罩1个、新娘红盖头若干。

四、活动过程

（一）教师讲述故事，激发幼儿参与活动的兴趣

教师：话说天蓬元帅被打入人间后，变成了一头猪。来到人间后的他想过一过人间的生活，所以准备娶一个媳妇儿回家。这天一大早，猪八戒就开始打扮自己了，照照镜子洗洗脸、照照镜子抹抹粉，真帅气呀！然后他就准备去接新娘啦！到了新娘家，猪八戒傻了

---

[①] 徐朗煜．大班韵律活动：猪八戒背媳妇[J]．当代学前教育，2018（01）：31-33．

眼："这么多新娘，到底谁是真正的新娘呢，得想个办法把她找出来！"

（注意：教师根据音乐的框架讲述故事，在讲述重点环节时放慢语速、加重语气，提示幼儿重点关注接下来要创编动作的部分。）

（二）幼儿创编照镜子梳洗、打扮自己的动作

1．幼儿创编照镜子梳洗的动作。

教师：故事里的猪八戒是怎样梳洗的？你能做先照镜子、再洗脸的动作吗？（请一名幼儿上台示范）让我们一起跟他学一学洗脸的动作吧！瞧，小脸洗得真干净呀！

2．幼儿创编照镜子打扮自己的动作。

教师：小脸已经洗得干干净净了，如果再打扮一下就更帅气了。该怎么打扮呢？让我们照着镜子抹抹粉吧！注意脸的两侧都要抹到哦！瞧，小脸真帅气呀！

（三）教师与幼儿一起跟随音乐完整做动作两遍

1．师幼一起表演照镜子梳洗、打扮的动作。

教师：让我们跟着音乐把猪八戒照镜子梳洗、打扮的样子表演出来吧！

教师与幼儿坐在椅子上随着音乐完整地做上肢动作，动作的顺序依次为：照镜子洗脸→转手腕画圆→照镜子抹粉→转手腕画圆→拍腿指同伴（重复8次）→拍手、拍手、双手比"耶"。

2．幼儿跟随音乐再次完整做动作。

教师：除了打扮自己，猪八戒还做什么了？是先拍腿还是先找新娘？最后新娘有没有找到？可以用什么动作庆祝找到新娘时的开心？

（注意：A段照镜子洗脸和照镜子抹粉的动作是幼儿创编的，每个动作做四次；B段是整个韵律活动中的重难点，"找新娘"的动作模式——"拍腿指同伴"是后期传递游戏的基础，因此必须要让每个幼儿明确是先拍自己还是先指同伴，以便成功实现后期的团体合作。同时，跟随音乐完整做动作两遍是便于幼儿观察、学习并梳理出动作的流程和顺序，从整体上把握音乐的框架。）

（四）逐层累加"传递"的游戏

1．教师随音乐完整做动作，将基本动作中"拍腿指同伴"的"指同伴"替换为"拍同伴腿"，然后提问：到底谁是新娘？你们想不想把她找出来？仔细看，教师找新娘时是怎么做的？我先拍的谁？接着拍的是哪边小朋友的腿？

2．师幼一起跟随音乐玩拍腿游戏。

3．出示道具"红盖头"，玩传递游戏。

教师：本领练好了，我们要开始找新娘了。现在，我们来传新娘的红盖头，传到最后，盖头在谁的手中，谁就是新娘，请新娘赶紧把盖头顶在自己头上。如果传到最后，戴红盖头的是个男生，我们就要做"被吓晕了"的动作；如果是个女生，我们就一起恭喜她！

4．一名幼儿扮演新郎"猪八戒"，其他幼儿戴上红盖头扮演"新娘"，完整游戏。

教师：现在，我们请一位小朋友来扮演新郎，新郎有一个任务，在音乐最后要先帮新娘揭盖头。如果揭开盖头，看到的是个女孩，她就是真正的新娘，新郎要把新娘背回家（考虑到幼儿的安全，此处的"背回家"在实际操作中可换成"牵回家"）；如果揭开红盖头，看到的是个男孩，那他就是个妖精，新郎要拿出"九尺钉耙"对付妖精，一边喊"妖怪，

哪里逃！"一边去追妖怪，妖怪则赶紧跑一圈逃回自己洞里（椅子）去。

5．累加挑战"猜声音"，完整游戏。

教师：我们要加大难度啦，这次请新郎化好妆后戴上眼罩，当音乐结束时，请新娘喊一声"新郎"，新郎猜猜她是谁，猜对了就把新娘背回家！

（注意：在此环节，教师将B段"拍自己腿指同伴"的动作替换为"拍自己腿拍右边同伴的腿"，为后期团体统一向右传递红盖头做好准备工作。因为是团体合作动作，每个幼儿都需跟上节奏，所以教师需要特别关注幼儿拍自己与拍同伴腿的先后顺序。）

另外，还需向幼儿强调后期传盖头环节应该为先拿盖头再传盖头。传递的结果有两种：红盖头顶在男生或者女生头上，若是女生，就是新娘，可以背回家；若是男生，就是妖精，需追捉妖精。此环节逐渐累加挑战，让幼儿在循序渐进中掌握按节奏传递的重难点学习。

（五）自然结束

教师：刚刚我们玩游戏时播放的这段音乐，你们听后有什么感觉，觉得有趣吗？这就是电视剧《西游记》里面的音乐。小朋友们今天都表现得非常棒，下次，我们再用这段音乐来玩别的游戏，好不好？现在就请小朋友们帮老师将表演道具收好，放回原位吧！

五、活动延伸

1．可在表演区放置服装、道具，供幼儿表演童话剧时使用。

2．可请幼儿为这首乐曲创编其他故事情境，并进行律动表演。

六、活动反思

幼儿园韵律活动的开展离不开音乐、动作与内容的选择，韵律活动《猪八戒背媳妇》是在童话剧《西游记》的主题背景下开展的，是深受幼儿喜爱的。于是，本着"源于幼儿，发展幼儿"的教学理念设计了此次活动，并做到了以下几个方面。

1．音乐的选择符合故事中的人物形象和情境。

匈牙利音乐教育家柯达伊说过"民族的即是最好的"。《西游记》是中国的四大名著之一，每一章都有精彩的故事、生动的形象，深受幼儿喜欢，是我们民族优秀的文学瑰宝。音乐《猪八戒背媳妇》是电视剧版《西游记》的插曲，同样独具民族特色。在优秀的文学瑰宝和音乐的基础上，结合幼儿的生活经验和兴趣做了几点调整，如添加了生活中动作的模仿——"打扮自己"、找新娘的游戏——"传递盖头"，将故事、动作与音乐要素有技巧、完美地结合在了一起。

2．动作的捕捉来源于生活，又经过了艺术的加工。

幼儿已经具备"照镜子洗脸""照镜子抹粉"等生活中动作的模仿经验，因此在引导幼儿如何打扮自己并要求用动作表现时，他们个个都很积极地想尝试、表现。

另外，在表现过程中，及时介绍、引导幼儿讨论、交流各不相同但又能表现打扮的动作，并结合音乐的旋律和节奏，将动作加工提炼为优美的舞蹈动作后再让幼儿模仿，大大地提高了幼儿学习的积极性。

3．难点的突破体现循序渐进、层层推进的指导策略。

本次活动中，按节奏传递物品是一个难点，因为传递的动作既要符合音乐的节奏和旋律，又要每个幼儿相互合作。因此，搭建了适度递进的阶梯，具体为：拍自己腿指同伴→

拍自己腿拍同伴腿→拿盖头传盖头→找新娘背新娘→猜声音找新娘……层层递进、将难点逐个化解，让幼儿在循序渐进的过程中积极、主动地进行这一音乐游戏。

整个活动充满情境的氛围，幼儿创造、表现的欲望不断被激发，越玩越有兴趣，不断有层次地在用肢体动作表现着音乐。

中班音乐游戏：有洞的音乐[①]

一、设计意图

音乐游戏是"用音乐来做游戏，在游戏中学音乐"的综合艺术活动。在音乐游戏中，音乐是灵魂，游戏是手段。音乐游戏具有情境性、挑战性、互动性、创新性的特点，能使幼儿在寓教于乐的游戏中享受音乐的体验、感受音乐内涵、提升音乐的表现力。因此，好的音乐游戏能让幼儿"如痴如醉"，沉浸其中。

幼儿进入中班后，游戏的需求更加强烈，控制能力也不断发展，热衷参加班级开展的"木头人""抢椅子"等游戏。中班幼儿喜欢参与那些先动再静止的控制性规则游戏，在短暂地控制身体动作的同时巩固规则，他们的竞争和获胜意识也日渐强烈。奥尔夫乐曲《有洞的音乐》曲调简单流畅、节奏变化鲜明，是一首参与性、游戏性、趣味性、音乐性很强的音乐，动静结合的乐曲诙谐有趣。乐句中明显的停顿是整个乐曲的亮点，是游戏的焦点，也是幼儿觉得"好玩"的关键点。结合幼儿已有经验，教师可以尝试将《有洞的音乐》进行多样的变化，让幼儿反复感知和游戏。

规则游戏"木头人""抢椅子"的明显特征是连续运动之后的停顿和间歇，在快速运动或做动作时突然静止的规则，能促使幼儿更加专注地倾听音乐，获取成功的快感。结合乐曲《有洞的音乐》，教师可以取消以往念儿歌做"木头人"或者敲小铃抢椅子的方式，让幼儿用音乐的"洞"去控制身体动作，于是笔者设计了中班音乐游戏"有洞的音乐"。

二、活动目标

1．熟悉乐曲的旋律，能敏捷听辨音乐的行进和休止，联系已有规则游戏，提升音乐的感受力、变现力。

2．感受音乐的欢快性，体验集体音乐游戏的快乐和获得成功的喜悦。

三、活动准备

音乐、椅子，有过玩木头人、抢椅子游戏经验的幼儿。

四、活动过程

（一）感受音乐

1．播放音乐，之后讨论。

教师：老师带来一段好听的音乐。听听这首乐曲里面藏着什么秘密？

幼儿：听上去很愉快，想跳舞。

幼儿：每段乐句都有停顿。

教师：对，这段音乐是一直连续的吗？还是有时候连续，有时候停止？听上去感觉像

---

[①] 黄月琴．中班音乐游戏：有洞的音乐[J]．教育观察，2019，8（12）：56-57．

什么?

幼儿:像汽车刹车,像老师敲小铃,像眼睛闭起来了,像大海的波涛,突然来了海啸,像掉进一个山洞……

教师:这首乐曲有时连续,有时停止,停止时就像掉进了一个大山洞一样,所以它有一个有趣的名字叫"有洞的音乐"。

2. 让我们再来听一听,山洞在哪里?老师也来听一听、画一画。(教师带领幼儿边听音乐边用图示表示,如图3-1所示)

引导幼儿熟悉音乐的旋律和节奏,寻找行进和休止,为游戏做准备,如图3-2所示。

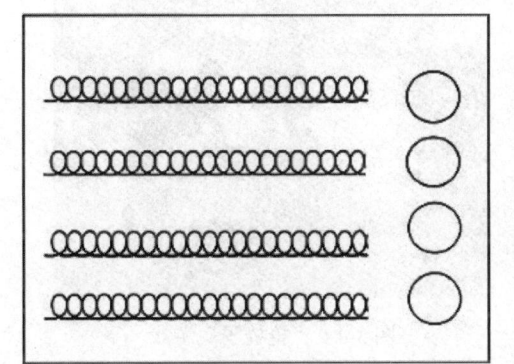

图3-1 《有洞的音乐》中的"洞"      图3-2 寻找《有洞的音乐》中的"洞"

(二)熟悉旋律("木头人"游戏)

1. 跟着这个音乐我们可以做什么游戏呢?(木头人、抢椅子)

2. 木头人的游戏可以怎么玩呢?说说你的玩法

幼儿:有音乐的时候可以自由移动,音乐停止时当木头人。

教师:对,跟着音乐的节奏跑动,当洞出现的时候我们变成木头人,一动都不能动。要不我们试一试吧!

3. 幼儿第一次尝试跟着音乐玩木头人。教师提醒:木头人要跟着音乐的节奏。

4. 游戏反复1~2次。

5. 游戏已经难不倒你们了,看样子要升级了。可以怎样升级?(幼儿畅谈)

6. 游戏升级:第二遍游戏时,木头人可以在音乐连续的时候跑出去,但是当"洞"出现的时候,我们要停下一动不动,当木头人,如图3-3所示。

(三)抢椅子

1. 木头人的游戏难不倒你们了,那么我们来玩刚才小朋友说的"抢椅子"游戏吧。

2. 用这个音乐玩抢椅子的游戏可以怎么玩呢?(幼儿商量)

幼儿:音乐行进的时候我们可以跑动,音乐休止的时候我们可以抢椅子,谁抢到了椅子谁就胜利了。

3. 幼儿自由玩一遍。(音乐不间断)

4. 解决第一次玩后发现的问题。

教师：你们玩得有困难吗？

幼儿：小朋友互相撞到，音乐停下还有人没有坐到小椅子上。

教师：有洞的音乐就是老师，"洞洞"出现就要马上找椅子，没找的小朋友可要暂停游戏一次了。

5．活动中，教师视需要确定是否帮助贴箭头，以示方向。幼儿再次玩游戏。教师提醒幼儿按照音乐的节奏行进。

6．玩过以后又发现了什么问题？（有人跑得太远，所以找不到小椅子），如图3-4所示。

图3-3 "木头人"游戏　　　　图3-4 "抢椅子"游戏

（四）围圈抢椅子

1．教师：木头人的本领越来越大啦。我们游戏难度也要加大喽！（教师帮助围圈排椅子，结合音乐的"洞洞"玩游戏，热身玩两遍）

2．提升游戏玩法。

教师：木头人已经很敏捷了，现在我要淘汰了。

先搬掉一把椅子，椅子数量比幼儿少一个，然后反复播放音乐，提醒幼儿跟着节奏跑，在"洞洞"出现时幼儿抢椅子，没找到的淘汰出局。反复进行，没有抢到座位的小朋友坐在旁边观看。

（五）活动结束

听着《有洞的音乐》玩木头人抢椅子的游戏真有趣，下次我们再来一起玩别的游戏吧！

五、活动延伸

根据幼儿游戏经验，教师可以陆续使用该音乐，创设和融入原有游戏进行创编。如老狼老狼几点钟、打地鼠等，借助音乐"洞洞"变换游戏，体现音乐游戏创新性的特点，使幼儿理解节奏，增强对音乐的兴趣。

六、活动反思

中班幼儿的思维方式以具体形象思维为主，对音乐形象与情绪的感知必须借助多种感官。因此，本次活动采用视觉、听觉、行动结合的方式展开，引导幼儿熟悉乐曲旋律，在反复的倾听和身体尝试中理解音乐的行进和休止，伴随着脚下有节奏的脚步增强对乐曲的喜爱和对音乐的兴致。活动采用幼儿熟悉的游戏形式，增强了课堂的趣味性。

在"感受音乐，熟悉音乐"环节，教师采用倾听的方式引导幼儿自己发觉音乐的休止，将休止形象比喻为"一个大大的洞洞",在幼儿初次欣赏,没有找到音乐的秘密时,教师巧妙地结合身体动作加以暗示,或者语言提醒——"一会儿怎么样,一会又怎么样",充分尊重幼儿的主体地位。在第一次倾听寻找后,教师设计了在黑板上边听边绘画线条的环节,将抽象的音乐形象化、具体化,让幼儿简单明了地看到"洞洞",为接下来游戏的顺利开展打下基础。

在具体活动中,幼儿在讲游戏的玩法时,没有想到木头人和抢椅子,由"洞洞"就想到了熊和兔子,教师在执教时可以灵活应变,引导幼儿玩"木头熊"游戏,这样,活动会更加顺畅。

在"玩木头人"的环节,教师把音乐与幼儿喜欢的游戏结合起来,引导幼儿用听觉系统参与游戏,建立听觉和行动的链接,让幼儿初步形成规则——音乐行进人行进,音乐停止人停止。幼儿先在椅子边玩,再散点玩,是一种递进。

"围圈抢椅子"是活动的难点,"木头人的本领越来越大啦""游戏难度也要加大喽!""木头人已经很敏捷了,现在我要淘汰了",教师采用积极的言语渲染,用赏识激励法激发幼儿的积极性,引起他们胜利的欲望。游戏成功与否,与音乐节点的把控有很大的关系,幼儿已经能在多次倾听中用自己的方法去听辨"洞洞"的出现,确保自己能获胜。在音乐游戏中,虽然有些幼儿被淘汰了,但是淘汰不是游戏的最终目标,而是增强游戏的趣味性和竞争性。从幼儿的反应中可以看出,他们很期待下一次的游戏,游戏中遵守规则体现了幼儿对音乐的感受和理解,体现了活动的科学性、艺术性、健康性、愉悦性和谐统一。

**【在线测试】**

一、选择题

1. 在要求学前儿童学习小鸟飞的动作时,学前儿童模仿的对象最好是( )。
   A. 同伴的动作　　　　　　　B. 生活中小鸟飞的动作
   C. 教师的动作　　　　　　　D. 图片中小鸟飞的动作
2. 小班儿童学习律动小鸡走路时,下列四种方式中其最佳方式是( )。
   A. 全体儿童戴上小鸡的头饰　　B. 儿童轮流戴上小鸡的头饰
   C. 全体儿童戴上小鸡的胸饰　　D. 教师戴上鸡妈妈的头饰
3. 教师在韵律活动中为发展学前儿童个性所使用的下列方法中,不正确的是( )。
   A. 让每位儿童能够认识到自己的努力和提高
   B. 对不同的儿童提不同的要求
   C. 让儿童相互竞争,相互比较
   D. 给每位儿童成功表现自己的机会
4. 5~6岁儿童可能学会做( )的腕部、指部动作。
   A. 精致　　　　B. 精细　　　　C. 大肌肉　　　D. 复杂
5. 律动活动材料的选择,包括音乐的选择、( )的选择、道具的选择。
   A. 动作　　　　B. 歌曲　　　　C. 节奏　　　　D. 伴奏
6. 三岁左右幼儿学习原地踏步、移动踏步、( )、小跑步。
   A. 垫步　　　　B. 侧点步　　　C. 跑跳步　　　D. 小碎步

## 二、简答题

1. 学前儿童韵律活动有哪些类型？
2. 如何为学前儿童选择韵律活动材料？
3. 学前儿童韵律动作发展有什么规律？

**【真题训练】**

1. 题目：音乐游戏《洒水车》

内容：

（1）设计一个与主题相关的音乐游戏。

（2）模拟面对幼儿示范、讲解游戏的玩法。

基本要求：

（1）模拟面对中班幼儿进行音乐游戏，注意动作和语言相互配合，能清楚交代游戏规则和要求。

（2）在游戏过程中对幼儿提两个问题。

（3）请在10分钟内完成上述任务。

答辩题目：

（1）在游戏过程中可能出现什么问题，你该如何解决？

（2）本次活动的难点是什么，你将如何突破？

2. 题目：音乐《国旗多美丽》

内容：

（1）弹唱歌曲。

（2）为歌曲创编律动。

### 国旗多美丽

1=D  2/4

常 瑞 词
谢白倩 曲

$1 \cdot 3 \ 55 | 65 \ 6 \ 23 | 1 - | 5 \ 1 | 5 \ 3 | 1 \cdot 2 \ 34 | 5 - |$

国 旗 国 旗 多 美 丽，
国 旗 国 旗 多 美 丽，

$5 \ 1 | 5 \ 3 | 4 \ 31 \ 2 - | 3 \cdot 4 \ 56 \ 5 | 6 \ 65 \ 3 - |$

天 天 升 在 朝 霞 里，小 朋 友 们 爱 祖 国，
五 颗 星 星 照 大 地，祖 国 前 进 我 长 大，

$1 \cdot 3 \ 55 | 65 | 6 \ 23 | 1 - \|$

向 着 国 旗 敬 礼，敬 个 礼。
向 着 国 旗 敬 礼，敬 个 礼。

基本要求：
（1）弹唱歌曲：完整、流畅地弹奏，节奏准确；有表情地歌唱、吐字清晰，把握准确的音高。
（2）为这首歌曲创编一套简单的律动动作，适合幼儿学习。
（3）请在10分钟内完成上述内容。
答辩题目：
说一下这节活动的目标是什么？
3．模拟组织音乐游戏：捕鱼。
4．模拟组织音乐游戏：十个小矮人。
5．表演儿歌《我给牙刷洗个澡》，并模拟组织活动。
6．设计舞蹈《模仿操》，模仿四种幼儿生活能力，如刷牙、洗脸等。

（选自全国幼儿园教师资格考试面试真题）

**【拓展阅读】**

幼儿园有效开展韵律活动的策略[①]

韵律活动是一种在音乐的伴奏下，儿童运用一个或一组自然的身体动作来反映其音乐感受的写实性表现活动。它既能满足儿童对音乐参与、探究的需要，提高幼儿的音乐感受力、表现力和创造力，又能促进幼儿身体运动能力和协调性的发展。在实践中，韵律活动存在组织难度较大，易陷入目标单一；内容既定，缺乏生成；方式固化，缺乏灵动；评价片面，缺少多元等问题。这就需要将韵律活动置于一个更宽广且相互联系的儿童发展背景中，探索多样化的活动内容、教学策略和评价方式，让幼儿感受韵律活动带来的多样化体验，促进幼儿的多元发展。

一、构建丰富的韵律活动内容体系

（一）多样化的韵律主题

幼儿时期处于直觉行动思维和具体形象思维阶段，其思维具有形象性、行动性等特征。日常生活是幼儿进行各类学习活动的第一场域，为幼儿的学习和发展提供了各类形象、直观的教育素材，幼儿园教育内容回归生活就是指要回归幼儿的学习和发展规律。因此，包含律动活动在内的幼儿园艺术活动应充分挖掘家庭和社区的教育资源，使其贴近幼儿的生活经验和尊重幼儿的兴趣与需要。幼儿园韵律活动主题的研发可以涉及以下方面：一是"日常生活"主题，如为节奏欢快的《洗澡歌》创设"洗衣机洗衣服"主题，让幼儿在音乐伴

---

① 颜瑶卿．幼儿园有效开展韵律活动的策略[J]．学前教育研究，2017（12）：67-69．

奏下表演衣服的放入、漂浮、转动、甩干、晾晒等各种动作。二是"可爱动物"主题，将动物欢喜洒脱的形象融入音乐中。三是"好吃食物"主题，以生活中常见的食物作为主题。四是"有趣职业"主题，如为《动物狂欢节》终曲创设"小小按摩师"主题，表现为客人捏脸、甩手、切背、捶腿等按摩动作。此外，还可设置"科学探秘""虚拟人物"等主题。

（二）多样化的音乐素材

音乐素材是开展韵律活动教学的基础，教师需要根据幼儿的心理发展特点和审美偏好来选择素材。一是形象鲜明的儿童音乐。儿童音乐具有活泼欢快、朗朗上口和富有情趣等特点，幼儿会随着音乐的节拍自然地律动。二是喜闻乐见的流行音乐。幼儿喜爱的动画片主题曲、节奏轻快的流行乐曲等，这些围绕在幼儿周围的音乐素材具有旋律朗朗上口、节奏感强的特点，能充分调动幼儿的音乐感知和律动兴趣。三是富有特色的民间音乐。民间音乐经常被忽略，教师觉得这种"古老"的音乐很难融入现代的音乐教学活动中来，其实一些曲风欢快、节奏重复性强的民间音乐经过改编后，也可以成为很好的韵律活动音乐素材。四是扣人心弦的经典音乐。很多经典音乐具有很好的教育价值，但这些经典音乐过长，超过幼儿的生理耐受能力，内容也脱离了幼儿的日常经验。可以通过剪辑缩短音乐的长度并保留其试听的完整性，并为经典音乐赋以幼儿能理解的故事和动作。

二、探求多样化的韵律活动教学策略

（一）角色扮演

角色扮演因其形式多样、特点鲜明，能够激发幼儿学习兴趣、提高幼儿学习能力、培养幼儿主动性和创造性而成为被广泛认可和使用的一种教学方法。在韵律活动中实施角色扮演法，是指创设一个具体的情境，让幼儿选择适合自己的角色，借助体态语言或口头语言来诠释音乐、表现音乐。通过具体情境中的角色体验，帮助幼儿想象角色行为，感受角色情感，体会角色的深层品质。

（二）戏剧冲突

戏剧冲突是戏剧的灵魂，它是表现人与人之间、人与自然之间以及人物内心多种观念、愿望和情感冲突的特殊艺术形式。戏剧是一门综合艺术，幼儿园开展戏剧活动有助于实现幼儿对自我及外部世界的认知，实现语言、社会、艺术等领域的发展。在韵律活动中巧设冲突，能够让学习的进程紧扣幼儿心弦，不断激发幼儿的有意注意，让幼儿成为韵律活动的主体，增强其对音乐内容的情感体验。

（三）游戏互动

游戏蕴藏着发展的需要和教育的契机，在韵律活动中融入游戏元素，旨在强调把非理性因素的发展作为儿童主体性发展的重要内容，重视培养儿童的情感、意志、灵感、直觉等。在韵律活动中采用游戏互动，就将传统的传授式教学、认知式教学、抽象化教学转变为探究式教学、交往式教学、形象化教学，幼儿的交往技能、自我概念、人格等都得到了发展，促进了韵律活动的深入发展。

（四）层级递进

幼儿园韵律活动通常会通过游戏任务来帮助幼儿理解音乐并进行创造性表现，但是组织难度较大。其难点就在于对韵律活动的环节、空间站位、动作等方面的层级递进处理，尤其是游戏任务的难度应在儿童的最近发展区内，以保证幼儿获得充分的兴趣体验。游戏任务难度过高或过低都不适于幼儿的兴趣持续，游戏任务难度过高容易让幼儿产生畏难情绪，难度过低则容易让幼儿产生厌烦心理，对游戏的掌控和自主性体验就不能得到很好的满足。因此，在韵律活动设计过程中，应根据幼儿身心发展特点及活动目标将韵律活动做层级分解，包括空间站位层级分解、动作层级分解、师幼互动层级分解、音乐层级分解、预令层级分解，教学环节要渗透动作、空间等方面的层级递进。

（五）领域融合

课程结构应当具备完整性，将不同领域的知识与精神渗透在韵律活动中，在教学实践中关注幼儿人格的培养，使韵律活动的内涵更丰富。如在《疯狂动物城》活动中，小动物们一边念着"找、找、找朋友，找到朋友嘿"的节奏儿歌去找朋友，一边变鬼脸逗乐朋友。这个韵律活动在旋律中巧妙地融入了语言领域的节奏儿歌，在找朋友的游戏中渗透社会交往技能，在同伴共舞站位的环节中集合了集体舞的空间智能，在情境设计中隐含了健康的自护能力。

### 三、实施多元化的韵律活动评价方式

（一）评价内容多样化

韵律活动评价的内容是多样化的，包括韵律活动课程方案、实施过程和效果三方面。第一，在韵律活动课程方案中，要看韵律活动的目标、内容、方法是否合理；第二，在韵律活动课程方案实施过程中，要看幼儿在音乐活动中的反应、教师的教育态度和行为、师友互动的质量、学习环境的创设和利用等；第三，在韵律活动效果的评价中，一般通过对幼儿音乐发展评价和综合素质评价来确定，从幼儿节奏能力、即兴表演能力及在活动过程中的学习品质等方面进行评价。

（二）评价阶段多样化

韵律活动评价包含活动前的预估、活动中的观察指导、活动后的反馈三个阶段。活动前的预评包括幼儿的现有能力或水平、原有经验等，教师根据幼儿的能力水平开展接下来的教学活动。活动进行中对幼儿的表现进行观察与指导，主要关注幼儿在活动中的坚持性、专注力。韵律活动结束之后要给予反馈，要对幼儿能力水平提升及学习品质进行评价。

（三）评价方式多样化

一是采用等级量表评价，用于对特殊技能、具体指示的评定，如对儿童节奏能力的评定、对儿童即兴表演能力的评价等。二是表现性评价，即根据幼儿在完成韵律活动时的表现而进行的评价。三是档案夹评价，由幼儿自主选择作品、家长或教师用文字记录作品被选的理由、幼儿自己或他人欣赏档案夹作品后的建议与感想三个部分组成。除此之外，还可采用叙事性评价，如学习故事等。

（四）评价主体多样化

韵律活动课程评价的主体主要是教师与幼儿。幼儿园韵律活动评价需要充分发挥教师的评价主体作用，以教师自评为主，园长、其他教师和专家参与评价，组成一个平等互助

的学习共同体，一起改进音乐课程方案和实施过程。此外，幼儿的音乐行为反应与发展变化是韵律活动评价的重要依据，是韵律活动课程方案是否成功的核心指标，对韵律活动的评价需要以幼儿对活动的参与水平为前提。同时教师也要引导幼儿正确地进行自我评价，发展其自我评价的能力。

### 学习评价与反思

----------------------------------------------------------------
----------------------------------------------------------------
----------------------------------------------------------------
----------------------------------------------------------------
----------------------------------------------------------------

# 第四章　学前儿童打击乐活动

**【本章导读】**

打击乐是学前儿童非常喜欢的一种活动形式,他们常常敲打身边的物品让其发声,乐此不疲,如用筷子击打桌子,用勺子敲碗,用小木棒敲响饼干盒子,等等。打击乐活动是幼儿园艺术教育的重要内容之一,它是学前儿童运用一定的节奏和音色,通过操作打击乐器来表现音乐的一种活动。学前儿童运用乐器创造性表达音乐,不仅能体验打击乐活动的乐趣,而且能获得音乐素养、学习品质和社会性等方面发展。本章将围绕学前儿童打击乐演奏能力发展的特点、打击乐配器方案的设计、打击乐活动的设计与组织展开讨论。

**【学习目标】**

1. 了解学前儿童打击乐演奏能力的发展特点和打击乐配器的有关知识。
2. 掌握常见打击乐器的演奏方法,能自制一些打击乐器。
3. 掌握学前儿童打击乐活动的总目标和各年龄阶段目标。
4. 掌握学前儿童打击乐活动的指导要点,能设计与组织打击乐活动。

**【学习重点】**

掌握学前儿童打击乐活动的指导要点,能设计与组织打击乐活动。

**【思维导图】**

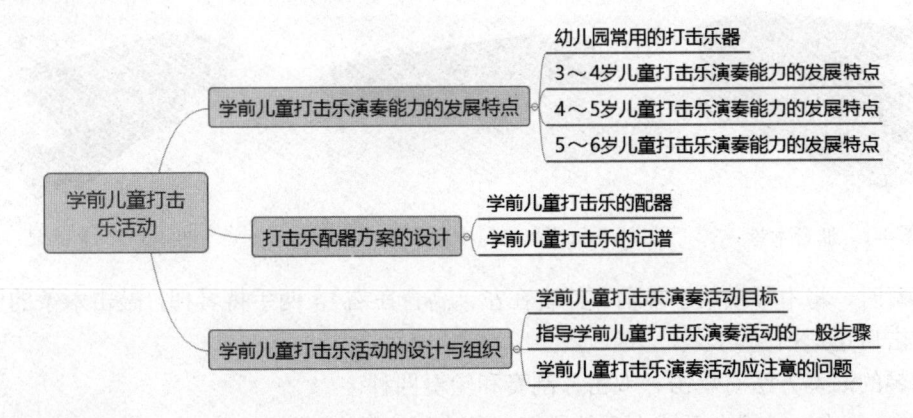

```
                                    ┌─ 幼儿园常用的打击乐器
                                    ├─ 3～4岁儿童打击乐演奏能力的发展特点
         ┌─ 学前儿童打击乐演奏能力的发展特点 ─┤
         │                          ├─ 4～5岁儿童打击乐演奏能力的发展特点
         │                          └─ 5～6岁儿童打击乐演奏能力的发展特点
         │
学前儿童打击 ─┤                          ┌─ 学前儿童打击乐的配器
乐活动       ├─ 打击乐配器方案的设计 ─────┤
         │                          └─ 学前儿童打击乐的记谱
         │
         │                          ┌─ 学前儿童打击乐演奏活动目标
         └─ 学前儿童打击乐活动的设计与组织 ─┤── 指导学前儿童打击乐演奏活动的一般步骤
                                    └─ 学前儿童打击乐演奏活动应注意的问题
```

**【典型案例】**

在观摩幼儿园音乐教育实践中发现,学前儿童对打击乐活动表现出极大的兴趣,但老师较少组织打击乐活动,区域中提供的打击乐器也较少。许多教师表示:打击乐活动不好组织,学前儿童拿到乐器后,由于对乐器充满好奇和探究欲,会不停地玩弄手中的乐器,容易出现场面混乱，无法把控；幼儿园由于经费有限，所以每个班乐器配置的种类和数量较少；不太了解打击乐器的运用，对打击乐活动中的配器、指挥等方面不太了解，实施起来很困难。

# 第一节 学前儿童打击乐演奏能力的发展特点

## 一、幼儿园常用的打击乐器

学前儿童奏乐活动主要使用的是打击乐器。幼儿园打击乐器种类很多，多达几十种。按照打击乐器发声有无音高，可以把打击乐器分为有固定音高的打击乐器和无固定音高的打击乐器两种。

### （一）有固定音高的打击乐器

有固定音高的打击乐器又称为"音条乐器"，是由长短、薄厚不一的硬木条或金属条所组成的打击乐器，用特制的槌子敲击发音。幼儿园常用的打击乐器有木琴、铝板琴、钟琴、音筒、音块等。

1. 木琴

木琴由若干长短不同的木质音条按照基本音级顺序置于一个梯形木质共鸣箱上，用特制槌子（硬质或软质）敲击发音。用硬质槌子敲击时，其声音短促、清脆；用软质槌子敲击时，其声音较为柔和。学前儿童使用的木琴通常为单排形式，包含一个八度以上的音条。按照音高的不同，又可以将木琴分为低音木琴（见图 4-1）、中音木琴（见图 4-2）、高音木琴（见图 4-3）。

图 4-1 低音木琴 　　　　图 4-2 中音木琴 　　　　图 4-3 高音木琴

演奏时，将木琴横放于体前（低音在左，高音在右），两手持琴槌，敲击木条的中部发音，敲击后迅速抬起。

木琴的演奏方法有单击、双击、刮奏和轮奏四种。

（1）单击——用左手或右手持琴槌单独击打音条。

（2）双击——用左手和右手持琴槌同时击打音条。

（3）刮奏——用左手或右手持琴槌贴住音条，由低到高划动。

（4）轮奏——用左右手交替快速击音条。这种演奏方法较难掌握，成人演奏时常用，学前儿童较少使用。

2. 铝板琴

由若干长短不一的铝板条按照基本音级顺序置于一个梯形木质共鸣箱上，用特制琴槌（硬质或软质）敲击发音。用硬质槌子敲击时，其声音优美、清纯，有延续音；用软质槌子敲击时，其声音较为柔和、朦胧。学前儿童使用的铝板琴通常为单排形式，包含一个八度以上的音条。按照音高的不同，可将铝板琴分为低音铝板琴（见图4-4）、中音铝板琴（见图4-5）、高音铝板琴（见图4-6）。

图4-4　低音铝板琴 　　　　图4-5　中音铝板琴 　　　　图4-6　高音铝板琴

演奏时，将铝板琴横放于体前（低音在左，高音在右），两手持琴槌，敲击音条的中部发音，敲击后迅速抬起。

铝板琴的演奏方法也有单击、双击、刮奏和轮奏四种。

（1）单击——用左手或右手持琴槌单独击打音条。

（2）双击——用左手和右手持琴槌同时击打音条。

（3）刮奏——用左手或右手持琴槌贴住音条，由低到高划动。

（4）轮奏——用左右手交替快速击音条。这种演奏方法较难掌握，成人演奏时常用，学前儿童较少使用。

3. 音筒

音筒一套共有八只，每只音各不相同（见图4-7）。可以一人一手一只，也可以一人两手各一只，敲打身体的不同部位发音，也可以敲打桌面或地面发音。

4. 音块

音块又叫八音铝板琴。音块共有八块，用两个琴槌敲打，音色清脆悦耳（见图4-8）。既可分开单个敲击，也可随意进行组合敲击多个音。

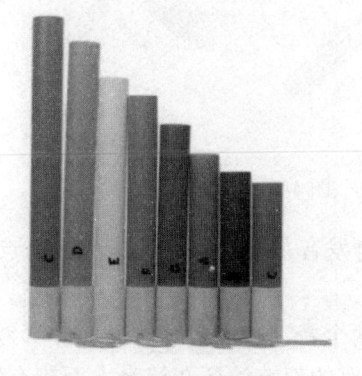

图4-7　音筒　　　　　　　　　　　图4-8　音块

以上有固定音高的乐器有其他常见乐器无法比拟的优点：可以自由拆装、更换音条，使其变成其他调。另外，通过自由拆装，只留下学前儿童演奏中所需要的音条，减少演奏困难，有利于增强他们的学习兴趣。

### （二）无固定音高的打击乐器

无固定音高的打击乐器，按打击乐器的材质分，有木质类、金属类、皮革类、散响类等。

1. 木质类打击乐器

木质类打击乐器是以木头为材质，特点是发音清脆、响亮、短促、有力，无延续音。它发出的声音近似于"嗒嗒、梆梆"声。在学前儿童打击乐曲中常用木质乐器来模仿鸭叫声、鞭炮声、人的笑声等。它还经常用在欢快活泼的音乐中，营造欢乐的音乐气氛。

学前儿童打击乐中常用的木质乐器有木鱼、单响筒、双响筒、响板、响棒、方木梆子。

（1）木鱼。

木鱼由木头雕制而成，形如鱼头状，前端开口，因两侧刻有鱼形图案而得名，用特制木槌敲击，多用于我国民乐小合奏中（见图4-9）。木鱼有大小不等的形制，木鱼越大发音越低，木鱼越小发音越高。学前儿童打击乐中常选用中、小形制的木鱼，其发音清脆、响亮。

演奏时，左手持木鱼下端，右手持木槌，敲击开口旁边的木棱之处发音，敲击后应迅速离开击点。

（2）单响筒。

单响筒用硬木加工而成，有柄，形如圆筒而得名，用特制木棒敲击，发出"梆梆"的响声。有的响筒还在筒身上面刻有沟槽，称为"加沟单响筒"（见图4-10）。其发音和演奏方法与普通响筒相同。

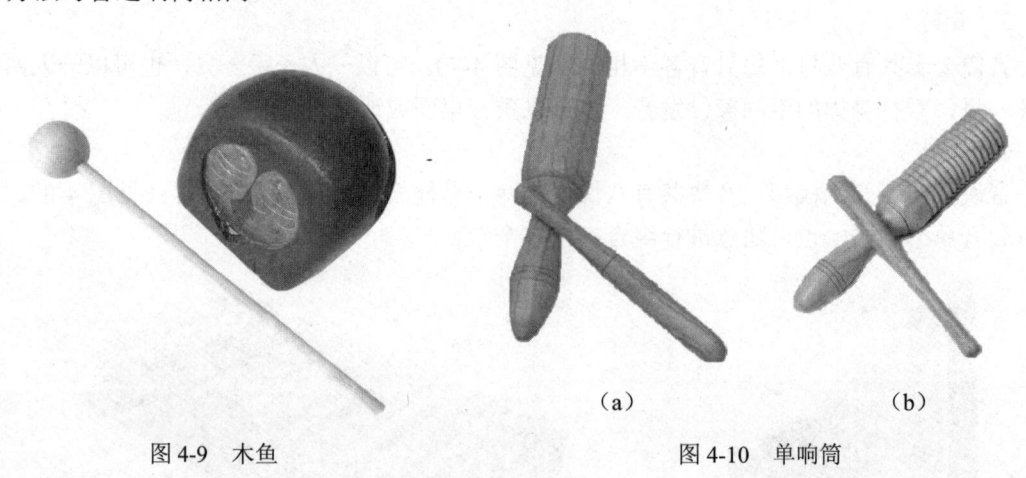

图4-9 木鱼　　　　　　　　　　图4-10 单响筒

演奏时，左手持响筒木柄，右手持木棒，敲击筒身发音，敲击后应迅速离开击点。

（3）双响筒。

双响筒用硬木加工而成，有柄，形如圆筒，能发两个音，故而得名，又叫作"双响梆子"。用特制木棒敲击，发音清纯、响亮、一高一低。有的双响筒还在筒身上面刻有沟槽，称为"加沟双响筒"或"高低音梆子"（见图4-11）。其发音和演奏方法与普通双响筒相同。

演奏时，左手持双响筒木柄，右手持木棒，敲击筒身发音，敲击后应迅速离开击点。

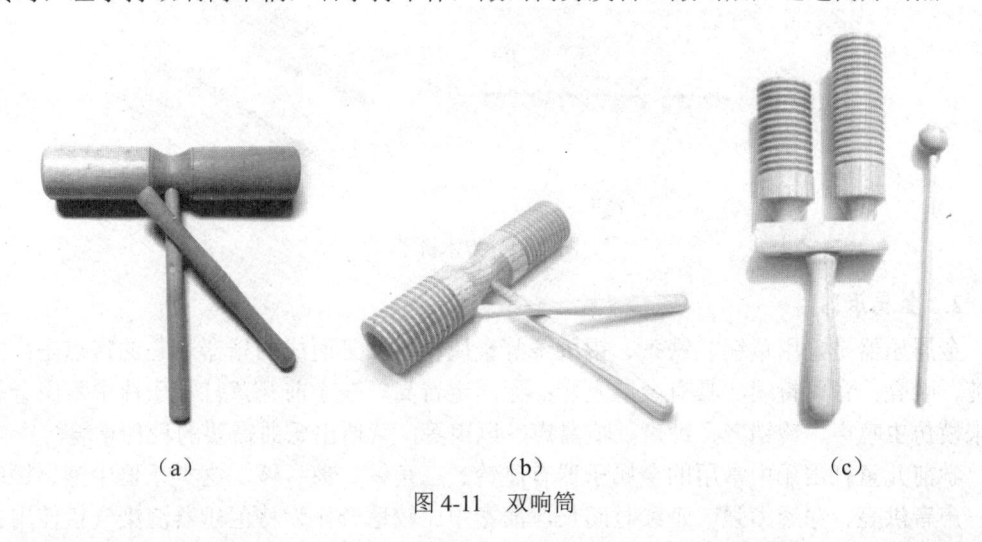

（a） （b） （c）

图 4-11 双响筒

需要注意的是，虽然双响筒没有固定音高，但是挑选一只双响筒时，应当选择高低音有明显差异的，高、低音交替演奏时才更像马蹄声。当几个双响筒需要同时演奏时，需要挑选相互间发音相同的，这样齐奏时声音才能一致、悦耳。演奏时可以单独演奏低音或高音，也可以高、低音交替演奏。

（4）响板。

响板由两片贝壳状的硬木（或硬塑料）组成，一边用皮筋固定（见图4-12）。合击发音，声音清脆、温和，音量不大。演奏时，可用拇指和中指轻轻捏住响板的凹槽，捏击合拢发音。也可将响板放于左手手心，用右手掌拍击发音（这种方法适用于年龄较小的学前儿童）。由于学前儿童小肌肉不发达，动作较慢，所以响板大多只用来演奏四分音符，偶尔才用来演奏八分音符的节奏。

（5）响棒。

响棒又称打棒，是由两根硬木质地的木棒互相敲击而发声的乐器，声音清脆悦耳（见图4-13）。演奏时双手持棒互相敲击，也可用一根棒敲打另一根。

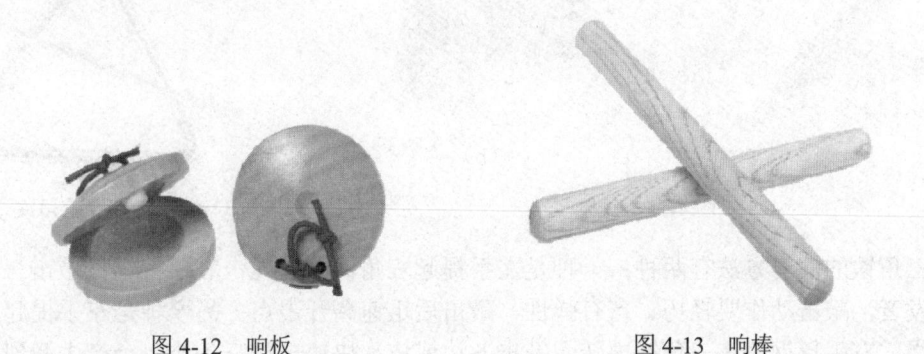

图 4-12 响板　　　　　　　　图 4-13 响棒

（6）方木梆子。

方木梆子又称木枕，由一个挖空的长方形木盒、一根带圆头的木槌组成，敲击时发出清脆有力的音响（见图4-14）。有的方木梆子还带有一个手柄，便于学前儿童演奏。

(a)　　　　　　　　　(b)

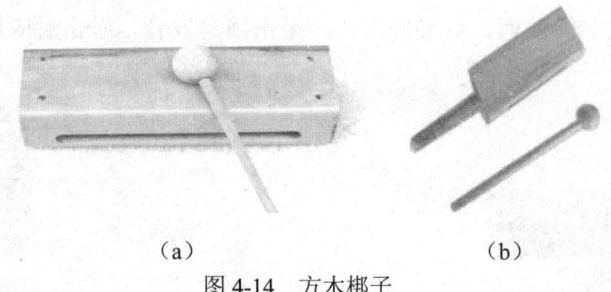

图4-14　方木梆子

2. 金属乐器

金属乐器是采用黄铜、铁条、铝板条等金属材料加工而成的乐器。它的特点是：发音清纯、响亮；音可持续、具有金属光彩；无固定音高。在学前儿童打击乐曲中常用金属乐器来模仿虫鸣声、铃铛声、钟声、喧嚣声、风声等，营造出乐曲需要的种种意境。

学前儿童打击乐中常用的金属乐器有碰铃、三角铁、镲、锣。这类乐器中镲、锣等乐器，声音洪亮、穿透力强、延续时间长，演奏中比较适合作为特色乐器渲染气氛使用；碰铃、三角铁等乐器声音明亮，但音量较小，多适用于速度平稳的节奏型。

（1）碰铃。

碰铃又称碰钟，它通常由一对金属的小铃制成，用一根绳子或可抓握的木柄相对固定两个铃，通过相互碰撞发音，每两个为一副（见图4-15）。因为木柄便于抓握，所以幼儿园大多为有柄碰铃。演奏时，用双手捏住穿过碰铃的细绳顶端或握住手柄，互相撞击发音，撞击后迅速离开击点。碰铃的音色柔和，且高而轻，在打击乐器中属高音乐器。演奏中既可以表现强拍，也可以表现弱拍，止音时把碰铃贴在胸前或腿上。

（2）三角铁。

三角铁是一根弯成三角形的圆柱形钢条，用绳子悬挂一端，通过另一根钢棒敲击而发音的一种乐器（见图4-16）。其声清澈、透明，音色接近于碰铃。

（a）　　　　　　　　　（b）

图4-15　碰铃　　　　　　　　　图4-16　三角铁

三角铁的演奏方法有两种：一种是左手提起三角铁的提绳，右手持钢棒敲击三角铁的底边发音，敲击动作要轻巧、富有弹性，敲击后迅速离开击点；另一种是左手提起三角铁的提绳，右手持钢棒在三角铁内转圈敲击各边或依次快速击打三条边，会产生激烈而特殊的音响效果。

（3）镲。

镲又称钹。它是由铜合金制成的圆形薄片，中部隆起成半球形，中央有孔，可以穿镲巾或绳子用以持握（见图4-17）。可以对击发音，也可以用鼓槌敲击。对击发音时，其音色响亮，有较长的延续音，在强拍上演奏能造成强烈、刺耳的音响效果。镲分为大镲和小镲两种。大镲声音洪亮，适于表现宏大的场面；小镲的形状和大钹相同，略小，音色清脆、明亮，宜于表现欢快、热闹的场面。

（4）锣。

锣是用铜合金制成的形似圆盘的乐器，锣沿上有两个孔，用绳子穿过便于手提（见图4-18）。通过锣槌敲击锣面引起振动而发音，其声音响亮。一般可以用在强拍的伴奏上，以突出节奏、渲染气氛。锣可分为大锣和小锣两种。大锣音色低沉，共鸣强烈，有较长的延续音。一般用软槌敲击：敲击锣的中心时，声音较柔和；敲击锣的边缘时，声音较毛糙。小锣音色较明亮，也有一定的延续音。一般用硬槌敲击。敲得重，声音尖锐刺耳；敲得轻，声音清脆、明亮。用手按住锣面或将锣抱于怀里，即停止延续音。

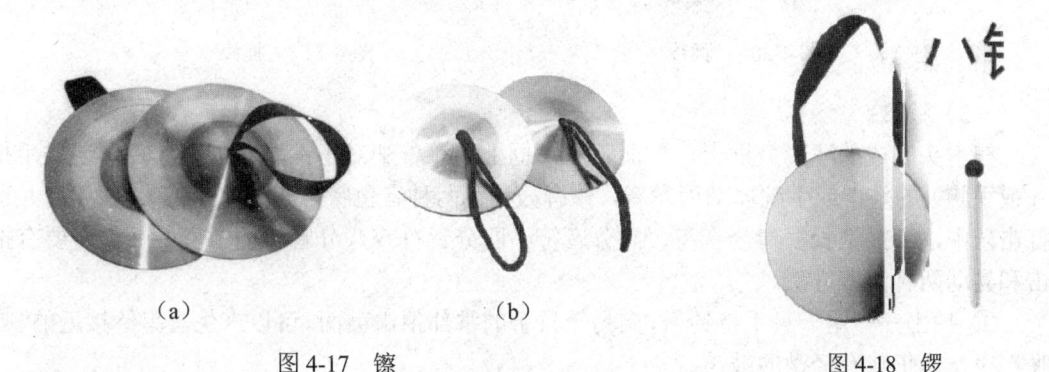

（a） （b）

图4-17　镲

图4-18　锣

3. 散响乐器

散响乐器是学前儿童打击乐中经常使用的小型打击乐器，其特点是发音点比较分散，声似"沙沙""哗哗"等，无固定音高。散响乐器因其形制小、音量小，比较适合多人共同演奏。常用散响乐器来模仿风声、雨声、蛙鸣声、小铃铛声等，造成生动的音乐背景。学前儿童打击乐中常用的散响乐器有串铃、腰铃、铃鼓、铃圈、沙锤、摇响板、蛙鸣筒、卡巴萨、棒镲。

（1）串铃。

串铃又称"手铃"。它由若干金属小铃，固定于圆形、半圆形或棒形的手柄上而成（见图4-19）。音色较碎，音量与铃的大小和数量有关。靠摇晃、抖动或敲击发音，其声"哗哗"，音量不大。演奏时，双手各持一个串铃，用手腕有节奏地摇动。此外，也可左手握住串铃柄，右手拍击左手背使其发声。在学前儿童打击乐中，串铃擅长演奏四分音符或八分音符的节奏，需要时也可以演奏长音（快速摇动）。

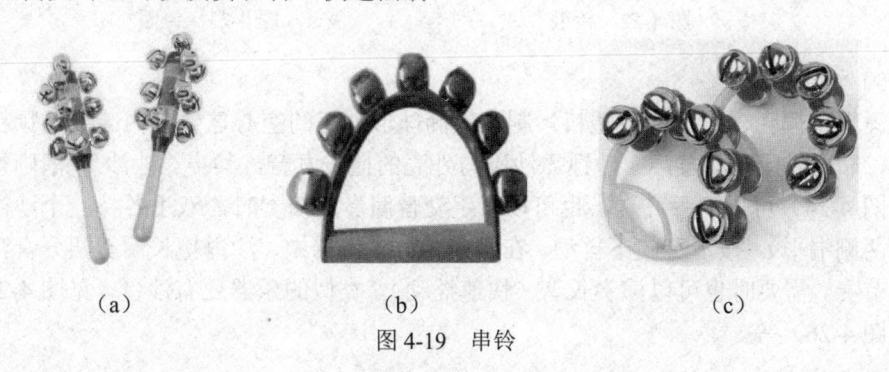

（a） （b） （c）

图4-19　串铃

（2）腰铃。

腰铃由若干金属小铃固定于长而宽的布带或尼龙带上，带子两末端缝制了魔术贴（见图4-20）。演奏时，将腰铃系于腰上，靠身体抖动而发出声音。类似的乐器有腕铃（见图4-21），戴在手腕上，靠抖动而发出声音。

图4-20　腰铃 　　　　　　　图4-21　腕铃

（3）铃鼓。

在木头制成的环形鼓框上，单面蒙皮，框上装有若干对小镲形状的金属片，通过手指（或手腕）的敲击或手腕摇动而发音，兼有鼓和铃两种音色特点（见图4-22）。在学前儿童打击乐中，铃鼓擅长演奏全音符、二分音符、四分音符或八分音符的节奏。铃鼓主要有拍击和晃动两种演奏方法。

① 拍击——用一只手持铃鼓，向另一只手的掌部拍击鼓面。可以产生与串铃接近的"哗哗"声，但仍伴有轻微的鼓声。

② 晃动——用手腕的力量快速连续抖动，使铃鼓发出持续震荡的"哗哗"声。记谱除记节奏外，可加记震音记号。晃动适合于演奏较长的时值。

（4）铃圈。

在木头制成的环形框上，装有若干对小镲形状的金属片（见图4-23）。与铃鼓相比，少了皮面，除缺少鼓声外，其演奏方法和声音特点与铃鼓相同，可与铃鼓共同使用。

图4-22　铃鼓 　　　　　　　图4-23　铃圈

（5）沙锤。

沙锤采用椰壳、木材（或塑料）制成的椭球形外壳的空心球体，内装细小颗粒物，装有握柄，靠摇晃或抖动发声。沙锤靠沙砾与外壳的撞击发音，其声"沙沙"，清晰悦耳。沙锤（见图4-24）可以双手齐奏，也可以双手交替演奏。演奏时，双手各持一个沙锤（在身体腹前两侧端平），按节奏向下抖动。在学前儿童打击乐中，沙锤擅长演奏四分音符或八分音符的节奏。需要时也可以演奏长音（快速摇动）。类似的乐器还有沙蛋（见图4-25）和沙筒（见图4-26）等。

（6）摇响板。

摇响板是用三块特制的硬木片（或硬塑料）捆绑而成，中间的一块长木片为手柄（见图 4-27）。晃动发声，其声"咔啦咔啦"。在学前儿童打击乐中，摇响板演奏主要有拍击和晃动两种方法。摇响板发音与响板接近，但是其声音不如响板清晰、好控制。

图 4-24 沙锤 　　　　图 4-25 沙蛋 　　　　图 4-26 沙筒 　　　　图 4-27 摇响板

① 拍击——一只手持响板，向另一只手掌部撞击，其发音强烈有力。
② 晃动——用手腕的力量快速摇动，使响板持续发声。

（7）蛙鸣筒。

蛙鸣筒由一段木质（或竹质）的圆筒和一根较细的木棍组成（见图 4-28）。圆筒中空，开有发音孔，筒身刻有整齐的浅沟，用木棍刮奏发声，其声"呱——"，很像青蛙叫声。

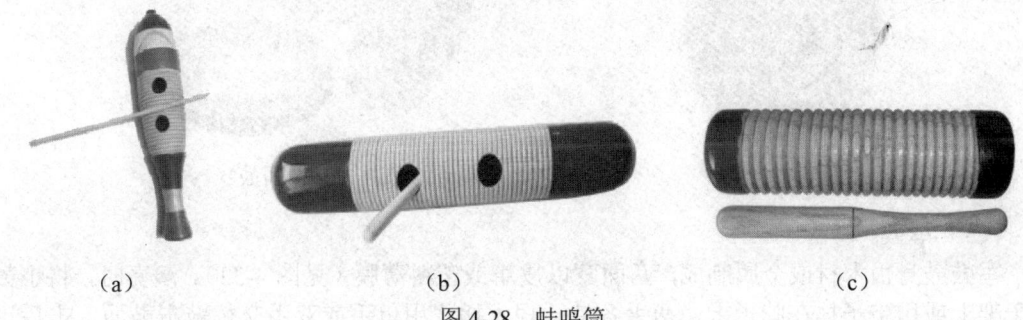

（a）　　　　　　　　（b）　　　　　　　　（c）

图 4-28 蛙鸣筒

在学前儿童打击乐器中，蛙鸣筒也有做成鱼形的，称作鱼蛙，还有大小不同的形制。演奏时，一只手持木质圆筒，一只手拿特制的木棍，按照节奏刮奏圆筒的浅沟处。记谱按节奏记出滑音记号。在学前儿童打击乐中，蛙鸣筒擅长演奏四分音符和八分音符的节奏。

（8）卡巴萨。

卡巴萨是用左手握住金属珠链，用右手转动手柄发音，如图 4-29 所示。

（9）棒镲。

棒镲由木棒、木板和金属小镲组合制成，如图 4-30 所示。演奏时，握住棒镲下端的木柄抖动或摇晃发出混响的声音，其声音可以营造热烈欢快的氛围。

图 4-29 卡巴萨 　　　　图 4-30 棒镲

4. 鼓类乐器

鼓类乐器是通过敲击蒙在乐器上的皮革张面而发声的乐器。这类乐器音色低沉、浑厚，音量大，常在强拍上出现，演奏中适合用简单的节奏型做低音声部使用。

鼓类乐器形制丰富，通常用鼓槌或用手演奏。用手演奏有手指击和掌根击。用鼓槌演奏有单击、双击、交替击、滚击：单击指用一只手持一根鼓槌击打；双击指用两只手各持一根鼓槌同时击打；交替击指用两只手各持一根鼓槌先后击打；滚击指用两只手各持一根鼓槌，用最快的频率持续交替击打。学前儿童打击乐中常用的鼓类乐器有大鼓、单面鼓、军鼓、邦戈鼓等。

（1）大鼓。

筒状的共鸣箱上方或上下两端用皮革缝制，靠用鼓槌敲击振动发出声音（见图4-31）。演奏时，可以敲击鼓面和击打边框。敲击鼓面时，鼓心和边缘发出的音色不同，鼓心音色浓重低沉，边缘音色单薄脆硬。

（2）单面鼓。

单面鼓又称手鼓，因只在鼓框一面蒙皮而得名，靠手敲击发出声音（见图4-32）。鼓心和边缘部分音色不同，鼓心音色柔和，边缘音色明朗。

图4-31　大鼓 　　　　　　　　　图4-32　单面鼓

（3）军鼓。

军鼓鼓身由木材或金属制成，两面蒙以皮革或塑料薄膜（见图4-33）。演奏时，将小鼓置于架上或用带子挂在脖子上，两手各持一根木槌，用单手或双手交替敲击鼓面，击后迅速离开。敲击的发力部位主要是手腕，小臂要放松。

（4）邦戈鼓。

邦戈鼓又称古巴小鼓。常用"手击"或"槌击"两种演奏方法（见图4-34）。大的鼓奏低音，小的鼓奏高音。

图4-33　军鼓 　　　　　　　　　图4-34　邦戈鼓

（三）幼儿园自制乐器

教师可以根据打击乐器的发音特点，利用生活中的各种废旧材料自制打击乐器。平时要细心留意，和学前儿童一起收集生活中可制作打击乐器的废旧材料，如易拉罐、金属盒、木条、瓶盖、纸箱、锅盖、铃铛等（见图4-35）。自制乐器时，要力求声音悦耳、动听，大

小适合学前儿童演奏,同时制作和使用过程中要注意材料的安全性。下面列举一些自制乐器。

图 4-35　自制乐器

1. 鼓类乐器

鼓类乐器,一是考虑用替代物,二是考虑自己制作。生活中能替代鼓的音效物品有很多,如箱子、饮用水桶、塑料盆、塑料桶等物品,可用手或木棒做鼓槌敲鼓。为学前儿童寻找鼓的替代物应选择安全、耐用的生活物品。

(1) 水桶鼓。

将废旧水桶的提手卸去,将水桶身和水桶底部用一些材料进行装饰,倒置于地上,将桶底作为鼓面进行敲击,使其发声,与鼓声相近,声音也较大,较有震撼力。

(2) 纸箱鼓。

准备厚纸箱(纸盒),用手拍击发音(见图 4-36)。其声"砰砰",与鼓声相近,只是音量小,缺少震撼力。演奏时,将纸箱鼓置于胸前适当位置,双手按照节奏,用掌根击打"鼓"面中央。

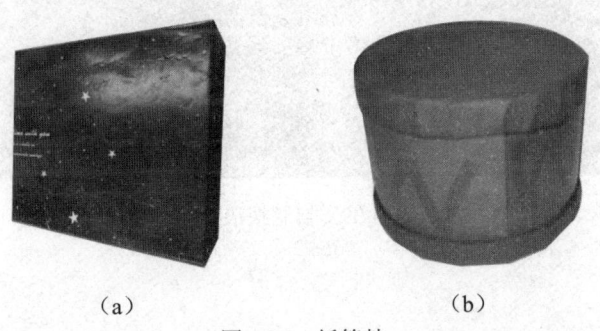

(a)　　　　　　　　　(b)

图 4-36　纸箱鼓

(3) 金属盒鼓。

准备一个金属盒(或奶粉罐、易拉罐等),用胶带把它粘结实,外面可用一些材料进行装饰,自制鼓槌敲击发音。其声"砰砰",与鼓声相近(见图 4-37)。

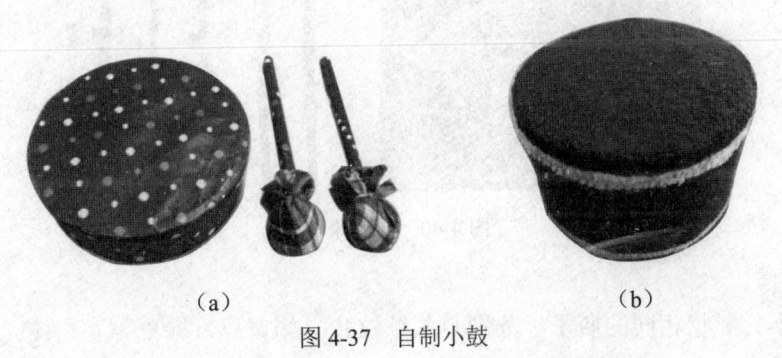

(a)　　　　　　　　　(b)

图 4-37　自制小鼓

（4）腰鼓。

将奶粉桶进行装饰，在奶粉桶的中间用布带扎紧（也可在奶粉桶钻大小适合的孔，用带子在内侧固定）后系到腰上，用手或者自制鼓槌敲击发声（见图4-38）。

图4-38　自制腰鼓

（5）拨浪鼓。

准备大小适宜的盒子（或罐子）、绳子、珠子、松紧带等。制作时，先在盒子的两侧钻两个孔，将绳子一头穿入盒子内侧固定，另一头穿入珠子（小塑料球）固定好。再在小盒的另一侧钻一个孔，将小棒插入固定好（见图4-39）。

图4-39　自制拨浪鼓

2. 散响乐器

（1）串铃。

准备不织布、小铃铛或金属瓶盖等。制作时，把小铃铛缝制到不织布上。固定在手环或者棒子上，摇动发出声音（见图4-40）。

图4-40　自制串铃

（2）沙锤。

准备大小、形状相同的瓶子，分别装入颗粒状（如黄豆、绿豆等）物体。所装颗粒物的量可根据所需的音效添加，但不要太满，连接处用胶带封好，以防颗粒物洒落。演奏时，用手握住瓶颈处，把双手放在胸部靠下或是在身体两侧，抖手腕发出声音（见图4-41）。

图4-41　自制沙锤

（3）沙蛋。

准备大小、形状相同的两个小球，分别装入颗粒状物体。连接处用胶带封好，以防颗粒物洒落（见图4-42）。演奏时，用手握住沙蛋抖动发出声音。

（4）沙罐。

用易拉罐做容器，装入一些粒状物体，封闭而成沙罐，晃动发音（见图4-43）。其声"沙沙"，与沙锤近似。演奏时，将沙罐持于手上，上下抖动发音。

图4-42　自制沙蛋　　　　　　　　　　图4-43　自制沙罐

3. 金属类

（1）碰铃。

碰铃可以用废旧的自行车铃盖制作，用线绳穿过或用螺丝相对固定在木柄上，两个一对互相碰撞发出声音。

（2）三角铁。

用金属条弯成三角状，用一根金属棒敲击发声。注意金属条和金属棒的断面要圆滑，以防刮伤学前儿童。

（3）锣。

用一个圆形或方形金属月饼盒盖，在边沿打一个小孔，用25厘米左右长的丝带从小孔里穿出，打结，取一块布折叠几次后包在木棍（或筷子）顶端用丝带系紧做成槌。演奏时，一手提起丝带，一手握槌敲击盒盖中间部位发出声音。

（4）小镲。

准备两个大小相同的铁桶盖、两个塑料小瓶盖、螺丝钉和螺丝帽各两个，同一颜色的绸带两条、彩色即时贴。在铁桶盖和塑料瓶盖中心处钻孔，把螺丝钉从孔中穿过，用螺丝帽把铁桶盖和塑料瓶盖固定在一起，把绸带系在塑料瓶盖上，再用即时贴装饰就完成了。

4. 其他

(1) 响板。

用硬纸板折叠一次后做成两片相同、各种形状的响板（见图4-44）。注意两片外壳相连，用两个结实的瓶盖（或其他硬质物品）粘牢于外壳内侧。演奏时，用拇指和中指轻轻捏住，捏击合拢发音，也可将响板放于左手手心，用右手掌拍击发音。

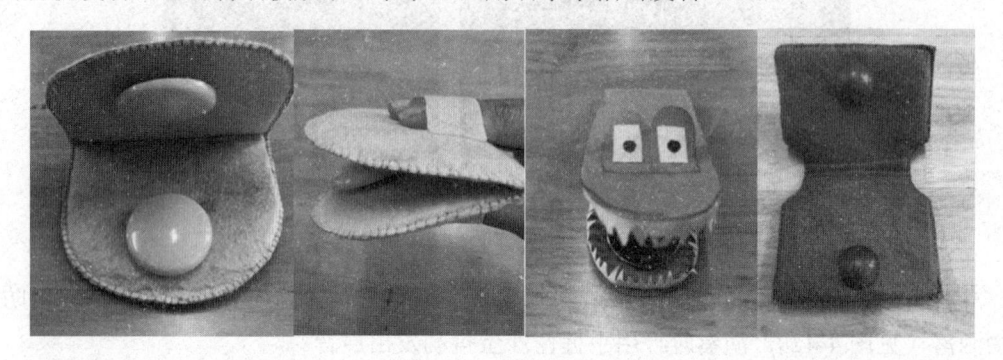

图 4-44　自制响板

(2) 竹板。

用粗的竹子破开、截断做成竹片，抛光后打孔用布条或线绳穿起来，可穿两片，也可穿多片（见图4-45）。

(3) 响棒。

找两根木质比较硬的木棍，剥皮、抛光、装饰后，互相击打发出清脆的声音（见图4-46）。

(4) 瓶子琴。

找八个啤酒瓶子，加水，边敲击发声边听音高调整水量，排列成一个八度的音阶，敲击发音，可用于演奏和伴奏（见图4-47）。

图 4-45　自制竹板　　图 4-46　自制响棒　　图 4-47　瓶子琴

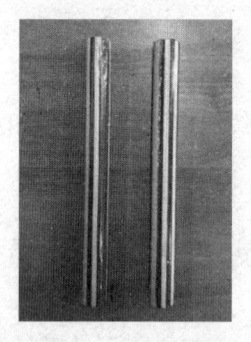

(5) 杯琴。

用玻璃杯做琴，一根筷子做琴槌，组成杯琴。杯子大小不同所发出的音效不一样，小的清脆响亮，大的圆润优美。演奏时，一手持筷子，敲击杯子边沿部发音。当需要几只杯子齐奏时，对其声音要有所选择，以相同音色和音色和谐为佳。

(6) 碗钟。

用碗做钟，两根筷子做锤，组成碗钟。碗的大小和材质不同，所发出的音效不一样。

小的清脆，大的圆润。使用瓷碗时，要提醒学前儿童注意安全，敲击时不可过分用力。演奏时，把碗钟放在桌上，两手各持一根筷子，敲击碗的边沿部发音。当需要几只碗齐奏时，对其声音要有所选择，以相同音色和音色和谐为佳。

### 互动平台

利用身边的废旧材料，自制打击乐器。

制作提示：可以根据打击乐器的发音和外形特点，利用生活中的各种废旧材料制作乐器。自制乐器要考虑以下几方面：所用的材料应安全卫生、结实耐用；乐器发出的声音是乐音而非噪声；乐器的大小要适合学前儿童演奏；外形要美观，能激发学前儿童演奏的兴趣。

## 二、3~4岁儿童打击乐演奏能力的发展特点

### （一）操作能力

乐器的操作能力是指在操作乐器中能使乐器发出特定音响的能力。3~4岁儿童对日常生活中能够发出声音的物品感兴趣，会主动探索让其发出声音。他们较易掌握铃鼓、沙蛋、沙锤、串铃等乐器的演奏方法。教师应根据学前儿童喜欢探索的特点，为他们提供不同材质的打击乐器或生活中能发声的物品，让其自由探索，积累不同声音的经验。

### （二）随乐演奏能力

随乐演奏能力是指运用打击乐器和音乐协调一致进行演奏的能力。这里的协调一致是指学前儿童熟练地运用打击乐器，按照音乐的节拍、速度、力度等要素的变化而进行变化的演奏。由于学前儿童随乐演奏的经验较少，随乐意识和随乐能力较弱，很难用准确的节奏和适宜的音色来表现音乐，随乐演奏时常出现不合拍的现象。小班末期，随着打击乐演奏活动经验的增加，随乐意识逐步发展，动作的协调性也增强，大多数的儿童基本能够合拍地随音乐演奏。

### （三）协调合作能力

协调合作能力主要是指在演奏过程中注意倾听自己、同伴、集体的演奏，并努力使自己的演奏与集体协调一致的能力。打击乐活动需要全体学前儿童集体完成，他们的自控能力比较弱，相互之间的配合协调能力较差。但是，通过积极有效的音乐教育，能激发他们参与集体演奏活动的兴趣，初步体验到合作协调的快乐。通过看指挥的手势整齐地拿放乐器，通过同一种乐器的演奏，初步体会与他人同时开始、同时结束的合作协调。

### （四）创造性表现

创造性表现是指在进行打击乐器演奏的过程中运用节奏、音色、速度、力度的变化设计配器方案和进行演奏。虽然3~4岁儿童的演奏技能和随乐水平不高，但在演奏活动中较早表现出初步的创造性。他们能够为熟悉的、性质鲜明的音乐形象选择比较合适的乐器演奏方法。例如，表现下大雨时，重重地摇沙锤；表现小雨时，轻轻地摇沙锤。

## 三、4～5岁儿童打击乐演奏能力的发展特点

### （一）操作能力

4～5岁儿童在乐器的操作方面比小班有了较大的进步。他们不仅能模仿成人的演奏方法，并且开始探索同一种乐器的不同演奏方法，还能掌握演奏技巧稍高的打击乐器。在乐器演奏的过程中，他们对乐器音色、力度、速度调整和控制能力也有所提高。

### （二）随乐能力

4～5岁儿童听觉分辨能力得到进一步分化和精细，加上打击乐演奏活动经验的积累和增加，他们随乐意识和能力有了很大的进步。大多数儿童能够基本合拍地随音乐演奏2/4、4/4或3/4拍的节奏。

### （三）协调合作能力

4～5岁儿童协调合作能力得到了很大的发展。不仅能够与同伴同时开始和同时结束演奏，而且能在2～3个不同声部的演奏配合中处理好自己声部与其他声部之间的协调关系。他们在打击乐演奏活动中看指挥、理解指挥手势含义的能力增强，能在演奏过程中注意指挥的手势，能够以指挥的手势含义来调整自己的乐器演奏。

### （四）创造性表现

随着集体打击乐演奏活动经验的不断积累，4～5岁儿童能够在教师的提示、引导下，用一些基本的节奏型来创造性地表达音乐。教师让中班儿童选择设计一个四拍子的节奏型，他们能够用乐器奏出 |X X X X|X O X O|X XX X XX|X — X X|X X X X X|等多种节奏型。

## 四、5～6岁儿童打击乐演奏能力的发展特点

### （一）操作能力

5～6岁儿童使用和掌握的打击乐器种类比以前多，演奏能力也较强。他们能演奏一些使用小肌肉操作的打击乐器（如三角铁）、用手腕带动的乐器（如双响筒）。对同一种打击乐器，其演奏的方法也更丰富，如用捏奏法演奏响板。在演奏过程中，更注意调整自己的演奏方式和用力方法，有意识地控制适当的音量和音色。

### （二）随乐能力

5～6岁儿童随乐演奏打击乐器的能力有比较明显的提高。他们不仅能够自如地运用简单的节奏跟随音乐合奏，还会更加自觉地注意倾听音乐，并努力使自己的演奏与音乐的速度、力度变化相一致，能随节奏较复杂的音乐演奏乐器。

### （三）协调合作能力

5～6岁儿童在打击乐演奏活动中的合作协调能力得到较大发展。不仅能够准确地演奏

出自己的声部,还能在多声部合奏活动中主动关注整体音响效果,并努力保持整体音响的协调性,迅速理解各种指挥手势并积极地做出反应。在担任指挥时,以明确的手势对演奏者做出指示,能以脸部表情和体态表情与演奏者进行积极的情感沟通,以唤起全体参与者的合作热情。

### (四)创造性表现

5～6岁儿童在创造性方面表现得更为主动和积极,能为鲜明的音乐作品选择打击乐器,会用一些基本的、简单的节奏型和不同的音色配置方案来表现音乐,还能自发探索音乐和打击乐器的制作,大胆地尝试参与即兴指挥等。

## 第二节 打击乐配器方案的设计

### 一、学前儿童打击乐的配器

幼儿园音乐教育中,打击乐作品一般有两类:一类是教师有计划、有组织地逐步引导学前儿童进行配器与演奏的教学活动;另一类是已配器的某个特定的歌曲或乐曲,可以是教师事先自己设计编配的打击乐,也可以是别人编配好的。

设计打击乐的配器方案是幼儿园教师应当具备的一种能力,它对于开展各种类型的学前儿童打击乐活动具有十分重要的意义。编配学前儿童打击乐曲,通常需要经过以下七个步骤。

#### (一)选择音乐作品

并非所有的音乐都适合开展打击乐活动,教师应根据学前儿童的年龄特点和实际水平,选择曲调优美、节奏鲜明、结构工整、形象生动的歌曲或乐曲。小班的打击乐曲,最好是选择学前儿童比较熟悉的歌曲或韵律活动的音乐,一般选择音乐形象鲜明、节奏简单、结构短小的一段体音乐。中、大班的打击乐曲,可以增加学前儿童较为熟悉的器乐曲,音乐的节奏相对小班可以稍复杂一些,结构也可长一些,可选择二段体或三段体,不同乐段之间可以存在一些较为明显的差异。

#### (二)揣摩、分析音乐作品的情绪、风格和结构

选择好音乐作品后,教师应反复听或吟唱音乐,感知音乐作品的情绪、风格和趣味,分析其塑造的音乐形象,为节奏型的选择奠定基础。"音乐形象"是指听音乐之后所获得的印象。音乐形象大体上有以下三种。

1. 欢快、活泼的音乐形象

它包括欢乐的、愉快的、活泼的、兴奋的、跳跃的、激动的音乐形象。乐曲通常表现为节奏活泼、速度稍快、充满欢乐气氛。如音乐《娃哈哈》《洋娃娃和小熊跳舞》等。

2. 优美、安静的音乐形象

它包括优美的、安静的、柔和的、悠扬的、甜美的音乐形象。乐曲通常表现为节奏匀

称、速度稍慢、旋律优美悦耳。如音乐《小白船》《我的好妈妈》《摇篮曲》等。

3. 雄壮、有力的音乐形象

它包括雄壮的、坚定的、自豪的、有力的、强劲的音乐形象。乐曲通常表现为节奏铿锵、进行速度、双数拍子。如音乐《学做解放军》《我是小兵》《土耳其进行曲》等。

需要注意的是，有些歌曲、乐曲的音乐形象只有一个，而有些歌曲、乐曲的音乐形象有两个或两个以上的形象，需在反复聆听或吟唱的过程中感知出来。如音乐《瑶族舞曲》《木瓜恰恰恰》等。

### （三）选择节奏型

选择节奏型直接关系到编配学前儿童打击乐曲的成败，所以必须认真对待。学前儿童可以掌握的节奏包括四分音符、八分音符、二分音符节奏以及附点音符节奏、切分音节奏等。节奏型的选配通常有如下几种。

1. 歌曲、乐曲本身的节奏

<u>1  2  3  4</u> | <u>5 5</u>  5 | <u>5 5</u>  <u>3 1</u> | <u>2 3</u>  2 | ……
X  X  X  X  | X  X  X | X  X  X  X | X  X  X | ……

2. 均匀节奏

<u>1 2 3 4</u> | <u>5 5</u>  5 | <u>5 5</u>  <u>3 1</u> | <u>2 3</u>  2 | ……
（1）X  -  | X  -  | X  -  | X  - |
（2）X  X  | X  X  | X  X  | X  X |

3. 根据乐曲节奏变化来变换节奏型或突出某个节奏型

<u>1 2 3 4</u> | <u>5 5</u>  5 | <u>5 5</u>  <u>3 1</u> | <u>2 3</u>  2 | ……
X  0  X  0 | <u>X X</u>  X | X  0  X  - | <u>X X</u>  X | ……

### （四）选择乐器

打击乐器的选择直接关系到编配学前儿童打击乐曲的音响效果。那么，怎样选择打击乐器呢？

1. 选择适合学前儿童演奏水平的乐器

幼儿园打击乐器很多，而不同年龄段儿童的乐器操作能力不同，选择的打击乐器应符合其动作发展，从手臂动作为主、手眼协调要求较低的动作，逐步过渡到利用手腕、手指，手眼协调要求较高的动作。

小班可选用鼓、铃鼓、串铃、沙锤、沙蛋、响板等乐器，这些乐器的演奏方法相对简单，主要是以手臂的大肌肉动作为主，对手眼协调能力的要求不高。

中班可选用的乐器有木鱼、蛙鸣筒、小镲和小锣等乐器，这些乐器的演奏对小肌肉控制能力有一定的要求。木鱼在敲击时需要使用腕部的小肌肉，对于手和眼的协调有一定的要求；蛙鸣筒的演奏需要均匀而持续地用力；小镲和小锣在演奏时需要有控制地用力；铃鼓的"颤音"奏法也需要手腕快速地摇动。这些乐器的演奏要求符合中班学前儿童动作的发展水平。

大班可选用三角铁、双响筒等乐器。这类乐器在力度控制与协调方面对学前儿童有较高的要求，比较适合大班。根据实际需要，大班儿童演奏三角铁时可选用"震音"奏法，演奏响板时可以选用捏奏法。

2. 选择与音乐作品形象相吻合的乐器

打击乐器因为音量、音色、发音时值不同，音响效果差别很大。选择的打击乐器的音响效果要与原有音乐的情绪风格和结构相统一。例如，抒情优美的《看星》宜选配音色清澈、明亮的三角铁、碰铃等乐器；欢快、活泼的《娃哈哈》宜选配音色清脆、跳跃、响亮的铃鼓、木鱼、鼓等乐器；朝气蓬勃、坚定有力的《小士兵进行曲》宜选配音色低沉、响亮有力的大鼓、小镲等乐器。

在选择两种以上乐器时，要注意它们的声音是否和谐，音量是否均衡，音色搭配是否丰富。

（五）设计方案

选择音乐作品、选择节奏型、选择打击乐器等前期准备工作完成以后，要设计方案。设计方案的过程，就是在纸上打出"编配草稿"的过程。在设计时需要考虑几个方面：第一，确定乐器演奏方式。第二，考虑乐器在音乐作品中演奏的地方，是全曲参与还是部分参与演奏，在乐曲的什么地方出现第一节奏型、第二节奏型，并且标出演奏这些节奏型所用的打击乐器。第三，思考所设计的方案。思考所设计的方案的演奏效果，是否与乐曲原来的音乐形象一致，乐器和节奏型的选择是否合适，每种乐器数量多少适宜。

（六）编写总谱

设计方案的工作完成以后要编写总谱，其具体做法是：把选好的音乐作品名字写在白纸的上方中央（标题处）；在曲名的右下一点写上词曲作者、编配者的名字；在曲名的左下一点写出调号、拍号；把音乐旋律用简谱抄在白纸上（需要时抄歌词）；注意在简谱下面预留几行空白，以便记写节奏谱；按照写总谱的形式，分行把每种乐器的节奏谱写在简谱旋律下面，注意每一行的小节线对齐。

编写总谱的打击乐谱时，先写哪一行都可以（依每个人的习惯而异）。一般情况下，先写出已经确定的部分，再根据确定的部分去落实其他部分，直至写完。

在总谱完成以后，还需要标明这首打击乐曲对所用乐器的要求，如每种乐器的规格、数量、演奏要求以及其他注意事项等。

（七）试奏修改

试奏修改是在学前儿童打击乐曲编写定稿之前的最后一步。所谓"试奏"，就是将编写出的乐曲尝试演奏。试奏一般在教师中进行，试奏时思考整个效果是否符合编写意图，每个局部效果是否满意。如有不足，可修改后做再一次试奏，直至满意为止。在修改过程中，可多听听试奏者、周围欣赏者、有经验教师的意见，根据其建议进行修改。

◎ 练一练

1. 为小班打击乐活动《新年好》设计配器方案。
2. 为中班打击乐活动《解放军进行曲》设计配器方案。
3. 为大班打击乐活动《瑶族舞曲》设计配器方案。

## 二、学前儿童打击乐的记谱

常用的打击乐记谱有通用谱和变通谱两种形式。

### （一）通用谱记谱

1. 简谱记谱

打击乐器演奏的音符用"X"表示，演奏时值与音乐中简谱记谱一致。一般写在旋律的下面，只记节奏，个别乐器由于演奏方法的不同，其记谱方法也不同。如铃鼓、串铃需要摇动或连续摇动时可以用"X.（摇动）"或"X/（连续摇动）"符号标记；双响筒由于有高低不同的两个音，可用 ✕ 与 ✖ 分别表示出高低音。

2. 线谱记谱

打击乐器演奏使用一线谱和线谱音符的符号来记录。

### （二）变通谱记谱

幼儿园普遍使用的"变通总谱"主要有动作谱、图形谱、语音谱三种。变通谱由于记谱灵活、生动，没有固定的模式，能增强活动兴趣，减轻学前儿童的认知负担，增强其活动兴趣。

1. 动作谱

动作谱是用身体动作来表现配器的记谱法。身体动作可以表现节奏、音色、速度、力度的变化及其结构，可选用节奏动作、模仿动作、舞蹈动作、滑稽动作。使用动作谱要注意两点：一是身体动作不宜太难；二是不宜用笨拙的肢体动作表现比较密集的节奏。

```
        1  2    3  4  | 5 5    5   | 5 5    3 1 | 2 3    2  |
节奏    X     X      | X X   X    | X     X    | X X    X  |
动作    拍手  拍手   | 拍肩拍肩 拍肩 | 拍手   拍手 | 拍肩拍肩 拍肩
        拍手——响板          拍肩——沙锤
```

2. 图形谱

图形谱是用不同的图形和色彩来表现配器的记谱法。设计时可用几何图形、乐器音色的象征图、乐器形象简图，要注意色彩的运用。

```
        1  2    3  4  | 5 5    5   | 5 5    3 1 | 2 3    2  |
节奏    X     X      | X X   X    | X     X    | X X    X  |
动作    ★     ★     | ● ●   ●   | ★     ★   | ● ●    ●
        ★——响板             ●——沙锤
```

3. 语音谱

语音谱是用嗓音表现配器的记谱法。设计时应选用有趣、易记、上口的词或者句子，也可以是象声词、衬词和无意义的音节。

```
         1  2  3  4  | 5   5   5 | 5   5   3   1 | 2   3   2 |
节奏     X  X        | X X X     | X       X     | X X X     |
语音     嗒  嗒       | 沙沙沙    | 嗒      嗒    | 沙沙沙    |
         嗒——响板              沙——沙锤
```

需要注意的是，在以上的变通谱中，学前儿童不需要看旋律和节奏谱，只用跟着旋律做动作、看图和朗诵。

## 第三节　学前儿童打击乐活动的设计与组织

### 一、学前儿童打击乐演奏活动目标

#### （一）学前儿童打击乐演奏活动的总目标

1. 认知目标

（1）知道常用打击乐器的名称、音色和演奏方法。

（2）能够掌握一些常见的简单节奏型，并知道如何运用各种节奏型的简单变化规律进行创造性表现。

（3）了解有关打击乐器的基本知识。

（4）能够理解指挥的手势含义并与指挥相配合。

2. 情感与态度目标

（1）喜欢参与打击乐演奏活动。

（2）乐于探索乐器的不同演奏方法和尝试创造性地表现。

（3）积极体验并享受与他人合作演奏的快乐。

（4）爱护乐器，养成良好的活动常规。

3. 操作技能目标

（1）熟练掌握常用打击乐器的演奏方法。

（2）能够在集体演奏活动中有意识地控制、调节自己演奏的音色，使其与集体的演奏相协调。

（3）能够根据指挥手势进行演奏。

（4）能够学习并掌握使用、调整和保护乐器的一些简单规则。

#### （二）学前儿童打击乐活动的年龄阶段目标

1. 小班

（1）喜欢敲敲打打发出声音，学习并掌握几种简单的打击乐器（如铃鼓、串铃、沙锤、沙蛋、响板等）的演奏方法。

（2）能为简单、短小的歌曲或乐曲进行伴奏。

（3）初步学习看指挥，能基本整齐地开始和结束。

（4）了解并遵守演奏和取放乐器常规。

（5）能够运用打击乐器进行简单的创造性声音表现，体验打击乐演奏活动的乐趣。

2. 中班

（1）喜欢自由探索打击乐器，掌握一些打击乐器（如木鱼、蛙鸣筒、小镲和小锣等）的演奏方法。

（2）喜欢参加集体打击乐演奏活动，能用乐器为歌曲或乐曲进行不同节奏伴奏。

（3）能正确地根据指挥的手势开始、结束和变化演奏。

（4）养成看指挥的习惯，在集体演奏活动中能与他人协调一致。

（5）养成良好的取放乐器常规，能比较自觉地遵守打击乐演奏活动中的常规。

（6）能够主动探索乐器音色的不同表现，并从中体验创造性演奏活动带来的快乐。

3. 大班

（1）学习并掌握更多乐器（如三角铁、双响筒等）的演奏方法。

（2）主动组织或积极参与集体打击乐演奏活动，可进行齐奏、轮奏、合奏。

（3）能在集体打击乐演奏中有意识地注意在音色、音量和表情上与集体相协调一致。

（4）能按指挥的手势，进行快慢、强弱等变化的演奏。

（5）能自觉遵守打击乐演奏常规，养成爱护乐器的习惯。

（6）能参与打击乐配器设计，创造性地进行节奏和声音表现，体验表现手法的多样性。

## 二、指导学前儿童打击乐演奏活动的一般步骤

### （一）熟悉和欣赏音乐

打击乐活动是根据音乐进行的，熟悉和欣赏是一个重要的环节。学前儿童通过倾听、欣赏音乐，感受音乐的内容、情绪、风格、速度变化、力度变化、节奏快慢变化等特点。教师组织打击乐活动时，可以先让学前儿童欣赏音乐，然后引导他们通过语言、动作等方式表达对音乐的感受。教师也可以先向学前儿童简单介绍欣赏作品的名称、内容、性质，然后弹奏乐曲或播放音响让他们欣赏。

### （二）徒手整体练习

学前儿童不使用乐器，在熟悉变通总谱（动作谱、图形谱和语音谱）的前提下整体演奏乐曲。在实际使用过程中，教师可以将这三种总谱结合起来，以达到更好的教学效果。例如，中班打击乐活动《解放军进行曲》中，教师引导学前儿童随音乐做解放军的模仿动作（如踏步、吹喇叭、打鼓等）；大班打击乐活动《土耳其进行曲》中，教师借助图形谱（见图4-48），带领学前儿童用动作（如拍手、拍腿等）和嗓音发出声响徒手整体演奏，练习各种乐器声部的节奏型。

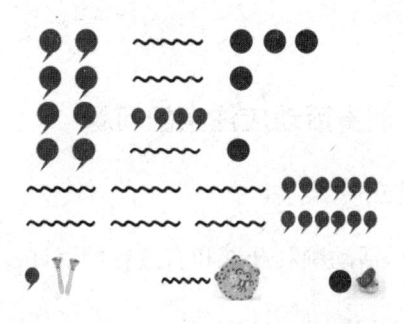

图 4-48 《土耳其进行曲》图形谱

### （三）徒手分声部练习

学前儿童在了解配器的基础上，观察教师指挥动作，徒手分声部协作演奏。如大班打击乐活动《土耳其进行曲》，教师将学前儿童分为三个声部（逗号组、波浪号组、圆点组），引导他们用动作（碰铃、铃鼓和响板演奏的模仿动作）或嗓音（如叮、哗啦啦啦、啪）有节奏地随音乐演奏。

### （四）持乐器演奏

在持乐器演奏前，教师引导学前儿童根据音乐选择适宜的乐器或教师进行乐器介绍。教师向学前儿童介绍打击乐器的名称，引导他们观察乐器的外形特征，探索乐器如何发声以及听辨乐器的音色，了解打击乐器的演奏方法，并引导他们比较、辨别乐器的音色特点。

在徒手整体练习、徒手分声部练习的基础上，学前儿童持乐器随音乐进行多声部合奏，教师进行指挥。在合奏的过程中，引导学前儿童相互倾听、配合，聆听自己所在声部与其他声部以及整体的音响效果，让自己与整体配合协调好，培养其倾听习惯和合作意识。

### （五）乐器演奏拓展活动

学前儿童能较准确地随音乐进行多声部合奏后，教师可以增加交换乐器、学前儿童指挥演奏、加上特色乐器等设计。

1. 交换乐器演奏

交换乐器演奏能让学前儿童熟悉不同乐器的演奏方式，更完整地体会整个配器方案。交换乐器时学前儿童把原来使用的乐器放在椅子上，再迅速找到新的座位，拿起新的乐器做好演奏准备。

2. 学前儿童指挥演奏

教师应该鼓励学前儿童做指挥，教给他们指挥的简单方式或与他们讨论打击乐指挥的基本动作、手势及含义。在教师的提示或带领下，个别儿童尝试指挥真实的演奏，通过指挥的学习体验不断加深对作品整体音响形象的认识，获得美的享受。

3. 累加新乐器

在学前儿童初步学会演奏某一乐曲之后，教师可以尝试给他们更大的挑战，引导他们为作品增加新的特色乐器。教师可以让学前儿童选择累加的新乐器并说明选择的原因，以及乐器累加的声部，即在音乐哪个部分出现或与哪种乐器一起演奏。例如，中班打击乐活动《解放军进行曲》中，学前儿童能较准确地随音乐进行多声部合奏后，增加大鼓为音乐伴奏。

## 三、学前儿童打击乐演奏活动应注意的问题

### （一）打击乐常规的建立

良好的活动常规是打击乐活动顺利开展和有进行的保证。集体打击乐演奏活动的常规包括以下方面。

1. 活动开始的常规

（1）有序地发放乐器。

发放乐器一般有两种方式：一种是教师在活动前将乐器放在学前儿童的座椅下面，学前儿童听音乐信号或教师提示语整齐地将乐器从座椅下面取出；另一种是教师现场分发乐器。两种方式各有利弊，前者可节省分发乐器的时间，有利于保证活动的流畅性；后者便于教师灵活掌握，但会占用一定的练习时间。在实践中，教师应视实际情况来安排。如果学前儿童已形成良好的打击乐常规，可让他们自己拿取乐器，更好地发挥其主动性。

（2）乐器未演奏时不发出声音。

学前儿童拿到乐器后，由于对乐器充满好奇和探究欲，会不停地玩弄手中的乐器，容易出现混乱的场面。因此，教师要进行引导，提示乐器不演奏时将乐器放于大腿上，不发出声音，眼睛也不看乐器。教师可以通过"让你们的乐器在腿上休息""保护好你们的乐器"等提示语引导他们不发出声音。

（3）做好准备演奏的姿态。

开始演奏前，按指挥者的手势整齐地将乐器拿起，做好准备演奏的姿态。指挥者双手向前伸出，手心向上，就是在提示"拿起乐器，做好演奏的准备"。

2. 活动进行的常规

（1）演奏时注意力集中，不做与演奏无关的事情。

（2）演奏时身体倾向指挥者，积极地与指挥者交流。

（3）演奏时注意倾听音乐和他人的演奏。

（4）有序交换乐器演奏。在打击乐活动中，有时候需要学前儿童交换乐器来进行演奏。交换乐器时，不宜采用乐器互传的方式，这样容易混乱。常采用的方法是：学前儿童将原来使用的乐器放在座椅上，再迅速无声地找到新的位置，拿起新乐器，坐下后马上把乐器放在腿上做好演奏的准备。交换过程中不与他人或场内的座椅碰撞，坐下时不使座椅发出声音或发生移动。

3. 活动结束的常规

演奏结束后，按指挥者的手势将乐器放回大腿上。如看到指挥者两手手心朝下，缓缓地放下，就表示"演奏结束，将乐器放在腿上"。演奏结束后，教师要有序地收回乐器。教师可以按组或声部发乐器回收篮，让学前儿童依次放回，也可派几个学前儿童收取乐器。

### （二）打击乐器演奏的指挥

幼儿园打击乐器演奏活动中，学前儿童主要学习"看指挥演奏"和"指挥"，这与成人专业音乐活动的指挥和看指挥演奏有较大区别。在学前儿童打击乐活动中，指挥这个角色

绝大多数情况下是由教师担任，教师有必要了解打击乐器指挥的相关知识和技能。

1. 与指挥有关的知识和技能

（1）知道如何用动作表示"准备""开始""结束"，并能使自己的动作清楚、明确，易于让被指挥者领会。一般来说，指挥双手向前伸出，手心向上，表示"拿起乐器做好演奏的准备"；指挥手心朝下，缓缓地放下，表示"演奏结束，将乐器放在腿上"。

（2）在指挥时应将两腿稍稍分开，站稳，以便于灵活地将身体转向指挥的声部。

（3）在指挥时应将身体倾向于被指挥者，眼睛注视被指挥者，并能用体态和表情激起被指挥者的合作热情。

（4）知道如何用指挥动作表现节奏和音色的变化，并能使自己的动作与音乐协调一致。

（5）在声部转换之前将自己的头部和目光转向下一个将要演奏的声部。在指挥时，尽量使用手势和眼神，减少语言指示。

（6）指挥动作要注重实用性。动作应该单纯、清晰，易于学前儿童理解。

2. 幼儿园指挥的方式

幼儿园指挥方式主要有模拟指挥法和击打节奏型法两种形式，但是幼儿园最常用的是模拟指挥法。

（1）模拟指挥法。

模拟指挥法是指教师在指挥时模仿打击乐的演奏来进行指挥，即教师徒手用与学前儿童完全一致的乐器演奏动作和节奏型，指挥学前儿童演奏乐器。这种指挥方法较为形象直观，便于学前儿童理解，能降低其认知负担。例如，指挥碰铃组时，教师伸出双手食指模仿碰铃的演奏；指挥小班学前儿童演奏响板时，教师伸出双手，左手手心朝上，用右手掌拍击左手掌。

（2）击打节奏型法。

在学前儿童打击乐演奏活动中，节拍和节奏型往往不一致。教师的指挥不能只划拍子，以免干扰学前儿童对节奏型的记忆和再现。教师通过击打节奏型，用指挥动作提示他们应该演奏的节奏，能降低他们的认知负担，让其专注于正确的节奏型，有利于提高演奏水平。例如，在指挥《瑶族舞曲》时，按照配器方案中设计好的节奏型，A 乐段用动作演奏"X  X X ｜ X  X X｜"节奏型，B 乐段用动作演奏"｜X X  X X｜X X  0｜"节奏型。[1]

### （三）打击乐器的队形编排

在打击乐器演奏活动中，学前儿童座位安排的有序性会影响打击乐器演奏的整体效果。在进行队形编排时应注意以下几个方面：每个演奏者能够清楚地看到指挥；音量小的乐器宜靠前，音量大的乐器宜靠后；持相同乐器学前儿童应集中安排在一起，这样既便于指挥，又便于队员之间的默契配合；音量大（如大军鼓、锣等）、体积大（如架子鼓）的打击乐器单独放在乐队后面或旁边，不插入队伍中间。学前儿童在进行打击乐演奏时，可排列成以下队形。

---

[1] 许卓娅，吴巍莹. 学前儿童音乐教育与活动指导[M]. 长沙：湖南大学出版社，2018：176.

1. 半圆形

半圆形是在教学活动中经常使用的队形，如图 4-49 所示。人少时呈单行排列，人多时呈双行排列。在半圆形中，教师是圆心，学前儿童是半圆上的每一个点，面向指挥，互不遮挡，教师与每位儿童的距离基本相等，便于视线交流。这种队形特别适合单一音色、两种音色的乐队使用。编排时，可用"分段切割"的方法来安排不同的音色组，每段之间空一两个位置。

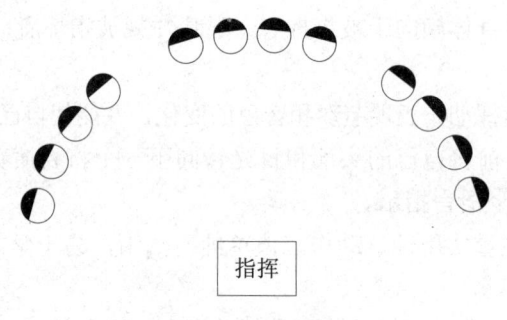

图 4-49　半圆形

2. 单马蹄形或双马蹄形

马蹄形是刚开始学习轮流演奏时较理想的空间处理方式，一般分为左边、中间、右边三个组，每一个组为一个音色组。人少时呈单马蹄形排列（见图 4-50），人多时呈双马蹄形排列（见图 4-51）。在该队形中，教师应该特别注意，不要总面向某一方向，应根据指挥的需要不断改变自己的方向。

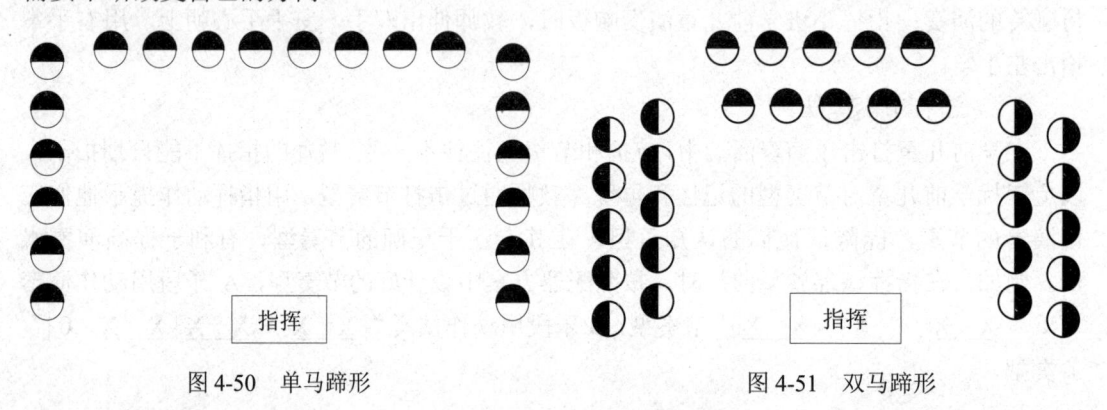

图 4-50　单马蹄形　　　　　　图 4-51　双马蹄形

3. 品字形

品字形一般分为三组，左边、右边、后面中间各为一个音色组（见图 4-52）。在演奏的过程中，三个音色组同时面向教师，这种队形一般适合中、大班的打击乐演奏活动。

4. 满天星形

"满天星"队形每相邻两列为一个音色组，一般分为六列三组，其中六列指左边两列、中间两列和右边两列，每个范围一个音色组（见图 4-53）。由于不同音色组在空间上没有明显的分界线，对学前儿童的认知和自我控制能力要求较高，所以这种队形较适合大班的打击乐演奏活动。

图 4-52　品字形

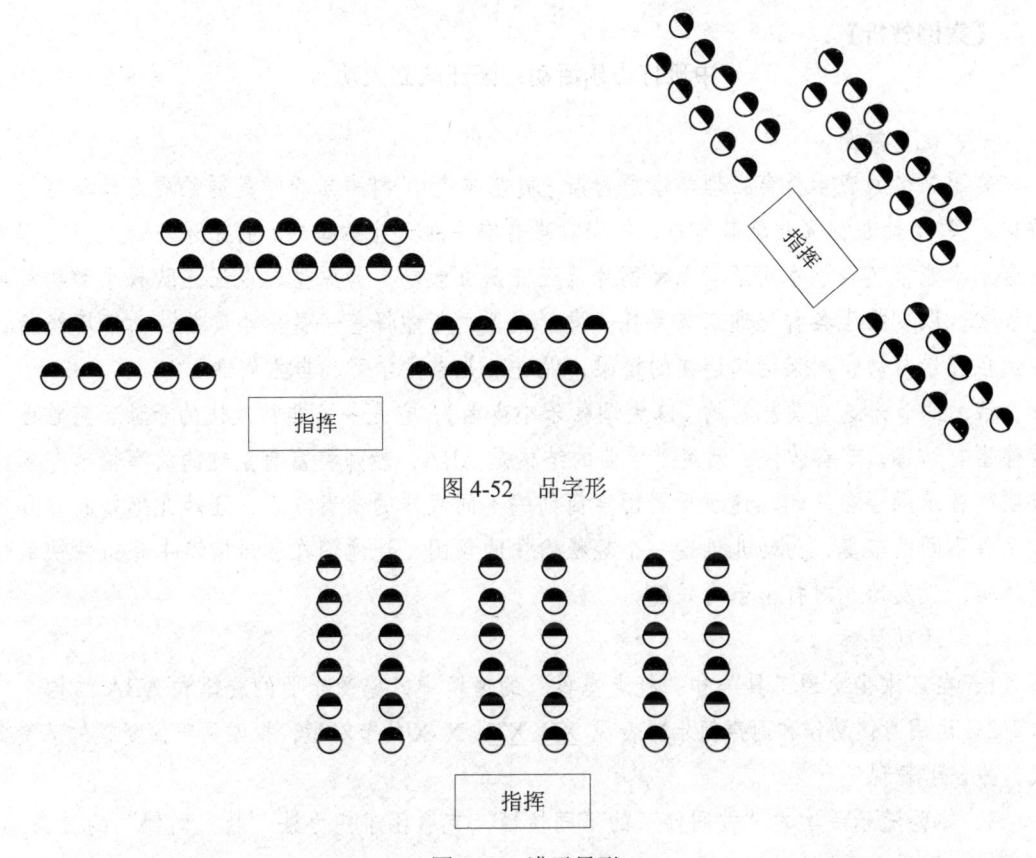

图 4-53　满天星形

### （四）创设音乐区角，全面开放打击乐器

为了便于学前儿童探索、操作和熟悉打击乐器，激发其演奏的兴趣，教师应创设音乐区角，根据学前儿童的年龄特点投放打击乐器，满足学前儿童表现的欲望。也可以投放半成品材料，鼓励学前儿童用废旧材料自己制作乐器，如用矿泉水瓶和和黄豆制作沙锤，用筷子做鼓槌等。

### （五）鼓励学前儿童积极探索乐器和参与配器

在学前儿童自由尝试的基础上，教师可以启发学前儿童探索乐器的演奏方法，鼓励他们用这些乐器创造节奏、声响，为歌曲、舞蹈伴奏或创编故事表演，鼓励他们将各种乐器的声响与大自然或生活中的声响建立联系和想象。自然界和生活中存在很多声音，如风声、雷声、雨声、动物叫声、敲门声、喇叭声等，教师可以引导学前儿童尝试用打击乐器模仿这些声音。在探索性打击乐演奏教学中，教师要引导学前儿童将已获得的经验进行迁移，尝试为音乐编配打击乐，进行有创意的演奏活动，发挥他们的想象力并发展他们探索精神。

● 练一练

自选内容，尝试设计一个幼儿园打击乐活动。

**【案例赏析】**

### 中班打击乐活动：汪汪队立大功[①]

**一、设计意图**

美国著名的音乐教育心理学家詹姆斯·莫塞尔说："打击乐教学是通往更好体验音乐的桥梁。"每个幼儿都喜欢敲敲打打，他们对声音有一种天生的敏感，打击乐与幼儿与生俱来的音乐本能很契合。本次活动以动画片《汪汪队立大功》为原型，以汪汪队救小动物故事为线索。以"乘坐各种交通工具寻找—发射武器，赶跑怪兽—救出小动物"为情境线索，尝试在音乐与动作间架构起连接的桥梁，促进幼儿自主学习、自主创造。

活动的音乐选自莫扎特的《D大调弦乐小夜曲》，它是一首非常欢快的乐曲，整首曲子旋律富有动感，节奏欢快、活泼。乐曲的结构是ABA，教师将富有童趣的故事情节与对比鲜明的音乐融合在一起，通过乐器雨声筒创编不同武器的演奏方式，让幼儿感知断顿和连续两种不同的节奏，为幼儿创造一个轻松愉快的氛围，让他们在音乐情境中获得愉快的情绪体验，激发幼儿对打击乐的兴趣。

**二、活动目标**

1．在"乘坐交通工具"和"赶走怪兽"的情境中，感受乐曲的旋律和ABA结构。

2．运用身体动作和雨声筒乐器表现 XX XX| X X|的节奏型，探索雨声筒断顿的演奏方式，并合乐表现。

3．体验随乐一次次"救同伴"的不同情境，克服困难想办法"救出同伴"的自豪感。

**三、活动准备**

1．物质准备：音乐、PPT、雨声筒。

2．经验准备：玩过雨声筒，了解《汪汪队立大功》等动画片。

**四、活动过程**

（一）故事导入，进入游戏情境

教师：莱德队长有一支本领高强的超强救援队——汪汪队，今天莱德队长跟它的队友接到了新任务，邀请我们加入它们的队伍，我们一起来听听看是什么新任务。（播放语音）

（二）感受音乐，合乐做身体动作

1．选择路线去救小动物。

教师：去救小动物，我们要走哪条路线呢？汪汪队，你们选择哪条路线？（出示PPT，如图4-54所示）

2．第一条路线：乘火车去救小动物。

教师：这是什么交通工具？

教师：我们乘着火车去救小动物，救小动物要怎么出发？双手握拳放在腿上，准备。（播放音乐，教师带领幼儿边说语令词边做动作，语令词：准备出发——上坡、下坡——危险，有怪兽——看、看，发射武器——赶跑了，继续开）

---

[①] 陈淑娜．中班打击乐活动：汪汪队立大功[J]．教育观察，2020，9（08）：62-64．

图4-54　选择交通工具

3．第二条路线：乘船去救小动物。

教师：划船去救小动物，准备。（播放音乐，教师再次带领幼儿边说语令词边做动作）

教师：途中遇到了谁？遇到怪兽，怎么办？前面和后面的音乐一样吗？

小结：原来这首乐曲前面和后面的音乐是一样的，中间的音乐不一样，因为途中遇到了怪兽，遇到怪兽我们就要发射武器。

4．第三条路线：开洗车去救小动物。

（三）教师带领幼儿"赶走怪兽"

1．拿着这神奇的宝贝，可以怎么发射武器呢？

2．教师带领幼儿练习发射武器的动作。

（四）游戏：赶走怪兽，救出小动物

1．现在我们发射武器的本领也学会了，那我们赶紧带着我们的魔法棒去救小动物吧，准备。（播放音乐，教师带领幼儿拿着雨声筒乐器边听音乐边做动作，如图4-55所示）

图4-55　"救小动物"游戏

2．来到草原城堡寻找小动物。

教师：我们来到了一座城堡，城堡里面有各种形状的门，你们觉得小动物会被关在哪扇门里面？你要打开哪一扇门？（出示PPT）

教师：有没有小动物？里面有什么？

教师：虽然我们没有找到小动物，但是我们可以带点小草来当武器赶跑怪兽，看我们把小草变成了什么武器？

教师：那剑可以怎么发射呢？你们先试试看。（教师从中选择一名幼儿的动作并带领幼儿练习）

教师：现在我们带着剑，到下一座城堡去看看，你们觉得会有小动物吗？（播放音乐，教师带领幼儿边听音乐边做动作，途中教师可以退位）

3．来到沙子城堡寻找小动物。

（1）你们选择哪扇门？（出示PPT）

（2）把沙子变成机关枪，可以怎么发射？

（3）幼儿边听音乐边做动作。

4．来到森林城堡找到小动物并救出小动物。

教师：我们终于找到小动物了，开心吗？现在我们把小动物送回家，这次我们选择石头当武器，把石头当成什么？（幼儿：地雷）可以怎么发射？

5．把小动物送回家。（播放音乐，幼儿边听音乐边做动作）

（五）结束

"汪汪队又一次完成了任务，给自己鼓鼓掌，太棒了，但是我又接到了一个新任务，那我们拿好武器赶紧出发吧。"（播放汪汪队立大功主题曲）

五、活动反思

（一）将情景游戏有机融入，支持幼儿学习

对于幼儿来说，游戏和故事是他们非常喜欢的、容易接受的学习方式。因此，音乐教学也非常适合通过游戏情境的创设来激发幼儿的学习兴趣，调动幼儿的主观能动性。情景化游戏适合中班幼儿的年龄和学习特点，教师可以引导幼儿边做动作边倾听音乐，感受乐曲ABA各自的特点，将三段乐曲分别与"乘坐各种交通工具寻找""发射武器，赶跑怪兽""救出小动物"的音乐形象匹配，创编赶走怪兽使用武器的动作随乐表现。幼儿在情景游戏中感受到了快乐，能够主动地跟着教师学习。

（二）以身体动作感受音乐，支持幼儿学习

奥尔夫认为，"音乐来自动作，动作来自音乐"。可见，身体动作是节奏的生理基础，在幼儿节奏感的培养中起到至关重要的作用。中班幼儿有自己的想法和感受，因此他们对三段乐曲的感受，通过身体动作加以表现，能体验到学习的快乐。活动中，教师方便观察幼儿表现，发现幼儿掌握的情况，及时地调整教学方法，完成教学目标。

本次活动以阶梯式形式呈现，主要体现在六个层级，如图4-56所示。

第六层级：同下+"救出小动物"

第五层级：同下+"创编发射武器的动作"

第四层级：同下+"到不同的地方寻找小动物"

第三层级：随乐完整演奏，坐着做开汽车和发射武器的动作

第二层级：使用乐器探索各种交通工具和发射武器的动作

第一层级：幼儿乘坐各种交通工具随乐做上肢动作，学习动作模型 ×× ××∣ ×× ∣的节奏型

图 4-56　以阶梯式形式呈现活动

（三）巧妙用乐器表达音乐，支持幼儿学习

乐器的巧妙运用，会给幼儿带来更多的乐趣，为活动增添新的色彩。因此，活动中教师让幼儿自主参与、自主探索、独立获取知识，通过游戏情景化，让幼儿探索乐器雨声筒，创编各种武器的演奏方式，从而感知断顿和连续两种不同的节奏。活动情景化、故事化，也一直吸引着幼儿的注意力，而幼儿也一直沉浸在这个游戏当中，兴趣非常高。这一游戏符合中班幼儿的学习水平，幼儿在解救出小动物之后有雀跃而起的成就感。活动在幼儿的欢声笑语中、雨声筒有节奏地敲击中完美结束，真正体现了音乐、故事、动作与奏乐的完美融合，让幼儿真正体验了音乐活动的快乐。

在活动过程中，教师是幼儿主动学习的引导者、支持者和促进者，也是幼儿音乐表现和艺术创造活动的发现者、欣赏者和学习者。教师为幼儿营造一个愉快、欢乐、无拘无束的音乐游戏氛围，可以有效地激发幼儿音乐学习和不断创新的兴趣，充分体验到音乐游戏所表达的快乐，让幼儿有充分表现自我的机会。

【在线测试】

一、选择题

1. 幼儿园小班打击乐演奏的空间安排一般采用（　　）。
   A. 单马蹄形　　　　　　B. 双马蹄形
   C. 品字形　　　　　　　D. 半圆形
2. 用形状和色彩表示配器方案的总谱是（　　）。
   A. 语音总谱　　　　　　B. 通用总谱
   C. 图形总谱　　　　　　D. 动作总谱
3. 在指挥学前儿童进行打击乐器演奏时，为了更有效地提示他们，教师应多采用（　　）。
   A. 击画节拍法　　　　　B. 优美的装饰性动作
   C. 模拟指挥法　　　　　D. 简约的指挥手势
4. 让学前儿童轮流担任小指挥，这是满足了学前儿童（　　）。
   A. 探究的需要　　　　　B. 秩序的需要
   C. 参与的需要　　　　　D. 接纳的需要

5. 尽管各种变通总谱在打击乐教学中经常混合使用，但在过渡到实际的乐器演奏之前，一般都必须经过（    ）。

  A．徒手动作练习阶段　　　　B．看指挥演奏阶段
  C．语音练习阶段　　　　　　D．认识图谱阶段

6．"揣摩和分析"（揣摩音乐的情绪、风格、趣味，分析音乐的节奏特点和结构特点）是打击乐曲编配的（    ）

  A．第一个步骤　　　　　　　B．第二个步骤
  C．第三个步骤　　　　　　　D．第四个步骤

## 二、问答题

1．幼儿园常用的打击乐器有哪些？
2．集体打击乐演奏活动常规包括哪些方面？
3．在打击乐演奏活动中，与指挥有关的知识技能有哪些？
4．如何组织学前儿童打击乐活动？

【真题训练】

本章节在教师资格证考试中，较少出单独的题，通常渗透到主题活动设计和歌唱活动设计与组织中。

【拓展阅读】

## 幼儿园打击乐活动游戏化策略[1]

在打击乐活动实践中存在"活动中缺乏吸引幼儿注意力的策略，活动的趣味性不足，或是缺乏有效的教学方法"等问题。游戏化教学即游戏与教学有机结合，将"游戏形式"转变成能够让幼儿乐此不疲、流连忘返的"游戏形态"，在教学过程中，游戏与教学互为目的与手段，教学活动更加富有游戏性，幼儿在教学活动中获得游戏性体验，满足身心发展的各层次需要，并习得良好的学习品质和人格品质。简单来说，游戏化教学是一种愉快的活动。所以，幼儿园打击乐游戏化策略是采用能够激发幼儿的好奇心、好胜心、爱美之心，吸引、刺激幼儿主动投入学习活动的手段。

作为幼儿教师，应该首先创设一个良好的活动氛围。课堂的趣味性越强，幼儿在这样的情境中越能发挥其能动性、想象力，大大提高活动的参与度，幼儿才能得到更好的锻炼。但课堂氛围的营造也不能只注重自由、愉快和轻松，要在教学目标的基础上创设情境，两者要相辅相成。

---

[1] 杨裔卓．幼儿园打击乐音乐活动游戏化策略[J]．教育教学论坛，2018（06）：221-223．

（1）故事情境。

幼儿园里听故事和讲故事是很常见且深受幼儿喜爱的活动，音乐相对抽象，幼儿不能直接感受到，但是如果将故事情景和打击乐活动联系起来，故事作为准备和铺垫，幼儿就更容易理解和欣赏音乐作品了。在选取作品时教师要注意根据幼儿该年龄段的理解能力和欣赏的特点进行选择，音乐活动中选择的故事应该在情节上丰富有趣，角色、情节要简单明确。并且教师在平时要多观察班里的幼儿对什么感兴趣，要选择幼儿真正喜欢的人物或者动物和能使他们感动的作品，故事的角色要有很鲜明的性格特点。这些要素都影响着打击乐活动开展的趣味性，影响着幼儿参与活动的效果。以大班的幼儿为例，节奏鲜明有特点的音乐是他们所喜爱的，大班幼儿可以感受和理解音乐的内容和情感，并且能够根据自己的想法和情感态度去表现音乐。

例如，在《啤酒桶波尔卡》（见图 4-57）的活动中，音乐节奏鲜明、有趣；小老鼠活泼可爱，因此故事中的小老鼠就成了幼儿非常感兴趣的角色，这就使幼儿参与活动的积极性大大提高了，之后小老鼠数啤酒桶、跳舞和打开啤酒桶被发现的情节，使小老鼠的形象更加活泼可爱，这时教师顺势引入活动，故事就在音乐里，欣赏了音乐后，幼儿可选择乐器随着音乐进行伴奏。

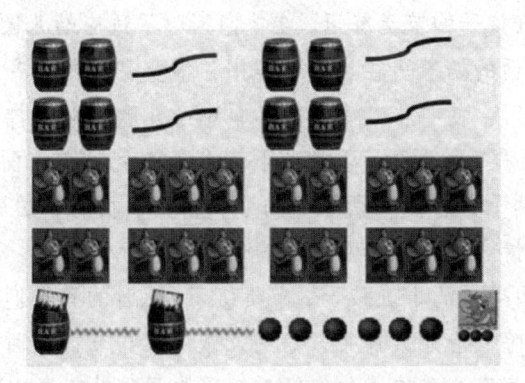

图 4-57　《啤酒桶波尔卡》图谱

（2）角色扮演。

角色扮演是幼儿平时经常玩的游戏，幼儿在角色扮演的过程中，发挥想象力和创造力。同时在角色游戏中，幼儿将自己代入自己模仿的角色中，从角色的角度去看待问题。

教师可以创设一个带幼儿听音乐模仿动物的情境，教师带领小朋友们来到森林动物园，随着音乐舞动身体，边舞蹈边观察身边的小动物，这时教师戴上小鸡头饰让幼儿说出是什么小动物，之后幼儿拍出|XX X|XX X|的节奏，教师再依次戴上小猫、小狗、小鸭的头饰，引导幼儿拍出节奏，之所以用这样的方法开展活动，也是抓住了幼儿喜爱小动物、想和小动物做游戏的愿望。

（3）闯关游戏。

闯关的教学形式对于开始有竞争意识的大班幼儿趣味性是非常强的，在闯关游戏中幼儿的集体荣誉感和竞争意识变强，能够促进幼儿一次次地去挑战。在"闯关"的过程中，幼儿为了实现目标，会自主地不断探索和实践，这能够保证教学的效果，从而实现教学的目标。

## 幼儿园打击乐教学的实践体会[1]

音乐是有组织的乐音塑造形象、反映现实生活、表达思想感情的一种艺术。其基本表现手段是旋律和节奏，打击乐是根据乐曲节奏打击乐器的。通过各种乐器给音乐配伴奏，以使乐曲更动听、更美妙；也是幼儿非常喜欢的活动之一，更能激发幼儿参与活动的积极性。

1．节奏训练是打击乐教学活动的基础

打击乐教学是幼儿园音乐教学的重要组成部分，对打击乐器的学习只有从幼儿时期开始，才能形成打击乐的乐感感知能力，节奏是音乐的重要元素，是音乐的重要表现形式。幼儿只有掌握了音乐的节奏才能掌握有规律的强弱、长短现象，因此节奏训练是基础训练的基础。

结合各年龄段幼儿的心理特点和实际发展水平，遵循逐层深入、循序渐进的原则。让幼儿在快乐中学习，在学习中充满自信。

（1）针对小班幼儿的节奏训练。

① 对初入园的小班孩子的节奏练习。在他们因为不适应幼儿园生活而哭闹的时候，教师就对他们进行节奏方面的培养。在训练过程中，借鉴"奥尔夫音乐教学法"，用"声势"和"语言"同步进行练习，使打击节奏次数和口中念儿歌字数一样多。如"跟我做"中，有"上上下下"（幼儿双手上拍两下，下拍两下），"前前后后"（前面拍两下，身后拍两下），"左左右右"（左边拍两下，右边拍两下）拍手、拍头、拍肩、拍腿、跺脚等节奏的练习，既分散了他们想家人的情感，又培养了他们的注意力、听觉能力、反应能力及模仿能力。

② 对已适应幼儿园生活的小班孩子的节奏练习。此时的孩子们已有语言和节奏同步进行的基础，这时教师用哼唱音乐旋律带领小朋友做律动和节奏方面的练习，待这些简单动作熟悉后，教师再弹琴演奏音乐培养他们倾听音乐的同时做节奏方面的练习。

（2）针对中大班幼儿的节奏练。

幼儿在小班简单的身体节奏练习活动的基础上，开始认识简单的节奏型和配以简单的图谱，初步感受乐曲主旋律情绪、风格以及从整体模仿学习到分声部节奏练习，再到大班认识较复杂的节奏型和节奏图谱。引导幼儿了解音乐作品是几拍的，因为拍子不同，节奏特点会有所不同，2/4拍的节奏特点是强、弱；3/4拍的节奏特点是强、弱、弱；4/4拍的节奏特点是强、弱、次强、弱；更要引导幼儿根据乐曲旋律，打出自己的节奏类型。

（3）一日活动中的节奏练习。

节奏练习不仅在音乐教学活动中进行，而且在幼儿的一日生活活动中，随时都在进行。

① 在组织幼儿游戏时，打出快慢结合的节奏，能表现出抑扬顿挫的感觉，增强游戏的趣味性。

② 在组织幼儿活动前打节奏，能尽快让幼儿安静入座，并形成活动前的一种规律。

---

[1] 巩德梅．浅谈幼儿园打击乐教学的实践体会[J]．内蒙古教育，2016（33）：90．

**2．认识打击乐器是打击乐教学的前提**

幼儿只有认识打击乐器和会正确使用打击乐器，才能保证打击乐教学顺利进行，同时还要帮助幼儿养成打击乐常规。

幼儿打击乐器常见的有铃鼓、碰铃、三角铁、双响筒、沙锤、鼓、锣等。演奏所有的打击乐器都要求幼儿手腕放松、灵活、不僵硬、有弹性，能控制手的动作，达到手眼协调一致。

**3．选择合适的乐曲是打击乐教学活动的灵魂**

既然音乐作品的选择是打击乐教学活动的灵魂，那么作为教师的我们在选择音乐时一定要遵循适合本年龄段孩子的心理和最近发展区，选择节奏鲜明且孩子们易感兴趣的乐曲，这样容易使孩子们打出效果，便于幼儿掌握节奏特点，更能引发他们主动学习、主动探索的积极性。例如，中班打击乐《大马告诉我》这首 2/4 拍的乐曲，音乐节奏鲜明，短小精悍。形象地表现出大马跑过来"嗒嗒、嗒嗒、嗒嗒"的马蹄声，和骑马大叔为了使马跑得更快而喊出的"驾、驾、驾"的声音。适合中班幼儿的年龄特点和心理特点，幼儿很喜欢这首乐曲。主动学习的积极性很高，在倾听音乐学唱歌曲的时候，他们已创作出节奏，而且边唱边打节奏。教师及时给予幼儿肯定，并将强弱的打法反复练习，幼儿可以在打节奏时很好地控制强弱。

总之，幼儿园打击乐教学活动实质是对幼儿进行的一种综合能力的培养，从基础的节奏训练到选择适合幼儿打击的音乐作品，了解节奏、节拍以及作品赋予的思想感情。并打出适合本作品的节奏，设计配器方案，先整体练习，后分组练习，最后在音乐的伴奏下，看指挥，进行打击乐演奏活动，使孩子们在学习的同时享受音乐带给他们的快乐。

## 学习评价与反思

# 第五章　学前儿童音乐欣赏活动

**【本章导读】**

音乐欣赏是以具体音乐作品为对象，通过聆听的方式和其他辅助手段来感受、理解、鉴赏和领悟音乐艺术作品的一种审美活动。音乐欣赏的过程就是学前儿童与音乐作品互动的过程，对于学前儿童来说具有重要的价值。音乐欣赏活动是学前儿童获得音乐经验不可或缺的一项音乐实践活动，是幼儿园音乐教育的重要组成部分。本章将围绕学前儿童欣赏能力发展特点、欣赏活动材料选择、欣赏活动目标和方法、欣赏活动的设计与组织展开讨论。

**【学习目标】**

1．了解各年龄班儿童音乐欣赏能力发展的特点。
2．掌握学前儿童音乐欣赏活动的总目标和各年龄阶段目标。
3．掌握学前儿童音乐欣赏活动材料的选择。
4．掌握学前儿童音乐欣赏活动的组织思路，能够设计与组织音乐欣赏活动。

**【学习重点】**

1．能够进行学前儿童音乐欣赏活动辅助材料的选择和设计。
2．掌握学前儿童音乐欣赏活动的组织思路，能够设计与组织音乐欣赏活动。

**【思维导图】**

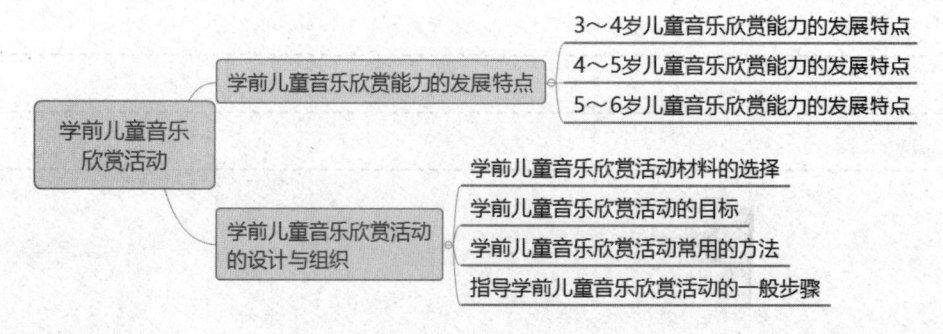

```
                          ┌── 3～4岁儿童音乐欣赏能力的发展特点
            ┌─ 学前儿童音乐欣赏能力的发展特点 ──┼── 4～5岁儿童音乐欣赏能力的发展特点
            │             └── 5～6岁儿童音乐欣赏能力的发展特点
学前儿童音乐 ─┤
欣赏活动     │                          ┌── 学前儿童音乐欣赏活动材料的选择
            │                          ├── 学前儿童音乐欣赏活动的目标
            └─ 学前儿童音乐欣赏活动的设计与组织 ┤
                                       ├── 学前儿童音乐欣赏活动常用的方法
                                       └── 指导学前儿童音乐欣赏活动的一般步骤
```

**【典型案例】**

在幼儿园中班音乐欣赏活动中，教师请学前儿童欣赏一段音乐，引导他们仔细倾听，并说说音乐听上去感觉怎样？孩子们茫然地看着老师，只有两个孩子回答"我感觉音乐慢慢的""我感觉想睡觉"，教师连忙肯定地说："对！音乐听上去是安静舒缓的。"然后，教师请学前儿童再次欣赏音乐，鼓励他们根据对音乐的感受，用身体动作来表现音乐。孩子们听着音乐不知道如何做动作表现，尽管教师不断启发和引导，他们还是有些无措。教师只好自己示范几个动作，孩子们跟着教师随音乐做动作。

学前儿童会欣赏音乐吗？学前儿童音乐欣赏能力发展有什么特点？如何引导学前儿童欣赏音乐？有哪些辅助手段？如何设计和组织音乐欣赏活动？我们将围绕这些问题展开本章的学习。

# 第一节　学前儿童音乐欣赏能力的发展特点

## 一、3~4岁儿童音乐欣赏能力的发展特点

### （一）听辨音乐的能力

3岁左右的儿童，已经从周围生活环境中获得了较多的倾听体验和习惯，并且开始逐步自发地注意听喜欢的音乐。他们能够理解简单的、形象鲜明生动的标题乐曲，区别音乐作品的性质，对不同音乐情绪的乐曲有了初步的感受，听到优美宁静的摇篮曲会自然地晃动身体，而听到坚定有力的进行曲时，则会不由自主地踏步、跺脚。可见，学前儿童已经有了对音乐情绪性质的初步感受。他们还能辨认音乐中速度的变化，动作能随着音乐速度的变化而变化，能听出音乐是表示走路还是跑步。但感知音乐力度的变化有一定困难，他们常常不能区分哪首乐曲音调高，哪首乐曲音调低，更不能辨别由于音区不同、演奏不同而造成音色上的差别。

### （二）理解音乐的能力

理解是音乐欣赏的重要基础和保证，这既包括对音乐情绪、风格的理解，也包括对音乐所表达内容的理解，以及音乐结构和表现手法的理解。3~4岁儿童的音乐理解能力十分有限，虽然他们对生动形象、节奏鲜明的音乐有所反应和感受，但不一定能完全理解。他们对音乐的理解能力随着认知、思维、音乐活动经验的不断积累而逐步发展。一般到小班末期，在幼儿园良好教育影响下，能学会借助于想象、联想理解性质明显的音乐情绪，产生一定的共鸣，但对于音乐基本表现手段如音调、节奏、旋律等变化，感受和理解还存在一定困难。

### （三）表现音乐的能力

3~4岁儿童在欣赏音乐的过程中，常以表情、动作或语言来对音乐做相应的反应。因而，欣赏音乐的能力与儿童的创造性表现是紧密相关的。他们受其生理、心理发展水平的影响，对音乐作品的感受和理解还不完善，记忆也不够精确，不能用语言较好地表达对作品的感受。常用的创造性表现手段往往是身体动作，即尽量用自己想出来的、与他人不同的动作来表现音乐。

## 二、4~5岁儿童音乐欣赏能力的发展特点

### （一）听辨音乐的能力

4~5岁儿童听辨音乐的能力有所提高，逐渐能辨别声音的细微变化，对音乐的辨别能力、感受能力进一步增强。他们已经能够欣赏内容较为广泛、性质风格多样的音乐作品，如舞曲、进行曲、摇篮曲等，分辨音乐性质、体裁、风格的能力也大大发展。能够通过教师专门组织的音乐活动，初步感受到乐曲的结构，听出乐段、乐句之间的重复（如感受简单的单三段体 ABA 结构），以及乐曲在情绪上的明显差异。对一些内容熟悉的、形象性强的，如表现熊走、兔跳、鸟飞等动物活动的乐曲能很快地识别，他们可以借助于图片或动作选择做出正确的回答。能区别音乐中明显的速度变化，在欣赏有鲜明对比的音乐时能够指出音乐力度的变化。

### （二）理解音乐的能力

随着儿童思维、想象的进一步发展，4~5岁儿童对音乐的理解能力也不断地发展。他们已能基本理解音乐所表达的情绪和情感，由此产生一定的想象、联想。当然，这种理解能力通常表现为对歌曲及有主题的器乐曲的理解。他们已能借助歌词及已有的生活经验、音乐经验基本理解音乐所表达的音乐形象，但对于较为复杂的、没有标题的纯器乐曲的理解还有一定的困难。

### （三）表现音乐的能力

与3~4岁儿童相比，他们在音乐欣赏过程中的创造性表现能力也在不断增强。他们基本上会用比较自由、多样的手段对音乐进行创造性的表现，且在表现过程中努力追求表现的独特性、创造性。

## 三、5~6岁儿童音乐欣赏能力的发展特点

### （一）听辨音乐的能力

5~6岁儿童音乐欣赏水平、感受能力有了更大的进步。随着他们音乐经验的不断丰富和积累，其听辨能力不断增强，能够感知音乐作品中的细节部分，而且能感受、辨别较为复杂的器乐曲结构、音色及情绪风格上的细微差别。对力度、速度的感知更细腻，表现力更丰富。他们听辨能力更强，能区别唱片或录音中的男声、女声和童声，还能区分一些熟悉的乐器音色或伴奏乐器。

### （二）理解音乐的能力

他们对纯乐曲的理解能力也进一步增强，能在清楚辨别音乐作品速度、力度、音色、节奏等表现手段变化的过程中进行大胆的想象、联想，并找出充分的理由。常用语言来表达对音乐的理解，能结合想象和联想用较完整的语言或一定的故事情节来描述音乐。

## （三）表现音乐的能力

他们表现音乐的能力增强，主动性和积极性更高，不仅能直接用语言来表达他们对音乐的情绪体验和感受，还能通过身体动作、嗓音表达、图片再现等多种方式表达对音乐的感受和理解。他们在用动作表现音乐时，动作已经完全能与音乐一致。手和脚的动作能够自然跟上音乐的节奏、节拍，随着拍子的快慢或渐快、渐慢而改变动作的速度，并能在动作中体现出二拍子和三拍子音乐的节拍重音，同时对随乐肢体动作表现出热情和兴趣。

# 第二节 学前儿童音乐欣赏活动的设计与组织

## 一、学前儿童音乐欣赏活动材料的选择

### （一）音乐欣赏内容的选择

选择合适的音乐欣赏内容是音乐欣赏活动前的重要环节，音乐欣赏的内容主要从倾听日常生活中的各种声音和音乐作品两个方面考虑。

1. 自然与生活中的声音

音乐是听觉的艺术，人们要用听觉才能感知它。听觉敏感性是学前儿童欣赏音乐的前提和基础。"倾听"是音乐欣赏最重要的一种学习方式。它不同于漫不经心的"随意听"，而是一种有意识的听，带有注意的"留神地听"。它不仅是指有意地用听觉摄取音乐的美，而且还包括用听觉去摄取周围环境中的各种声音的美。

在周围的环境中，无论是自然界，还是社会生活中都充满了各种音响。如果能从小培养学前儿童对周围生活中各种声音的倾听兴趣和倾听能力，将会为他们欣赏音乐作品打下良好的基础。教师应充分利用一切机会，自然地、有意识地引导学前儿童倾听周围生活中的声音，丰富他们对声音的各种感性经验。具体来说，可以从以下几个方面入手。

（1）倾听人体声音。

自己的身体是学前儿童最熟悉的部分，倾听可以先从身体各部位发出的声音开始。如教师与学前儿童面对面坐在一起，让他们倾听并模仿教师发出的各种人体的声音，如拍手声、捻指声、拍腿声、跺脚声、轻快的跳动声与各种嗓音。还可以增加难度，玩传话游戏和声音记忆游戏。

① 传话游戏：学前儿童围成一个圈，教师对第一名儿童说一句悄悄话，请他们一个挨一个轻轻地把这句悄悄话传下去，最后一名儿童把听到的悄悄话大声说出来，看看悄悄话在传递过程中是不是走样了。

② 声音模仿游戏：教师利用身体各个部位发出几种不同的声音，如拍手、拍肩、拍腿和跺脚等，让学前儿童按照顺序模仿。教师还可以背对学前儿童或躲到屏风后面重复这一游戏。

（2）倾听日常用具的声音。

学前儿童好奇心较强，对身边各种声响有极大的探索兴趣。教师可以通过引导儿童倾

听日常生活中用具发出的声响，来发展他们的倾听能力。例如，教师击打或摇动声音特质不同的物品（如小木棒和钥匙串），或者录制一些特有的声音（如做饭、洗衣服的声音等），让学前儿童倾听、辨别其不同。

（3）倾听周围环境中的声音。

在我们周围的环境中，无论是自然界，还是社会生活，充满了各种音响：马叫、蛙鸣、暴风的呼啸、雨水的低吟、汽车的嘀嘀声、火车和飞机的隆隆声等。日常生活中可以引导儿童进行倾听的场所有以下几方面。

① 倾听活动室中的声音，如教师弹琴的声音，小朋友说话的声音，走路时鞋子发出的声音，撕纸、翻书的声音等。

② 倾听活动场所中的声音，如风吹树枝摇动的声音，脚踏落叶的沙沙声，大雨哗哗声，小朋友拍球、跳绳、跑步等活动的声音。

③ 倾听厨房的声音，如切菜、洗菜、炒菜时的声音等。

④ 倾听卧室中的声音，如闹钟声、呼噜声等。

⑤ 倾听马路上的声音，如车开过的声音、喇叭声等。

⑥ 倾听建筑工地上的声音，搅拌机的轰隆声、各种工程车发出的声音等。

⑦ 倾听公园、郊外的声音，如叽叽喳喳的鸟叫声、蛙鸣声等。

⑧ 倾听家里、社区生活中的声音，如公园里跳舞时播放的音乐声、小朋友的嬉戏声、人们的交谈声等。

**相关链接**

《3~6岁儿童学习与发展指南》中指出：要和幼儿一起发现美的事物的特征，感受和欣赏美，如让幼儿倾听和分辨各种声响，引导幼儿用自己的方式来表达他对音色、强弱、快慢的感受。

2. 欣赏音乐作品

供学前儿童欣赏的音乐作品有歌曲和器乐曲。歌曲由于有歌词，学前儿童较容易接受。器乐曲音色丰富，表现手法多样，没有具体歌词的局限，便于学前儿童进行生动、自由的联想和想象，也深受他们喜爱。教师为学前儿童选择音乐作品应注意以下几个原则。

第一，选择有较高审美价值的音乐作品。在为学前儿童选择音乐作品时，应该尽力为儿童选择公认优秀的音乐作品，让他们直接与音乐大师对话，发展他们对优秀音乐的敏感性。

第二，贴近学前儿童生活。选择学前儿童喜闻乐见、贴近其生活的音乐，有助于欣赏音乐时联想到以往的生活经验，体会音乐的意境美。例如，玩具是学前儿童经常接触、十分喜爱的物品，欣赏音乐《玩具兵进行曲》时，在教师的引导下很快就会联想到很多玩具在夜深人静时偷偷跑出来玩的情景，通过联想创造出很多新的音乐形象。

第三，适合学前儿童的年龄特点。学前儿童好奇心强，喜欢具体、鲜明的事物，应为他们选择形象生动鲜明、结构清晰的优秀音乐作品。一般情况下，小班以欣赏歌曲为主，也可以欣赏形象单一、鲜明的器乐曲。中大班欣赏的音乐风格比小班多样化，除欣赏进行曲、摇篮曲、圆舞曲、抒情曲外，还包含优秀的民族民间音乐和中外优秀作品。

第四，选择高质量的音乐音响。只有聆听到高质量、清晰的音乐音响，学前儿童才有可能真正感知到音乐音响的美好，才有可能享受到它的美感。

选择歌曲和选择器乐曲有一些不同的标准，具体要求如下。

（1）歌曲。

歌曲是由歌词和旋律共同塑造的艺术形象。如果选择的音乐作品是歌曲，则需要考虑歌曲的内容、形象、情绪是学前儿童熟悉、喜爱和愿意接受的，歌曲中的歌词是他们所能够理解的。一般来说，可将高一年龄段儿童演唱的歌曲作为低年龄段儿童欣赏的作品，即小班儿童音乐欣赏的歌曲可选自幼儿园中、大班学唱的歌曲，而幼儿园中、大班可选用少儿歌曲。此外，也可以欣赏一些学前儿童能理解的民歌、名曲以及外国少儿歌曲、故事片和动画片插曲等。

（2）器乐曲。

器乐曲是指单纯由乐器演奏的作品，分为有标题音乐和无标题音乐。学前儿童可多欣赏标题音乐，因为标题音乐一般有名称，有一定的内容、情节，往往描述某件事情或某种情景，如《野蜂飞舞》《狐狸和兔子》《龟兔赛跑》《彼得和狼》《小鸟捉虫》等，具有一定的图画性、戏剧性，容易为他们理解和感受。不过有些器乐曲虽无标题，但旋律优美、节奏鲜明，如一些短小的舞曲、进行曲等也会受到学前儿童的喜爱。另外，一些音乐游戏、律动、舞蹈、打击乐中的乐曲也可作为欣赏的内容。若选择的器乐曲长度过长或结构较复杂，教师要进行节选或改编以满足学前儿童的音乐欣赏需求。

### （二）音乐欣赏辅助材料的选择

1. 动作材料

动作材料是指符合音乐性质，能反映音乐节奏、旋律、结构、内容、情感的身体动作。它可以是节奏动作、模仿动作、舞蹈动作甚至是滑稽动作等。动作材料应选择简单、学前儿童熟悉且容易表现的动作，切记复杂和烦琐。

教师应经常让学前儿童有机会自己选择动作或自创动作，独立地对音乐做出反应，提升其创造力。在选择动作材料时，需要注意与音乐性质相符，不必太强调具体动作的统一。例如，在欣赏抒情音乐时，教师只需确定学前儿童所做动作的性质是柔软、连贯、绵长、自由的即可。音乐欣赏活动"蝴蝶找花"中，在学前儿童对乐曲《化蝶》的性质、结构已有所了解的基础上，教师鼓励他们用各种优美、柔和、舒展的蝴蝶飞舞的动作和蝴蝶静止时的造型动作来感受优美旋律并体会乐句感。

2. 语言素材

语言素材是指富有音乐所表达意境的形象性的有声文字材料，如故事、散文、诗歌、谜语、儿歌、童谣等。

选择的语言辅助素材应与音乐欣赏的要求一致，不仅文学作品本身的结构、内容、形象和情感与音乐相一致，而且讲述或朗诵文学作品时，语言的音调、节奏、力度、音色、风格等因素与音乐也相一致。例如，欣赏舒曼的《梦幻曲》时，所配的语言素材是童话故事《梨子小提琴》，不仅乐曲具有梦幻的性质，而且讲述和朗诵故事时都能保持和渲染这种梦幻的性质。此外，选择语言辅助素材本身要语言优美、学前儿童容易理解与接受。在音乐欣赏活动中，为了发挥学前儿童的能动性，应经常让他们有机会自己独立地选择语言，独立地对音乐做出反应。例如，教师在让学前儿童完整欣赏了《梦幻曲》配乐诗歌后，引导他们想一件自己认为很美好的事情,并学习用抒情优美的声调随音乐讲述自己的事。

3. 视觉素材

视觉素材指的是能形象具体地反映音乐形象、内容、结构及节奏特点的可视材料,如图片、投影、录像或玩教具等。视觉材料有助于学前儿童形象地掌握音乐的性质、旋律、节奏、曲式结构等,强化音乐审美感受,提高音乐记忆效果。

选择视觉素材时,提供的视觉材料的线条、构图、造型、色彩、形象、内容、情绪等必须与音乐的性质相吻合,视觉素材的形象应生动、艺术感染力强,能为学前儿童理解与喜爱。例如,欣赏圣桑的《天鹅》时,教师所提供的画面色彩应该是灰暗的,构图应该是凝重的;而同样描写天鹅的《天鹅湖》(柴可夫斯基曲)中的《四小天鹅舞曲》则是诙谐幽默的气氛,画面以暖色调为主;欣赏刘明源的中国民乐《喜洋洋》,教师所提供的画面色彩应该是喜庆的,构图应该具有强烈的动感;欣赏柴可夫斯基的《洋娃娃的葬礼进行曲》时,所提供的画面色彩应是灰暗的,构图应是凝重的;而在欣赏聂耳的《金蛇狂舞》时,所提供的画面色彩应是辉煌的,构图应是具有强烈动感的;欣赏史真荣的《龟兔赛跑》时,幻灯或投影操作的画面变化应与音乐内容变化相一致。

### 案例

在欣赏勃拉姆斯的《摇篮曲》中,教师为了帮助学前儿童理解音乐内容,根据音乐设计了宝宝睡觉情境的图片,编了一个妈妈哄宝宝睡觉的故事"晚上,星星和月亮高高地挂在天上。它们对小宝宝露出了甜甜的微笑。星星还对着宝宝悄悄地眨着眼睛,妈妈呢,坐在摇篮边,轻轻地摇着宝宝,哄着宝宝,小宝宝很快闭上眼睛睡着了。这个小宝宝做了一个很美很美的梦"。教师结合视觉材料随音乐轻柔、缓慢、有感情地讲述故事,帮助学前儿童感知摇篮曲安静、缓慢、抒情的特点以及音乐表现的内容。然后进行角色扮演"学前儿童扮演爸爸妈妈轻轻安抚娃娃睡觉""教师扮演妈妈哄宝宝(学前儿童扮演)睡觉",通过动作和语言来表现音乐。

### 互动平台

尝试为《解放军进行曲》《龟兔赛跑》等音乐选择适宜的音乐欣赏辅助材料。

提示:可以选择动作材料、视觉材料和语言材料,所选用的材料应反映音乐性质、内容、结构、形象、情感、节奏等方面,形象应生动、有感染力,能为学前儿童理解与喜爱。

## 二、学前儿童音乐欣赏活动的目标

### (一)学前儿童音乐欣赏活动的总目标

音乐欣赏是提高学前儿童艺术素养和审美认知、审美情感的重要途径。幼儿园音乐欣赏活动的目标是提高学前儿童对音乐的兴趣,增强对音乐的感受力和理解能力,陶冶情操,获得审美情趣。总目标是学前儿童音乐欣赏活动总的任务和要求,是音乐欣赏教育活动目标的概括表述。

1. 认知目标

（1）能够感受、体验音乐欣赏作品所表达的内容和情绪。

（2）能理解音乐作品最基本的表现手段。

（3）能再认和区分已经欣赏过的音乐作品。

2. 情感与态度目标

（1）愿意参与音乐欣赏活动，有积极的欣赏态度。

（2）体验并享受音乐欣赏过程的快乐。

（3）对各种音乐有较广泛的爱好。

3. 操作技能目标

（1）初步学习运用文学、美术、动作等艺术表现手段来表达自己对音乐作品的理解、想象和情感体验。

（2）能够在欣赏音乐的过程尝试与同伴交流与配合，共同协作来表达对音乐的感受和理解。

（3）初步养成安静、专注地倾听和欣赏音乐作品的习惯。

（二）学前儿童音乐欣赏活动的年龄阶段目标

1. 小班

（1）愿意参与音乐欣赏活动，体验音乐欣赏过程的快乐。

（2）在保持一定兴趣和注意力的情况下，能安静地倾听音乐。

（3）能初步感受性质鲜明、结构短小的歌曲和有标题的器乐曲的形象、内容、情感，并能利用表情、动作或语言等表达自己的想法。

（4）喜欢倾听与感知周围生活中的各种声音，并用自己喜欢的方式（如动作、嗓音等）来表达。

2. 中班

（1）愿意参与音乐欣赏活动，能够安静地、注意力集中地倾听音乐。

（2）能感受性质鲜明、结构短小的歌曲或乐曲的形象、内容和情感，并产生一定的联想，用外部的动作、语言等表达自己的想法。

（3）能初步了解并辨别进行曲、摇篮曲、舞曲等不同风格音乐的基本性质。

（4）能对周围生活中的各种声音进行辨别，并用自己喜欢的方式模仿表达。

（5）初步学习运用不同的艺术表演形式（如文学、美术、动作等）来表达对音乐的感受和理解。

3. 大班

（1）能主动、积极地参与集体的音乐欣赏活动，养成安静地、注意力集中地倾听音乐的习惯，不受他人和周围事物的干扰影响。

（2）能较准确地感受性质鲜明、结构适中的歌曲或乐曲的形象、内容和情感，并产生较丰富的联想和积极而富有个性的外部反应。

（3）能够听辨出进行曲、摇篮曲和各种舞曲的性质与风格，能更加广泛地欣赏不同体裁、不同地域文化的音乐，有一定经典名曲的积累。

（4）喜欢倾听周围环境中各种声音，喜欢用多种方式带有创造性地表现。

（5）能够运用不同的艺术表演形式（如文学、美术、动作等）来大胆表达对音乐的感受和理解。

## 三、学前儿童音乐欣赏活动常用的方法

### （一）语言参与法

音乐欣赏活动中恰如其分地运用儿童化、形象化的语言，能激发学前儿童欣赏乐曲的兴趣，奠定与音乐情绪产生共鸣的感情基础。讲述故事就是其中的一种，将音乐内容和抒发的感情通过形象生动的故事展现给学前儿童。例如，欣赏《惊愕交响曲》时，为了让学前儿童比较 A 与 A′段，B 与 B′段力度的差别，教师根据音乐特点创编故事"刚开始的时候，小草因为没有得到阳光和春风的滋润，它在生长时是无力的，对应的音乐则是轻轻的，而在得到了阳光和春风的滋润后，小草的生长显得有力了，所表现出来的音乐比较有力度"，这样他们就很容易感受到两段音乐之间的区别。

除配合音乐讲述故事外，还可以通过师幼谈话、语言提示等语言参与的形式帮助学前儿童理解音乐。教师可以开展引导性谈话，引导学前儿童谈谈对作品的印象和感受，如"听完音乐有什么感受？想到了什么？音乐从头到尾一样吗？什么地方不一样？怎么不一样？"。教师也可以运用语言提示法，在听音乐的过程中运用简短、形象、鲜明语言提示他们。如《拨弦》中音乐的速度渐快，教师可以提示他们："听！音乐有什么变化？""听，音乐快起来了……"

### （二）动作参与法

在音乐欣赏过程中，为了加深学前儿童对音乐的体验，进一步培养他们的感受力，教师可以结合律动或即兴表演引导他们用肢体动作把想象表现出来。如在欣赏《天鹅》和《四小天鹅舞曲》时，教师可以引导他们用肢体动作来表现大、小天鹅的不同，从而感受这两段乐曲的不同特点，加深对作品的理解。听了几遍《春之歌》后，学前儿童对音乐内容有了进一步了解和体验，他们戴头饰随音乐各自表达出角色对春天的感受——蝴蝶、蜜蜂在花丛中欢快地飞舞，太阳公公站在高处点头微笑，小蝌蚪在小河里自由地游来游去，充分展现出一幅春意盎然的美丽景象。

### （三）视觉参与法

图谱是教师根据音乐的内容、结构，采用图画的形式，以生动、活泼的图像直观、形象地表现音乐作品，将图形与乐谱相结合的一种方法。图谱直观、形象，这种方法符合学前儿童年龄特点，有助于他们理解音乐特点。对于小班儿童，教师可以直接提供图谱，对于中大班儿童，教师可以和他们一起进行图谱创作。例如，欣赏《化蝶》时，可以设计蝴蝶找花的图谱，一个乐句一朵花，再配上《化蝶》的乐曲，营造一个身临其境的欣赏环境，帮助学前儿童更好地理解乐曲所表达的含义，达到理想的活动效果；欣赏《狮王进行曲》时，图谱中用由小到大的脚印表现狮王出场，在重音的地方用大嘴巴和尖利的牙齿表现吼声，他们立刻会被形象的图谱深深吸引；欣赏民族音乐《采茶舞曲》时，根据音乐的旋律，教师和学前儿童设计采茶、炒茶、品茶的情节，呈现采茶、炒茶、泡茶、品茶过程的图片

或录像,帮助他们了解炒茶有揉、翻、抖、搓等基本动作,泡茶有放茶、放水、摇杯、品尝等环节,帮助他们感受作品从采茶的轻快到制茶的热闹最后到品茶的柔和的变化,从而更好地理解音乐。

### (四)乐器参与法

可以借助乐器来进行音乐表达,为欣赏的乐曲配上合适的打击乐器演奏。例如,中国民族音乐都是用一些中国民族乐器演奏的,学前儿童可以利用鼓、锣、钹、木鱼、板鼓、铃鼓等民间打击乐器或者自制一些简易的乐器来配合民族音乐演奏,感受乐曲的美感。

### (五)道具参与法

直观的道具可以帮助学前儿童形象地理解和感受音乐,可以是实物也可以是玩具。如乐曲《摇篮曲》,学前儿童通过轻轻安抚布娃娃睡觉,感受摇篮曲舒缓、安静的特点。

### (六)表演法

音乐是表演的艺术,尤其对学前儿童来说,通过表演来表达对音乐的理解具有重要的价值。一方面,表演可以锻炼学前儿童的身体协调性,促进他们身体的发展;另一方面,还能丰富他们的感情体验,提高其音乐感受力和表现力。听音乐讲故事,然后随音乐进行故事表演,是比较常用的欣赏方法。进行音乐表演时可以加入一些服装、道具,能增强学前儿童表演的积极性和生动性。

### (七)美术作品参与法

教师可以引导学前儿童用图画语言来表达对音乐的感受,包括画图和勾线等。图画是学前儿童最喜欢的表达方式之一,教师可以引导他们从画面内容和色彩等方面来绘画。在欣赏欢快或忧伤音乐时,让学前儿童自由想象,画出自己看到、想到的快乐或忧伤的事情,这种引导有助于他们打开思维,画出自己的亲身经历,画出自己憧憬的快乐的事情或潜意识里想到的害怕的事情,有助于发展其创造性思维,同时教师通过图画可以增强对他们的了解。此外,音乐也可以加强他们画画时色彩的运用,如欢快的音乐一般多用暖色、亮色来表现,而忧郁的音乐一般用冷色、深色来表现,由此可以增强他们的用色技巧。音乐不仅是声音的艺术,更是线条的艺术,不同节奏、不同风格的音乐完全可以用不同的线条来表现,也是学前儿童表达对音乐的认识方式之一。教师可以引导他们用勾线条的方式来表现音乐,如节奏欢快的音乐可以用锯齿线、点状线来表现,舒缓的音乐可以用波浪线、螺旋线来表现。线条的形式、长短、高低、深浅、疏密、颜色等都能表达出音乐的变化。这样的表达形式既能够引起他们的兴趣,也可以增强他们对音乐的感受力。[①]

例如,在《森林音乐会》欣赏教学中,先不急于告诉学前儿童欣赏的主题,而是放音乐让他们闭目想象,然后让他们"画音乐",把听到和想到的东西画出来。由于听得真切,想得奇妙,有的画出了小鸟和太阳;有的画出了凶猛的老虎;有的画出了孔雀开屏的样子;还有的画了小狗拉着大象的鼻子,猴子站在犀牛身上的动物联欢图……惟妙惟肖地展示了

---

[①] 许丽萍. 幼儿园民族音乐欣赏活动的组织与实施策略[J]. 学前教育研究,2014(05):67-69.

一个富有诗意的音乐会场景。在欣赏《野蜂飞舞》活动中,教师引导学前儿童用合适的线条表达自己对音乐的感受。学前儿童常用的线条如图 5-1 所示。

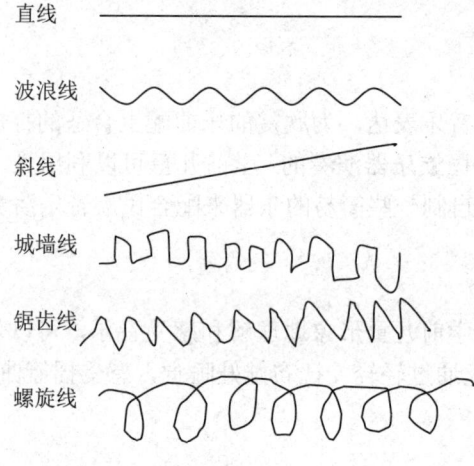

图 5-1　学前儿童常用的线条

## 四、指导学前儿童音乐欣赏活动的一般步骤

### (一)活动前的准备工作

**1. 熟悉和分析音乐作品**

组织学前儿童音乐欣赏活动之前,教师必须熟悉所欣赏的音乐作品,并对其进行深入细致的分析。在反复聆听基础上,分析音乐的内容、情绪情感以及基本表现手段,如旋律的进行形态、节奏节拍的特点、曲式结构、力度速度、乐器音色特点等,了解作者的情况以及作品的创作时代背景、趣闻轶事。此外,还需根据本班儿童的实际发展水平和以往音乐欣赏经验,分析音乐作品的重点和难点,分析作品哪些方面是学前儿童必须通过倾听去掌握和理解的,哪些方面是学前儿童感知理解有难度的。

**2. 准备教学材料与环境**

在学前儿童欣赏活动中,教师要做好充分的活动准备。一是根据音乐内容创设相应的环境,用环境衬托的方式巧妙地吸引他们的注意力,让他们尽快地融入音乐欣赏之中。例如,欣赏音乐作品《大雨小雨》时,把活动室布置成下雨的场景,贴上大大小小的雨滴和一把把大花伞小花伞,学前儿童进入活动室就能感受到浓浓的雨意,欣赏时自然就更投入;二是准备好教学所需的设备,如琴、CD、音响等,且要事先检查并熟悉操作;三是准备好教学辅助用具,如图片、实物、玩教具等,放在易于取放的地方,不用时藏起来,以免分散学前儿童的注意力。

**3. 丰富学前儿童的生活经验**

欣赏音乐除艺术修养外,个人的生活经验也起着重要作用。具有一定的生活经验是感受音乐作品、产生联想及情感上共鸣的基础,学前儿童也不例外。在欣赏有关兔子的音乐时,饲养过兔子、对兔子的外形特征和生活习性等方面了解的孩子比对兔子一无所知的孩子感受更深,可能产生丰富的联想,头脑中会出现有关兔子的种种表象。因此,教师在组织音乐欣赏活动前,必须了解学前儿童已有经验,并通过多种方式丰富其生活经验,为欣赏音乐奠定基础。

## （二）音乐欣赏活动组织的一般步骤

1. 激趣导入

有效导入是教学活动成功的开始，教师要善于根据音乐的特点灵活导入，以激发学前儿童参与活动的兴趣。常采用情境、故事、动作、实物等导入方法，具体根据音乐特点进行选择。音乐表现的是日常生活中的事物，可以采用实物导入的方式，如欣赏乐曲《凤阳花鼓》时，可以先出示一个花鼓，引导学前儿童观察它的外形特征、发声方式、作用等，通过他们的观察，能较快地理解乐曲所要表现的内容。音乐歌词内容比较简单，且富有动作性时，教师可以采用动作导入的方法，带领学前儿童在音乐声中进行动作表演。音乐的歌词内容讲述的是比较完整的故事，教师可以根据歌词内容设计一个完整的、包含具体情节和简单有效对话的故事，以帮助学前儿童理解歌词。音乐富有情趣、生动活泼，教师可以根据歌词内容设计一个有趣的情节导入，以激发学前儿童学习的兴趣。

2. 引导学前儿童初步欣赏音乐

（1）初步欣赏音乐。

为了让学前儿童对音乐作品有一个初步、完整的印象，教师可先让他们完整地欣赏一两遍音乐。在欣赏音乐前，教师有意识、有目的地提出具有启发性的问题。例如，音乐《维也纳时钟》很有特点，里面有很明显的时钟走动的"滴答"声。教师在欣赏前提出问题："听一听，这首音乐里有什么特别的声音？"在欣赏《狮王进行曲》前，教师提出问题："今天我们来听一首描绘森林动物的音乐，请小朋友们仔细听，它表现的是什么动物，为什么感觉是那种动物？"鼓励他们通过自己的聆听和想象去感受音乐的形象。

在欣赏音乐之前，教师也可以借助简短生动地谈话、朗诵诗歌、讲述故事、看图片等形式向学前儿童介绍作品的名称、主要内容和特点等，让他们的心里有所准备，富有一定的联想。例如，欣赏歌曲《小牧童》，教师可以引导学前儿童理解背景，了解"大招牌"和"杏花村"。

（2）初步理解音乐。

在欣赏音乐后，学前儿童对音乐作品已有了初步的印象，教师应顺势引导他们进一步理解音乐。教师可以提一些问题，让他们谈谈对作品的印象和感受。例如，欣赏完《摇篮曲》，教师提问："你听了这首曲子感觉怎么样？想到了什么？"在学前儿童感受与想象后进行总结："像这种很优美、很安静的音乐叫摇篮曲，摇篮曲是专门哄宝宝睡觉的曲子，你们小的时候，妈妈也会唱摇篮曲哄你们睡觉。"教师的提问应紧紧围绕活动目的，结合作品内容，引导他们在已有生活经验基础上思考和理解作品的内容、性质和变化。

3. 引导学前儿童重复深入欣赏音乐

这个阶段要求学前儿童不仅要掌握音乐作品的主要内容或情绪性质，还应感受和理解音乐作品的表现手段，较为完整、细致地感知音乐作品。常用的教学方法如下。

（1）通过多种方式帮助学前儿童进一步理解音乐。

① 提出具体的欣赏要求。再次重复欣赏音乐以前，对学前儿童提出具体的欣赏要求，如感知音乐速度和力度的变化，感知乐曲结构上的重复与变化等。例如，欣赏音乐《小白兔和大黑熊》，教师提问："听一听，音乐从头到尾一样吗？什么地方不一样？怎么不一样？"

进而引导学前儿童注意音乐的变化：即第一段轻快、活泼、跳跃，表现的是小白兔；第二段声音响亮而沉重，速度较慢，旋律在较低的音区进行，表现的是大黑熊。教师的提问应面向全体学前儿童，并注意到他们的个体差异。学前儿童的回答只要在总的性质上把握较准确即可，有些地方不必强求一致，要充分发挥他们的想象力。

② 语言提示。教师可以用简单、明确的语言，提醒学前儿童注意音乐的变化，引导学前儿童深入地欣赏音乐。对于个别重点部分，可以分别提示。例如，在重要的地方，教师可以说："听听曲子里有什么在叫？""听，音乐响起来了。"教师的语言提示和说明要求简短、形象、贴切，而且一定要在学前儿童对音乐作品已经熟悉，有了初步了解的基础上才使用。

③ 运用直观教具。运用直观教具可以帮助儿童更好地理解和感受作品的内容。如欣赏东北民歌《新货郎》时，可以把歌曲所唱的物品用相应的图片或实物表现出来，帮助他们更好地理解音乐。

④ 教师演示。有些音乐作品反映了某种游戏活动，教师可以随着音乐进行演示，帮助学前儿童掌握音乐作品内容及情绪特点。例如，在欣赏《拍球》时，教师可以随着音乐节拍拍球，根据音乐旋律的起伏、强弱的变化、乐曲结构的变化而改变拍球动作的幅度、力度及改变拍球动作的方向，由此帮助学前儿童更好地感知乐曲节奏特点、结构特点以及情绪的起伏等。

⑤ 进行对比和归类。教师可以用对比分析的方法帮助学前儿童欣赏音乐，引导他们对相同体裁、风格的乐曲进行归类，以达到从对个别音乐的感性认识到对某一类型音乐的理性的、概念上的认识。中、大班儿童在欣赏了较多数量的进行曲、摇篮曲、舞曲音乐的基础上，引导他们进行归类，掌握这三类音乐的特点。对比欣赏音乐可以在相同类型的作品中进行，也可以在同一首音乐的不同部分进行，可以通过节奏、旋律进行特点或速度、力度上的对比，帮助学前儿童掌握音乐的细节。

（2）启发学前儿童用多种形式表达对音乐的理解。

学前儿童在听到音乐时，不仅会随之哼唱，而且会随之起舞，用肢体动作或外在的物品、道具等表达感受。启发学前儿童表达、描述音乐的特点十分重要，不仅能帮助他们加深对音乐作品的理解，而且能促进他们与同伴、教师之间的交流。教师可以启发学前儿童运用以下方式进行表达。

① 用语言表达对音乐的理解。当学前儿童的语言发展到一定程度时，他们往往能用完整的句子或短语、词汇等来形容听音乐后的感受。他们会用"轻柔""舒缓""柔美""安静"等词语来形容摇篮曲，用"雄壮""威风""有力"等词语形容进行曲。随着词汇量的不断增加，学前儿童用语言描述音乐作品特点的能力不断增强。

② 用肢体动作表达对音乐的理解。学前儿童听到音乐时，往往会不由自主地手舞足蹈。这时，教师要不失时机地引导他们运用肢体语言来表达自己的情感体验。例如，欣赏《维也纳时钟》时，小女孩起床时可以用伸懒腰等动作来表示，而小闹钟工作时可以用摇摆头的动作表示。对于形象比较鲜明、节奏性较强的音乐，教师可以引导学前儿童做一些与音乐情绪一致的动作，帮助学前儿童体验音乐的不同特点。而有些音乐，教师可以让学前儿童自己创造性地表演，只要求在情绪上与音乐一致即可。

③ 用面部表情表达对音乐的理解。表情是表达对音乐理解的一个不容忽视的元素，良

好的表情表达可以促进学前儿童神经系统和情感的发展。在音乐欣赏活动中，教师可以引导学前儿童通过面部表情来描述音乐的特点和表达自己的情感体验。如用快乐、害怕、难过、焦急等表情表达对音乐的理解。

④ 用美术作品表达对音乐的理解。让学前儿童用美术作品来表达他们对音乐的理解，能更有效地激发他们的大胆想象与创造，并促进孩子之间的分享与交流。例如，在欣赏乐曲《春雨》时，学前儿童自由想象并创作有关春天的图画，用手中的笔画出一个温馨美丽的春天。

总之，这个阶段要让学前儿童多听、反复听，完整、全面地感知作品。不仅掌握音乐作品的概貌，而且能够感受音乐作品的各个细节，深化审美效果。

4. 复习、检验音乐欣赏的效果

学前儿童欣赏过的作品，经过一段时间后，可以重复欣赏。目的在于巩固和加深对音乐作品的印象以及检验音乐欣赏的效果，包括对作品的记忆力、对作品内容及音乐表情手段的感受和理解能力、对音乐作品是否喜欢以及评价等。

检查音乐欣赏效果可以采用以下几种方法：① 不告诉学前儿童音乐作品名称，让他们欣赏已经听熟的作品，观察他们的反应。他们对欣赏的音乐感兴趣、能理解，往往表现在他们能聚精会神地把音乐听完，也表现在他们的脸部表情、身体姿势及手和脚的动作上，以及他们情不自禁地说出某些语句上。教师可以观察他们的种种表现，从而了解他们欣赏作品的情况。② 欣赏熟悉的音乐作品，检查学前儿童能否说出音乐作品的名称、内容及最突出的情感。不要求他们用音乐术语，而是用自己的语言和方式来表达对音乐的体验和感受。③ 重复欣赏熟悉的音乐作品的片段，辨认是哪部音乐作品的一部分，表达了什么内容或情绪。④ 欣赏不带歌词的歌曲旋律，让学前儿童辨认是什么歌曲，说出歌曲名称。⑤ 让学前儿童用动作辨认他们熟悉的音乐，检验音乐欣赏的效果。⑥ 在中、大班可以让学前儿童欣赏体裁、风格类似，但未曾听过的新作品，以检查他们是否具有欣赏音乐的迁移能力。

**【案例赏析】**

### 大班音乐欣赏活动：赛马[①]

一、活动背景

音乐欣赏是学前儿童音乐教育的基础。我们都知道理想的歌唱、韵律活动、音乐游戏以及打击乐活动，都离不开儿童对音乐的感受和欣赏。

《3～6岁儿童学习与发展指南》中明确指出艺术领域的核心价值就是关注幼儿在艺术活动中的"感受与欣赏，表现与创造"。而在平时的音乐教学中，教师往往按照自己的理解将音乐灌输给幼儿，忽略了幼儿自身对音乐的感受。

《赛马》是一首典型的蒙古族音乐，描述的是蒙古族牧民在草原上纵马竞赛的场面，充满阳刚之气，振奋人心。《赛马》是三段式结构，篇幅短小，适合幼儿园大班幼儿。同时，幼儿在教师影响下，都已经能够自如表演藏族舞蹈、维吾尔族舞蹈，对于蒙古族舞蹈，也通过《挤奶舞》有了初步了解。通过这些活动，幼儿已萌发了对少数民族地区的热爱，愿意了解更多的民族。《赛马》这首音乐最能体现蒙古族特点，而二胡演奏更是经典，所以组

---

① 高静. 大班音乐欣赏活动：赛马[J]. 当代学前教育，2018（01）：34-35.

织了此次活动。

二、活动准备

1．知识经验准备：蒙古族韵律活动《挤奶舞》。

2．物质材料准备：二胡音乐《赛马》、PPT《美丽的蒙古草原》、双响筒、碰铃、圆舞板。

三、活动过程

1．完整欣赏音乐，自然感受和表达。

（1）教师：老师给小朋友带来了一首好听的音乐，请小朋友听一听，你听到了什么？

幼儿完整欣赏，可以点头、拍手或在座位上自如感受音乐。

听完第一遍，幼儿自如回答。

幼儿：我听到了马叫的声音；我听到了铃铛的声音；我听到了马跑的滴答滴答声；我听到了拉琴的声音……

（2）教师：你感觉心情怎样？

幼儿再次倾听音乐，自由表达。

幼儿：我觉得很高兴；我觉得很着急……

（3）教师：你听到这首音乐你想做什么？

幼儿随音乐自由表现。有的在骑马、挥鞭；有的在跳舞；有的在拍手。

2．运用乐器表现音乐，进一步感知和理解音乐。

（1）教师：刚才，小朋友都听到了马叫的声音。对了，这首音乐的名字就叫作《赛马》，它是一首蒙古族音乐。

（2）提供小铃、三角铁、双响筒，幼儿自主选择乐器，按乐器分成三组，随音乐按照自己的理解方式演奏第一遍。

（3）提示幼儿随着音乐速度、力度、情绪的变化来演奏，并能根据教师的指挥来分组轮流演奏第二遍。例如，听到小铃铛的声音时由小铃和三角铁演奏，听到马跑的声音时由双响筒演奏。

3．观看PPT，深入了解蒙古族人民的生活，丰富相关感知。

（1）教师：小朋友都知道这是一首蒙古族音乐，那么蒙古族的小朋友喜欢做什么呢？我们一起再来看看！

教师随着音乐播放PPT图片：草原、蒙古包、骑马、摔跤、挤奶、拉马头琴、跳舞等。

（2）引导幼儿简单讲述或者用动作演示。

4．幼儿跟随音乐运用身体动作自如表现和创造。

幼儿按自己的理解随着音乐做骑马、挤奶、拉琴、跳舞、摔跤、挥鞭或拍手等动作，乐在其中。可以重复2~3遍。

5．幼儿自主选择演奏乐器或者舞蹈，分组合作，随音乐自主表演。

6．幼儿随音乐"骑马"离开活动室。

四、活动反思

整个活动从开始到结束，几乎每个幼儿都主动、积极、愉快地参与，完全沉浸在音乐活动中。幼儿在教师的引导下，从单纯的倾听声音（马叫、铃铛），到感受音乐的基本要素（音色、速度、力度、情绪变化），再到展开联想，结合已有经验用身体动作表现音乐，使幼儿的音乐感受能力和表现能力都得到了发展，有效达成了活动目标，一切都那么自然而然。

活动中教师没有过多的语言，而是紧紧围绕音乐本身，通过"倾听、玩乐器、观看PPT图片、语言和身体动作表现音乐"这几个环节层层递进，把教师作为"引导者"的角色定位和师幼"退进"关系处理得非常准确到位。

例如活动开始，教师直接请幼儿倾听音乐，抛出几个提问后就退出来，让幼儿自然欣赏，自如表达，幼儿完全是活动的主体。不管幼儿听到了什么、联想到了什么、随着音乐想干什么，这都是幼儿自身对音乐的感受，教师都给予了肯定。

在演奏环节，教师在提供了几种乐器后又退出来，让幼儿自主选择乐器。教师没有要求幼儿按照一定的节奏型或配乐方式演奏，只是引导幼儿按照音乐节拍配奏。有的幼儿觉得马跑快的时候就把双响筒的节奏加快，教师及时给予赞许的眼神，因为这是部分幼儿对音乐深入理解的自主表现。在引导幼儿通过身体动作表现音乐这一部分，教师再次退出来，让幼儿通过观看PPT，丰富他们对蒙古族人民生活的感知，继而通过身体动作来表现音乐，避免了幼儿千篇一律地模仿教师的动作。

最后，教师与幼儿完全置身于蒙古草原，有的演奏乐器，有的跳舞，根据自己的喜好尽情表演。

通过此次活动，《赛马》这首音乐已经扎根于幼儿心间，这为后续将要开展的打击乐活动和舞蹈活动奠定了基础。

### 中班音乐欣赏：《匈牙利舞曲第五号》

一、设计意图

世界名曲具有极强的艺术感染力和欣赏价值，能适宜地选择运用于幼儿园的教育活动之中，将会充分扩展我们的教学内容。《匈牙利舞曲第五号》乐曲热烈奔放，速度时快时慢、力度时强时弱，能够激发幼儿倾听的兴趣和想象力。中班幼儿故事理解力和音乐表现力都有一定的基础，教师把故事发展和音乐变化进行相应的匹配，并通过听听—看看—想想—说说—做做—演演等学法让幼儿不同程度地感受音乐、表现音乐，从而达到初步欣赏的效果。幼儿曾观看该曲编配的《理发师》影片，更对该曲产生了浓厚的兴趣。教师从已有经验迁移，通过故事欣赏—聆听乐曲—分段欣赏—完整表现等环节，培养幼儿对乐曲更多的想象和表现。

二、活动目标

1. 感受《匈牙利舞曲第五号》时快时慢、时强时弱的风格及热烈、奔放的情绪。
2. 尝试模仿故事情节中的动作，表现音乐的变化。

三、活动准备

1. 物质准备：故事图、老鼠指偶、结构图谱、蛋糕圆圈、CD录音机、《匈牙利狂想曲节选》。

2．经验准备：观看视频片段：卓别林《大独裁者：理发师》。

四、活动过程

1．引入：师幼在音乐伴奏下入场

教师：这首曲子我们在理发师的影片里听过，它叫《匈牙利舞曲》，其实它还可以表现很多其他故事，现在再来听一听。

（分析：从幼儿的已有经验，迁移直入主题，幼儿在倾听前就做好动作表现的铺垫。）

2．故事讲述：老鼠吃蛋糕

教师：老鼠发生了什么有趣的事情？（老鼠出门、碰见猫、吃蛋糕、回家）

（分析：教师把复杂的世界名曲做好改选，并赋予可爱的、常见的老鼠和猫的形象，幼儿喜爱，利于理解，更能大胆表现动作。）

3．欣赏音乐《匈牙利舞曲》

（1）完整欣赏，理解音乐变化。

① 第一遍：指偶随音乐表演。

教师：匈牙利舞曲也说了这个故事，我们一起来听一听。

② 第二遍：倾听音乐，出示结构图谱。

教师：这回仔细听，这个音乐有几段？哪几段是一样的？

（分析：此时的指偶表演，可以适当改动，根据幼儿的情绪，教师可以带动幼儿表现老鼠的不同表情，加入情趣的表演，幼儿在一静一动中感受音乐的结构。）

（2）分段欣赏，体验音乐的变化及情绪。

① 听 A 段，教师：老鼠出门了，是怎样的心情？可以怎么做？

② 听 B 段，教师：老鼠碰见了谁？心情变得怎样？怎样做才能进厨房？

③ 听 C 段，教师：老鼠看到美味的蛋糕，心情又怎样？可以怎样吃蛋糕？

④ 听 A 段，教师：老鼠吃饱了，怎样回家啊？

（分析：这里的分段不是机械地欣赏，而是在师幼的互动参与中，有强有弱，有个别又有集体，有示范也有跟做。通过不同的形式，让幼儿在游戏中进一步感受音乐、体验音乐。）

（3）师幼运用非移位动作完整表现。

（分析：此处可以请个别幼儿带动，进行简单创编，其他幼儿可以模仿，有一定的时间让幼儿自主感受。）

4．情景游戏

教师：这里就有一块又圆又香的大蛋糕，我们一起出发去吃它吧！

（分析：发散思维后，孩子的逻辑思维也要获得整理，因而最后在师幼共同游戏中，互相学习、互相逗乐，使得幼儿将故事情景与音乐结构完整地表现，充分地理解。）

（资料来源：广西区直机关第三幼儿园　付丽君）

五、活动反思

欣赏活动通过倾听、感受、表现使得幼儿获得音乐审美性的提高。在活动中引入了故事，比较适合中班年龄特点，但又不似一般的故事表现，在整个欣赏过程中，注重幼儿的参与和表现。不同的环节都设有不同幼儿的模仿、创造，使得幼儿在音乐中游戏，在游戏中欣赏音乐。如果能适当增加一些头饰，更能帮助幼儿分辨角色，会使幼儿在游戏时更加投入。

【在线测试】

一、选择题

1. 学前儿童音乐欣赏能力的发展可以从（　　）、理解、创造性表现方面来描述。
   A．聆听　　　　　B．听辨　　　　　C．听觉　　　　　D．动作
2. 在音乐欣赏活动中使用辅助材料，其目的是帮助学前儿童更好地（　　）。
   A．表现音乐作品　　　　　　B．喜欢音乐作品
   C．感受和理解音乐作品　　　D．掌握音乐作品
3. 在音乐欣赏活动中，教师应尽力选择最好的音乐作品，使幼儿尽早开始发展对音乐的（　　）。
   A．敏感　　　　　B．表现　　　　　C．理解　　　　　D．创造
4. 在音乐欣赏活动中，语言材料的考虑应侧重于能帮助儿童增强（　　）。
   A．对语言的感知和体验　　　B．对动作的感知和体验
   C．对音乐的感知和体验　　　D．对艺术的感知和体验
5. 为更好地发展幼儿的感受能力，幼儿听音乐进行动作反应时，教师应（　　）。
   A．在幼儿反应之前做出反应　　B．在幼儿反应之后做出反应
   C．和幼儿同时做出反应　　　　D．带着幼儿做动作
6. 在音乐欣赏活动中，采用图画的形式，以生动、活泼的图像直观、形象地表现音乐作品，将图形与乐谱相结合的一种方法是（　　）。
   A．语言参与法　　　　　　　B．动作参与法
   C．面部表情参与法　　　　　D．视觉参与法

二、问答题

1. 如何选择学前儿童音乐欣赏作品？
2. 在日常生活中如何培养学前儿童的音乐倾听技能？
3. 组织学前儿童音乐欣赏活动的方法有哪些？
4. 学前儿童音乐欣赏活动辅助材料有哪些？

【真题训练】

本章节在教师资格证考试中较少出单独的题，通常渗透到主题活动、歌唱活动和韵律活动设计与组织中。

**【拓展阅读】**

多元描述幼儿园音乐欣赏活动的新策略[①]

幼儿园中的音乐欣赏活动，并非传统意义上的安静地倾听音乐，而是在音乐的引导下，运用不同的方式感受音乐，"了解"音乐的过程。幼儿具体形象思维的特点，对教学活动提出要求，幼儿活动中的音乐欣赏方式应当是具有情境性与活动性的，并非单纯倾听所能满足。引导幼儿获得具体的音乐感受十分重要，而感受力的提升，则能够巧妙地通过"描述"获取。"描述"更容易唤起幼儿对音乐的欣赏体验，形成听觉艺术下的具体感受，丰富幼儿的情感，强化想象与创造行为，促进音乐节奏、节拍等音乐能力的发展。教师可以在音乐欣赏活动中，引导幼儿以多元的描述方式对音乐进行个性化的感受描述。以语言、图画、肢体动作、情绪描述等方式，将抽象的音乐呈现出具象的内容，让描述帮助幼儿打开精彩的音乐想象世界。

1．语言描述——用语言建立有逻辑的音乐联想

语言是交流的工具，是让他人了解自身想法的媒介。每一种活动的组织都离不开语言的支持。在进行音乐感受的理解时，音乐的描述同样需要以语言进行，个人感受需要通过语言表达出来。

在引导幼儿进行音乐描述的前期，教师可以鼓励幼儿说一说自己在欣赏音乐后的个人体验，用语言呈现出具有逻辑性的音乐轮廓，以此增强幼儿的音乐想象力。如在音乐欣赏活动《挪威舞曲》中，教师并不直接告知幼儿这首乐曲的特点，而是引导幼儿倾听音乐后，鼓励幼儿以语言的方式描述自己的感受。一开始幼儿不知道如何描述，教师提示道："我听到了很轻很轻的声音，但是后来又有很快很快的声音，到底是发生了什么呢？"幼儿开始尝试思考，乐乐说："我觉得就像是一只小老鼠去找吃的。"这似乎又提示了其他的幼儿，琪琪接着说："是两只小老鼠，他们一起去找吃的了，他们走路很小心，不敢吵醒大花猫。"小宇有不一样的想法："我觉得像是小鱼在游来游去，一会儿来了一只大鲨鱼，小鱼游得飞快，它差点撞到石头上了。"幼儿的语言惊奇且具有趣味性，他们七嘴八舌地使用语言呈现出了一幅生动的音乐画面。通过语言的描述，幼儿脑海中能够"自动"呈现出一幅画面，这种方式更利于幼儿想象与创造的发生，提高幼儿对音乐描述的积极性。

音乐本身就带有一定的韵律美，音乐的美感在语言的描述中同样可以呈现出来。如在进行《春江花月夜》的音乐欣赏时，教师与幼儿讨论："音乐里有什么？"由于音乐本身非常轻柔、和缓，幼儿说出的内容也非常具有意境美："我觉得我好像听到音乐里面有很多花在飘来飘去的""我觉得就像是河边的柳树一样""像是在水上面飘来飘去的叶子一样"。他们的描述具有趣味又充满美感。幼儿没有直接感受到音乐里的伤感，听到的是美的情境，这与幼儿的经历和认知有关。在这里，语言与音乐结合，建立了一定的音乐逻辑，展现了幼儿心中的音乐之美。

---

[①] 周克麒．多元描述幼儿园音乐欣赏活动的新策略[J]．福建基础教育研究，2018（06）：120-121．

2. 美术描述——用图画刻画对音乐的线条感受

音乐与美术都是艺术领域中的内容，与美术相比，音乐更抽象，而美术则是能够具体看到的内容。当两者融合在一起时，则能够有效使音乐变成"操作艺术"。幼儿要通过自己动手绘画的方式，才能够将自己的看法表述出来，形成对音乐的图画描述。

在进行音乐的图画式描述时，由于幼儿美术创作能力相对较差，且音乐活动并不要求幼儿具备较好的美术能力，所以教师可以引导幼儿使用不同的线来表达自己的感受，这种感受从一定程度上说，是对音乐节拍、音乐速度变化等的描述。如在《小狗圆舞曲》音乐欣赏活动中，教师给每一位幼儿准备了纸笔。在音乐欣赏后，请幼儿将这首曲子用简单的线条画下来，教师再次播放音乐，让幼儿在音乐的背景下进行绘画。由于音乐节奏非常快，且呈现出重复的特点，很多幼儿在无意中，手部的动作移动得也很快，绘画的线条呈现出明显的螺旋、旋转、重复转圈的特点。幼儿用画面将自己对音乐的感受描述出来，刻画出自己内心对音乐的想象，色彩的运用则从一定的角度呈现出幼儿对音乐情感的理解，使教师对他们的音乐感受有了一定的了解，更利于后期对幼儿的教育引导。

教师也可以将音乐图画与语言结合起来，同时用语言描述音乐与图画，形成更具逻辑性的音乐理解。如在绘画《小狗圆舞曲》的音乐线条后，教师可以再引导幼儿进行语言描述，问一问幼儿的意图和想法，这样的方式能够使幼儿的联想性更强，促进幼儿想象的丰富化发展。

3. 动作描述——用肢体展现个性化的欣赏探究

幼儿尚处于婴儿状态时，他们听到音乐就能够手舞足蹈，使用肢体表现出对音乐的感受。但是当他们成长后，对音乐的动作描述就不再仅仅局限于手舞足蹈或者扭动身体、膝盖弯曲了，他们在生活经验、游戏与表演经验的支持下，还能够想象出更具体且具有意义的动作，来描述出对音乐的感受。

音乐是具有情境性的，幼儿的音乐活动大部分以情境组织的方式开展，原因在于幼儿思维的具体化特点，理性地打节拍、划节奏、练习等，都无法使幼儿获得符合需求的音乐认知提升，只有情境性才能使他们更好地感受音乐。因此，教师在进行动作的描述引导中，可以有意识地引导幼儿首先设想到音乐的情境，也就是首先进行语言的描述，然后再通过动作描述将描述变得具体、直观起来。如在音乐欣赏活动《鞋匠舞》中，教师引导幼儿进行情境的想象，并鼓励幼儿以动作直接将自己想象到的情境表现出来。了解乐曲的名字以后，小宇认为一开始的重低音、缓慢的声音就像是鞋匠工作了很久很累，回到家慢慢上楼梯的样子。他学着老爷爷的样子，弯着腰，小手在嘴巴前做咳嗽的样子，跟着节奏稍稍用力地踏脚，活灵活现地用动作展现出了老鞋匠的劳累。俊俊觉得是别人感谢鞋匠帮自己修鞋子，到鞋匠家谢谢他，那声音则是敲门声。他脸上露出快乐的笑容，用手跟着音乐模仿敲门声。接下来的动作，幼儿纷纷模仿鞋匠修鞋的样子。很多幼儿并没有看过鞋匠修鞋，他们想象中的修鞋方式，可以用脚踩、用手拍、用线缝、用胶布包起来等，所以做的动作也各不相同。在不同的音乐节奏下，鞋匠的修鞋舞被幼儿设计出来。凯凯首先做了敲门的动作，当音乐切换为活泼时，他则马上使用双脚在地上不断换着踩踏，肩膀还在有节奏地律动，两只小手像小鸭翅膀一样摇动，表现出鞋匠用力修鞋的认真样子。有了音乐的辅助，幼儿的动作与平时的动作又有所不同，呈现出了艺术性的夸张和坚定，充满童趣，又充满了美感。

动作的呈现，在一开始时可以是简单的摇动。当幼儿的肢体表现力更强时，则可以逐渐加入手部、脚步的动作，且在有需要的情况下，加入一些道具的运用，增强幼儿的表演情境性，促进幼儿对音乐的感受具体化。

歌德说："艺术的真正生命正在于对个别特殊事物的掌握和描述。"音乐家运用音乐描述了一些事件、想法，用跳动的音符或优雅，或激烈地表达了自己的看法，而幼儿则可以运用他们自己独特的方式，以语言、画图、动作来解读音乐。让幼儿在一次次的描述过程中，对音乐的喜爱与理解、想象与创造，都能够得到极大程度的提升，也使幼儿的节奏节拍、对音色的感受、旋律记忆等音乐能力得到更好的发展。当幼儿的能力提升时，教师则可以鼓励幼儿运用多元描述交叉的方式，进行音乐整体表演的策划，使描述更广地展现出幼儿对音乐的整体情绪情感。教师需要明确：在运用描述这一教育方式时，并非为了让幼儿对某一首音乐的记忆深刻，而是在于使幼儿懂得如何去表达表现，促进情绪情感的发展。同时这些描述都是不脱离音乐本身的，能够让虚幻的音乐与幼儿进行互动，使感受有画面，让音乐更具体，在描述中聚焦审美，释放童心。

## 学习评价与反思

------------------------------------------------------------

------------------------------------------------------------

------------------------------------------------------------

------------------------------------------------------------

------------------------------------------------------------

# 第六章　学前儿童美术和美术教育

【本章导读】

不论是西方国家的学前儿童还是东方国家的学前儿童,在一岁半左右都喜欢在纸上、地板上、墙壁上乱涂乱画,开始自己的美术表达,这是所有孩子的共性。学前儿童美术的发展遵循着一定的规律性和阶段性,具有自己独特的阶段性特点,学习学前儿童美术教育,首先要了解美术对学前儿童的发展价值,了解学前儿童绘画作品特有的表现方式,这些都将在本章中找到答案。

【学习目标】

1. 了解儿童美术对儿童发展的价值。
2. 掌握学前儿童美术的特征和表现方式。
3. 学会解读儿童绘画作品。

【学习重点】

1. 掌握学前儿童美术的特征和表现方式。
2. 学会解读儿童绘画作品。

【思维导图】

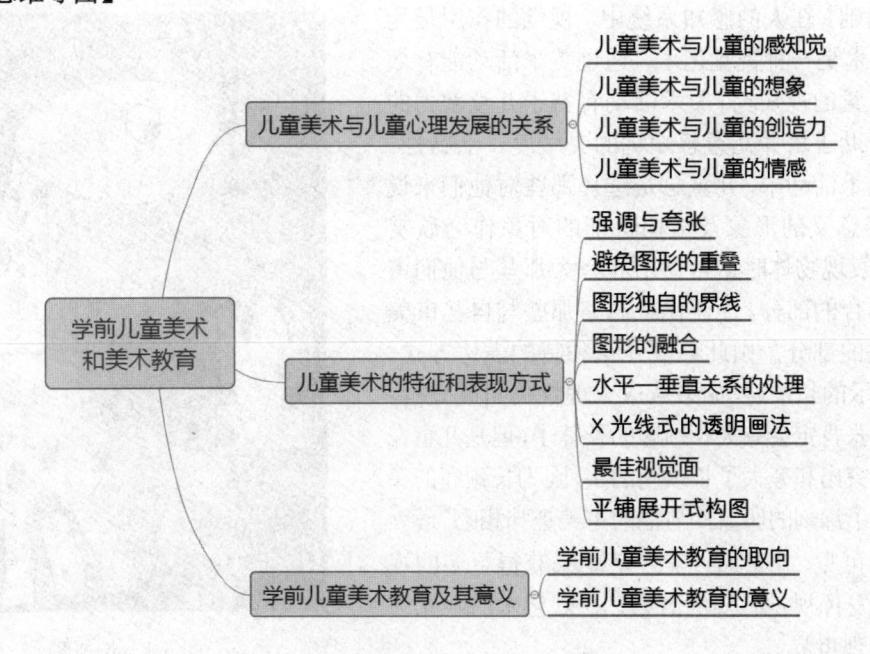

学前儿童美术和美术教育
- 儿童美术与儿童心理发展的关系
  - 儿童美术与儿童的感知觉
  - 儿童美术与儿童的想象
  - 儿童美术与儿童的创造力
  - 儿童美术与儿童的情感
- 儿童美术的特征和表现方式
  - 强调与夸张
  - 避免图形的重叠
  - 图形独自的界线
  - 图形的融合
  - 水平—垂直关系的处理
  - X光线式的透明画法
  - 最佳视觉面
  - 平铺展开式构图
- 学前儿童美术教育及其意义
  - 学前儿童美术教育的取向
  - 学前儿童美术教育的意义

**【典型案例】**

一位在大一班见习的同学拿了一幅孩子的绘画作品给指导老师王老师看,并对王老师说:"您看这个孩子画画很不认真,画出来的动物都是这样乱七八糟的。"王老师接过一看,画面上的动物们都歪歪扭扭地挤在一起,确实比较乱。但王老师将画画的小朋友叫了过来,对他说:"小朋友,你能给我讲讲你的画吗?"小雨指着画说:"我画的是一群小动物在火车上,突然来了一只大老虎,吓得小动物们都想往外跑,所以全都挤在了一起。"这位见习的同学感叹道:"还真是,多么生动的画啊!看来我以后要多了解孩子的绘画特点,才能正确地理解孩子的绘画作品。"

# 第一节 儿童美术与儿童心理发展的关系

学前儿童美术指的是学龄前阶段的儿童所从事的美术欣赏活动和创作活动,是以学前儿童为主体进行的活动。毕加索认为,每位儿童都是天生的艺术家,他说:"我曾经能像拉斐尔那样作画,但我却花了毕生的时间去学会像儿童那样画画。"美术教育家勒温费尔特说:"儿童只要被给予充足的时间、帮助、获得与创造性材料接触的机会,而不被强迫接受成人的模式和规范,那么每个儿童都能成为艺术创作的能手。"学前儿童在美术活动中所显示的就是一种对世界的感性把握,美术创作过程就是他们心理活动的反应。

## 一、儿童美术与儿童的感知觉

感知能力是人类存在和发展的基本能力,每个人情感的生成、智慧的发展,都以感知能力为基础。在人的感知系统中,视觉的作用最为巨大。美术是一种视觉艺术,通过美术活动能有效地训练儿童的视知觉。美术活动有益于儿童智力的发展,有助于培养儿童感知觉的灵敏度、活跃性。

在美术活动中,儿童总是选择那些对他们来说富有审美意义的形象及结构特征的对象作为欣赏对象,在表现物体时常常突出和夸大那些与他们审美趣味吻合的部分,而淡化或忽略那些与自己审美趣味无关的部分,由此形成儿童独特的表达方式。图6-1所示的长颈鹿,如果从成人理性的角度分析,单纯的夸张肯定会夸大长颈鹿的长脖子,但是儿童在绘画时却突出和夸大了长颈鹿的头,因为长颈鹿的头给他留下了深刻的印象,与他的审美趣味相吻合。

由此可见,儿童通过美术活动来获得更多的视觉经验,发挥视觉感知的潜力,并以艺术的眼光去发现和表现世界。

图6-1 长颈鹿

## 二、儿童美术与儿童的想象

想象是指人脑对原有表象进行加工改造而建立新形象的心理过程。学前儿童初期的想象常与知觉过程联系在一起。由于受到手眼协调能力和绘画水平的限制,学前儿童初期绘画作品中的想象更多地体现在用想象来补充他们感知的东西。例如,小班学前儿童在绘画时,常常对自己所画的一个圆、一条线进行漫无目的的想象,几个圆圈可能是一辆汽车,一条线可能是一条小虫。

逐渐地,他们能通过想象勾勒出不在眼前的物体的形象,一边画一边喃喃自语。他们感兴趣的是绘画的创作过程。由于该时期学前儿童想象的目的性不强,因此绘画主题常常发生变化,如刚开始说要画一个电视机,结果却画成了冰箱。

随着知识经验的丰富以及抽象概括能力的提高,儿童的绘画作品中开始出现了一些创造性因素。在绘画时,他们能先构思,再动笔,在内容上能反映丰富多彩的周围事物,在所画形象上能围绕主题展开。此时的儿童画表现了他们天真的构思和奇妙的幻想。

一般来说,学前儿童的想象仍然是再造想象占主导地位。在儿童的绘画作品中模仿的成分较大,创造的成分还很有限。但是,成人应尽可能提供给儿童丰富的视觉经验,在绘画过程中,给孩子自由创造的空间,不必追求绘画的结果,让儿童画能真正反映儿童眼中的世界,也反映儿童心中的世界。

## 三、儿童美术与儿童的创造力

创造力是人类区别于动物的最根本的特性和标志之一。创造力是通过具体的创造活动和创造产品表现出来的。对儿童而言,其创造力与他们所进行的活动分不开。由于在不同的年龄阶段,儿童活动的方式和内容不同,其创造力的表现也会发生变化。

儿童最初的创造可以说始于模仿。通过模仿,新生儿获得了关于动作、事物间的联系的知识经验,为下一步的创造提供了条件和基础。随着年龄的增长以及生理和心理的发展,特别是当儿童的想象开始萌芽、思维具有初步的独立性之后,儿童便能进行初步简单的创造活动了,如绘画、手工制作等美术活动。

儿童的创造力贯穿于儿童绘画发展之中。从最初的乱涂乱画,到画出一些符号和形状,再到把各种基本形状有选择地结合在一起构成图像,如人物、动物、植物、交通工具等,儿童的创造力通过绘画作品表现出来,同时也在绘画中得到不断的发展。

不同的绘画类型对于儿童创造力发展的作用各不相同。学前儿童的绘画中,最常见的是物体画、情节画、装饰画和意愿画。

物体画是在学前儿童感知基础上,围绕某一主题,通过记忆和经验加工而画成的,因此,这类绘画能激起每个学前儿童对于同一主题的不同遐想,学前儿童在绘画中有充分的想象余地和表现自由,通过创造想象来表现新的形象。

情节画要求学前儿童根据自己的生活经验或听过的故事来构思画面,以表现一定的情节。在情节画中,儿童能创造出鲜明的人物形象、有趣的情节和新颖的内容,这些都能激发学前儿童的创造力。

装饰画虽然要求学前儿童在一定的几何图形或日常生活用品的纸形上用花纹、图案进行对称的、均衡的、有规律的装饰,但孩子们一样也能运用各种不同的色彩,构成千变万化的图案,一样有助于学前儿童创造力的发挥和表现。

最能培养学前儿童创造力的是意愿画。意愿画是学前儿童根据自己的意愿,画自己想象出来的或是喜欢的事物。意愿画能满足学前儿童想象的欲望,同时也能使学前儿童的想象力在意愿画的过程中得到充分的发挥。

### 四、儿童美术与儿童的情感

情感是人对待周围现实和对待自身态度的一种稳定而持久的体验,在人的认识与实践活动中扮演着十分重要的角色。儿童先天就有情绪反应。这种情绪反应与生理需要是否得到满足有直接关系。婴儿在出生一段时间后,在成熟和后天环境的作用下,情绪不断分化。

美术是儿童表现自我、抒发情绪和情感的一个重要途径,也是外化儿童情感的最直接和最有效的方式之一。儿童可以用线条、形象和色彩,直接表达自己的喜、怒、哀、乐。美术作为一种视觉的语言,它比一般文字更直接也更具包容性。当一个孩子发现了笔可以在纸上或者墙上制造出运动的轨迹的那一刻,孩子的兴奋只有身处其中才可以理解。在美术活动中,孩子除了体会画笔的痕迹给他自身带来的新鲜兴奋以外,还会发现,原来他可以这样地把心门打开。在美术欣赏活动中,凡是那些由学前儿童自己的心灵选择出来或感受到的、有明显的形式美的、符合儿童自身的生活经验、愿望的美术作品就会使他们产生审美愉悦。在美术创作中,当学前儿童准备在画面上把自己的构思画出来时,他们通常都是在情感激发的前提下进行的,他们似乎沉醉于自己的活动中,以积极的态度,借助于美术媒介表达自己的思想感情。因此,有人曾说:"孩子的绘画作品中,即使是一根非常简单的线条,也表达了他们的情绪和情感。"如图6-2所示,儿童不会用"火冒三丈"等词语形容爸爸生气的样子,但是可以用绘画的方式表达自己对爸爸愤怒时的感受。

人类在很早的时候,就已经发现美术能够外化人的情感,减弱人的心理压力,保护人的健康。在美术教育不断改革的今天,我们更应该让学前儿童无拘无束地利用美术表达内心的情感,发挥美术的独特价值,既满足了学前儿童情感表达和情感需要,又为紧张情绪的排解和能量的释放提供了一条途径。

图 6-2 愤怒的爸爸

## 第二节 儿童美术的特征和表现方式

### 一、强调与夸张

儿童在绘画中,常常不自觉地把自己的感觉和情感加以强调和夸张,他们运用自己的主观经验，不拘泥于固定的外在结构形式，大胆地对其进行改变，强调和夸张。儿童的强调与夸张和他们的注意力有关。他们往往把注意力集中到自己认为重要和最感兴趣的形象上，而对事物的整体注意不够。如图 6-3 所示，拟人化的太阳被夸大，几乎占据了画面一半的空间。

图 6-3　日出

## 二、避免图形的重叠

儿童在画一个事物时，不能理解在某一空间里既可以画一个图形，又可以画另一个图形。他们认为，每个图形都应该有自己的空间。在绘画时，儿童总是有意无意地避免所画的图形之间发生相互遮盖或重叠。随着年龄的增长，儿童逐渐会运用图形间的相互遮盖来表示深浅远近关系。

儿童画一堆苹果，会把每个苹果都分开画，苹果与苹果之间不会相互重叠或遮盖，如图 6-4 所示。对于儿童来说，要画相互重叠或遮盖的苹果，在绘画技能上并不困难，但是他们不擅于采用这样的表现手法。如果儿童运用相互重叠或遮盖的图形，并以此表现深度概念时，说明儿童绘画表现能力有了提高，如图 6-5 所示。

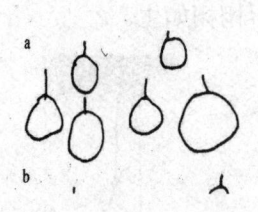

图 6-4　儿童画一堆苹果　　　　图 6-5　儿童画相互重叠或遮盖的图形

## 三、图形独自的界线

儿童不能理解一条线不仅可以用于表示一个事物的某一部分，还可以用于表示另一个事物的某一部分。也就是说，他们不能理解两个事物可以共用一条线来表现。他们认为，每个事物都应是独立的，在画面上每个图形都有其独自的界线。比如让儿童画一垛砖墙，或者一堆书，学前儿童会为每一块砖或者每一本书都画上各自的界线，如图 6-6 所示。儿童画一个人戴一顶帽子,这顶帽子可以与人的头部没有任何接触,而是飘浮在天空之中,如图 6-7 所示。

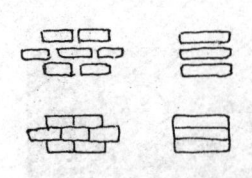

图 6-6　儿童画一垛砖墙　　　　图 6-7　儿童画一个人戴一顶帽子

随着儿童认知水平的提高,他们能理解一根线条能同时被两个图形合用,可以既是这个图形的界线,同时又是那个图形的界线。很多儿童都十分醉心于用蜡笔在纸上画天空中的彩虹。儿童常会把各条彩虹线分开来,这不仅是因为他们的眼手协调动作没有发育完善,不能较为准确地运笔,还因为他们要保证每条彩虹都要有自己的界限。随着儿童年龄的增长和认知的发展,儿童画的彩虹会一条紧挨着另一条,达到两条彩虹共用一条线的状态。如果他们运用彩色笔画彩虹,那么他们会以一条彩虹线紧挨着另一条其他颜色的彩虹线的方式画彩虹。这时,两种不同颜色的交界处就成了两条彩虹共同的界线。

### 四、图形的融合

在儿童画中,他们所画的各种物体一般都是由椭圆、矩形、三角形和梯形等图形拼搭而成的,各种图形常常清晰可辨。如图 6-8 所示,儿童用图形组合成一只长颈鹿,组成长颈鹿的各个图形明晰可辨,基本上都是独立的。

随着儿童认知的发展和眼手的逐渐协调,儿童画中的各个独立图形会出现融合的趋势。儿童会用轮廓线勾画出两个或者两个以上图形的外部界线,而图形之间相互结合的部位则融合成一体,图形之间的界线消失了。这种图形与图形的融合使线条具有更强的表现力,图形更具整体感,事物的形象更为生动。如图 6-9 所示,儿童运用一条轮廓线就将长颈鹿的躯干、头、颈部和肢体的各个图形勾画出来了。由于儿童运用轮廓线把动物身体各部融合成一体,所以长颈鹿的形象比之前的长颈鹿更显得栩栩如生。

图 6-8　儿童画的长颈鹿(1)　　　　图 6-9　儿童画的长颈鹿(2)

### 五、水平—垂直关系的处理

儿童的思维受知觉的限制,只能知觉到事物的某一个方面,而不能知觉到事物的所有方面,在解决问题时,往往不能从全局考虑。这一特征常会在儿童的美术活动中表现出来,即年幼的儿童在绘画时不能运用水平—垂直关系作为稳定的参照构架,而是以局部的垂直关系替代整个画面的水平—垂直关系。

例如，儿童画道路两侧的房屋，他们常常只以局部道路作为参照点，不懂得画面所在的基底线是整个画面中任何事物位置的参照标准，缺乏对整体的水平—垂直关系参照系统的认识。他们在绘画时会将每幢房屋画得局部地垂直于道路。同样，儿童在画房屋斜顶上的烟囱时，常会将烟囱画得垂直于斜面，而不是垂直于整个画面的基底线，于是，画面上会出现烟囱歪斜的奇特景象，如图 6-10 所示。

图 6-10　儿童画的烟囱

以局部的垂直关系替代整体的水平—垂直参照系统，这是儿童在没有建立起水平—垂直参照系统前经常采用的方式。皮亚杰认为，发现儿童是否已经能够自发地运用水平—垂直参照系统去构图，这是十分重要的。有研究表明，能将房屋画得垂直于画面的基底线并坐落在山坡上的大、中班儿童分别为 35.0% 和 12.7%；将房屋画成垂直于山坡的大、中班儿童分别为 15.0% 和 19.0%；处于过渡状态的大、中班儿童分别为 50.0% 和 39.7%；还有 28.6% 的中班儿童不知道应该怎么画。这个研究结果说明，5～7 岁的儿童正在逐渐地建立起水平—垂直的参照系统。

### 六、X 光线式的透明画法

随着认知水平的提高，儿童在绘画时开始使一个事物与另一个事物发生相互的联系。但在处理事物之间的关系时往往会受到儿童认知特点的影响，儿童绘画往往会将不同角度看到的东西和知道的、想到的东西都罗列到画面上。他们常把看不到的内部和外部一起画出来，如同 X 光线透视过一样。儿童在画画时，总以为凡是客观存在的东西都必须把它们画出来，保持物体的完整性。此时儿童的知觉能力尚处于情景知觉阶段，透过前面的形能看到后面的形，于是就产生了透明现象，这是儿童在特定阶段绘画中的典型特点。如图 6-11 所示，在房子里的人实际上是看不见的，但是学前儿童为了表达房子里坐着一个人，还是画了出来；图 6-12 所示的猫妈妈肚子里的猫宝宝也应该是看不见的，但是儿童同样画了出来，给人一种房子和猫肚子是透明的感觉。在儿童画中经常把遮挡的事物画出来，这种表现形式源自儿童的求全心理，似乎不画出来不足以体现他们知道的很多，这说明儿童的绘画是画儿童所知道的，而不是画儿童所看到的。

图 6-11　儿童绘画（1）　　　　图 6-12　儿童绘画（2）

儿童在处理事物与事物之间的关系时，更为高级的水平是透明画的消失。当儿童能画出事物的遮挡关系时，说明儿童已能较为客观地反映出事物本来的面目了。

## 七、最佳视觉面

儿童画画有一种喜欢画物体的最佳视觉面的倾向，所谓最佳视觉画就是最能表达物体特征的那个立体面，人们依据经验和物体的形态总是习惯于选取物体的某一角度来突出其特点。比如画人时通常画人脸的正面，画花朵喜欢从上往下看的角度，画鱼则是侧面的角度（见图6-13），在画动物时喜欢画侧面的身体加上正面的头（见图6-14）。

图6-13　儿童绘画（3）　　　　　图6-14　儿童绘画（4）

◉ 小练习

请你分别分析几幅小、中、大班学前儿童的绘画作品，是否体现上述绘画特征，说一说具体是如何体现的？

## 八、平铺展开式构图

平面是指不表现物象的立体感，空间感，把物象作为无体积感，无纵深的平面形态表现出来。由于儿童感受空间知觉能力的限制，一般对物体的遮挡关系、远近关系、虚实关系以及物象的空间位置等，还不能很好地理解和辨认。反应在画面中，常常表现为平铺展开式的构图，即儿童会把从不同角度观察到的事物在同一个画面上表现出来。他们还不会用透视来表现前后左右的关系，只是力图把看到的事物原原本本地画下来，如图6-15所示。

图6-15　儿童绘画（5）

# 第三节　学前儿童美术教育及其意义

## 一、学前儿童美术教育的取向

学前儿童美术教育的含义可以通过美术和教育这两个方面体现出来。根据对美术和教育这两个方面的不同侧重，可以相应地将学前儿童美术教育分为美术取向和教育取向。

### （一）美术取向的学前儿童美术教育

美术取向的学前儿童美术教育着眼于美术本身，即以美术为本位，以教育为手段，对学前儿童传授美术知识和技能，以发展和延续美术文化。它是延续和发展人类美术文化而实施的教育的最初环节，这种价值取向将美术本身及其功能视为首要的教育目标。学前阶段是实现这种价值的最初阶段，它为这种价值的完全实现打下了基础。

### （二）教育取向的学前儿童美术教育

教育取向的学前儿童美术教育着眼于教育，以美术作为教育的媒介，通过美术教育，追求一般学前儿童教育的价值。具体地说，就是通过学前儿童美术教育，顺应儿童的自然发展，保证学前儿童身心的健康成长，培养学前儿童的道德感、审美情趣、认知能力、意志品质以及创造性。

总之，美术取向的学前儿童美术教育和教育取向的学前儿童美术教育反映了人们对学前儿童美术教育含义的认识存在着不同的倾向性。前者更多地考虑学前儿童美术教育的社会性功能，后者则更多地顾及学前儿童美术教育的个体性功能。

一般来讲，学前儿童的美术教育是以教育为价值取向的，学前儿童的美术是他们彰显本真的生命活动。学前儿童的美术活动从本质属性上来讲，它是学前儿童成长与发展的本能需要，没有直接的功利性，活动过程本身就是最大的目的和价值所在。

因此，以教育为手段，对学前儿童传授一些基本的、简要的美术知识和技能，在美术文化的意义上进行发展和延续也是必要的。当然，在教育的过程中教师和家长不能用成人的审美标准和意志去规范和扼杀学前儿童与生俱来的创造性和绘画热情，使学前儿童的绘画失去其特有的天真、稚趣和淳朴。汲取学前儿童美术教育这两种取向中的有价值部分，使之有机地统一起来，能使我们在更高层次上把握学前儿童美术教育的含义。

## 二、学前儿童美术教育的意义

英国艺术教育家赫伯·里得指出："艺术应为教育的基础，美术教育的使命就是通过艺术来教育人。也就是说它是以促进人的全面发展为最终目的。"同时他在《为了和平》一书中指出："我们不仅是培养少数有艺术才华的孩子成为艺术家，而要引导大多数孩子进行正常的创造活动，尊重他们的个人意志，维护他们的创造才能。"人们越来越清楚地认识到学前儿童美术教育不仅能培养学前儿童的美术能力，而且对学前儿童创造力、审美能力、个性品质等都有不可估量的作用。下面就从四个方面去阐述并理解其价值。

### （一）满足学前儿童审美情感需要、提升审美能力

学前儿童美术教育是学前儿童美育的主要途径之一，依据《幼儿园教育指导纲要（试行）》目标要求及学前儿童的年龄特点，学前儿童美术教育的主要教育功能应体现在审美方面，这种审美主要包括审美情感的孕育和审美能力的培养，具体地说，学前儿童美术教育旨在培养学前儿童的审美观，丰富审美感情，发展他们对美的感受和理解能力。

学前儿童的美术活动是一种手、眼、脑并用的活动，美术活动需要他们用多种感官去

感知审美对象,用脑去想象、理解、加工审美意象,用语言去表达自己的审美感受和发现,用手操作美术工具和材料去表现自己的所见所闻和情绪情感。

在学前儿童美术教育中,教师需要根据学前儿童身心两方面发展的水平和年龄特征,创设最近发展区,围绕培养目标和教育目标,精心设计教育活动,在教师的支持、合作与引导下,学前儿童学习积累创作所需的内在图式,逐步学会使用美术工具和材料等。这种手、眼、脑并用的心理磨合和实践操作,促使学前儿童手部小肌肉逐渐发育成熟,使多种感觉器官逐渐协调,同时也使他们对多种美术工具和材料的使用变得游刃有余,艺术审美经验逐步丰富。

学前儿童对于美术有一种自然的需要。学前儿童之所以都喜欢涂涂、画画、贴贴,正是这种需要的具体表现。学前儿童美术教育的功能,从艺术学的角度来看,在于培养学前儿童对美的感受性,满足其审美情感的需要,产生审美愉悦,增强他们对审美的敏感性。学前儿童对美的感受带有自觉性,虽然还很朴素、浅薄,但已有了初步的审美意识。他们喜欢色彩鲜艳、形象夸张的事物,教育工作者可利用周围现实生活中一切美好的事物敞开学前儿童的心灵。

在美术创作教育活动中,教师为学前儿童创设宽松的心理环境和充满情感色彩的审美环境,学前儿童可以用绘画或者手工等外在的符号形式尽情地、自由地表达自己的观点,抒发内心的情感,充分体验到用美术与他人交流的喜悦,从而获得一种心理上、精神上的满足,并通过各种不同形式的美术活动,把自身对美的体验和真实情感倾注在艺术创作之中,从中体会现实生活的美好。教师再由美术这种符号化的人类情感形式,泛化到生活的其他领域,丰富和发展学前儿童的情感世界,按照美的标准和美的规律,将他们感受世界的审美能力转变为内心需要和自我发展的内在动力,成为个体行为内在的自我调节,使其人格得到健全、完善的发展。

### (二)发展学前儿童的创造力和想象力

美国美术教育家罗恩菲尔德曾说:"在艺术教育里,艺术只是一种达到目的的方法,而不是一个目标;艺术教育的目标是使人在创造过程中变得更富创造力,而不管这种创造用于何处……"我国著名的教育学家陶行知先生曾经说过:"人人是创造之人。"每位学前儿童都具有创造的潜能和天赋。

学前儿童在2~3岁时便有了初步的想象与创造性,他们喜欢搓弄着泥巴、堆砌着沙堆,趴在地上涂画,对各种各样的形和色有着浓厚兴趣;从3~4岁左右的学前儿童为事物象征性地创造一个多半是不完整的、粗略的轮廓形象,到5岁学前儿童用画来表达多种概念或凭自己的主观经验重新组合、加工变形的画面等,每个过程都显示出他们独特的创造力。

在学前儿童美术教育中,教师引导学前儿童以自己的眼光观察和感受美术的造型、色彩、构图,观察周围环境中事物的结构、特征、运动模式、并通过语言的描述,让学前儿童把通过审美感知所把握到的整体的艺术形式和自然形式在头脑中形成表象。当学前儿童开始运用色彩、形状创造形象时,教师启发他们对自己头脑中的表象进行加工、改造,并加入自己大胆的想象,形成全新的审美意向,运用艺术语言在作品中创造性地表现出来,使得学前儿童的美术作品显示出稚嫩的情趣和成人无法比拟的独特魅力;而教师对这种创造性美术作品的赞赏和鼓励必然会使学前儿童对美术创作活动产生更大的兴趣和热情,从而在自然而然的过程中使学前儿童的创造性逐渐丰富。

### （三）完善学前儿童的和谐人格

美术教育为学前儿童真正人格的发展，提供了一个得天独厚的条件。从某种意义上来说，幼儿美术教育的实质是个体人格化的过程。在美术教育创造的实践过程中，包含了学前儿童对美的感知、领悟，以及把这一体验赋予自己的热情和生命加以描绘，从中领悟生命的意义和价值的过程，使真、善、美的熏陶得以人格化。

教育工作者应正确地把握学前儿童心理发展的实质，敏感地找到教育的定位点，不要以成人为中心，总想试图教点什么，那些刻板的模仿和干扰，只会使学前儿童变得小心翼翼而带有功利性地去迎合成人的意愿，从而失去自主的人格。学前儿童美术教育应顺应学前儿童这种天真活泼的情感表现特征，使学前儿童成为一个独立成长的个体，这也正是学前儿童发自本性的人格化的需要。

### （四）促进学前儿童个性得到自然发展

意大利幼儿教育家洛利斯·马拉古茨在《其实有一百》中论述："孩子是由一百种组成的，孩子有一百种语言，一百种双手，一百种想法，一百种思考、游戏、说话的方式……孩子是由一百种组成的，因而他们对事物的表达也是多种的。"赫伯·里得指出："教育的目的在于启发培养人的个性，顺应儿童自然本性的发展。"

美术教育是个体表现内心的艺术，学前儿童通过视觉艺术这一形式来表达个人的感受，从中体验到快乐、成功，确定自身内在的本质和价值。美术教育为学前儿童提供了自我表现的最佳形式。因此，美术教育活动的价值定位之一就是：鼓励学前儿童拥有自发的艺术倾向和创造。正如罗恩菲尔德所倡导的："让儿童以异于其他人的方式表达其独特的思想和情感，并以此树立自我表现的信心。"教师应形成正确的教育价值观，利用现有的课程，创造性地组织活动形式，在尊重学前儿童个性差异的基础上，尊重每一位学前儿童的权利，并给予被承认的快乐，使学前儿童增进自我了解和自我肯定，从而开启富有个性的成长征程。

【在线测试】

一、单选题

1. 幼儿画妈妈在做饭时，把桌子遮住的妈妈的腿也画了出来，这体现了学前儿童绘画的（　　）特点。

　　A．最佳视觉面　　B．透明的画　　C．夸张的手法　　D．展开式表现

2. 幼儿在画人时，喜欢画正面，而画小狗时，喜欢画侧面，这体现了学前儿童（　　）的绘画特点。

　　A．最佳视觉面　　B．透明的画　　C．夸张的手法　　D．展开式表现

二、实践题

运用所学知识分别分析一幅小、中、大班儿童的绘画作品，再听一听孩子自己的解释。

【真题训练】

一、选择题

一名幼儿画小朋友放风筝，将小朋友的手画得很长，几乎比身体长了 3 倍，这说明幼儿绘画特点具有（　　）。

A．形象性　　　　B．抽象性　　　　C．象征性　　　　D．夸张性

（选自 2016 年上半年学前儿童教师资格证考试真题）

二、材料分析题（如图 6-16～图 6-18 所示）

图 6-16　打针 　　　　　　图 6-17　聚餐 　　　　　　图 6-18　吃饭

问题：

（1）上述三幅画各反映出幼儿绘画的哪种表现形式？（6 分）

（2）怎样理解学前儿童的绘画？（4 分）

（3）评价儿童画时应注意什么问题？（10 分）

（选自 2016 年下半年学前儿童教师资格证考试真题）

第六章参考答案

【拓展阅读】

## 与众不同的儿童艺术[①]

1. 儿童艺术是儿童认识和把握世界的一种方式

与成人的理性思维不同，儿童是通过身体的神经系统和感觉器官来理解客观世界和形成关于客观世界的印象的。他们通过不断的努力，挑战各种对自己的限制，达成经验和能力的突破。在理解和把握世界的过程中，儿童同时也有着非常强烈的内在表达的需要，这一需要可以导致儿童创造力的爆发，使其充分发挥自我潜能，使得各种表达方式都为儿童所用。例如，肢体动作、言语、唱歌……

因而，对于儿童来说，正因为"我感觉了，所以我看、我听、我唱、我跳、我画、我

---

[①] 徐琳．每个孩子都是天才的艺术家[J]．父母孩子，2012（5）：5-6．

笑……我看、我听、我唱、我跳、我画、我笑……所以我存在"。

儿童的审美体验与智力发展也是不断地、有机地交织为一体，这种交织是真正自发的和不动声色的创造。例如，孩子随着音乐有节奏地晃动身体，能发展节奏感、身体整体协调性；而这一能力的发展，也会更好地促进其对音乐的感知和表达。绘画对于孩子的视觉、空间知觉的发展具有重要作用，而这种能力的发展，又能促进其更好地审美感知和提高绘画能力……

2．儿童艺术是儿童精神世界的真实流露与表达

儿童艺术是儿童身体、感知觉快感的自然抒发，他们能把兴奋的、稚嫩的跳动变为舞蹈，能使发之于情感的、不完美的声音连成曲调，不受任何功利目的的指使。儿童艺术这种无意识的状态，保存了儿童的纯真，体现了人类最初的真、善、美。

对于儿童来说，思维就是身体的知觉，身体同时也是精神。儿童自然地把内心的想象和梦想播撒于外在现实，他们的外在世界又因内心的想象和梦想而变得更为丰富。这种创造力改变着儿童自身以及他们周围的世界。因而，我们常常看到儿童快乐时，会自发地放声歌唱、尽情舞蹈、自由绘画、用诗一般的语言去描述他们所感知的世界。儿童会用各种艺术形式，将灵动的思想和丰富的情感表现出来。

3．儿童艺术是儿童生命的自然律动

对于儿童来说，他们的世界并没有分离为自然的和人为的，他们的世界就是自然的，是连续性的生态学的感受。在儿童眼里，宇宙万事万物都是有生命有感情的，儿童的艺术正是植根于这种自然的生活力量之中。在整个童年，艺术对儿童就像呼吸一样自然、自由，是对生命和自然的自发的、直接的、感性的感知和体验。

儿童的身体、思想的律动和自然的律动是一致的，三者是生态和谐的，统一于儿童的游戏。儿童通过游戏将内部世界和外部世界有机和谐地连接起来。游戏是儿童创造性和创造性想象的源泉，也是最适宜儿童的艺术性表达活动。有时我们真的很难说清，儿童到底是在幻想还是在艺术体验，是在游戏还是在艺术创作。

## 学习评价与反思

# 第七章　学前儿童绘画活动

**【本章导读】**

许多学前教育专业毕业的学生走上工作岗位后，发现自己画画画得好是一回事，教孩子画画又是另一回事，画得好不一定能教得好。还有很多在职的教师看到《3～6岁儿童学习与发展指南》中提出"尽量不要用示范画进行教学"时，便不知道如何组织绘画活动了。如何正确指导学前儿童开展绘画活动？教师需要具备哪些知识和能力，需要为幼儿的绘画提供哪些引导和支持呢？希望通过本章的学习能让你有所收获。

**【学习目标】**

1．了解学前儿童绘画能力发展的阶段及各阶段的特点。
2．熟悉多种绘画表现形式及绘画活动的类型。
3．能将绘画活动的相关理论知识运用于绘画活动的设计和组织。

**【学习重点】**

1．了解学前儿童绘画能力发展的阶段及各阶段的特点。
2．能将绘画活动的相关理论知识运用于绘画活动的设计和组织。

**【思维导图】**

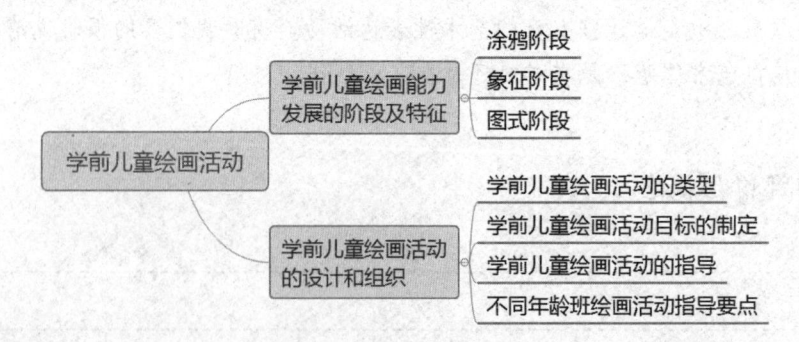

学前儿童绘画活动
├─ 学前儿童绘画能力发展的阶段及特征
│　├─ 涂鸦阶段
│　├─ 象征阶段
│　└─ 图式阶段
└─ 学前儿童绘画活动的设计和组织
　　├─ 学前儿童绘画活动的类型
　　├─ 学前儿童绘画活动目标的制定
　　├─ 学前儿童绘画活动的指导
　　└─ 不同年龄班绘画活动指导要点

**【幼教故事】**

李老师今天组织大班的一次绘画活动，主题是"我心目中的小学"。李老师首先通过谈话导入活动，让孩子们说一说上周去参观小学时看到了什么，再说明自己心目中的小学是什么样子的。接着李老师分发给孩子们每人一张A4纸和水彩笔，请小朋友们把自己心目中的小学画出来。你觉得李老师这样组织活动合适吗？如果是你，你会怎么做呢？

# 第一节　学前儿童绘画能力发展的阶段及特征

通过对幼儿绘画作品的研究发现,学前儿童的绘画能力经历了从涂鸦阶段到象征阶段再到图式阶段的发展过程,这些不同的阶段呈现出了各自的发展特点。

## 一、涂鸦阶段

2岁左右的幼儿一般处在涂鸦期,他们喜欢随意地涂画,把接触到的工具,如蜡笔、粉笔、铅笔、钢笔,甚至树枝、木棍等,在画纸、墙上或沙土表面等能留下痕迹的平面材料上涂、画,并对自己画出的线条感到高兴和满意。从实际的涂画过程和行为来看,涂鸦是没有表现意图的画线活动,是年幼儿童的感知动作得到一定发展和协调后对环境做出的新探索,这些线条看起来凌乱且不成形,不代表任何事物。

### (一)涂鸦阶段的发展规律

涂鸦阶段的发展是由无秩序涂鸦开始的,经过有控制涂鸦、圆形涂鸦,最后到命名涂鸦共四个阶段,从命名涂鸦开始,幼儿的绘画就进入了象征阶段。其绘画表现从无意识的动作到有意识的涂鸦,逐渐建立起涂鸦动作与图画之间的联系,最后能够发现主题并为其命名。

### (二)涂鸦阶段的表现特征

一般认为,涂鸦线条可以分为以下四种水平。

1. 无秩序涂鸦——杂乱线

杂乱线中较少有重复画出的线条,一次画出的线条中会掺杂横线、竖线、斜线、弧线、螺旋线以及点等,这些线条长短不一,也不流畅,没有任何表现意图,有时还会画出纸外,没有用色的意识,如图7-1所示。涂画时常常需要摇动手臂来画线,动作显得毫无把握。

2. 有控制涂鸦——单一线

经过一段时间的涂画后,儿童能反复画出长短不一的纵横线、倾斜线或螺旋线,其动作重复,对手有了一定的控制,能在纸内涂画,但仍无用色意识,动作过程仍显得把握不大,如图7-2所示。国外有些学者将这种线称为"控制线"。

图 7-1　杂乱线　　　　　　　　图 7-2　单一线

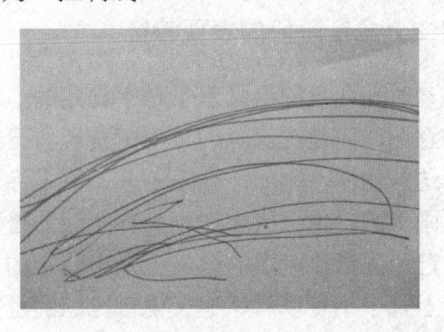

3. 圆形涂鸦——圆形线

年幼儿童在这一阶段开始尝试画各种各样的圆形，这些圆形大小不一，有的封口，有的不封口，有的扁一些，有的圆一些，如图 7-3 所示。作画动作比之前更加熟练，能够在一定程度上控制动作的方向、力量和幅度，并能注意画面的某一部分，但仍无任何主题。

4. 命名涂鸦——命名线

年幼儿童在涂鸦过程中偶然发现画出的某些形状与他们自己的认知经验中的某些事物相似，便给自己画的图形或线条起名字，还会自言自语地进行某些解说。如果离开儿童的解释和说明，我们在看到这些作品时便无法理解这些图形代表了什么。如图 7-4 所示，年幼儿童在画画的过程中突然发现自己画的东西很像妈妈在绕毛线团，于是当你问他画的是什么时，他会自豪地说："这是妈妈在绕毛线团！"

图 7-3　圆形线 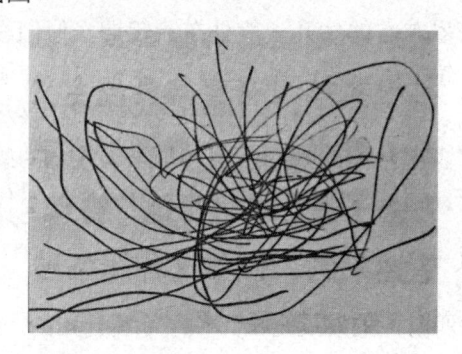　　　　　　　　图 7-4　命名线

## 二、象征阶段

象征阶段处在学前初期，大致在 3 岁左右，这一时期的学前儿童不再满足于单纯的涂涂画画，而是开始产生表现的意图，能将简单的线条和图形组合起来，大致地表现出事物的特征，但所画之物与实物的形、色彩、大小没有密切的联系，只是近似的简单图形，并且同样的形状在其不同的作品中可能代表着不同的事物。这一阶段非常短暂，是幼儿绘画发展的过渡时期。

（一）象征阶段的发展规律

象征阶段由命名线开始，逐渐发展到头足人，即圆与放射线的组合，最后到同心圆与线的组合。绘画的表现从动作的涂鸦到能够画出象征性的图形。

（二）象征阶段的表现特征

这一时期儿童的绘画水平是不稳定的，他们往往先动笔，再构思，开始时没有明确的目的和意图，而是在涂画的过程中发现自己的画与自身认知经验中的物体相似，然后才决定要画这一物体。比如，儿童一开始只是涂色，涂着涂着，发觉涂出的东西像太阳，于是就决定画太阳。也会出现在画某样东西的过程中，突然就不画了，转而去画别的东西。儿童对自己所画形象赋予的含义也是不稳定的，开始时可能在画气球，过了一会儿当他在圆圈上点上几个小点以后，他又说自己画的是娃娃的脸。同时，这一时期儿童所画的内容极易受到他人的影响，本来想画房子的，看到别人画小花，他也会想要画小花。因此，幼儿所画的物体和形象缺乏完整性，所画对象往往是实际物体的概括或夸张的表现，需要用语言来补充画面的内容。

从颜色上看，能选用不同的颜色来表现不同的涂鸦意义。有时，一个物体上会出现五颜六色的涂画线条，涂色的面积看起来较小，多以线条涂色为主，且不均匀，常常超越所涂形象的轮廓。图画的颜色往往取决于幼儿对某一颜色的喜好，而与物体的实际颜色不符。

在空间上表现为没有秩序感，幼儿想到什么就画什么，所画之物被随机地安排在纸上。由于在作画过程中，幼儿喜欢转动纸张，因此会出现一幅画从任何一个方向都能找到对应的画面，画上的事物之间没有内在的关联，如图7-5所示。

图7-5 晒太阳

## 三、图式阶段

4岁左右，儿童便进入了图式阶段，一直持续到7岁左右。这一阶段，儿童能有意识地用图形和线条来表现自己的绘画意图，能将他们的认知经验与绘画方法结合起来，所画的图像较为清晰，能够比较形象地表现某一事物。我们在欣赏他们的作品时，可以在不用儿童解释的情况下就能看出他们想要表现什么。由于儿童表现的方式呈现出符号化、图式化的特点，因此这一阶段被称为图式阶段。

### （一）图式阶段的发展规律

图式阶段的发展从圆形与线的组合到圆形与圆形的组合，再到圆形与其他形状的组合，然后是较复杂形的组合。绘画内容呈现出越来越丰富的状态。绘画的表现从象征性的图形到能够画出形象性的图画；从想象性的表现到故事性的表现。

### （二）图式阶段的表现特征

图式阶段可以分为前图式阶段和后图式阶段。

1. 前图式阶段

这一阶段的儿童所画的形象多为几何图形，线条还不是很流畅，但已经能画出比较"像"所画内容的作品了，如图7-6所示。他们往往会以自己最注意或物体最有特点的一部分来表现要画的内容的全部。

图7-6　高楼大厦

在色彩上，他们开始运用物体的固有色来进行涂色，对色彩的认识也更丰富和准确。涂色时，具有一定的方向性和秩序感，能够注意到涂画的轮廓，也能尽可能地将画面涂满，但在颜色的搭配上还不是很协调。

在空间上开始有了明确的空间秩序，能用基底线来表现空间，所画的形象之间也有了一定的联系，但联系较为简单。对于比例关系还比较模糊，所以画出的形象往往远近都一样大。也没有遮挡的概念，通常用重叠和透明的方式来表现物体之间的联系。

2. 后图式阶段

进入后图式阶段，儿童的绘画能力更为成熟，绘画经验也更为丰富，他们对形象的把握也更加具体和细致。已经能用流畅的线条表现出物体完整的形象，并能注意刻画形象的细节，比如，能通过服饰来表现人物的职业，能画出马路上的汽车、斑马线以及行人等。

在颜色上，能够比较均匀地在轮廓内涂色，还能利用两种颜色的衔接来表现色彩的渐变。除了进一步按物取色外，儿童对画面色彩的整体把握有了很大的进步，他们从以往的绘画经验中逐渐明确了一些色彩的搭配，因而能使自己的作品画面看起来和谐统一。此外，他们开始学习用颜色来表达自己的情感，如用红色来表现夏天，用黄色来表现秋天。

从学前儿童的作品中呈现出多种构图方法，如展开式、散点式、多层并列式等构图方法，少数儿童学会了用遮挡式的构图方法来表现物体的空间关系，但不太稳定，有时还会出现透视画。此时，儿童能够将作品的背景和主体区分开，作品也呈现出一定的主题。

## 第二节　学前儿童绘画活动的设计和组织

### 一、学前儿童绘画活动的类型

在儿童集体绘画教学活动中，按照绘画活动的内容和形式，可将学前儿童绘画活动的类型分为三种：命题画、装饰画和意愿画。

## （一）命题画教学活动

命题画是教师提出绘画的主题和要求，儿童按照这些主题和要求完成绘画的活动形式。

命题画主要是帮助儿童学习绘画的基本造型、设色（选色、涂色、配色等）、构图等艺术形式语言，并在这一过程中，发展儿童的观察力和描绘物体的表现力，以及为发展儿童的创造力想象做好铺垫。命题画的关键在于教师的命题，其教学内容极其丰富和广泛，如蔬菜、水果、自然景物、动物、人物等，尤其是与儿童生活息息相关的物品和生活事件，最适宜作为儿童命题画的内容。

按照命题画的内容，可分为物体画和情节画两类。

物体画是教师在帮助儿童了解某一具体实物形象、色彩、结构的基础上，以绘画的形式对其进行表现的绘画活动形式，侧重于儿童造型能力的培养。情节画是在物体画的基础上进行的，是一种将一个物体与其他物体相配合表达一定情节的绘画活动形式，更侧重于构图能力的培养，比物体画更复杂一些。

1. 物体画的内容和指导

（1）物体画的内容。

物体画内容的选择应尽量贴近儿童的生活，从儿童的认知经验中寻找题材设计活动，最好是选取那些儿童关注度高、兴趣强烈的物体，如各种小动物、水果、小汽车、房子等。同时，也要遵循适度新颖的原则，不断为儿童提供新的感官刺激，激发儿童的绘画兴趣。比如，带孩子们到公园收集各种叶子，观察各种树叶的形态；到奶牛场去观察奶牛吃草、挤奶的过程等。

教师要帮助儿童通过多种感官感知和掌握物体的基本形态，从物体的外形到颜色再到神韵等。最重要的方式是观察物体。对于不同年龄的幼儿，其观察能力是不同的，因此所选择的内容也有所不同。小班的幼儿只要能大致观察物体的外形轮廓和大致的颜色就可以了，因此可以为他们选择一些轮廓较为简单和清晰的物体来画，如苹果、小球等；到了中班，教师就要引导幼儿观察物体的基本组成部分，包括它的形状、结构、色彩、大小等，这时可以让他们画一些较复杂的物体，如小动物、小车子等（见图7-7）；而大班的孩子则要求他们更为细致全面地观察物体的形状、结构、色彩、大小以及动态的表现，所选择的内容会更为复杂一些，如活动中的人、车水马龙的十字路口等。

值得注意的是，我们最好能为学前儿童提供实物作为观察对象，其次是反映实物的图片、录像等，尽可能不提供范画或绘画图片，因为这些经过作者艺术加工的作品往往只能提供一种概括的形象，与幼儿所感知的事物及其千姿百态的形象相差甚远。

图 7-7　中班物体画：汉堡包

（2）物体画活动的指导。

学前儿童有了一定的兴趣和感官经验后，教师应该为他们提供多样的物体画实操机会，并鼓励他们敢于下笔，敢于创造，在实际经验中不断丰富自己的绘画技能。一般来说，可以引导儿童采用涂染法和线条法两种方式来描绘物体。涂染法不用画物体的轮廓，而是用颜色涂画出物体的形,从而表现物体形象特征的方法。线条法则是先用线条来勾画物体的基本轮廓和特征,再涂上颜色的方法。

小班的幼儿常常采用涂染法来描绘物体,同时,他们也开始具备画出一些简单图形(圆形、方形、三角形等)的能力,初步能用图形和线条组合的方法来创造图画,但绘画技能还较差,因此教师应注重发展他们的创造力,而避免一味要求统一和形象。中班阶段的幼儿能够更精准地描画物体的特征,并学会将观察的物体归纳为简单的形状,如"小猫的脸是圆圆的,耳朵是三角形的"等。此时,教师可以引导幼儿观察较为复杂的物体,如画正面的人、小动物、交通工具等,尝试用两个以上的基本形状组合成较为复杂的物体,并逐步启发幼儿适当变动组合的位置画出同一物体的不同形态。到了大班,幼儿的绘画经验和技巧进一步提高,能够画比较复杂的物体,并能表现细节和动态,如画人和动物的不同姿势,高大的楼房和桥等。此时,幼儿能从表现物体的个别特征逐步过渡到表现物体的综合特征,教师可以为他们选择一些有动作要求的内容尝试绘画,如跑步的小朋友、站立的小狗等,在不断的尝试中,幼儿画中表现出的动态会越来越生动和富有变化。

2. 情节画的内容与指导

(1)情节画的内容。

情节画是建立在物体画的基础之上的,它能使儿童将多个物体形象有机地结合起来,并表现出各个形象之间的相互关系,从而构成一幅有主题的画面。教师可以引导儿童根据自己的生活经验,添画与主题相关的内容表现出有趣的情节,并能根据画面的情节、内容来恰当地选择和使用颜色;也可以根据一些有趣的故事情节和内容来描绘;还可以设置一些情境,让儿童进行探索,在探索的基础上用绘画加以表现。

对于小班的幼儿来说,他们的绘画水平仅限于用简单的图形来表现物体的轮廓特征,还无法进行情节画的尝试,等到儿童对物体的描绘具有一定经验时才能开展情节画的教学活动。中班的幼儿可以对画面做简单的布局(见图 7-8),在基底线上用一些辅助物来表现简单的情节,比如,画一条线作为马路,在上面画奔跑的小汽车;画房子和天上的彩虹等。到了大班,幼儿可以根据自己的实际生活经验来进行创作和表现,比如,画秋天的景色、我的家、漂亮的幼儿园等;还可以根据故事、诗歌等内容用绘画的形式表现出情节或是创编内容,如"龟兔赛跑""小熊过桥"等。

图 7-8　中班情节画:晒衣服

(2) 情节画活动的指导。

情节画的关键是把握好各个物体和形象之间的关系，因此引导儿童去认识和了解物体的空间关系和主次关系是情节画活动开展过程中教师需要关注的问题。物体的空间关系包括实际的空间关系和画面上的空间关系。实际的空间关系需要让儿童了解远近和前后的关系，引导儿童观察较远的事物相对模糊和小，较近的事物相对清晰和大；前面的物体将后面的物体遮挡了，则遮挡的部分就不会出现在视野中。当然，儿童在画画的过程中多半会经历"展开式"和"透明画"的阶段，我们应该允许它们的存在。对于画面的空间关系，我们可以通过对图画作品的欣赏来让儿童了解，在观察画面时，引导儿童发现各个形象间的关系，帮助他们分析主要形象和次要形象的安排，主次形象大小的表现，背景的设置以及背景颜色与主要形象颜色的关系等。

中班的幼儿空间知觉发展还不完善，对物体间的关系把握还不太成熟，因此可以让他们先在纸上画一些简单的物体，再在主要物体或形象旁添加背景或辅助物来构成简单的情节。如在纸上画出小房子，再在房子旁添加小花小草或是栅栏。经过一段时间的练习之后，可逐渐增加复杂的情节，将几个物体形象连接起来，添加背景和情节，如画马路上的人，请幼儿添加道路上的汽车、路边的房子、树木等。此时的儿童往往没有比例的概念，所以教师可以启发他们根据自己的生活经验思考哪些事物该画得大些、多些、高些，哪些该画得小些、少些、低些，如房子旁边的人应该画得比房子和树矮一些、小一些，而小花小草还要更矮、更小一些。大班的幼儿绘画经验已经比较丰富，绘画技巧也较为成熟，他们已经可以根据自己的表达需要完整地画出一幅富有情节的作品，并能表现出各个形象或事物之间的主次关系。在他们表达比较复杂的空间关系的物体时，可以引导他们观察物体之间的重叠关系，要求他们把能够看见的部分画下来，多数幼儿在开始时还不能掌握遮挡的画法，而是画出重叠的画面。待幼儿构思画面的能力进一步提高之后，可以为幼儿设计一些具有故事情节的、连贯性的主题，让幼儿用三到四幅不同的画面表现出来。如了解了《小蝌蚪找妈妈》的故事之后，根据故事的主要内容设计连环画。

(二) 装饰画教学活动

装饰画是幼儿运用各种各样的花纹、色彩在各种不同的纸形上有规律地进行装饰的绘画表现形式。它需要遵循一定的形式美的规则，有利于提高幼儿手的动作的准确性和灵活性，还有助于培养幼儿耐心、细致、整洁、有序的良好习惯，同时对于发展幼儿的想象力和创造力也有较大作用。

1. 装饰画的内容

装饰画的教学内容主要是启发幼儿用模仿的方式，在不同形式的实物上面，选用各种材料（如人为材料、自然材料等），有顺序、有规律地从繁到简组织、排列出既有变化又统一的图案。其中涉及对称与均衡、连续与反复、对于与调和等图案装饰的法则，以及图案花纹的变化，图案构成的组织形式和图案色彩的配置等图案装饰要素的变化规律等。在实际的绘画活动中，可以让学前儿童在一定的图案上进行装饰，如手帕、方巾、书包等，也可以为儿童提供一些贴近生活的模型，在模型上进行装饰，如纸碟、纸碗、塑料瓶等。装饰的内容包括各种线条、花纹及各种几何图形等（见图7-9）。

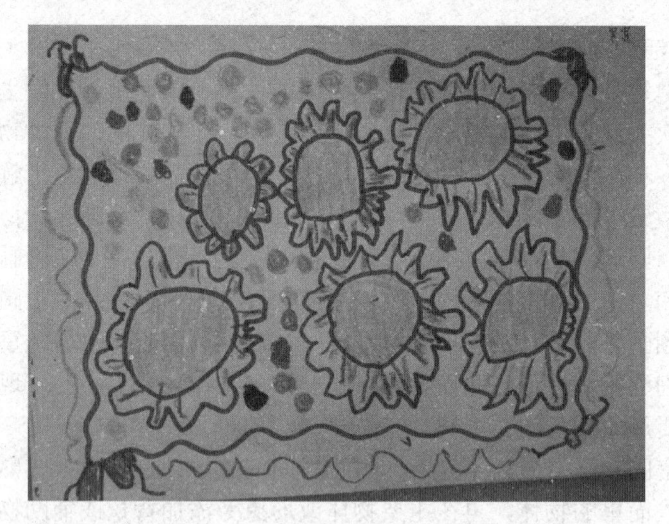

图 7-9　中班装饰画：漂亮的毛巾

2. 装饰画活动的指导

在进行装饰画的绘画活动前，可以先让学前儿童观察日常生活中人造物品的装饰，如衣服、围巾、床单、雨伞、花瓶，等等；欣赏自然界中自然生成的装饰美，如蝴蝶的对称性、红花与绿叶的对比性等；还可以欣赏专门的图案装饰画，为学前儿童进行装饰绘画提供一定的感性经验，形成对装饰美的感受力，初步认识装饰美的规律。其次要循序渐进地引导学前儿童进行装饰画的创作。刚开始时，可以进行盖印章、贴树叶、折叠染纸等游戏活动，待逐渐熟悉后，再进行图案装饰画的活动。在装饰的图案花纹上也应先从简单的点开始，逐渐过渡到线条和简单易画的几何图形，如圆形、方形、三角形等，再到花草、虫鱼及民族特色的花纹，如羊角纹、螺旋纹、云头纹等。在连续纹样中可先从二方连续开始，熟悉后，再进行四方连续的学习。在颜色的学习上，可先学习什么是对比色、同种色、类似色，再学习图案色彩的配置方法，待学前儿童掌握之后，可为其提供多种颜色，让学前儿童自主选择配色。需要注意的是，在学习的过程中切不可用深奥晦涩的专业术语来讲解，而要用浅显易懂的语言来引导；在色调和明暗度的学习上主要通过学前儿童自身的感受和练习来获得；在教学的过程中，也不可因为强调装饰画的规律和技法，而忽略了学前儿童创造力的培养。

（三）意愿画教学活动

意愿画是学前儿童根据自己的生活经验，自由独立地确定绘画主题和绘画内容，运用所掌握的美术技能，自由表达自己的情感和意愿的一种绘画方式。意愿画能够充分调动儿童画画的自主性，发展他们的创造力和想象力，培养他们有目的地观察生活的良好习惯。同时，由于意愿画的自主性，对于教师的指导要求也会更高一些。

1. 意愿画的内容

意愿画的内容是极其丰富和广泛的，一般会涉及儿童所感知过的自然环境、自身的活动经历，还有儿童所接触过的生活用品、交通工具等，可以说生活中的一切事物都有可能激发儿童创作的灵感和欲望（见图 7-10）。因此，教师应为学前儿童创造一个宽松的创作环境，无须提出过多的要求和限制，让他们能够大胆地描绘心中想画的东西。

图 7-10　中班意愿画：好朋友，手拉手

2. 意愿画活动的指导

在意愿画的教学过程中，虽然没有过多的要求和限制，教师也不会提供示范，但教师仍要发挥引导的作用，启发学前儿童的思维，帮助他们将自己熟悉的事物和现象用画笔表现出来。教师可启发他们回忆自己看过的、经历过的有趣的事情，并将其画下来。学前儿童无法下笔时，可以采用提问、谈话的方式启发他们思考，帮助他们实现自己的构思。如春游回来后准备画一幅意愿画，教师可以启发他们思考："我们去了公园里的哪些地方？你都看到了什么？你和小伙伴一起玩了什么游戏？你穿了什么衣服？你的心情怎么样？"当学前儿童确定了自己要画的主题后，教师就可以从造型、构图等方面来引导他们如何来表现这一主题，但不要过分强调学前儿童绘画的比例、结构的正确性，也不要用教师的意图去代替学前儿童的想象。需要注意的是，提问、谈话等启发活动应在学前儿童创作开始前进行，在学前儿童开始创作之后，教师不宜随意地与学前儿童交谈，以免打乱学前儿童的创作思路。学前儿童创作结束后，可进行一些作品的交流和讨论，帮助学前儿童进一步提高创造力和想象力，开阔他们的创作思路，提高意愿画的绘画水平。

## 二、学前儿童绘画活动目标的制定

学前儿童绘画活动的目标从整体上来说包括了学习用造型、色彩、构图等美术语言进行创造性的表现；体验绘画活动的乐趣，喜欢并积极投入绘画活动中；初步了解和尝试不同的绘画工具和材料的用法，形成良好的绘画习惯。在具体制定绘画活动的目标时，应注意两点：第一，注意学前儿童的有效发展。一方面要符合学前儿童发展的需要，适应学前儿童绘画学习的发展规律和特点；另一方面要把握学前儿童绘画的最近发展区。第二，注意整合性。既要考虑学前儿童在认知、情感和技能等方面的整体发展，又要考虑学前儿童学习能力和学习习惯方面的整体发展，还要考虑绘画与手工、欣赏以及其他相关领域的整体发展。

### （一）小班（3～4 岁）绘画活动目标

1. 认知目标

（1）初步认识常用的绘画工具和绘画材料。

（2）学会辨认红、黄、蓝、绿、橙、黑、白等基本颜色，并能说出它们的名称。
（3）学会辨别直线、曲线、折线及各种线条的变化。

2. 情感目标

（1）对绘画有兴趣，能够大胆、愉快、轻松地作画。
（2）愿意与同伴分享自己的绘画作品。

3. 技能目标

（1）会使用蜡笔、水彩笔、棉签等工具进行涂染。
（2）会画直线、折线和曲线，并能表现线条的方向、粗细和疏密。
（3）会用圆形、长方形、三角形等简单的图形表现单个物体的轮廓特征。
（4）能够尽可能地把画面涂满，并能有一定规律的涂色。
（5）初步尝试用图形和线条的组合来表现物体。

### （二）中班（4～5岁）绘画活动目标

1. 认知目标

（1）能正确把握形状的基本结构，理解形状符号的象征意义。
（2）认识常见的固有色，并能说出它们的名称。

2. 情感目标

喜欢用自己独特的绘画语言表达自己的想法和感觉。

3. 技能目标

（1）会用图形组合的办法表现物体的基本部分和主要特征。
（2）学习运用富有表现力的线条。
（3）会选择与物体相似的颜色，初步有目的的设色和配色，能注意色彩的变化。
（4）能表现出物体的上下、左右的位置，能初步安排画面的结构。
（5）能大胆地按照自己的意愿作画。

### （三）大班（5～6岁）绘画活动目标

1. 认知目标

（1）认识物体的整体结构和空间关系。
（2）能辨别色彩的浓、淡、鲜、灰。
（3）知道运用不同的绘画工具和材料，能表现不同效果的作品。

2. 情感目标

（1）在安排画面的过程中逐步体会均衡、对称、变化的形式美。
（2）愿意跟别人分享、交流自己的绘画作品。
（3）愿意与他人配合来共同完成绘画作品。

3. 技能目标

（1）能较灵活地表现各种人物、动物的动态。
（2）能较完整地表现观察到的物体形象和事件，表现两个以上物体间的关系，组成内容丰富的画面，并能变化多种安排画面的方法。
（3）能运用对比色、相似色、同种色等多种配色方法，能大胆地用色彩表现自己的情感。
　　（4）能表现一定的方向、前后、远近等简单的空间关系，表现主体与背景的关系。
　　（5）能够将不同的图形融合，尝试用轮廓线创造多种图画。
　　（6）掌握多种工具和材料的用法，并能综合运用于绘画创作。

### 三、学前儿童绘画活动的指导

　　《3~6岁儿童学习与发展指南》将艺术领域的活动目标分为两个大的方面：一是感受和欣赏；二是表现和创造，这也是学前儿童进行绘画创作活动的两个主要阶段。学前儿童绘画活动总的指导方法可以从以下两方面入手。

#### （一）感受和欣赏阶段的指导

　　学前儿童在进行绘画活动时，首先在头脑中要先有相关的意象，当意象被用于"描绘"事物，并且它描绘的事物在抽象性方面低于这一意象自身时，这种意象就成为这些事物的"绘画"。因此，作为绘画的意象，总是捕捉所描绘事物的某些相关性质（如形状、色彩、运动等）加以突出或解释。当意象被用于代表一"类"事物时，它便有了符号功能。在学前儿童的绘画中，意象是作为绘画和符号而存在的。例如，学前儿童画一位微笑着的女性，既是他的妈妈的画像，又是象征着温和、可亲等性质的符号。因此，学前儿童绘画教育指导的第一步，就是帮助他们在头脑中储存大量的具有生成性和创造性的审美意象。

　　1. 通过各种途径选择可供学前儿童欣赏感知的对象

　　美术心理学的研究表明，来自现实生活本身并且经过创作者亲身体验过的知觉材料远比间接的知觉刺激重要得多。因此，教师可以通过多种途径丰富学前儿童的日常生活经验，拓宽他们的知识面，让学前儿童积累丰富的审美心理意象。教师可以经常带领学前儿童走出教室，通过参观、旅行、散步等方式接触田野、山水、公园、动物园、商店、街道、展览馆等学前儿童能理解的自然环境和社会环境。教师平时可以为学前儿童选择一些适合他们的、不同风格的图书、影视材料，为他们讲解，引导他们观看。教师还可以与学前儿童谈论他们的生活状况、他们的家庭、他们的朋友，让他们回忆生活中的喜、怒、哀、乐，来丰富儿童的审美表象。

　　2. 感知过程中注意内容的科学性

　　艺术中的审美感知不同于科学活动中的感知。科学活动中感知的目的在于观察客观事实，形成科学概念，强调的是"真"。而审美感知是对事物的各个不同特征——形状、色彩、光线、空间、张力等要素组成的完整形象的整体性把握，是一种区别于日常感知的、能够揭示事物的表现性（或审美属性）的特殊感知。它具有非实用功利性、完整性、超越性、情感性等特点，强调的是"美"。

　　因此，教师在引导学前儿童进行审美感知时，要注意有距离的感知，即其内容要有别于科学感知中那种追究事物的属种、用途、习性等科学概念的做法，而把注意力集中于事物的形状、色彩、空间等形式因素及其所表现的对称、均衡、节奏、多样统一等形式美的模式，事物的主题、情节、形象等内容因素，以及这些形式和内容所表现出来的情感因素上。例如，对柳树和松树的审美感知，就不能像在科学教育中那样要求儿童说出柳树是一种落叶树，松树是一种常绿树，而应该引导儿童观察柳树与松树的树冠形状的不同，树叶的形状与颜色的差异,肌理的变化;感受微风吹来时,柳树与松树不同的动态;感受柳树的婀娜多姿、松树的伟岸挺拔等情感象征性。再如,对雨天的感知,在科学领域中,儿童需要了解雨的形成过程,雨对植物和行人的作用与影响等科学知识;而在艺术领域中,儿童就要观察下雨的时候,天空是灰白的,雨从天空落下来时大雨、小雨的不同线条,风儿一吹,雨线飘动的样子,以及雨中行人的行为、装束、神态等。

3. 感知过程中注意方法的合理性

如前所述,艺术知觉主要是完形知觉和超完形知觉,对部分的感知是为艺术整体服务的。所以,教师在引导儿童感知时,要遵循先从远处感知事物的整体及其背景,获得整体印象;再到近处感知事物的局部特征以及构成;最后再回到整体的感知上,形成一种牢固的整体印象感知顺序。例如,感知节日的广场,可以先从远处整体感知节日广场上的热闹与喜庆气氛,再让儿童思考:这种热闹与喜庆的气氛是从哪些方面表现出来的?让儿童带着问题从远到近地观察:远处的天空飘着各色气球;近处的树枝上挂着大红灯笼,插着彩旗;广场中央和四周都摆放着各种鲜花,气球、灯笼、彩旗、鲜花的形状和颜色各不相同;身边的人们做着各种游戏,脸上挂着笑容。总之,这些鲜艳的颜色和喜悦的笑脸表达了一种热闹与喜庆的气氛。

4. 感知过程中注意语言的引导性

教师引导学前儿童进行审美感知时的语言大致可以分为两种类型。

(1)启发性语言。这类语言的作用主要在于帮助学前儿童开阔思路、启迪智慧。教师可以用"为什么""怎么样"等开放性问题来向学前儿童提问,而不是用"……是不是"这类封闭性的问题来向儿童提问,因为这类问题很容易造成儿童思维的惰性。在实践中,我们有时会听到教师问儿童:"这朵花很漂亮,是不是啊?"而儿童也漫不经心地看着其他地方,拖着长腔说:"是——"这类做法应该避免。

(2)艺术性语言。这类语言的形式有很多,可以是一些形容词,也可以是谜语、儿歌、诗歌、童话等形式,其作用在于通过对对象的形、色和运动变化的特点的描述,帮助儿童把眼前的外在形象进一步加工成完整、鲜明、深刻的视觉表象,同时也可调动儿童的审美情感,使他们能够主动地进行心理操作。例如,"火辣辣"的太阳与"暖洋洋"的太阳的描述,可以帮助儿童体验夏天的太阳与冬天的太阳的不同,从而思考用什么样的颜色来表现这种差异。又如,引导儿童观察大白鹅时,教师可以给儿童朗诵骆宾王的《鹅》:"鹅,鹅,鹅,曲项向天歌。白毛浮绿水,红掌拨清波。"不仅把鹅的形象生动地描述出来了,也给儿童展示了一幅意境优美的图画,所谓"诗中有画"即如此。

## (二)表现和创造阶段的指导

1. 为儿童提供绘画工具和材料

年幼儿童的有意注意发展还不够稳定,他们往往容易被外在事物本身的特征所吸引,他们对新鲜事物有强烈的好奇心,因而多样化的工具和材料能刺激他们的操作欲望,促使其从事美术活动。相反,如果活动工具总是单调重复,如绘画中总是一支铅笔、一张白纸,就难以诱发儿童进行美术活动的兴趣。绘画可选择的工具和材料很丰富,有油画棒、蜡笔、彩色水笔、彩色铅笔、毛笔、彩色粉笔、水粉笔、排笔、印章、水粉色、水墨、油墨等。绘画的纸张除了A4的打印纸,还可以是揉皱的纸、废旧纸盒、硬卡纸、湿水的纸,等等。

教师应注意提供多样化的绘画工具和材料。当然，这并不意味着把许许多多的绘画工具和材料堆砌在一次绘画活动中，使儿童眼花缭乱、无法选择，而是要求教师要为儿童提供有助于表达主题的工具和材料，提高儿童绘画的成功率，增加他们对绘画活动的兴趣。例如，让儿童学习调配颜色时，为他们提供水粉色较为合适；而让儿童学习图案装饰时，为他们提供彩色水笔更有利于操作。若二者互换工具，效果就不见得好。

2. 学习各种绘画工具和材料的使用方法

教师给儿童提供了绘画的工具和材料后，还要教会他们使用这些工具和材料的方法。例如，学前儿童学习水墨画，就要学习毛笔和水墨的使用方法。但由于学前儿童自身身心发展水平的限制，他们的学习就不可能像成人艺术家那样，运笔要学习点、线、面、皴、擦，运笔要有方圆正侧、转折顿挫，墨法要学习浓墨法、淡墨法、破墨法、泼墨法、积墨法、焦墨法、缩墨法等。学前儿童所学习的运笔和墨法应是最基本的方面。在运笔方面，他们首先要学习毛笔的握法：笔杆垂直，大拇指与食指、中指相对捏住笔杆，无名指托住笔杆，手掌握空；其次，还要学习舔笔和洗笔；再次，要学习的运笔方法主要是中锋和侧锋。中锋：执笔端正，运笔时笔杆垂直在纸上运行，线条稳重圆浑；侧锋：使笔头侧着在纸上运行，笔尖常在线的一边，线条变化较多。此外，学前儿童还需学习控制墨、色、水的分量，以形成浓淡、干湿的变化效果，但这对学前儿童有些困难。因此，教师可以教他们学习用浓墨和淡墨分别作画。例如，教儿童画向日葵，可先蘸淡墨画圆形花盘，再在中心加一点略深的墨色；将笔洗净，用橘黄色画向日葵的花瓣；用略淡的墨画花秆和叶子，再用深墨勾出叶脉。儿童在经过多次的练习，掌握了一定的运笔、用墨技能后，就可以自如地进行水墨画创作了。

教师在引导儿童学习使用这些绘画工具和材料时要注意运用恰当的教学方法，可以用示范法，但要注意其启发性，即要让儿童在自己思考的基础上掌握使用方法。并且，教师示范的只是重点与难点，而不是技能掌握的全过程。

**【典型案例】**

这是幼儿园小班儿童第一次学画水粉画。教师为幼儿准备了水粉笔和水粉颜料。开始时，让幼儿自由地作画，画完后，将其作品与教师的作品一同挂在黑板上。经过观察，幼儿发现，自己的作品上有颜料往下淌，而教师的作品上则没有。这时，教师并不道明原因，而是再让幼儿观察自己的示范过程，并在示范时刻意夸张地舔笔。终于，幼儿发现，作品上颜料往下淌的原因是自己在绘画过程中没有把笔舔一舔，去掉多余的颜料。就这样，教师通过自己的示范动作，让幼儿认识到了为什么要舔笔和怎样舔笔，而没有机械地、直接地把舔笔的方法灌输给幼儿。

3. 帮助儿童进行创造性的画面表达

画面表达是指儿童要通过绘画的工具和材料，把知觉和体验到的东西用造型、设色和构图等艺术语言表达出来。为此，教师可以采用中国传统绘画中的"师法造化"和"传移模写"两种方式来进行指导。

所谓"师法造化"是指向大自然学习，也就是说，在学前儿童绘画指导中，教师可以通过让儿童写生的方式来学习。任何单独的事物、组合的事物、风景、室内环境、人物等都可以成为写生的对象。在写生过程中，需要儿童通过思考抓住事物的形态的特征、色彩的特征及其相互间的空间关系。其中，最为关键的是抓住写生对象的神韵。例如，让幼儿写生一只公鸡，教师可以启发幼儿观察思考：公鸡在走路时看上去是怎样的？引导儿童抓住"公鸡是骄傲的"这一神韵。然后引导他们思考，如何造型才能表现出公鸡"骄傲"的特征。这时教师可以引导幼儿用动作来表演出"昂首挺胸"这一神态。随后，教师可以引导幼儿观察公鸡的身体结构是"V"字形的，不论公鸡是怎样的动态，其"V"字形的身体结构特征是不变的。通过这样的观察与分析，儿童对公鸡的造型表现困难就迎刃而解了。

总之，教师应从学前儿童的身心发展特点出发，引导儿童从写生对象的整体结构出发，着重于事物的神韵，即对象的内在精神的表现，而不纠缠于物体细节的精确描绘，不强求儿童的绘画表现与事物的"肖似"。

在帮助学前儿童进行创造性的画面表达的过程中，中国传统绘画中的"传移模写"也是教师可以采用的指导方法之一。所谓"传移模写"就是临摹。说到临摹，我们首先要面对的就是模仿与独创的关系问题。我们认为，加登纳对此问题的论述是很明智的。他说："我们一方面把模仿看作是审美发展的关键；另一方面又认为它潜在限制着儿童的创造力。若要解除这一悖谬，似乎还需要一种发展的观点才行。开始时，应允许儿童尽量自由而完全地去探索其媒介；然后，再通过仔细的指导与难题设立而使他有那种把握特质、为创造出满意的效果而建立足够技巧的机会；最后，在他有了自己的能力感和目标感之后，再让他去接触媒介中的伟大作品，鼓励他去研究和模仿，这样，他便了解同样媒介中，别人是如何达到效果的。"

可见，在技能的学习过程中，临摹也是必要的，关键在于所临摹范例的质量。我们认为，作为学前儿童临摹的范例应该有一定的标准。首先，范例应该有美感，有美感的作品才有欣赏的价值，拙劣的作品不宜作为儿童学习的榜样。其次，范例的描绘方法应该适合学前儿童的年龄特点，是他们能理解和接受的。例如，凡·高的《向日葵》就很适合作为学前儿童绘画临摹的范例。最后，范例应该是多样化的，能从不同侧面反映事物的形态，可以启发儿童的思路。例如，教师让儿童学习画房屋，则可以给他们提供民居、宫殿等结构不同、类型各异的建筑作品图片。

在采用"传移模写"的指导方法的同时，教师必须清楚地知道，临摹从来不是唯一的绘画教学方法，尤其是在学前这一年龄阶段。因此，什么时候用、怎样用，都是教师必须慎重思考的。

4. 提供游戏化的练习

绘画活动是学前儿童手、眼、脑并用，主动自我建构的实践活动。无论是手部肌肉的发育、手的动作的灵活性，还是视觉记忆与视觉思维的发展，都需要一个逐渐进步的过程。由于具有游戏性，游戏化的练习可以让学前儿童在愉快、积极的情绪中，不知不觉地达到这一目标。同时，又可以培养儿童对绘画活动的兴趣，使他们从中感受到审美愉悦。因此，教师应为儿童安排这类练习。其中，应注意绘画命题的兴趣性、操作过程的兴趣性以及绘画成果的可游戏性，也即做一做、玩一玩。实践证明，在游戏化的练习活动中，儿童的美术能力会有很大的提高。

## 四、不同年龄班绘画活动指导要点

教师在指导学前儿童绘画时，一定要遵循儿童心理发展的特点以及绘画发展的规律，根据不同年龄班儿童的绘画特点进行指导，灵活地把握幼儿的绘画发展阶段，兼顾幼儿的创造性与绘画技能的学习。

### （一）小班绘画活动的指导

1. 小班幼儿的绘画特点

小班幼儿处在涂鸦阶段及涂鸦阶段向象征阶段过渡时期，他们的绘画水平正由无表现意图的涂鸦向有表现意图的涂鸦转化，因此，他们所画的形象还不能表现出物体的基本结构和特征，只是带有游戏性质的随意涂画，并感受这种涂画过程所带来的愉悦。由于他们的认知发展水平有限，生活经验不足，观察能力也较弱，往往只关注物体的大致轮廓，因此，他们通常喜欢表现那些他们熟悉的、有兴趣的以及当下看到的事物，且所画的结构比较凌乱，所画形象之间没有建立联系，绘画的动机和信心都十分脆弱。

2. 小班绘画活动的指导要点

首先，要为幼儿创造一个宽松的绘画环境，鼓励幼儿大胆自由地在纸上进行表现，注意维持他们绘画的兴趣和保护他们有意识地表现的信心，不要苛求他们画出像样的东西。其次，尽可能地让幼儿在玩中画，在画中玩，可开展一些玩色活动，或是创设一些游戏的情境，将绘画技巧自然地融入游戏中。如小班的绘画活动《拯救小兔》，为幼儿创设拯救小白兔的情境，为了保护小兔子，孩子们必须帮助小兔子用竖线画上栅栏，让简单的画线变得十分有趣。再次，应为幼儿准备多样的工具和材料。在小班阶段，应尽可能地让幼儿接触各种工具材料，特别是幼儿时期必用的工具材料，丰富幼儿的体验。当然，对于手的控制能力还较弱的小班幼儿来说，最常用也最适合幼儿的绘画工具是蜡笔和平滑的大张纸。

**【案例赏析】**

**小班纸团印画活动：给树妈妈穿新衣**

一、设计意图

《幼儿园教育指导纲要（试行）》鼓励采取更为多样和个性化的形式进行幼儿艺术教育，这一点对于3岁左右的幼儿更为突出和重要，这一阶段的幼儿对绘画还处在懵懂的涂鸦阶段，他们需要不断地探索和尝试新鲜的作画形式，以激发他们对审美和参与绘画活动的兴趣。因此，本活动设计了纸团印画这一他们尚未尝试过的作画形式，选取纸团作为作画工具，让幼儿体验用小纸团印画的乐趣，进一步促进幼儿动手能力的发展。

二、活动目标

1. 体验纸团印画的乐趣。
2. 尝试在一定的范围内用纸团印画装饰树叶。

三、活动准备

1. 事先搓好的纸团若干。
2. 湿性颜料每组2盘（红、黄），篓子若干，画好树干的画纸人手一份，抹布若干。
3. 幼儿穿罩衣进行活动。
4. 教师范画大图一张。

四、活动过程

1．导入激发幼儿学习兴趣

教师：今天，有一位新朋友来到我们班上，你们看看它是谁啊？（出示没有树叶的挂着愁容的大树妈妈）

教师：大树妈妈怎么了？它高不高兴啊？你们知道它为什么不高兴吗？（幼儿自由回答）

教师：原来新年快到了，大树妈妈没有新衣服穿，它好难过呀。树妈妈可想穿上美丽的花衣服了，你们有什么办法可以帮帮大树妈妈？

（分析：创设情境导入活动符合小班幼儿的心理特点，是小班幼儿常见的导入形式，能有效地抓住幼儿的注意力，激发他们的兴趣。）

2．示范和讲解

（1）教师：你们的方法都很棒，我也有一个好办法，我这里有个宝贝，你们看，这是什么？"教师出示纸团。

（2）教师：让我的小纸团蘸一点颜料，轻轻地在树冠上跳一跳，呀，树妈妈穿上了什么颜色的衣服？

教师边印边念：拿起小纸团，轻轻蘸一蘸，放到树冠上，纸团跳一跳，印出美衣裳。

（分析：利用儿歌的方式引导幼儿掌握印纸团的方法，帮助幼儿更好更快地学习，也使得印画过程更加生动有趣。）

教师：树妈妈还想穿上黄色的衣服。我们再来一次。教师示范两种颜色印染的方法。

（3）教师：大树妈妈有了漂亮的新衣服，高兴地笑了。

教师将大树下弯的嘴巴倒过来变成小笑脸。

（分析：适当丰富幼儿绘画的色彩体验，让幼儿的作品看起来更漂亮。对于小班的幼儿来说，这也是渗透幼儿对色彩认知的机会，提升了幼儿的审美经验。）

3．幼儿操作活动，教师个别指导

（1）教师：还有好多大树妈妈也想请小朋友来帮忙穿新衣呢。

（2）幼儿操作，教师巡回指导。

4．评价和欣赏作品

大树妈妈都穿上了漂亮的花衣服，让我们一起去看一看谁帮大树妈妈穿的新衣服最漂亮？（幼儿相互欣赏作品，自由说说哪棵树最漂亮）

（分析：小班幼儿的作品评析更多的是让幼儿说说自己的直观感受，在绘画习惯上可稍作引导，如画面的整洁干净，对于作品本身，教师应予以肯定，以保持幼儿对绘画的信心和兴趣。）

（案例来源：广西壮族自治区直属机关第三幼儿园　吴夷雯）

五、活动评析

这一活动的设计符合小班幼儿的年龄发展特点和兴趣需要，活动的取材简单又贴近幼儿的生活，在开始环节就充分调动了幼儿的积极性。在教师范画环节中，通过儿歌的形式来教授印画的要领，生动有趣，有效地帮助幼儿掌握了印画的方法。使用两种颜色进行印画适当提高了幼儿操作的难度，同时丰富了幼儿的色彩体验，迎合了小班幼儿的审美需要。

但在实际操作中对颜色的需要并不做硬性的规定，而是让幼儿自由的选择一种或是两种颜色进行印画，为幼儿的创作提供了空间。

### （二）中班绘画活动的指导

1. 中班幼儿的绘画特点

这一阶段的幼儿相比小班阶段在绘画表现能力上有了很大的飞跃，由于观察能力的进一步提高，他们能够关注到更多的事物，也更乐于用绘画的形式来表现他们，有了初步的表现目的。中班幼儿的作品，能够用简单的形状表现越来越多的事物，画面中常常出现两到三个以上的形象，这些形象之间开始存在一定的关系。在构图上表现出了一定的规律，如将物体或形象在基底线上逐一排列，形成并列式的构图方式。开始尝试表现物体的空间关系和形象的主次关系。

2. 中班绘画活动的指导要点

在中班，尽可能地让孩子接触和表现不同的事物，引导幼儿注意观察，积累生活经验。让幼儿比较物体在不同空间中的关系以及多角度地观察同一物体，区分物体的各个组成部分和细节，引导幼儿将不同的事物联系起来，逐渐从单一的表现过渡到表现一定的情节。在进行绘画练习时，尤其是物体画的练习时，尽可能为幼儿提供实物，让幼儿尝试写生。注意进行适当的点评，以鼓励为主，提高幼儿的信心，帮助幼儿拓宽思维和提高技巧。

【案例赏析】

中班命题画：轮船

一、活动目标

1．学习用各种几何图形大胆地画出大轮船的基本形状，用多种颜色随意地装饰大轮船。

2．能想象画出大轮船在大海里航行的有趣情节。

3．通过想象创作，体验表现的快乐。

二、活动准备

1．经验准备：幼儿进行过水粉活动。

2．材料准备：画纸、水彩笔或油画棒。范画挂图、音乐《小小的船》。

三、活动过程

1．欣赏导入，激发幼儿创作兴趣

（1）出示各种轮船图片，通过观察了解轮船的基本特征。

（2）教师引导幼儿欣赏并描述自己喜欢的轮船外形特征。

教师："你喜欢这些轮船吗？它是什么样子的？轮船上有哪些装饰？"

（引导幼儿感受轮船的外形特征及装饰特点。）

（3）教师根据幼儿讨论结果小结："大海上有许多轮船很美。有的大点，有的小点。每一艘轮船都有不一样的装饰。"

2．师生共同探讨轮船的画法

（1）教师引导幼儿讨论绘画方法。

教师："怎样用水彩笔画出海上的轮船呢？在画之前，我们应该先做什么？"

（2）教师对幼儿的陈述进行小结："在画之前，要想好画几艘船，画在画纸上什么位置，构思好以后再画。"

（3）教师引导幼儿："绘画船身的时候可以用梯形表现船头和船尾，船头高船尾低；用不同形状表现船舱的小窗户，在船上添画小旗；用各种颜色、线条装饰大船；最后，还要记得添画上海浪。"

3．幼儿操作，教师指导

（1）教师："想和我一起出海去游玩吗？试试看，你也用你的画笔变出漂亮的轮船吧！"并鼓励幼儿把船身画得长些、大些。

（2）启发幼儿想象画出大轮船在海上航行的情景（破浪、小鱼、货物、人物等），并大胆选色随意装饰。

4．欣赏与评价

（1）教师将幼儿的作品组合在一起，与幼儿一起去"看海"，并引导幼儿为自己的轮船起一个名字，说一说自己的船哪里最特别，如图7-11所示。

图7-11　幼儿作品《轮船》

（2）教师引导幼儿说说分别喜欢谁的轮船，为什么？

四、活动提示

1．教师可以为幼儿准备大的背景图，提供其直接绘画。

2．中班下学期的绘画活动，在绘画常规中还是会出现一些小问题，如握笔的姿势，教师在教学过程中应给予适当的提醒。

3．在添画时要注意及时提醒幼儿合理布局。提醒幼儿什么样的画面看起来更美，而不要一味地让幼儿将想法无休止地画下去，破坏画面的美感。

## （三）大班绘画活动的指导

1．大班幼儿的绘画特点

随着大班幼儿对事物认识的逐渐深入，他们的绘画水平有了质的飞跃，能够关注到事物的细节、特征和较复杂事物间的关系，因此所画的作品内容更为丰富和完整，能够表现出一定的情节，也能以空间关系安排形象，并形成主题与背景。构图上，较多采用散点式的构图方式，少部分幼儿在大班后期能够掌握遮挡式的画法，有了一定的比例概念。对于颜色的选择能够考虑物体的固有色，也能用不同的色调表现不同的情感。能够综合、灵活地运用各种绘画工具和材料，绘画成为他们表达自我的重要方式。

2. 大班绘画活动的指导要点

对于大班幼儿在构图上应该提出更高的要求，在幼儿下笔之前，教师可与幼儿进行充分的交流，帮助他们打开绘画的思路，注意启发幼儿关注事物之间的差异和变化，鼓励他们将形象、事物与周围的环境联系起来，并尝试借助绘画来表现自己的情感。教师可开展多种形式的绘画练习，为幼儿准备更为丰富的工具和材料，并给予幼儿自由选择的机会。注意发展幼儿的创造力和想象力，不要提供太多的条条框框，让幼儿可以充分地按照自己的意愿表现事物和形象。

【案例赏析】

大班美术活动：花瓶写生

一、设计意图

一直以来，幼儿园的绘画活动多以临摹为主，并常以单调的"勾线笔勾线，蜡笔或彩笔涂色"的形式进行，这是否会影响幼儿的想象力或兴趣呢？在一次与家长的谈话中了解到有部分孩子会利用周末时间去公园写生，为了丰富美术的表现形式，设计了本次教学活动，尝试在室内进行写生，以线描勾勒为主要教学形式，以触觉与视觉相结合的方式初步接触写生画，培养幼儿的观察力和造型表现力，提高幼儿创作的兴趣和欲望。

二、活动目标

1．初步接触写生画，用不同感官感知花瓶形状并进行写生。

2．体验花瓶写生画带来的快乐和成就感。

三、活动准备

1．幼儿人手一份：画板1块、4开纸1张、黑色水笔1支。

2．花瓶两个，布袋两个。

四、活动过程

1．猜一猜

（1）出示宝贝袋，扎紧袋子显示轮廓，请幼儿观察，猜猜里面装的是什么。

（分析：根据袋子所显示的轮廓用视觉首次感知绘画对象的轮廓，藏在袋子里的"宝贝"让幼儿觉得有神秘感，增加幼儿的好奇心。）

（2）幼儿分组轮流上来摸一摸，感觉里面宝贝的模样，请幼儿说一说摸到了什么。

（分析：用触觉再次感知绘画对象，幼儿在体会和猜测中进一步激发好奇心和表达的兴趣。）

（3）试试把摸到的宝贝画在画纸上，写上号数并贴到黑板上。

（分析：第一次绘画尝试将自己不确定的东西画下来，将幼儿的感知觉能力与绘画能力结合起来。这一次的绘画结果将为第二次绘画提供参照。）

（4）欣赏自己通过触摸宝贝画出来的作品。

2．画一画

（1）看一看，说一说：打开布袋，看看这宝贝到底是什么？谁画对花瓶的形状？

（分析：观察实物，验证幼儿的猜想。）

（2）请幼儿说说花瓶是什么样子的。
（分析：进一步观察，为第二次写生做好准备。）
（3）教师介绍从整体到局部的观察方法。
（分析：在幼儿自主观察的基础上，教师介绍新的观察方法，帮助幼儿学习写生。）
（4）花瓶写生：边看边画，看一眼，画一笔。画好的作品写上号数贴到黑板上。
（分析：幼儿二次绘画，尝试用写生的观察方法来进行绘画，体会与第一次绘画不同的感觉。）

3. 评一评

（1）请幼儿观察对比两次绘画的结果，说一说，两次画的结果有什么不同。
（分析：幼儿通过比较绘画结果，进一步了解观察对于绘画的作用，两次绘画的差异也给幼儿带来了乐趣。）
（2）教师选取有代表性的作品进行点评。

五、活动延伸

到室外寻找可以写生的物品。

（案例来源：广西壮族自治区直属机关第三幼儿园　黄丽娇）

六、活动评析

物体的写生如果只是直接引导幼儿如何观察并尝试写生就会比较单调乏味，而本次活动加入了触觉的感知体验，让幼儿在不确定情况下进行绘画，之后再对原物进行写生，将触觉与视觉有效地结合在一起，极大地激发了幼儿参与活动的兴趣。虽然对同一简单的物体画了两次，但两次的绘画感觉是不同的，在不确定的情况下绘画无疑增加了画画的难度，迎合了大班幼儿喜欢挑战的心理特点。当看到第一次绘画结果与实物之间的差异后，再引入写生的观察方法，增加了幼儿学习的欲望，那么，进一步的实践就能很好地巩固新的知识，也更容易带给幼儿成就感。

## 大班装饰画：狮王美发记

一、设计意图

在已经具备了一定装饰画经验的基础上，创设了狮子王美发的故事情境，让幼儿利用熟悉的线条和图案来设计和装饰狮子的发型，通过两次的引导和提示，由简到繁，给予幼儿充分表达与想象的空间，幼儿能够大胆地不断尝试创作，完善自己的作品，感受创造美的乐趣。

二、活动目标

1. 运用图形及线条有规律地装饰狮子的头发。
2. 塑造自己心目中的狮子形象，体验创造的乐趣。

三、活动准备

各种发型的图片、黑色水彩笔。

四、活动过程

1. 出示图片，引入故事《狮王美发记》

教师：在森林里，有一只非常爱美的狮子，他长着一头浓密、细长的头发，风一吹，随风舞动,十分威武,这天,狮子要去参加舞会,它很想改变自己的发型,让自己变得更美一些,于是它来到了小老鼠理发店,理发师们可伤脑筋了。看来看去,不知该如何下手。如果你是理发师,你会给它做什么发型呢?

（分析：创设情境,激发幼儿参与活动的兴趣。）

2．初次装饰狮子发型

（1）第一次设计装饰狮子的发型。

教师：你会用什么线条来设计狮子的发型呢?

教师在黑板逐一画出幼儿提出的线条,如虚线、弯线、螺旋线、波浪线、锯齿线、圆弧线、双线、点断线、直线等。

教师：这么多不同的发型,狮子非常期待,请你用你喜欢的线条为狮子设计发型吧。

（分析：引导幼儿回顾已经学过的线条,发散幼儿的设计思维,帮助幼儿更好地进行绘画创作。在讨论之后初次尝试用线条进行设计,引导幼儿实现自己的设想。）

（2）说一说你设计的发型。

教师：你用了什么样的线条来设计狮子的发型?

（分析：欣赏初次设计的成果,为再次设计做好铺垫。）

3．再次设计装饰狮子的发型

（1）欣赏作品,激发图案创作的欲望。

教师：小朋友用了不同的线条给狮子设计了各种各样漂亮的发型,可是狮子觉得还不够漂亮,它说,在我的头发上装饰一些图案吧。你觉得可以用什么图案来装饰?

教师出示若干设计好图案的狮子发型图片。

教师：这几种发型用上了哪些图案?这些图案是如何排列的?

（分析：仍然借助情境引导幼儿再次思考如何丰富自己的设计,让幼儿先说说自己的设想,再欣赏教师的设计,既启发了幼儿的想法,又不至于桎梏幼儿的思维。）

（2）幼儿装饰图案,教师适时给予指导和帮助。

教师：你能设计得跟我不一样吗?请你为狮子的头发再添上好看的图案吧。

（分析：再次引导幼儿根据自己的想法来设计,激发幼儿的创新意识。）

4．作品展示

展示和欣赏幼儿作品,谈谈自己喜欢的作品。

教师：狮子很喜欢你们为它设计的发型,我们跟狮子一起去参加舞会吧。（活动结束）

（分析：欣赏和评价作品能够丰富幼儿的绘画欣赏经验,帮助幼儿更快地提升。）

（案例来源：广西壮族自治区直属机关第三幼儿园　莫虹萍）

五、活动评析

这是一节典型的装饰画活动,活动以故事情境导入,激发了幼儿的参与兴趣;继而层层递进地先从回顾已知的线条经验到初次尝试创作狮子的发型,再到进一步启发幼儿使用图案进行装饰,一步步引导幼儿不断丰富狮子的造型,拓展了幼儿的绘画体验。故事情境能够贯穿活动始终,使得活动的环节衔接得自然得体。在活动过程中,师幼间的互动采用先说后看再动笔的方式,尽可能地发散幼儿的思维,激发了幼儿的创造力和想象力。

【在线测试】

一、选择题

1. 下列不属于幼儿绘画类型的是（　　）。
   A．物体画　　　　B．意愿画　　　　C．装饰画　　　　D．夸张画
2. 正常情况下，5岁左右的幼儿可能处于绘画发展的（　　）阶段。
   A．涂鸦期　　　　B．象征期　　　　C．图示期　　　　D．圆形涂鸦期
3. 李老师请大班幼儿画未来的房子，这属于（　　）。
   A．物体画　　　　B．意愿画　　　　C．装饰画　　　　D．情节画
4. 中班幼儿绘画特点主要体现在（　　）。
   A．基地线　　　　　　　　　　　B．动作表现比较丰富
   C．涂色不够均匀　　　　　　　　D．人物夸张
5. 教师指导小班幼儿绘画大苹果，下列做法正确的是（　　）。
   A．教师先画出一个大大的红苹果　　B．教师带来实物苹果请幼儿观察
   C．教师分发已画好的苹果，请幼儿涂色　D．教师教幼儿怎样把苹果画圆

二、实践题

1. 自选主题，设计一个儿童绘画活动方案，并进行模拟教学。
2. 在幼儿园选取大中小各一个班级，观摩这一班级的美术教学活动，记录活动过程并撰写活动评析。

【真题训练】

一、单选题

1. 小彤画了一个长了翅膀的妈妈，教师合理的应对方式是（　　）
   A．让小彤重新画，以使其作品更符合实际
   B．画一个妈妈的形象，让小彤照着画
   C．询问小彤画长翅膀的妈妈的原因，接纳她的想法
   D．对小彤的作品不予评论

（选自2017年下半年幼儿教师资格考试真题）

2. 在"秋天的树"美术活动中，教师不适宜的做法是（　　）
   A．让幼儿按照教师的范画绘画
   B．组织幼儿观察幼儿画的树
   C．提供各种树的照片组织幼儿讨论
   D．引导幼儿观察有关树的名画

（选自2016年上半年幼儿教师资格考试真题）

二、材料分析题

主题活动中，中班幼儿对画汽车产生了兴趣，为了提升幼儿的绘画能力，郭老师提供了"面包车"的绘画步骤图，鼓励每位幼儿根据步骤图画出汽车。

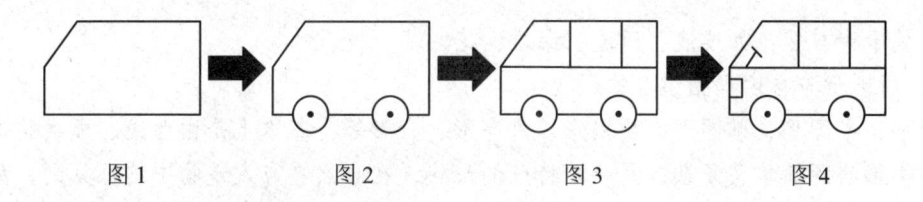

图1　　　　　　图2　　　　　　图3　　　　　　图4

问题：

(1) 郭老师是否应该投放"绘画步骤图"（2分）？为什么？（8分）

(2) 如果你是郭老师，你会怎么做？（10分）

（选自2018年上半年幼儿园教师资格证考试真题）

第七章参考答案

【拓展阅读】

## 儿童绘画的形式语言

绘画的形式语言是绘画表现的手段，主要包括线条、形状、色彩、构图等要素。美术教育中，学前儿童所要学习的绘画形式语言主要有线条、形状、色彩和构图。

一、线条

线条是造型的基本要素之一。在绘画中，线条能表现物体的形象，表达作画者的思想和情感，显示个人的创作风格。线条的运动与变化能增加造型的效果，学前儿童对线条的学习主要包括以下方面。

1. 线条的基本形态

线条的基本形态可分为直线与曲线。直线包括垂直线、水平线、斜线以及折线。曲线包括以弧度的大小、方向转换的不同而呈现的各种曲线。

2. 线条的变化

直线与曲线有长短、粗细的变化，线和线之间可以交叉、并列、重叠、穿插等，变化无穷。线的变化可以给人一种形式美感。它能根据生活的形象表现出不同物体形象的特征。

二、形状

形状是对象的外轮廓，是唯有眼睛所能把握的对象的基本特征之一。

1. 规则形

在形状中，规则的三角形、正方形、长方形、平行四边形、菱形、多边形等都由直线构成，较为简单明确，所以称为规则几何形状。这类形状常见于人造物，如屋顶、彩旗、门窗等。

2. 自由形

方向不定的弧线、曲线、波浪线等自由曲线组成的形状成为非规则的自由形状，这类形状常见于大自然，如波浪、河流、海滩、花、草、枝、叶等。

3．规则形与自由形相组合的形状

圆形、半圆形、椭圆形、旋涡形、月亮形、心形等，基本上是由曲线、弧线构成的形状，这类形状既简单又复杂，是一种特殊的形状，在自然界与人造物中均可见到，如自然界中的太阳、月亮、海星、卵石、果仁、螺壳等，人造的车轮、扇子、弹子、皮球等。他们是自由形和规则形结合的形状。

### 三、色彩

色彩是绘画的基本要素之一。色彩具有表现性、象征性和装饰性三个特点。色彩表达人的真情实感，创作者从自己的表现意图出发，主观地对色彩进行搭配，这就是色彩的表现性。色彩的象征性是人们在长期的社会生活中，对色彩所赋予的特殊情感和象征意味，使色彩成为一种特殊的象征符号。例如，红色象征着热情、喜庆，黄色象征着光明、希望，白色象征着神圣、清净，黑色象征着罪恶、恐怖，绿色象征着和平、青春，紫色象征着优雅、神秘，等等。色彩的装饰性是指画面上各种色彩的面积、位置，以及与形状之间的协调。例如，民间画诀"红要红得鲜，绿要绿得娇，白要白得净"，就说明了追求大色块、高纯度的民间色彩装饰效果的审美倾向。美术教育中，学前儿童对色彩的学习，经历了从辨认到运用的过程。

1．色彩的辨认

色彩是造型艺术的主要语言，学前儿童通过美术活动，学习辨认色彩的三要素，即色相、色度和色性。

色相是色彩的相貌，指色彩的种类和名称，也是色彩可呈现出来的质的面貌，自然界中的色相是无限丰富的，如紫红、银灰、橙黄等。学前儿童要学习辨认三原色，即红、黄、蓝，三间色，即橙、绿、紫。常见的复色，如蓝灰、绿灰、红灰，以及无彩色，即黑、白、灰。

色度包含色彩的明度和纯度，色彩的明度是指色彩的明暗程度，如七种基本色相中，紫色色度最暗淡，黄色色度最明亮。色彩的纯度是指色彩的鲜浊程度，纯度高的色彩鲜艳，鲜艳色彩中加黑、加白、加灰、纯度就变低了。

色性是色彩的冷暖属性。不同的色彩给人带来不同冷暖的心理感觉。一般来说，红、橙、黄等颜色称为暖色。而青、蓝等颜色称为冷色，色彩的冷暖是相对的。

2．色彩的运用

学前儿童运用认识的颜色来表现物体形象，并通过颜色的对比、渐变、重复等变化来丰富画面，从而表达自己的情绪、情感。学前儿童在色彩运用方面的学习主要经历了按物择色、通过颜色变化来处理画面上的色彩、色彩的感情表达这几个过程。

按物择色是指学前儿童能运用认识的颜色，正确地表达出带有固定颜色的自然物，选择与实物相似的颜色着色，如小草是翠绿的、海水是蓝的、云朵是白的等。

色彩的变化是指通过色彩的对比、渐变、重复等的变化来表现画面上各种形象的颜色与画面底色之间的关系，使画面更明亮、生动。

色彩的情感表达是指运用主观知觉来构成画面的色彩，如用红色表现愤怒时的脸、用白色表现哀怨时的脸、用绿色表现生气时的脸。

四、构图

构图是绘画语言要素之一。在儿童的绘画中，构图有着与线条、色彩同等重要的地位。构图是指在一定的空间安排和处理人、物的关系和位置，把个别或局部的形象组成一个整体。构图需要儿童能把握整体并预先构思，因此他们需逐步学习如何处理绘画中形象的分布与主次关系。

1. 绘画中的形象分布

绘画中的形象分布是幼儿构图中一个重要的元素。形象分布是形象在画面上的位置关系和形象相互之间的关系。不同分布方式有着鲜明的直观特征，反映了幼儿空间概念的不同水平。按形象之间的关系，绘画中的形象分布由低到高分为以下几种水平。

（1）凌乱式。凌乱式构图是指幼儿对画中的形象是不做空间安排的，只是随机地把物体分布在画面上，画面没有上下之分，前后之别。

（2）并列式。这种并列式的构图，由一个我们称为"基底线"的记号表现出来，从这时起，儿童用一种普通的空间关系来包含各种事物，把所有的东西（物体和人）都放置在基地线上来表现。画中的各种形象都垂直平行，头脚一致地竖立着，形象之间开始有了上下一致的方向。

（3）散点式。散点式和并列式那种只有上下高低，而没有远近前后的构图方式相比较，散点式构图已摆脱了地平线，开始表现出物体的离散关系，即物体向着四面八方离散开去。幼儿往往将整张画纸作为地面来表现作品中的形象，构图开始具有层次感。

（4）遮挡式。这种形象分布方式是幼儿期最高的构图形式，但是只有很少一部分幼儿能达到这一水平。运用图形之间的相互遮盖或重叠的绘画表现方式，是随着幼儿空间概念的发展而出现的。遮挡式构图的出现表明幼儿开始从一个固定角度出发去表现物体的空间关系。

2. 形象主次关系

形象主次关系是指各种形象在画面中如何分化成主体与背景的过程。不同年龄阶段的幼儿，在处理画面中形象主次关系时有着极其显著的差异。形象的主次关系的处理与形象分布方式的发展密切相关，同时也与幼儿对事物之间关系的感知和理解，以及组织形象的能力的发展紧密相连。这一方面的发展大致表现为以下几种水平。

（1）罗列形象。处于该水平的幼儿，常常将事物看作是独立的个体。儿童表现出来的各个物体，在空间关系上实际都是孤立的，各个物体之间好像彼此没有什么联系，相互之间也不发生任何影响。因此，其绘画具有"列举"的特点。

（2）以空间关系安排形象。在儿童的空间发展中，最重要且基本的经验是发现了秩序和相关的空间概念。因此，他们在绘画时开始使一个事物与另一个事物发生相互的联系。最初，儿童是以十分简单的方式来处理事物之间的关系的。这种方式仅仅满足于空间位置中"上下"的准确性，还不能正确地掌握上下、前后、左右三度空间，如鸟与云朵在天上、人与植物、建筑在地上等。此时，幼儿的作品中各形象在画面上都显得同等重要。

（3）形成主题与背景。儿童开始注意到了特殊的环境，并用不同的方式来处理不同的

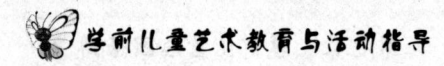

环境。作品中的主要形象通过增加细节，加以装饰等方法被描绘得更加突出，从而成为画面的主体。此时的作品开始有了一定的主题，且所画形象都与主题相关，画面内容丰富。画面上，一些形象成为主体，另一些形象则构成背景，并有简单的情节。

## 学习评价与反思

---

---

---

---

---

# 第八章　学前儿童手工活动

【本章导读】

手工活动能充分调动学前儿童眼、手、脑的协调合作，激发大脑形象思维能力，培养学前儿童的观察力、想象力、解决问题的能力及创造力。学前儿童手工活动目标的制定因年龄不同、个体差异而有所不同。为了使学前儿童有效地感知，教师必须正确地演示及讲解，以正确的心态对待学前儿童的手工作品，提供练习的机会，训练手的灵活性，引导学前儿童将手工制作与绘画相结合，让手工活动成为学前儿童自我表达的语言。

【学习目标】

1．了解学前儿童手工能力发展的阶段性特点和学前儿童手工活动形式。
2．掌握各类型学前儿童手工活动的具体内容和指导要点。
3．设计和实施不同年龄段学前儿童各种类型的手工活动。

【学习重点】

1．掌握各类型学前儿童手工活动的具体内容和指导要点。
2．能够设计和实施不同年龄段学前儿童各种类型的手工活动。

【思维导图】

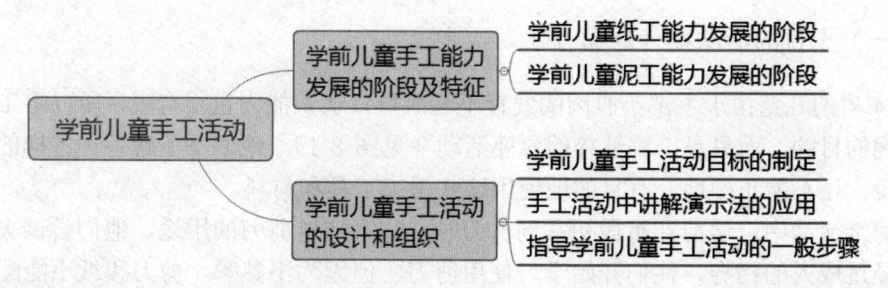

学前儿童手工活动
- 学前儿童手工能力发展的阶段及特征
  - 学前儿童纸工能力发展的阶段
  - 学前儿童泥工能力发展的阶段
- 学前儿童手工活动的设计和组织
  - 学前儿童手工活动目标的制定
  - 手工活动中讲解演示法的应用
  - 指导学前儿童手工活动的一般步骤

【典型案例】

一个周六的上午，邻居有事情出门，请青莲帮忙照看两个五六岁的小朋友。这两个小朋友一闲下来总是问青莲要纸张。青莲觉得奇怪，他们要这么多纸干什么？只见孩子们把纸又折又撕，还拿来剪刀、胶水和笔，一会儿剪，一会儿贴，一会儿画，不一会儿做出了钱包、小伞，还有纸飞机飞来飞去……看着孩子们忙得不亦乐乎，青莲好像明白了什么。可是，最后桌子上、地上留下了大大小小的纸片，青莲又有点儿生气。

手工活动对学前儿童来说有什么意义？怎样引导学前儿童开展手工？教师的作用是什么？学习完本章内容，你可能会找到答案。

# 第一节　学前儿童手工能力发展的阶段及特征

学前儿童手工活动，是指学前儿童对可变性较强的物质材料（各种自然材料和废旧物品）进行加工、改造，制作出各种大小不一的艺术形象的活动。学前儿童手工制作是一种艺术与科学相结合的活动，学前儿童在制作过程中不断发现问题并尝试解决问题。

手工活动能充分调动学前儿童眼、手、脑的协调合作，激发大脑形象思维能力，培养学前儿童的观察力、想象力、解决问题的能力及创造力。"手工"在幼儿园教学活动中有两层含义：一是"动手操作"，学前儿童接触不同的材料，双手感受材料的质感，了解其特性，并和眼睛高度配合，变换多种动作制出成品，动手能力越来越强；二是"动手制作"，在动手过程中，为了做出某种成品，儿童的大脑需要时时思考，脑子也越来越灵活。"心灵手巧"，"心灵"很大程度上建立在"手巧"的基础上。手工活动是培养儿童动手、动脑，启发儿童创造性思维的重要手段。

手工内容包括纸工、泥工、综合材料制作，还有学前儿童手影等一切能使手变得灵活的活动。在本章中，主要论述学前儿童纸工和泥工两种能力发展的阶段，原因有三：第一，纸和泥这两种材料安全，便于寻得；第二，它们容易改变造型，获得新形象；第三，在幼儿园，手工活动分平面手工和立体手工两种，而平面手工和立体手工这两种活动的代表材料分别是纸和泥。

## 一、学前儿童纸工能力发展的阶段

纸是一种可以随意操作的、千变万化的材料，是可以让学前儿童不断探究的"玩具"。

### （一）无目的活动期（2~4岁）

2~4岁的儿童由于手部小肌肉的发育不够成熟，认识能力也很有限，所以手工活动并没有明确的目的，而只是一种纯粹的玩耍活动（见图8-1）。他们不了解各种各样的纸类材料及性质，还不能正确地、有目的地使用这些手工工具和材料。

在剪纸活动中，学前儿童最初拿到剪刀时，并不知道剪刀的用途，他们尝试去探索、玩耍。经过成人的指导，他们开始学习使用剪刀，但因为不熟悉，剪刀和纸不能配合，纸张常常被绞在剪刀里，或从剪刀里滑出，纸片的形状还不能自如掌控。经过一段时间的练习，有的儿童（2岁7个月）能用剪刀将纸张剪成小拇指盖大的小纸片。在粘贴活动中，此时的儿童还不清楚胶水、糨糊的作用，因而也不会使用它。

此阶段的儿童还不会自发产生制作手工成品的愿望，如图8-2所示，幼儿撕纸没有明确的目的，只是满足于手工操作的过程，享受自主活动的快乐，感受手工工具和材料的特性。作为指导者，成人应为儿童提供安全、卫生的手工活动工具和材料，保证儿童拥有操作的机会。例如，在剪贴活动中，不能因为剪刀危险就不让儿童尝试。否则，不但会影响儿童手工技能的发展，甚至在一定程度上会影响儿童的人格发展。正确的做法是充分考虑儿童的手和力量的大小以及安全性，提供给儿童专用剪刀和适宜的纸张，教会他们安全、正确地使用。

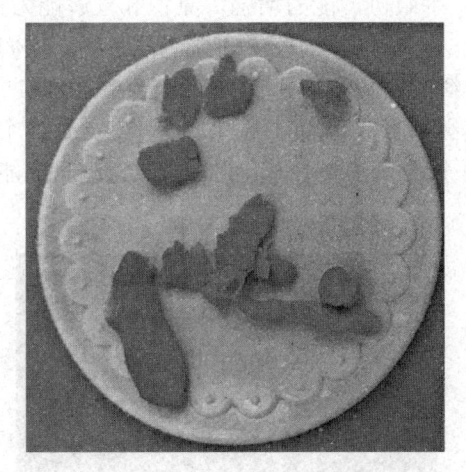

图 8-1　放在盘里的橡皮泥

图 8-2　幼儿无目的的撕纸

### （二）基本形状期（4～5岁）

学前儿童手工发展的基本形状期大约相当于绘画中的象征期。这时的儿童由无目的的动作逐渐呈现出有目的的尝试。4～5岁的儿童常常在制作开始时就说他准备做什么，然后才开始制作。

在剪纸活动中，此时的儿童剪直线能剪得比较顺利，并且，直线剪往往持续很长一段时间而没有多少进步。他们还不能顺畅地剪出弯曲的线条。如图 8-3 所示，中班末期的幼儿能自发尝试用纸张折叠、卷筒、弄皱、穿孔组合拼成雨伞，但两部分纸张只是简单拼合，不懂得运用胶水或胶布进行有效的连接。

图 8-3　儿童将图形组合粘贴成人型　（4岁7个月）

基本形状期是学前儿童手工发展从无目的活动走向样式化的过渡阶段。在这一阶段，成人应该多鼓励儿童大胆地制作，以表达自己的想法，培养他们对手工活动的兴趣。同时，还要教给儿童基本的制作方法，帮助他们达成自己的意愿。当儿童完成之后，要用心地欣赏儿童作品，发现其优秀之处，积极地予以肯定。

## (三)样式化期(5~7岁)

5~7岁学前儿童手部精细肌肉逐渐发育,手眼协调能力增强,见识和理解能力提高,又学习了一些基本的手工工具和材料的使用方法,所以他们表现的欲望很旺盛。他们喜欢用各种工具和材料进行制作,经常要求获得材料,以制作各种手工表达自己的意愿。

在剪纸活动中,这一阶段的儿童不仅能连续剪直线,而且能剪曲线,甚至是多个简单几何图形连接的图案(见图8-4和图8-5)。由于能剪多种线条,此时的儿童基本上能剪出自己所希望的形状。

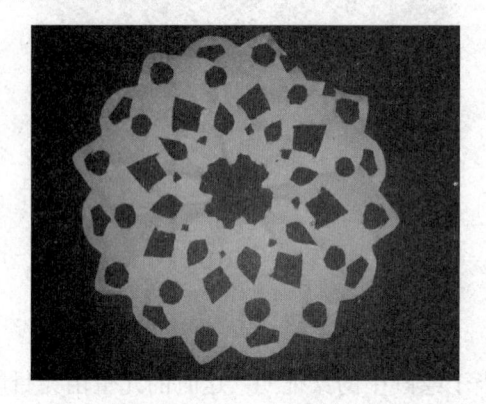

图8-4 窗花(5岁0个月)　　图8-5 窗花(6岁6个月)

在利用纸盒进行的立体造型中,此阶段的儿童不仅能通过剪挖、接合、粘贴等技法进行造型,还能对作品进行细节装饰,比如画花边和着色等。例如,大班阶段儿童能尝试综合折纸、粘贴和绘画等过程,制作钱包,如图8-6所示。

图8-6 钱包(6岁6个月)

因此,在此阶段的儿童手工活动中,成人应注意给他们提供多种手工工具和材料,引导他们正确使用这些工具和材料,鼓励他们用不同的方法来制作、表现,培养其创造能力和创造意识。在活动结束后,要引导儿童自觉收拾材料和垃圾,培养儿童善始善终的习惯。

## 二、学前儿童泥工能力发展的阶段

学前儿童泥工能力的发展也经历了与纸工能力发展大致相同的过程,但又有其自身的阶段特征。

## （一）无目的活动期（2～4岁）

当小班幼儿在平坦的泥地上玩耍时，他们会将小木棍等插入泥土中，称为"蛋糕"。他们尝试将较小的干泥块捏、压成粉末，还不懂得自发地用小木棍掘取泥土成为玩耍的原材料，对细泥粉末等材料，会出现争抢现象。

这一时期的儿童处于无目的活动期。他们不能有目的地制作出形象。起初，他们只是手握油泥或拍打油泥，时而摊开一片、时而又揉成不光滑的一团，享受油泥或黏土的触觉感，以及油泥与黏土形态的变化感。当儿童有比较多的玩泥经验后，偶尔会给"作品"命名（见图8-7）。到这一阶段后期，儿童能用黏土制作出圆球。

在泥塑活动中成人不能因为黏土容易弄脏衣服、环境就不给或少给儿童操作。应当想办法创造条件，可以带儿童到大自然中玩泥巴，也可以在案板上玩搓面团或橡皮泥。

图8-7 怪兽（3岁3个月）

## （二）基本形状期（4～5岁）

在泥塑活动中，儿童从拍打黏土进入用手团圆、搓长的阶段。他们懂得了自己在地上用手挖取一些半湿的泥土，比较耐心、熟练地团圆、搓成泥球。起初出现的是棒状形式，然后出现一个由棒状体组成的最简单的结合体，即平面内的结合。我们常常可以看到有些儿童用棒状形式代替画出的线条，把它们排列在一个平面上，形成平面化的作品，好像一件浮雕作品。这一时期初期，儿童会用泥捏出"蝌蚪人"。在此基础上，儿童又逐渐增加了用几个平面以平行或垂直的关系连接在一起的表现方式。到基本形状期后期，棒状出现了粗细、长短的变化，同时也开始出现了"厚纸片"形式。

总之，此阶段，学前儿童利用粗细、长短不一的棒状形式和后期出现的"厚纸片"形式制作出的东西还只具备所要制作的物体的基本部分。即便有两部分形状的连接，也只是形体的机械相加，整体感不强（见图8-8和图8-9）。由于手的动作发展不够成熟，此时的儿童还不能很好地表现物体的细节。

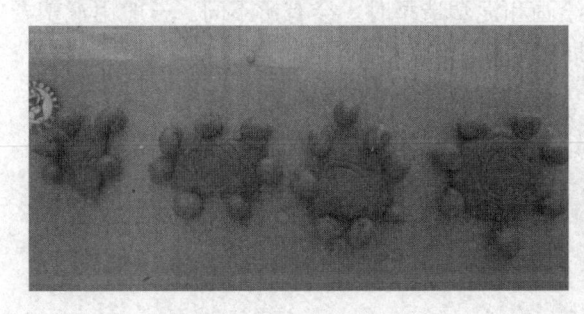

图8-8 泥工作品（1）4岁　　　　图8-9 泥工作品（2）4岁

一些泥工作品表现出基本形状期和样式化阶段的过渡状态，如图8-10和8-11所示，兼有两个阶段的特点。图8-10中既有基本形体的机械相加，又呈现圆雕状态，并有细节。

图 8-11 中小作者在小狗的四肢连接方法上，不再用机械相加的方法，而是用捏、拉的方式表现得较为流畅。

图 8-10　泥工作品（3）4 岁　　　　图 8-11　泥工作品（4）4 岁

### （三）样式化阶段（5~7 岁）

在泥塑活动中，这个阶段的儿童能搓出各种弯曲的、盘旋的棒状物，并用棒状物以一定的角度倾斜相交；他们还能制作出立方体和圆柱体，并会用棒状物组合的方式组合一些复杂的物体（见图 8-12）。在连接方法上，儿童不再用机械相加的方法，而能连接得较为流畅，使制作的物体成为一个有机的整体。

另外，此时的儿童还会借助辅助工具来表现所制作物体的细节、特征。所用方法之一是通过在物体的主干部分上增加若干细小的部分，例如，捏出小鸡、小鸭的嘴，用黑豆等为动物添加眼睛等；所用方法之二是通过在物体的主干部分上刮或挖去若干部分，以表现低凹部分，如用牙签为人物刮出眼睛、嘴巴等。相比上一阶段儿童作品的浮雕式，这一阶段儿童的作品则更多是独立式的圆雕，也更愿意合作。这个时期的儿童在泥地上玩耍，能将干泥土从平地挖起堆成坡形圆柱体，插上小树枝，成为较逼真的"蛋糕"。

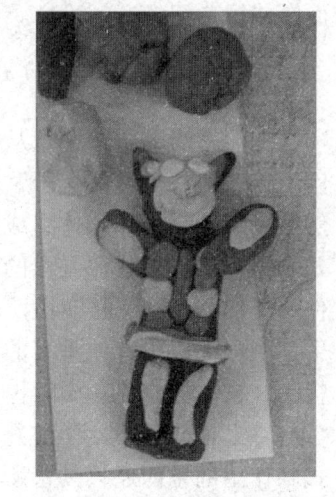

图 8-12　泥工作品（5）7 岁

泥塑是立体形态的，需要儿童去掌握三维结构概念。由于学前儿童身心发展的水平，他们在运用绘画和泥塑造型时，会有所不同。一般用泥塑要比用笔画困难一些。因而学前儿童泥塑发展要稍晚于绘画的发展。

## 第二节　学前儿童手工活动的设计和组织

### 一、学前儿童手工活动目标的制定

手工在一定意义上包含了游戏、制作、教育、参与、创作、共享等含义。可以结合传统民族文化节日内涵、民风民俗等区域特点，开发多种物质材料应用到学前儿童手工教学实践中。

学前儿童手工教育活动年龄阶段目标如下。

### (一)小班(3~4岁)手工活动目标

(1)愿意参加手工活动,学习正确使用多种手工工具和材料,对手工活动产生兴趣。
(2)学习用胶水、糨糊等粘贴一些简单的点状材料和面状材料。
(3)初步学习撕纸的方法和使用剪刀的方法。
(4)学习用面状材料按对边折、对角折的方法折出简单的物象。
(5)认识泥工的材料和工具,初步学习用搓、团圆、压、黏合等方法塑造简单的立体物象。

### (二)中班(4~5岁)手工活动目标

(1)喜爱各种手工活动,正确使用各种材料和工具。
(2)学习粘贴比小班丰富、复杂的点状材料以及自己剪成的面状材料。
(3)学习用面状材料按中心线折、双正方折、双三角折的方法折出简单的物象。
(4)在小班基础上学习捏的方法,学习用平面泥工表现简单物象,提高手的控制能力。
(5)初步学习用其他点状、线状、面状和块状的自然物和废旧材料制作玩具。

### (三)大班(5~6岁)手工活动目标

(1)较熟练地使用和选择手工工具材料,创造性地表现自己的认识和感受。
(2)学习用点状材料、线状材料拼贴或制作物象,表现一定的情节。
(3)学习用目测的方法将面状材料分块剪、折叠剪来表现物体的形象特征。
(4)学习用多种技法折出物体的各个部分,组合成整体物象。
(5)学习用抻拉等多种泥工技法,塑造不同形象物象。
(6)综合利用各种材料、工具和技法来布置环境,制作教具、玩具、礼品、演出服饰、道具等,并注意装饰美。

## 二、手工活动中讲解演示法的应用

讲解演示法是教师以个体的动作、作品为范例,同时用语言讲解儿童所要练习和掌握的技能或制作式样的具体形象、结构和完成的先后步骤,指导他们理解和掌握活动的名称及练习内容。

### (一)讲解演示的内容

讲解演示的内容包括制作过程、作品作用、产生背景等。例如,介绍手工艺品的作用和制作工艺。手工艺品具有较高的艺术价值、审美价值和实用价值。传统民间美术种类和资源丰富多样。适当选择一些优秀民间美术形式导入手工活动,使手工活动更贴近生活,激发学前儿童的创作欲望。在学前儿童手工活动中,手工艺品独特的外形会吸引儿童的注意力,要认真挖掘其深厚的文化积淀,用深入浅出的语言为学前儿童讲解这些图案、花纹的含义以及手工艺品在当时社会的作用。有效地演示其制作过程,能进一步激发儿童学习的积极性和主动性,在有趣的手工活动中继承和发扬民间美术,初步完成对民族传统历史文化的继承和发扬。

## (二)讲解演示法的使用要点

为了使学前儿童有效地感知,教师必须正确地演示及讲解。

(1)演示时,要注意指导语和动作的正确性及作品的美观。演示折纸时,选用纯色纸张,不宜用图案花哨的纸,以免影响儿童分辨折纸的朝向。

(2)演示的方位要多角度。一般采用正面演示,较难的步骤可以镜面示范,让儿童从自己的角度去观看,更易理解。

(3)示范与讲解相结合。注意使用确切的语言向学前儿童说明,讲解的时机和动作步骤相契合。

(4)讲解要简洁明了,突出重点和难点。在折纸教学前,要分析哪个步骤是难点;在演示难点步骤时,要放慢速度,必要时多次多角度演示,并配上有趣形象的讲解语。

(5)对于儿童初次感知或不熟练的动作方式,教师演示的速度不宜过快;示范时,整体示范与分解示范相结合。

◉ 小练习

你会哪些手工活动?

小组内进行讲解演示一种折纸活动。

## 三、指导学前儿童手工活动的一般步骤

在进行学前儿童手工活动教学前,教师应当亲自做一次该手工,复习其制作步骤,感受制作的历程,料想儿童在学习过程中的难点,才能设置适当的目标,抓住教学重点和难点,进行有效教学。

学前儿童制作手工有其自身的特点,大约经历产生意图—构思设计—制作和修饰这一过程。每一个阶段有不同的特点,教师应当根据不同的特点进行有针对性的指导。

### (一)意图阶段的指导

意图制约一切行为的方向和途径。学前儿童早期的手工制作多为自发性的,就是玩耍。如儿童拿到一张纸,把它撕成纸条、碎片,撕纸发出的声音会吸引孩子,但其意图是不明确的。因此,成人应注意帮助他们逐步明朗意图。

首先,让儿童与制作材料充分接触。学前儿童制作的目的多是在与材料的接触中产生的,为此,要多为他们提供与制作材料接触的机会,可以将橡皮泥、纸张等固定放在儿童方便拿到的位置,并安排一定的时间来玩耍。比如,在小班,为了让儿童熟悉橡皮泥,并能自由取放,教师安排了高度适宜儿童的柜子,柜顶专门摆放橡皮泥,每瓶橡皮泥的瓶身和对应下方柜子都贴上该儿童的英文编号(见图8-13)。儿童找

图8-13 小班儿童可以自由拿到橡皮泥

到自己的编号，取走橡皮泥，还可以按编号放回橡皮泥，养成有秩序的习惯。

其次，环境熏陶以激发学前儿童的制作意愿。例如，在活动室，教师可以用彩色撕纸、贴纸来布置教室的环境，让儿童一进教室就有种走进彩纸世界的感觉，从而使他们对纸充满好奇，产生迫切想跟教师学习的愿望。比如，为了给儿童创造视觉冲击感，教师用各种颜色的纸撕成长条和圆形，贴成许许多多个太阳布置在教室的一面墙上。在教室的区域一角，用彩纸撕出的纸片贴成大象、老鼠、盛开的鲜花……儿童一进教室就被眼前的作品吸引住了，情不自禁地走近贴纸作品，想看看是怎么做出来的，并央求教师教他们。儿童的学习兴趣被充分地调动起来了。于是，教师趁势展开了手工教学……有了兴趣的引领，有了手工制作的热情和动机，儿童在学习时十分投入。

学前儿童最初的手工制作，大多数是随意的，没有丝毫的目的性。他们善于模仿，这就需要教师为他们营造"制作"的环境和氛围，激发儿童自发产生"制作"的想法。在学前儿童手工制作活动中，相关环境的布置会在无形中激起儿童创作的愿望。

### （二）构思设计阶段的指导

一般来说，早期的儿童很少出现"胸有成竹"的情况，大多是在行动中"迁想状物""借形造像"。首先，帮助儿童积累多种表象。引导学前儿童多欣赏佳作，学习造型、色彩构成的艺术手法，积累表象，特别注意表象的空间存在形式。教师可让学前儿童通过用眼睛看一看、用手摸一摸的方式加强对表象形体的记忆。其次，提供形式多样的材料，引导学前儿童联想，促进灵感的产生。在手工活动中，应把最具有表现力的一些材料提供给学前儿童。儿童手工活动的内容比较丰富，形式也很多样，如刺绣、泥塑、纸艺、编织、彩绘等都是儿童手工制作中常见的形式。启发学前儿童根据自己的意图选择材料，充分发挥自己的想象力，构思多种制作方案。

### （三）制作和装饰阶段的指导

学前儿童的制作与成人制作的最大区别在于他们的操作受其生理发育特点的影响，手不如成人灵活、精确。因而制作的手工作品显得粗糙，不平滑。在活动中，教师应从以下几个方面进行指导训练。

1. **正确心态对待学前儿童的手工作品**

对手工工具和材料使用方法的掌握是手工制作的关键所在，学前儿童的手不如成人灵活、精确，因此，教师要以发展的眼光看待学前儿童的作品，不过分苛求完美。

2. **提供练习的材料和机会，训练手的灵活性**

在剪窗花活动中，根据儿童手部力量的大小，设计纸张折叠的次数，以方便儿童顺利剪出图形。在对学前儿童进行手的灵活性训练时，可先进行分步练习，再进行整体练习。分步练习可以帮助儿童确切地掌握每一种动作方式的要领；整体练习则可以帮助儿童掌握系列动作之间的联系与协调。

3. **引导学前儿童将手工制作与绘画相结合**

在学前儿童进行手工制作时，教师可启发他们把绘画等方法运用进来，利用各种形式来装饰制作的手工作品，既能让手工作品变得活灵活现，起到装饰的作用，又能增添制作乐趣，同时还能让学前儿童进行大胆的想象。将手工制作与绘画结合起来，可以起到相互促进的作用。

首先，体现在发展儿童的装饰能力。如在儿童粘出一把"雨伞"后，可引导他们用彩笔画上喜欢的图案。又如，在教儿童进行团花剪纸时，可以引导他们在不同的团花上涂上颜色，并将它们叠加粘起来，得到丰富的视觉效果……儿童发挥想象，利用不同的涂画方式，做出了多姿多彩的团花。剪贴完毕后，添画一些相关的形象，能添加儿童制作的乐趣，以增强作品的表现力、感染力，在动手、动脑的过程中，学前儿童不但感受到了无限乐趣，而且发展了动手操作能力，从而提升创作和审美能力。

其次，将手工制作与绘画结合起来，可以使学前儿童手工制作的思考过程更清晰。学前儿童（包括成人）都会困惑如何用黏土塑造小动物或其他物体。例如，想做一只完整的青蛙，但真正做的时候，怎样把一块黏土塑造成一只青蛙，往往比较困难。这时，指导儿童把青蛙的形象分解成各个部分，看一看该动物的身体结构。而学前儿童在自行操作时会用黏土作画，而非用它塑型。他们把黏土片放在画布上，进行平面组合——学前儿童在用更熟悉的方式进行形象思维。当揉打组合完之后，鼓励他们用圆柱体黏土进行三维立体塑型。在此阶段，教儿童用黏土做立体塑型——按压、拉拽黏土，而不是将黏土分割成许多小块，然后把它们粘在一起。这样的塑型可以让创作出来的作品更加稳固，保持持久。

巧用多种材料，增添"制作"的乐趣。大自然犹如一个百宝箱，藏着各种各样的艺术素材。教师要善于引导学前儿童发现生活中可利用的制作素材，发挥素材的作用。同时，教师还要引导学前儿童根据自己的需要，选择合适的材料，进行手工制作。这样一来，学前儿童才可以从不同的制作素材中发挥想象力，引发更多的联想。比如，在学习"京剧脸谱"的制作前，教师先让孩子们向家人了解京剧，同时让他们注意收集吃过的螃蟹壳和废弃的木勺子。在学前儿童收集了这些材料以后，教师设计组织了一次手工活动《螃蟹壳和木勺上的艺术》，即利用木勺上凹进去的椭圆部分以及螃蟹壳上凸出来的部分，用橡皮泥做京剧里的角色贴在上面。学前儿童在观察京剧角色的图片之后，进行了大胆的想象，在木勺上、螃蟹壳上贴了各种角色，有旦角、小生、丑角等。从儿童展露着艺术灵气的作品中，能看到他们丰富的想象和自由的精神。这样做，既能变废为宝，也让学前儿童大胆地去创造自己喜欢的手工作品。

4. 正确应对学前儿童问题解决的试误性及指导

对于制作过程中遇到的问题，学前儿童常见的解决策略包括以下几种。

（1）尝试错误。

（2）多次尝试后顿悟。

（3）有目的地分析问题和解决问题。

（4）观察模仿同伴。

儿童解决问题的策略常常带有很大的试误性，对于这种试误性特点，必须从两个方面加以分析。一方面，对于一些做事情目的性、计划性不强，总是反复尝试，始终没有结果的学前儿童，教师应帮助他们增强解决问题的目的性、计划性，激励他们对遇到的问题情景进行认真观察、分析和比较，成功解决问题。另一方面，也必须看到，尝试错误是学前儿童发展过程中的必经阶段。大多数学前儿童都在尝试错误的过程中寻找问题的解决策略，获得丰富的学习经验。随着学前儿童年龄的增长，儿童解决问题的目的性、计划性会逐渐增强，尝试错误将会逐渐被代替，但无疑，尝试错误为学前儿童今后更加有目的、有计划地解决问题提供了前提基础和条件。儿童会在不断试错过程中，逐渐清晰对问题的理解，丰富解决问题的经验，在头脑中积累更为丰富、复杂和有效的解决策略。例如，儿童为给汽车的"车厢"（纸箱）扎洞开口，以便表示车窗，尝试了各种方法，用大头钉、铁丝、不同的剪刀连续扎洞、剪口，最后终于掌握正确的扎洞方法。在这种不断尝试的过程中，学前儿童可以从中体会材料的特性，身体与材料和工具之间的作用关系，以及坚持到底等，从而获得丰富的学习经验。如果在此期间教师过多干预，急于告诉学前儿童该怎样做，只会限制儿童探究学习的机会与过程。

**【案例赏析】**

小班纸工活动：大牙刷

一、设计意图

小班儿童需要学习刷牙来保护自己的牙齿，针对这一主题，我们设计纸工活动制作牙刷，让儿童对刷牙更熟悉，并感到乐趣。

二、活动目标

1．初步学习使用剪刀，学剪直线。

2．知道刷牙的好处，初步学习刷牙的方法。

三、活动准备

1．经验准备

幼儿已经学过对折纸张，生活中有过刷牙经验。

2．物质准备

（1）各种花纹的儿童牙刷若干，一把大牙刷。

（2）人手一张长方形的硬板纸，数张正方形的纸。

（3）彩色水笔或炫彩棒，固体胶。

四、活动过程

1．说一说：我的小牙刷

（1）让幼儿观看各种颜色的牙刷，说一说它们的颜色和花纹，并找出各自喜欢的颜色。

（2）讨论：各自的刷牙经验。

教师：为什么要刷牙？什么时候刷牙？应该怎样刷牙？

（分析：把讨论内容分成三个问题提问，降低儿童回答难度，同时也利于儿童记忆常识，并且激发儿童回忆思考，给予幼儿比较足够的时间。）

（3）设置故事情景，引起幼儿兴趣。

教师：小牙刷听说小朋友们爱刷牙，高兴极了，它们有的说："我像小鱼一样会在嘴里游来游去，把牙缝刷得干干净净，小朋友一定最喜欢我。"有的说："我的柄上有小动物，牙刷的毛红红绿绿，又漂亮，还能把牙齿上的细菌都消灭干净。"下面我们就学一学该怎样使用这些牙刷。

（分析：用较多的真实牙刷使学前儿童获得大量的直观形象，并通过讨论引起他们对已有的生活经验的联想。利用有趣的故事情境引导儿童初步学习正确刷牙的方法。）

2．小制作：大牙刷

（1）出示大牙刷，设置故事情景。

教师：有一把大牙刷准备参加刷牙表演，它想请小朋友给它做几个小伙伴，大家一起去！

（2）引导幼儿按步骤制作牙刷。

① 做牙刷柄：幼儿把长方形的硬板纸对折成长条，做成牙刷柄。

② 做牙刷毛：幼儿将正方形的纸对折后，在开口的一边剪直线做成刷毛。

③ 师生共同将牙刷毛嵌入柄内后黏合，做成大牙刷。

（3）给牙刷做装饰。

在长方形的纸上涂上自己喜欢的颜色，并说一说画的都是什么，体会画得越多越满越好看。

（分析：情景导入制作牙刷的活动；由于小班儿童手部小肌肉发育不够成熟，不能操作太精细的材料，所以活动设计的是制作大牙刷，而非小牙刷；教师把制作牙刷的过程分为三个明显的步骤，每个步骤比较简单，容易操作。）

3．刷牙表演

（1）教师指导幼儿学习刷牙方法：从上到下刷，从里往外刷。

（2）引导幼儿利用自制牙刷一起模仿学习刷牙的动作。

（分析：学前儿童使用自己亲手制作的玩具模仿刷牙，兴致更高；在游戏中再次学习正确的刷牙方法。）

（案例来源：朱家雄．幼儿园主题式课程·小班）

五、活动评析

本次活动选材贴近小班儿童的生活，对该阶段的儿童建立良好刷牙习惯有促进作用。整个活动比较连贯，融艺术和健康为一体。教师在活动开始时利用实物、谈话和情境化的教学方式，让儿童学刷牙，引发幼儿对牙刷的兴趣。重点部分为学习制作大牙刷，对折、剪直线和粘贴都是有一定手工经验的小班幼儿能够完成的，难度比较适中。在完成制作后，游戏性的练习再次复习正确的刷牙方法，体现了"学习即生活"的理念。

## 小班泥工活动：甜甜的棒棒糖

一、设计意图

棒棒糖是儿童喜爱的零食之一，它绚丽的外形让儿童爱不释手。所以，教师想到以制作棒棒糖，来吸引儿童参与泥工制作，发展儿童的小肌肉动作和色彩搭配能力。

二、活动目标

1．学习用团圆、搓长、卷的技能制作棒棒糖。

2．锻炼手指的灵活性和控制力。

3．愿意参加泥工制作活动，体验玩泥的乐趣。

三、活动准备

1．经验准备

幼儿品尝过棒棒糖。

2．物质准备

（1）场景布置：小熊糖果店。

（2）各色胶泥、胶泥板、塑料棒。

四、活动过程

1．以"参观小熊糖果店"导入活动，激发学前儿童参与活动的兴趣。

指导语：这是什么地方？谁的？小熊糖果店有什么糖？你喜欢哪颗棒棒糖？棒棒糖有什么颜色的？是什么形状的？你还见过哪种棒棒糖？

回到座位后，教师念出小熊的留言——"亲爱的小朋友，六一儿童节就要到了，为了有足够的棒棒糖送给森林里的小朋友们，你们能帮助我吗？"

指导要点：充分调动学前儿童的已有经验。

（分析：棒棒糖具有能引起学前儿童喜爱的两重因素，即色彩鲜艳和形象诱人。教师以帮助大熊制作棒棒糖的任务切入，能满足儿童与棒棒糖近距离接触的愿望，同时能达到本泥工活动的目的。）

2．教师示范制作棒棒糖，引导学前儿童观察棒棒糖的制作方法。

（1）指导语：我和你们一样，也想帮助小熊。我想用两种颜色做棒棒糖，一个大大的棒棒糖。（边做边念儿歌）"橡皮泥，放手心，团一团，搓一搓，搓成糖果条。糖果条，手拉手，抬起头，卷呀卷，卷成棒棒糖"。

（2）指导要点：引导学前儿童观察两条"糖果条"黏合在一起和卷"糖果条"的方法。教师示范后可再请一名学前儿童尝试制作棒棒糖，同时请其他学前儿童一起边念儿歌一边做动作，巩固制作方法。

（分析：在制作棒棒糖时，以念儿歌的形式打破沉默，同时说明制作的过程，很有趣。）

3．学前儿童DIY：甜甜的棒棒糖，让学前儿童运用团圆、搓长、卷的泥工技能制作棒棒糖。

（1）指导语：现在，让我们一起来帮小熊做棒棒糖吧。

（2）指导要点：引导学前儿童在儿歌的帮助下制作棒棒糖。

（分析：儿童边做边重复儿歌，能够得到步骤的提示。）

4．共同欣赏作品，引导学前儿童对作品进行简单评价。

指导语：棒棒糖做好了，和好朋友说说哪颗棒棒糖最漂亮？今天我们帮小熊做了许多棒棒糖，真开心！

5．带领学前儿童离开"小熊糖果店"结束活动。

（案例来源：广西军区幼儿园　曾延彦)

五、活动评析

本次活动选材独特，符合幼儿喜爱色彩鲜艳的物品的年龄特点。整个活动的内容重点突出，活泼有趣。通过参观小熊的糖果店，其中丰富多样的棒棒糖引发儿童对棒棒糖的兴趣。教师读出小熊半文半图的来信，导出本活动的重点内容。教师和儿童边做棒棒糖边念儿歌，在一定的重复中加深儿童记忆，有利于解决儿童在手工活动中忘记步骤的难点。在活动中，教师还允许儿童尝试多种制作方式，自由表现，有利于幼儿个性的培养。

## 大班手工活动：有趣的橘子皮

**一、设计意图**

秋季是橘子丰收的季节。近段时间，孩子们的午点总是吃橘子，他们总爱把剥下来的橘子皮放在手中把玩儿，于是教师就产生了进行有关橘子皮的创意活动。

每个人天生都具有创造的潜能，但这需要后天的培养和引导，需要教师、家长为其提供充分的发挥潜能的机会和情境。这先天的创造力是在生活和成长过程中表现出来的，所以教师不能只是把培养幼儿的创造力放在教学活动中，还应抓住生活中的每一个细节，为他们营造轻松自由的情境，让孩子们愉快自如地充分发挥他们的创造潜能。在一日生活中，教师抓住了孩子们吃午点这一细节，利用橘子皮让幼儿发挥想象，并进行创造活动，使他们的潜能得以挖掘和表现。

**二、活动目标**

1．能根据橘子皮的形状和颜色等特点，结合辅助材料，大胆制作出自己想象的物品。
2．体验制作成功后的快乐和自信。

**三、活动准备**

材料准备：橘子、剪刀、双面胶、水彩笔、作业纸、小棍等。

**四、活动过程**

1．引导幼儿观察自己手中剥下来的橘子皮

教师："孩子们，看一看自己剥下来的橘子皮像什么呢？"

幼儿："像一顶帐篷，给小蚂蚁、小蚱蜢住""像一只乌龟""像一只小鸟在飞""像一顶帽子""像摇篮""像荷花""像小碗"……

（分析：先激发儿童观察剥下来的橘子皮，引发儿童的联想和制作意图，为之后的创意制作做铺垫。）

2．创意活动

（1）引导幼儿想出各种办法用橘子皮进行活动。

教师："你们想得非常好，说得也很棒，那我们怎么让爸爸妈妈和小朋友也能看到或听到呢？"

幼儿："用橘子皮做成画""把橘子皮做的画编成故事讲给爸爸妈妈和小朋友听""可以做成玩具让小弟弟小妹妹们玩""老师，我们用笔画下来""用胶粘在纸上""用大头针钉在吹塑板上"……

（2）幼儿讨论创作橘子皮画所需要的物品：剪刀、彩笔、背景纸、小棍等。

（分析：儿童自发讨论创作所需物品，是主动思考制作经过的过程——橘子皮怎样组合？哪些物品能帮忙？这些物品怎么用？经过之前的思考，手工制作开展得更顺利，效果更丰富。）

（3）鼓励幼儿根据自己的想象大胆创作，启发幼儿使用多种材料，采用不同的表现手法。

子昊小朋友用橘子皮拼出两只展翅飞翔的小燕子，美滋滋地拿给我看。我问他："两只燕子要去做什么？"他没有回答，表现出若有所思的样子，一会儿，他就在纸上画出了许多图画，并讲给我听："这是大树，这是燕子的窝，窝里有它们的孩子，在等着吃饭，它们的爸爸妈妈带回来许多好吃的东西。还有太阳、小草和小花，它们在高兴地笑着。"一幅美丽的图画、一个动听的故事被子昊创编出来了。

南南把背景纸画成了一座古怪的城堡，城堡里面全是隧道，他说这是迷宫，迷宫上面插着几面旗子。画中有一个橘子皮拼成的古怪人，南南说这是好人，很勇敢，他在抓坏人，坏人钻进了迷宫。多么富有想象力的孩子呀！

园茵告诉我，她制作了一头猪和一条鱼。我问她："猪和鱼都应该生活在哪里？"于是她用彩笔添画了池塘，里面有螃蟹、小虾、水草和橘子鱼玩耍。猪的旁边添画了牛在悠闲地吃草，最远处还有一座小房子，那是牧童的家。瞧，多美的一幅风景画啊！

平时最活跃的龙龙玩得更开心。只见他站在桌子旁边，头上扣着橘子皮剪成的菊花当厨师帽，他用橘子皮做成4个小碗，里面放有细碎的小橘子皮和碎纸屑，他一边手里摆弄着一边眉飞色舞地讲道："这是一盘京酱肉丝，这是一碗面条，这是两碗米饭……"原来他正陶醉在做厨师的快乐中。

菁菁小朋友正在用橘子皮做一只非常可爱的小乌龟，小乌龟在用四条短腿爬行，半圆的橘子皮正好做小乌龟圆鼓鼓的大龟壳，4块小的橘子皮做腿，还做了头和尾巴，活灵活现，她在创作一个有关乌龟的新故事。她的双胞胎妹妹也在做着同样的创意作品。

璇璇用橘子皮做了一锅香喷喷的饭菜，里面有肉、蔬菜和米饭，又用纸通过剪、折、粘做了一个精美的小炉灶，还有打火的旋钮，都可以玩扮家家的游戏了。

佳琦举着她的作品正在给大家讲解："我的菊花是双层的，是用两个橘子皮剪得细细的，然后用筷子穿在一起做成的，你们看，多漂亮！"

（分析：幼儿通过思考、判断、筛选，把自己的想象借辅助材料变成了精美的图画、有趣的故事、可爱的玩具，一件件作品使幼儿的个性得以发展和张扬。在创作的过程中，每一个孩子都体验到了创造的快乐与成功，都认为自己的作品最好，自己是最棒的！）

3．橘子皮画展览

（1）指导幼儿根据所选材料的不同，分类张贴或摆放作品，提醒幼儿注意摆放的位置要适合参观者观看。

（2）幼儿先向伙伴介绍自己的作品，再邀请其他班级的小朋友参观展览。幼儿自己当小小讲解员，向参观者介绍自己的创意作品。

4．活动延伸

让幼儿在家中和爸爸妈妈一起创作更多更好的不同的橘子皮作品，带来和大家分享。

（分析：孩子们把幼儿园中的活动带到家中，和爸爸妈妈继续做这件有趣的事情，能使这种创意活动继续深入开展下去，孩子的创造兴趣就可以保持两个星期甚至更长的时间。在活动中，孩子们充分体验到了创意活动的乐趣及成功后的自豪感。孩子的创造性得到较好的锻炼与培养，自信心也得以初步建立。）

（案例来源：河北省省直机关第四幼儿园　张青）

五、活动评析

教师观察、利用细节——利用生活中的"废品"水果皮,开展了此次活动,从幼儿熟悉的生活细节入手,从幼儿日常生活接触到的事物入手,来培养幼儿的创造力,更容易激发幼儿的创作欲望。《幼儿园教育指导纲要(试行)》中指出,要引导幼儿接触周围环境和生活中美好的人、事、物,丰富他们的感性经验,提高他们的审美情趣,激发他们表现美、创造美的欲望。教师要为幼儿提供自由表现的机会,鼓励幼儿用不同的艺术表现形式大胆地表达自己的情感、理解和创意,尊重每个幼儿的想法和创造,肯定和接纳他们独特的审美和表现方式,分享他们创造的快乐。幼儿的创造角度不同,作品各异,教师能够倾听每个幼儿的创作思路,接纳每一件作品,鼓励幼儿个性的张扬,就能使每位幼儿都能体验到成功的快乐。

【在线测试】

一、单选题

1. 在泥工活动中,小宝总是不停地用双手搓出长条,一根一根地摆放在一起,你觉得小宝可能是(    )。

  A. 2~3岁　　　B. 3~4岁　　　C. 4~5岁　　　D. 5~6岁

2. 通常3岁的幼儿大概处于纸工能力发展的(    )。

  A. 无目的活动期　　　　　　B. 样式化期

  C. 基本形状期　　　　　　　D. 形象造型期

3. 大班泥工活动《小蜗牛》过程中,教师不正确的做法是(    )。

  A. 出示已制作完成的小蜗牛给幼儿欣赏

  B. 示范如何将泥搓成细长条

  C. 让幼儿自己探索如何制作蜗牛

  D. 请幼儿介绍自己制作的蜗牛

4. (    )的幼儿捏小鸡时,会用黑豆当作小鸡的眼睛。

  A. 2~3岁　　　B. 3~4岁　　　C. 4~5岁　　　D. 5~6岁

5. 对于幼儿在制作过程中遇到的问题,下列做法不太恰当的是(    )

  A. 先不管,让幼儿多次尝试错误

  B. 和幼儿一起分析问题和解决问题

  C. 让幼儿观察模仿同伴

  D. 帮助幼儿解决问题

二、实践题

以学习小组为单位,分别选择不同年龄段手工教学内容,设计活动方案,准备教具,在班级进行模拟试教。

【真题训练】

幼儿园教师资格证面试真题:

1. 折几个动物，然后根据这几个动物设计几个幼儿游戏。
2. 根据步骤图，折企鹅，根据这只企鹅，设计三个游戏。
3. 根据步骤图，折啄木鸟，根据这只啄木鸟，设计两个游戏。
4. 根据步骤图，折四角花，根据这朵花，设计两个游戏。
5. 根据步骤图，折爱心帽子，根据这顶帽子，设计两个游戏。

第八章参考答案

**【拓展阅读】**

**希尔托普儿童中心儿童探索黏土记录**
**初步探索黏土：第一阶段**

3月24日

儿童如何与黏土交朋友？像亲密的好朋友，一见面就伸出胳膊拥抱，坐得很近，不用语言就能交流。

雷切尔（Rachel）、安娜（Anna）和杰莎（Jessa）早上开始与黏土建立这种友谊。地上除了一块又大又白的防水布之外什么都没有，防水布中央放了一块浅灰色的瓷制黏土。"孩子们，看看这块黏土。黏土，来看看孩子们。"我对孩子说，"用我们的身体和黏土一起游戏吧。"他们首先用手指试探性地碰了碰黏土，向黏土介绍自己，并等待黏土回应。渐渐地，从他们的友好姿态中可以看出，他们已经有把握了。于是，我鼓励他们大胆运用黏土玩大肌肉动作游戏："试一试站在黏土上，它很结实，经受得住你踩。感受一下，脚踩在上面是什么感觉。能用你的脚趾探索黏土吗？"

安娜第一个站到黏土上，小心翼翼的样子。之后，其他孩子也凑过来。安娜感到凉凉的，咧嘴笑了起来。其他孩子看她笑了，也很快爬上黏土，和她站在一起。"跳！"雷切尔喊道，这也掀起了孩子的黏土游戏。女孩子爬上黏土，再跳下来，用脚趾挖黏土，在上面踩脚，跳来跳去。慢慢地，黏土形状发生了改变，也算是对儿童游戏给予了回应。

雷切尔全身倚靠在黏土上，用手用力按黏土。这时，我对他们说："你能不能把这块黏土翻过来？"于是，雷切尔和安娜用力摔打、揉捏黏土，听到"啪"的一声，黏土被翻了过来。

友谊是朋友间形成的对彼此信任和友爱之情，代表朋友间友好关系的行为。

杰莎、安娜和雷切尔早上开始与黏土建立友谊关系。他们慷慨大方，带着极大友爱之情探索黏土，了解黏土运动，改变形状，以及获得黏土的积极回应。就这样，通过丰富的身体动作游戏，儿童与黏土之间建立了友谊关系。在今后的几个月里，这种友谊关系将随着儿童探索活动的不断推进深化。

## 初步探索黏土：第二阶段

**11月6日**

奥利维娅、米利亚、阿里安娜、利亚姆和洛根今天早上在美术室操作黏土，着迷于改变黏土材质和密度，探索黏土的坚固性和柔韧性。开始，我们只用手和蘸水的海绵操作，过段时间用工具操作。这样做可以让处在早期探索阶段的儿童在操作过程中发展与黏土的关系，了解它的秉性、特点和动力特点。在探索黏土特点时，他们往往会一起讨论，彼此分享观察所得。

奥利维娅："我的黏土硬得像冰一样！"

米利亚："硬得像岩石。"

阿里安娜："黏土很容易拉成两段，因为手湿了。压了几下，它就变软。你试试，米利亚。把你的手也弄湿，然后压一压黏土。"

奥利维娅："黏土变得像小兔子一样软。我从海绵里挤了很多水，它就变得越来越软。现在，它已经快成泥胶了。刚刚它还立在画布上，后来我往上面滴了几滴水，不一会儿，有些地方就变成糊了，好像我的手上有肥皂一样。"

利亚姆从海绵里挤了很多水，滴到黏土里，黏土变得非常湿。黏土和水混合在一起，过一会儿，他解释说："水把它变得又湿又黏，放到画布上很光滑。"

奥利维娅："我挤压黏土时听到滴答的声音，是水滴出来的声音，水混合到黏土里了。"

利亚姆的变成了泥。需要新的黏土，这块黏土太湿了，放在画布上很滑，要散了，我什么都做不了。

阿里安娜："我没往黏土里加那么多水，当然就很难把它压扁了。"

安（译者注：本书作者）："黏土要硬一点，这样才能捏出你想要的形状。"

奥利维娅："我捏的黏土像百吉饼上的奶油干酪。"

洛根："我的黏土变得又干又硬。"

利亚姆："为什么它会变干、变硬呢？"

洛根："因为我正在不停地拍打它。"

安："为什么拍打它，它就会变得又干又硬？"

洛根："因为我拍得又猛又快。"

安："为什么又猛又快拍打，黏土会变得又干又硬？"

洛根："因为空气让它变干了。"

阿里安娜："我把黏土拍平了。"

洛根："黏土太好玩了，我正在做试验，拿出一片黏土，然后再拿出一片，把它们压在一起。"

安："你猜会发生什么？"

洛根："粘在一起了呗。"

在进行诸多感官探索后，孩子开始用黏土表现某些物体，进行表征创作。表征创作是感官探索的延伸，孩子的关注焦点从触觉经验转向视觉探索。在操作过程中，他们逐渐发现黏土的形状会让他们想起特定物体。于是，他们不断改变黏土的形状，按压、折叠，抠出黏土后描述像什么：

一个洞！

一个人！

一座火山！

一个好玩的球！

一个小鸟巢！

在今后几周，我们将用更多时间进行黏土活动，不断增强孩子对黏土特性和可塑性的了解，使其成为可以交流和表现的工具。

## 进一步探索黏土

### 2月6日

"辛克莱，怎么做出那么酷的恐龙？"德鲁带着羡慕的表情，注视着辛克莱几周前做出的雷龙。恐龙刚从窑里拿出来，立在工作桌旁的架子上，成为今早孩子关注的焦点。

德鲁、麦肯齐（Mackenzie）、卢卡斯（Lukas）、哈利（Halley）和辛克莱一起准备把黏土块做成雕塑品。他们揉打好黏土，通过滚揉和拍打，把黏土中看不见的气泡挤压出去，这样放在窑里烧制就非常安全。

我们把雷龙放到工作桌上，孩子塑造黏土时可以随时观察，同时让辛克莱作为小老师，指导同伴做雷龙。"首先要做什么？"我问辛克莱，"怎么开始？"

"首先，要做出肚子的形状，"辛克莱说，"不是球，是像肚子一样。我做给你们看。"接着，她示范如何将揉打好的黏土滚揉成一个椭圆形。

"然后做腿，再做尾巴，最后做脖子和头。"

德鲁、麦肯齐、哈利和卢卡斯仔细听辛克莱的介绍。我将这四步按顺序记录下来，并给每一步都配上简短说明，之后把记录放在桌子上，孩子随时可以翻看参照。这样，每个学习者都把黏土揉成了圆形，并举起来给辛克莱看，让她检查。然后，她予以反馈和指导："不要这么圆""底下再平一点""顶部光滑一点"

当每个孩子都做了个令人满意的肚子时，他们又开始做短腿、长尾巴和更长的脖子。一旦各个不同部位都做完，我教他们一起学习如何使用泥胶。我用类似刀叉的工具示范如何把需要连接的地方弄粗糙，然后涂抹泥胶，用泥胶把黏土粘起来。工具和泥胶都很吸引人，所以哈利干脆不做恐龙，开始玩泥胶和工具。他拿来许多块黏土，用工具刮擦，在上面涂厚厚泥胶，然后将黏土粘在一起。德鲁、麦肯齐和卢卡斯用恐龙按压泥胶，操作过程中用了很多泥胶！

最后，麦肯齐和卢卡斯都做了他们喜欢的恐龙。我们在雕塑品底部刻上他们的名字，并且把作品放到外面晾干。德鲁也用泥胶，但失败了，恐龙最后塌成一摊泥。他十分灰心，留下失望的眼泪。卢卡斯站在德鲁旁边，看他失望的样子，表示很同情，鼓励他再做一次。

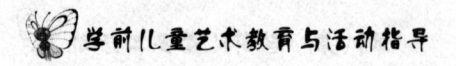

过了一会儿,德鲁开始动手。他重新揉搓黏土,像哈利那样使用工具和泥胶,自由创作雕塑品,并享受黏土光滑细腻的感觉。

与此同时,辛克莱想要再创作一个多刺的恐龙——雷龙的同伴。于是,她又开始揉搓黏土,解释说:"我说了那么多了,现在我想再做一个,不教他们做了!"

我很欣赏孩子合作的过程。辛克莱和大家分享她的做法,哈利、德鲁、麦肯齐和卢卡斯扮演学习者的角色,问问题、提想法,并且在桌上互相传递工具和泥胶。他们彼此间互相信赖、放松的氛围以及在研究黏土塑型可能性时建立起来的深厚友谊,让我很感动。

([美]安·佩洛著《艺术语言:以探索为基础的幼儿园美术活动》)

## 学习评价与反思

----

----

----

----

----

# 第九章　学前儿童美术欣赏活动

**【本章导读】**

学前儿童美术欣赏活动，是教师引导学前儿童欣赏和感受美术作品、自然景物与周围环境中的美好事物，理解对称、均衡等形式美的初步概念，感受其形式美和内容美。但是，有个孩子在欣赏《蒙娜丽莎》时，却说："不喜欢这个阿姨，好凶的样子。"这是怎么回事呢？让我们带着这个问题开启本章的学习。

**【学习目标】**

1．了解学前儿童美术欣赏能力发展的特点。
2．掌握美术欣赏的相关理论知识并具备一定的艺术感受力。
3．能将美术欣赏活动的相关理论知识运用于美术欣赏活动的设计和组织。

**【学习重点】**

1．了解学前儿童美术欣赏能力发展的特点。
2．能将美术欣赏活动的相关理论知识运用于美术欣赏活动的设计和组织。

**【思维导图】**

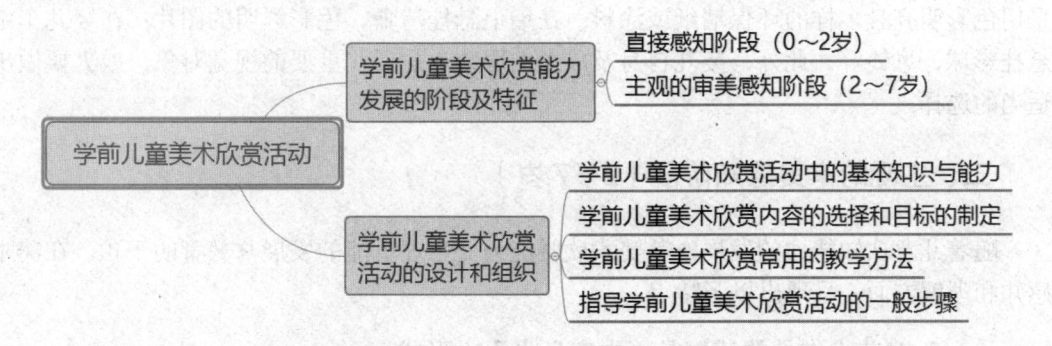

```
                              ┌── 直接感知阶段（0~2岁）
         学前儿童美术欣赏能力 ──┤
         发展的阶段及特征        └── 主观的审美感知阶段（2~7岁）
学前儿童
美术欣赏                        ┌── 学前儿童美术欣赏活动中的基本知识与能力
活动                            │
         学前儿童美术欣赏 ──────┤── 学前儿童美术欣赏内容的选择和目标的制定
         活动的设计和组织        │── 学前儿童美术欣赏常用的教学方法
                                └── 指导学前儿童美术欣赏活动的一般步骤
```

**【幼教故事】**

刚到幼儿园实习的王小莉同学要组织一次美术欣赏活动，她感到束手无策。因为一直以来，她认为儿童美术活动无非就是绘画和手工，对于欣赏活动，她根本不知道从何下手。学前儿童美术欣赏活动该如何组织呢？

# 第一节 学前儿童美术欣赏能力发展的阶段及特征

## 一、直接感知阶段（0～2岁）

美术是一种视觉的艺术，美术欣赏的发生与视觉器官发育相对应。0～2岁婴幼儿的欣赏行为主要表现为对要素的直觉敏感性和注意力的选择性，是纯表面的和本能直觉的。

从儿童认识发展的阶段来看，儿童的欣赏行为不可能发生在感觉运动阶段的第一个子阶段（出生至1个月）。因为新生儿的眼球还不能聚焦在一个确定的目标上，这时候的世界对他们而言是混沌不清的。在感觉运动阶段的第二个子阶段（出生一个月之后），他们就能注视有色、形、音的目标。当发展到感觉运动阶段的第三个子阶段（4～10个月），婴儿的视觉选择倾向有了新的发展，他们开始对颜色有了知觉。斯塔普利斯（Staples, F.R.1937）给婴儿呈现了两个亮度相同的，但一个是彩色的，另一个是灰色的圆盘，测试婴儿对它的注视时间，结果表明，婴儿对颜色的察看行为明显较长。4个月的婴儿的颜色感知能力已接近成人水平，他们更容易被纯度高的色彩所吸引，而不是那些复杂的混合色；婴儿注视红色和蓝色的时间要比黄色和绿色更长一些。

研究表明，婴儿出生后不久就已经对美术的两个基本要素——形与色有了一定的审美感知能力。尽管这些最初的反应只是一些本能的直觉行为，但这些本能的直觉行为已为日后更高层次的美术欣赏活动做好了心理上的准备。

在本阶段，成人可以有意识地为儿童提供适当的视觉刺激，为他们创造有利于观察的彩色视觉对象，引导儿童进行视觉运动，以提高儿童的视觉敏感性。例如，在儿童的房间采用色彩明亮且多样的环保墙纸或涂料；在墙上悬挂清晰、色彩鲜明的图片；在婴儿车中悬挂彩球、风铃等。此外，婴儿自身及成人的服装也是婴儿重要的视觉对象，成人要做出适当的选择。

## 二、主观的审美感知阶段（2～7岁）

随着儿童认知能力的发展，其美术欣赏能力受生理机能的发展与教育的干预。在美术感知和理解方面，呈现出以下特点。

### （一）对艺术作品的感知是"内容"先于"形式"

3～4岁的儿童，对美术作品的欣赏首先是关注作品的内容，很少有儿童会关注到作品的形式审美特征。这一阶段的儿童还没有形成一种真正意义上的审美态度，而是一种"求实"的态度。更进一步说，儿童对美术作品内容的感知欣赏只限于画面上画了什么。此时的儿童仅仅是浅表层次上的感知、理解美术作品的内容，他们还不能深入地感知和理解美术作品所蕴含的深刻的主题以及所反映的精神内涵。其实，这和儿童的认知能力与生活经验相一致。研究表明，儿童能够识别画面中所描绘的物体，并且不需要经过特别的训练，对艺术作品的主题也有一定的理解，对作品的构图、色彩、比例等要素有所关注，能做出简单的判断，但对作品各层面艺术美的了解还存在一定的困难，无法自发地理解作品的形式审美因素。

## （二）逐步展现出对艺术作品"形式"的感知

### 1. 在线条与形状的感知方面

此时的儿童总是喜欢把它与具体的形象联系起来谈论。有研究者提供两种不同形态的树与两种不同的情感让儿童匹配，结果大多数儿童将枝繁叶茂、茎叶成放射状的树与"高兴"匹配，将弯腰驼背、浑身无力的树与"伤心"匹配。这表明，当线条融合在形象中时，儿童能感受到其中所表达的感情。

### 2. 在色彩的认识方面

大多数研究者认为，儿童认识的颜色大致遵循这样的顺序：从常见的几种标准色到色波较长的暖色以及明度较高的颜色，而对间色、复色或色相差别较小的颜色认识较困难。

### 3. 对色彩的感受方面

儿童对色彩的冷暖色有一定的识别力；儿童对色彩的轻重识别力较强，多数儿童能说出色彩的轻重感觉；儿童已有较好的色彩搭配感觉；儿童对色彩的审美趣味、偏爱，表现为由鲜明、对比强烈的色彩构成向协调、柔和的色彩构成转变。

儿童对色彩情感效果虽然具有一些情感体验，但并不十分强烈、丰富。即从萌芽状态的情感体验逐渐向情感联想发展，学前期才表现出较明显的特征。

儿童对色彩的象征效果的感受极为微弱，随着年龄的增长会有缓慢地发展。

在较高层次的色彩审美把握上，儿童存在着较明显的个体差异。例如，某些4岁儿童就已达到了与6岁儿童相当的水平，即使同龄儿童，也存在好坏之分。

### 4. 空间构图感知方面

学前儿童对美术作品构图的感知能力已经开始表现出来，相当一部分儿童已经具备了感知美术作品的空间深度能力，但这种感知往往局限于画面的局部，而不是从画面的整体构图来考虑的。

### 5. 美术作品的情感表现性的感知方面

当儿童被有意识的引导去感知时，大多数儿童能感知作品的情感表现性。儿童通常从作品的内容、自己的情感偏好、想象因素和作品形式方面的特征四个方面来解释作品的情感表现性。

### 6. 作品的风格感知方面

加德纳的研究发现，在没有主题或控制主题的情况下，儿童能像成人一样把一位艺术家的作品划分出来，并且通过训练，大多数6~7岁儿童能够感知作品的风格。屠美如等人也认为，通过适当的训练，学前儿童有可能感知到美术作品的风格，并进一步认为，通过教育，学前儿童的整个审美能力都会逐步提高。

## （三）在审美偏好上更倾向于具有熟悉形象、熟悉内容及色彩明快的再现性作品

在对美术作品的偏爱方面，儿童更喜欢感知描绘熟悉物体，令人愉快的现实主义美术作品，以及色彩明快的美术作品。作品的内容是否客观地、真实地再现了现实世界，作品

的色彩是否丰富、鲜艳是他们判断作品好坏的两个主要标准。

总之，学前儿童正处于审美认识和理解的初级阶段，其美术欣赏能力的发展，既受到先天无意识的影响，又受到后天认识能力发展的制约，经历了一个从笼统到分化，从没有标准到具有一定标准，从以自己主观情感偏好为主到比较客观的分析为主的逐步发展过程。这些特征要求我们，在美术欣赏活动中，应为儿童创设一个富有美感的环境，提供适合其年龄特征的美术作品，有目的、有计划地引导他们感知、理解美术作品的内容与形式。

## 第二节　学前儿童美术欣赏活动的设计和组织

### 一、学前儿童美术欣赏活动中的基本知识与能力

#### （一）如何欣赏美术作品

1. 了解美术作品的背景知识

欣赏美术作品和阅读文学作品极为相似。我们在阅读文学作品时也需要了解作者的生平、创作的时代背景，才能真正地领会作者的创作意图和作品的主题思想。例如我们阅读鲁迅的《狂人日记》，如果不清楚作品产生的时代，我们将无法理解作者通过描写看似精神失常的人用日志述说人吃人，去揭露中国四千年的封建社会的"人吃人"现象。同样，我们欣赏一件美术作品，也需要去了解艺术家的生平、创作风格以及作品产生的时代背景，获得尽可能多的关于作品的信息，才能了解艺术家创作的意图，作品所寄托的情感等。

如欣赏凡·高的《自画像》（见图9-1），我们必须对凡·高的生平有所了解。凡·高是荷兰的一位后印象派画家，他充满幻想、爱走极端，在生活中屡遭挫折和失败，最后他投身于绘画。凡·高患有精神疾病，1890年，他在精神错乱中开枪自杀，年仅37岁。他的一生虽短暂却留下了大量震撼人心的杰作。在1885年到1889年四年间以惊人的耐力画了四十多张自画像，这些自画像深深地揭露了画家的痛苦、恐惧、自我怀疑、精神折磨以及生活中偶尔的快乐。如果我们不了解艺术家的生平，将无法欣赏这些自画像真正的含义。

(a)　　　　　　　　(b)　　　　　　　　(c)

图9-1　凡·高自画像

再比如，欣赏图 9-2 所示毕加索的《格尔尼卡》，我们必须对它的创作背景有所了解。这幅作品创作于 1937 年，当时西班牙被纳粹占领，德国空炸西班牙北部巴克斯重镇格尔尼卡。德军三个小时的轰炸，炸死炸伤了很多平民百姓，将格尔尼卡化为平地。德军的这一罪行受到了国际舆论的谴责。毕加索义愤填膺，决定就以这一事件为题材，创作了壁画《格尔尼卡》，以表达自己对战争罪犯的抗议和对这次事件中死去的人的哀悼。画面里没有飞机，没有炸弹，却聚集了残暴、恐怖、痛苦、绝望、死亡和呐喊。被践踏的鲜花、号啕大哭的母亲、仰天狂叫的求救、断臂倒地的男子、濒死长嘶的马匹……这是对法西斯暴行的无声控诉，撕裂长空。画家以象征和半抽象的立体主义手法，以超时空的形象组合，打破了空间界限，蕴含了愤懑的抗议，成就了史诗的悲壮；在支离破碎的黑白灰色块中，散发着无尽的阴郁、恐惧，折射出画家对人类苦难的强大悲悯。

图 9-2　格尔尼卡（毕加索）

2. 分析美术作品的内容与形式

（1）美术作品的内容美。

分析美术作品的内容，简单地说，就是美术作品塑造的是什么形象，如绘画作品中描绘了哪些人物、自然景观、物体等。寻找其中的美，并知道美在何处。

例如，图 9-3 所示为齐白石的《虾》，我们都知道齐白石擅长画虾，其笔下的虾灵动活泼，栩栩如生。以浓墨竖点为睛，横写为脑，落墨成金，笔笔传神。细笔写须、爪、大螯，刚柔相济、凝练传神。简单几笔，一只只晶莹剔透的虾仿佛已经跃然纸上。虾的动作、神态活灵活现，让人叹为观止。齐白石先生的作品，内容以虾为主，展现了自然的美，更传递了一种精神的美！

（2）美术作品的形式美。

艺术作品的美是作品的形式美与内容美的高度统一。虽然内容美是构成艺术美的主要方面，但形式美也是不可或缺的重要方面。因为艺术作品的美的内容必须通过美的形式去表现出来；此外，美的形式又有其自身独立的审美价值。就美术作品而言，作品所反映的社会生活内容以及所表露的艺术家的思想情感，都必须通过具体可感的视觉形象才能传达给欣赏者。所

图 9-3　虾（齐白石）

205

以，只有先把握美术作品的形式及美，才能更进一步地领会美术作品的内容及美。简单地说，美术作品的形式美包括视觉形象的美、节奏韵律的美和个性与风格的美。

首先，视觉形象的美又包括对称与均衡、对比与调和以及多样统一。

① 对称和均衡。对称和均衡是构成美术作品视觉形象美的一条法则。对称与均衡都会让人在视觉上产生一种重量的平衡感。最典型的如故宫，就是以一条中轴线为中心，两边对称的建筑群。再比如，我们的人体，五官和四肢很多都是对称的，从视觉心理层面上来说，人类天生有着一种心理，认为对称和均衡可以产生美。

② 对比与调和。对比与调和是造成美术作品视觉形象美的一种重要方法。在生活中，不同事物之间通过对比的方法，常常可以使事物的个性特征突现出来；在美术作品中，也同样可以通过不同部分、不同形态之间的对比，使各部分的特性、特点突现出来。例如，我们可以通过点的大小对比、线条的粗细对比、色彩的明暗对比、色调的冷暖对比等，来形成视觉上的美。

与对比相对的就是调和，它可以看作是对比的限制。通过调和达到统一与协调，增强作品的完整性。调和其实就是秩序，是近似，是色彩布局的完美，是色彩与作品内容的统一。

③ 多样统一。多样统一本身就是一种"形式美"。在美术作品中，如果没有"多样"，画面就会显得单调、呆板；但如果没有"统一"，画面又会凌乱而缺少秩序。只有既"多样"又"统一"，才能使画面在生动、丰富多彩的基础上，让人感到井然有序。

其次，是节奏韵律的美。

就像人们常说建筑是凝固的音乐一样，美术作品尽管是静态的艺术，但其自身也存在一种内在的节律美。如蒙德里安的绘画作品《百老汇的爵士乐》，以明亮的黄色为主，并与红、蓝间杂在一起形成缤纷彩线，彩线间又散布着红、黄、蓝色块，营造出节奏变换和频率震动。你很难想象这样一幅作品，通过线条与色彩来体现音乐的节奏和律动，充满了音乐的节奏感。

最后，是个性与风格的美。

美术作品的形式美中还包括艺术家的创作个性与创作风格的美。一切有成就的艺术家，都具有鲜明个性的创作风格。正是艺术家的个性化的创作风格造就了艺术林苑的百花齐放，所以，个性化的创作风格是美的。

3. 对作品的联想

对艺术作品的欣赏过程，是一个审美的过程。审美，离不开想象，对作品的想象与联想是艺术欣赏的重要部分。当你欣赏一幅美术作品时，你一边在感知艺术形象，一边调动自己的生活经验、感情记忆，并以自己的审美习惯和思维方式去补充和丰富作品的形象，目的是使作品形象能在自己心中活起来。当然，一千个读者就有一千个哈姆雷特，对作品的欣赏效果取决于你的生活经验、文化素养和欣赏水平。

（二）如何运用不同的形式表达自己对美术作品的感受

对艺术作品的欣赏看起来是欣赏者个人的行为，是一个人自发的审美活动。但是，欣赏之后，我们需要通过语言、动作、舞蹈、音乐等多种形式去表达自己的感受，这样，才能与人交流。

1. 用肢体语言表现自己对美术作品的感受

在欣赏完一件美术作品之后,我们可以用肢体语言去表达自己的感受。例如欣赏毕加索的《哭泣的女子》,画面中女子歪曲的脸和五官以及夸张的泪水,都可以促使我们发挥想象,用自己的动作去表现这种悲伤。

2. 用不同的艺术形式表现自己对美术作品的感受

除了运用肢体语言去表达自己的感受,我们还可以用其他艺术形式去表现自己对美术作品的感受。比如,我们欣赏完拉斐尔的绘画作品《椅中圣母》之后,感受到了圣母平凡的形象,她的和蔼可亲,以及画面给人温馨的感觉。这种感觉可以用歌唱、舞蹈、泥塑等等除了绘画以外的艺术形式来表现。艺术是相通的,我们可以用不同的艺术形式去表现自己对作品的感受。

## 二、学前儿童美术欣赏内容的选择和目标的制定

《3~6岁儿童学习与发展指南》将儿童艺术的学习分为感受与欣赏,表现与创造两个部分。其中,将"喜欢欣赏多种多样的艺术形式和作品"列为儿童艺术学习的四个子目标之一。自此,多年不被重视的儿童艺术欣赏教育被提上了日程。那么,怎样才能组织好一次美术欣赏活动呢,我们首先要从内容的选择上入手。

### (一)学前儿童美术欣赏内容的选择

学前儿童美术欣赏的内容主要包括绘画、雕塑、建筑艺术、工艺美术、手工、自然环境和环境布置。在内容的选择上我们首先要符合三个要求:第一,选择符合儿童的年龄特点和兴趣的作品;第二,选择形式新颖,内容丰富的美术作品;第三,选择思想性和艺术性相统一的作品。具体如下。

1. 绘画

绘画作为一种视觉艺术,具有强烈的直观性,对学前儿童有很大的感染力。绘画的种类繁多,幼儿园的绘画欣赏大致有中国画(水墨画)、油画、水粉画、版画、年画和儿童画。

(1)中国画。

中国画历史悠久,风格独特,塑造形象以线条为主,注重表现,讲求"意境""气韵生动""形神兼备""诗画一体"。在造型和构图上,不强调焦点透视等美术章法,多强调抒发画家的情感。中国画又分为人物画、山水画和花鸟画。那些具体生动的形象与学前儿童具体形象思维相吻合,如齐白石的《群虾》《丝瓜葫芦》,徐悲鸿的《奔》,李可染的《牵牛图》《秋风吹下红雨来》,这些以动物、蔬菜、儿童为主题的中国画都符合学前儿童的思维方式、审美经验和特点,比较适合学前儿童欣赏。

(2)油画。

油画是表现力、实用性和装饰性最强的画种。它通过形、线、光、色等尽可能地表现客观真实的形象。油画表现出对象的纵、横、高三维空间的立体效果,增强了形象的表现力。在画面构造上,不同于中国画的留白,它讲究画面景物的填充,按自然的秩序布满画面,呈现出自然的真实境界。西方的古典绘画重在写实和再现的特点,符合儿童的审美心理,其丰富的色彩和生动的形象也深受儿童的喜爱。我们可以根据这些特点选择一些西方艺术大师的美术精品来给学前儿童欣赏。如达·芬奇的《蒙娜丽莎》、拉斐尔的《椅中

圣母》等。

此外，现代派的许多名作，如凡·高的《向日葵》和《星月夜》、马蒂斯的《忧愁的国王》、蒙德里安的《百老汇的爵士乐》、米罗的《哈里昆的狂欢》等，它们与古典画中的唯美形成鲜明对比，强调创新，由描绘外部世界转而描绘人的内心世界，用抽象的色块、线条、符号或各种物质材料代替了具有生动真实形象的艺术内容，重在表现艺术家的内心感受。如果说19世纪以前的古典绘画给人是唯美、经典的美的享受，那现代派的美术作品则是一种观念和表现的创新。对现代派美术作品的欣赏，有利于开阔学前儿童的视野，拓展学前儿童艺术思维的发展，促进其想象力和创造力的发展。

（3）水粉画。

水粉画是以水调和粉质颜料作画的画种。它的色彩倾向于比较概括，从而形成靓丽、简洁的画法。学前儿童欣赏水粉作品，会对色彩产生浓厚的兴趣。兴趣是最好的老师，儿童的兴趣是儿童学习的源泉。在水粉画的欣赏中，我们要有意识、有目的地选择适合学前儿童特点的作品让他们进行欣赏。引导他们在美术欣赏中认识色彩、揭示颜色的规律，有助于学前儿童审美趣味的培养。我们可以选择一些水粉静物画、风景画，颜色鲜亮的原色或者与物体相似的颜色为主的水粉画，避免那些颜色构成过于复杂的复色作品让学前儿童欣赏，这样他们会失去兴趣，更谈不上欣赏了。

（4）版画。

版画是用刀子或化学药品等在木版、石版、麻胶版、铜版等版面上雕刻或蚀刻后印刷出来的图画。独特的"刀味"与"木味"使它在中国文化艺术史上具有独立的艺术价值与地位。学前儿童欣赏版画时，可以选择一些富有童趣的作品，这些作品可以是大师的作品，也可以是老师的作品，还可以是儿童的作品。欣赏版画是让儿童了解制作的工具和方法，丰富他们的审美经验和艺术体验，让儿童感受到美术活动的乐趣。

（5）年画。

年画是我国民间欢度春节、喜庆丰收，预祝来年吉祥如意的一种民俗艺术品。年画色彩丰富、明快，有明显的地方特色。如天津的杨柳青年画印制精细、题材丰富、样式多变，是北方年画的代表。作品内容通俗明了，形象秀美生动、俊俏传神，色彩鲜艳，构图饱满，具有一定的装饰性。它的题材内容包括了风俗、历史传说、山水花卉等。我们可以酌情选择一些儿童喜爱的内容来进行欣赏。

此外，其他绘画种类如壁画、素描、水彩画、粉笔画也可以作为学前儿童美术欣赏的内容。

2. 雕塑

雕塑是雕和塑两种制作方法的合称。它以特种刀子在黏土等可塑的或者金属、石头、木料等硬质的材料上，雕塑出各种具体实体形象。雕塑一般分为两种：一种是圆雕，占三度空间的实体，不用背景，从四周观看，有如现实中的真的人物或形体，如罗丹的不朽名作《思想者》；另一种是浮雕，即浅凸雕。浮雕又有高浮雕、浅浮雕之分。例如，龙门石窟属于高浮雕，而北京北海公园里著名的九龙壁则属于浅浮雕。浮雕往往还有简练的背景和道具，具有造型艺术的共同特征，比如形象直观性、瞬间性，因此又被人称为"凝固的舞蹈"。

在选择给学前儿童欣赏的雕塑时，应该注意选择一些生活中常见的形象，基于儿童的生活经验，在欣赏时引导儿童体验雕塑作品的形体所表现出来的充沛的生命力。

3. 建筑艺术

建筑艺术是用固体材料同时构成内外空间并在固定地理位置上造就生活环境的艺术。建筑艺术以其功能特点为标准，可以分为纪念性建筑、宫殿陵墓建筑、宗教建筑、住宅建筑、园林建筑、生产建筑等类型。让学前儿童欣赏的建筑艺术首先从他们喜欢的、比较熟悉的建筑物开始，如北京天安门、国家体育馆"鸟巢"，也可以结合当地有名的标志性建筑，如上海的儿童可以欣赏东方明珠，拉萨的儿童可以欣赏布达拉宫等。然后，再欣赏世界上具有代表性质的建筑物，如美国的自由女神像、法国的凯旋门、埃及的金字塔等。

4. 工艺美术

工艺美术是指经过美化的日常生活用品，是实用与审美的结合。主要分为两大类：一是实用工艺美术（或日常工艺），如竹编工艺品、纺织工艺品等；二是装饰工艺美术（或观赏工艺），如玻璃工艺品、水晶工艺品、葫芦工艺品、民间的剪纸、风筝、蜡染、刺绣、脸谱、折扇等。学前儿童工艺美术的欣赏对象主要是一些与学前儿童有关的、生动有趣的工艺美术品，如丝绸、云锦、小花伞、商品的包装、装潢、广告招贴、花瓶以及相关的儿童服装等。

5. 自然景物

大自然千姿百态、鬼斧神工、美不胜收，可提供给学前儿童欣赏的自然景物有很多。如高山、大海、河流、星空、森林、冰雪、动物、花草等。让儿童回归大自然，解放他们的双眼去发现自然的美，用心灵去欣赏和体验，获得直接的经验和对美的感受。

6. 周围环境

对周围环境的欣赏，主要是人工创设的环境和装饰环境的欣赏。如幼儿园的假山、水池，幼儿园教室的环境装饰，甚至玩具的装饰等。它们以色彩明快、形象生动、儿童化、趣味化的特点深深地吸引着儿童，我们可以根据幼儿园的实际情况随机地或有组织地引导学前儿童进行欣赏，让儿童发现身边的美，发现生活中的美，促进其审美能力的发展。

（二）学前儿童美术欣赏目标的制定

学前儿童美术欣赏教育的目标是在学前儿童美术教育的总目标下的进一步拓展和表现。结合《3～6岁儿童学习与发展指南》对艺术领域中的目标导向，我们认为，学前儿童美术欣赏的目标应该以萌发儿童对美的感受，培养儿童对美的感知和欣赏能力等审美能力为主。学前儿童各年龄段的美术欣赏目标具体表述如下。

1. 3～4岁（小班）儿童美术欣赏活动的目标

（1）喜欢观看花草树木、日月星空等大自然中美好的事物，能够初步感受和欣赏大自然的美。

（2）喜欢欣赏具有鲜明色彩和简单造型的物品和美术作品。

（3）在欣赏自然景物或美术作品时，能够集中注意力。

2. 4～5岁（中班）儿童美术欣赏活动的目标

（1）能够初步理解作品形象和作品主题的意义，知道美术作品能够反映现实生活和人的思想感情，在欣赏美术作品时，能够产生相应的联想和情绪反应。

（2）能够初步感受美术作品中形象的造型美、色彩的变化与统一，构图的对称与均衡美。

（3）喜欢欣赏日常生活中的玩具、生活用品、节日装饰、环境布置等。

（4）理解与生活经验有关的成人和同伴的美术作品。

3. 5~6岁（大班）儿童美术欣赏活动的目标

（1）学习欣赏感兴趣的绘画、雕塑、建筑、工艺美术等艺术作品，初步具备发现周围环境和美术作品中的美的能力。

（2）了解作品的简单背景知识，进一步感受和理解作品形象和主题的意义，知道美术作品如何能够反映现实生活和人的思想感情。

（3）欣赏并感受作品中形象的造型美、色彩的色调及情感表现性，构图的对称、均衡、韵律与和谐美。

（4）能够积极主动地参与美术欣赏活动，学习用语言、动作、表情等表达自己对作品的感受和联想。

## 三、学前儿童美术欣赏常用的教学方法

### （一）对话法

所谓对话法是指美术教育中教师、儿童与美术作品三者之间相互作用与交流。它的提出主要是针对当前学前儿童美术欣赏教育中单向灌输所带来的弊端。灌输式的儿童欣赏美术教育方法（灌输法）也就是高支配低统整的指导方法。这种以教师为中心的，将自己掌握的知识灌输给儿童的方法让儿童失去体验、思考的机会，导致儿童不会自我感受、自我加工信息和自己主动创造。对话法则解决了灌输法存在的问题，它使得儿童不再被单向灌输知识所奴役，让儿童和教师、美术作品之间变成了平等交流的关系。

对话法的实施中，教师应该注意以下几点。

（1）对话双方的关系应该是平等的，教师不能强求儿童接受某一权威的结论或自己对美术作品的看法，而应让儿童有自己的探索。

（2）教师自己要首先学会与文本进行对话，并做好儿童与文本之间的"审美期待"的中介。

（3）教师要为儿童提供大量欣赏的机会，扩大他们的视界。

（4）教师要引导儿童学会提问，并能用多种方式来表达自己的审美感受。

### （二）情境体验法

情境体验法是指学前儿童美术欣赏教育中，教师为学前儿童精心选择和设计与欣赏对象有关的环境、情境，指导学前儿童开展相关的操作活动。以丰富学前儿童的感性经验和审美经验，激发学前儿童审美的主动性、积极性和创造性的一种方法。情境体验法适用于开展欣赏活动前，带领儿童去参观博物馆、艺术展、幼儿园的环境等，让儿童积累感性经验与审美情感。情境体验法还可以用在欣赏活动之中，如利用一些与欣赏对象相关的具有感染力的音乐、诗歌、故事等让儿童去感受和体验，从而增强对欣赏对象的感受力。情境体验还可以用在欣赏活动之后，设计相关的创作活动，引导学前儿童迁移，尝试艺术大师的创作方式和表现手法，激发学前儿童潜在的创造力。

◉ 小练习

以 6~8 人为一组，讨论用对话法和体验法设计大班美术欣赏《大碗岛的星期天》的活动过程。

## 四、指导学前儿童美术欣赏活动的一般步骤

学前儿童对美术作品的欣赏，是基于自身已有经验，与作品的互动过程。当儿童面对一幅美术作品，他会调动起过去的经验对其进行信息分析——"这是什么？""像什么？"他们在自由欣赏中，快速对作品做出第一审美判断——"好不好看"。

教师对学前儿童美术欣赏活动的指导，是对儿童已有经验的充实丰富和重新建构，可以依循形象、内容的感知——美术形式的了解分析——作品意义的领会——评价这四个阶段来进行。

### （一）形象、内容的感知阶段

教师可以先请儿童观察美术作品，感知"画了什么"。教师从最容易吸引儿童注意力的绘画形象和内容对其进行提问。例如，欣赏西班牙画家米罗的作品《子夜的夜莺之歌和清晨的雨》（见图 9-4），教师可以这样提问：

在这幅画中你看到了什么？
老师看见里面好像有一只鸟，你们看到了吗？
画面里还有什么？
这幅画画的是一天中的什么时候？
要是你们给这幅画取一个名字，可以叫什么？

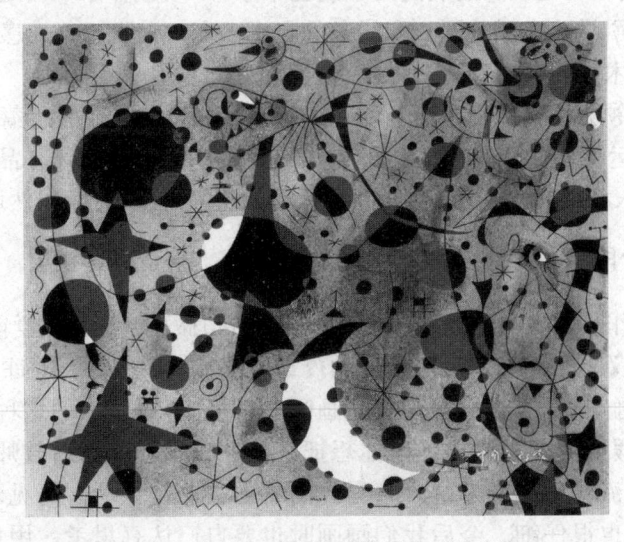

图 9-4 子夜的夜莺之歌和清晨的雨（米罗）

在形象感知阶段，教师应当给儿童充分的时间对作品进行独立感知。切忌用灌输性的语言向儿童阐述画面内容，那样儿童像学习知识一样，大脑处于不断理解、记忆的状态，对画面的真实感受就少。教师把"说"的机会抛给儿童，甚至连作品名称都不说，允许儿

童有多种声音,引导儿童大胆感知和表达。

## (二)美术形式的了解分析阶段

美术形式有点、线、面、块、色彩、构图等。教师可以引导儿童观察作品的形式,比如,由哪些线、面、颜色构成。不同的线条和色彩给人不同的感觉。例如,弯曲的线条给人浪漫、柔和、动荡或曲折的感觉,直线给人稳定进取、压力、方正、踏实等感觉。

还以《子夜的夜莺之歌和清晨的雨》这幅画来举例,教师可以这样问儿童:

你觉得这幅画上哪儿的线条挺特别的?特别在哪儿?

这样的线条给你什么样的感觉?

这幅画上哪儿的颜色(是什么颜色?)很特别?你猜猜大画家米罗为什么要这样画?

这块颜色给你什么样的感觉?

教师利用提问的方式引导儿童思考,帮助儿童了解作品的形式,必要时教师可以演示画出部分美术形式,更清晰地呈现和分析作品的形式要素,加深对作品的感受。

## (三)作品意义的领会阶段

学前儿童通常只关注美术作品的表面内容和有视觉冲击力的形式。年龄越小,越是关注前两个阶段。随着儿童年龄的增大,可以适当增加第三阶段——领会作品意义。

作品的意义往往与艺术家背后的文化有紧密联系。教师可以了解艺术家的生平、时代背景和创作动机,结合画面的表达做出分析。例如,中国文人画中往往流露出追求高洁、淡泊名利的志向;古希腊人物雕塑造型优美典雅,这与当时人追求完美、追求健全的美是分不开的。

例如,《子夜的夜莺之歌和清晨的雨》是艺术家 47 岁创作于"二战"期间(1940 年)的作品,教师可以引导儿童感受圆点和线条的自由多变、大胆想象,感受朦胧清晨的灰色渐变色调,感受艺术家的自由表达,对光明的期待。

教师指导儿童领会作品意义,应当注意:第一,探讨美术作品所蕴含的意义,必须在整体与部分的辩证运动中进行。第二,虽然教师在引导儿童欣赏美术作品前,已有对作品意义的预期,但不意味着儿童必须无条件地接受教师的这种预期,儿童仍然可以有自己的理解。

## (四)评价阶段

评价不仅针对作品的美与不美,还要对作品的价值做出判断。对学前儿童的评价引导,应重点放在作品意义上。例如,对《子夜的夜莺之歌和清晨的雨》的评价,可以向儿童提问:"你觉得这幅画美吗?""你喜欢这幅画吗?""你喜欢画家的这种画法吗?""你看后感觉如何?""假如你拥有这幅画,你想把它挂在哪里?"然后教师总结:"这幅画上的形象很多,线条流畅、色彩丰富,整个画面看上去非常生动。可见画家在画这幅画的时候很认真,画得也很仔细。今后我们画画时也要自己认真思考,用自己的方法把画画得更美。"

在欣赏美术作品时还可以开展"大师画我也画"活动,在深入欣赏分析美术作品后,引导学前儿童学习用大师的美术语言形式来作画,以丰富学前儿童的绘画表现语言。

【案例赏析】

## 大班美术欣赏活动：子夜的夜莺之歌和清晨的雨

一、活动目标

1．感受并尝试说出画面中点、线、面构成的故事。

2．有意识地用点、线、面来绘画。

二、活动准备

1．课件准备：西班牙画家米罗肖像及作品《子夜的夜莺之歌和清晨的雨》等。

2．道具准备：星星贴纸。

三、活动过程

（一）问题情境引导幼儿主动欣赏作品

教师：我这儿有一幅作品，老师也看不懂画面里讲了一个什么故事，有哪位小朋友可以给老师说一说？

（分析：用教师"示弱"，向儿童请教的方式，激发儿童积极观察思考并发言。）

幼儿自由回答。

教师：老师看见里面好像有一只鸟，你们看到了吗？画面里还有什么？这幅画画的是白天还是晚上？要是你们给这幅画取一个名字，可以叫什么？（教师不作回答，用疑问引导学生继续欣赏和思考。）

（二）欣赏作品构成要素

1．介绍画家

教师：（米罗肖像）这位爷爷是一位大画家，他的名字叫米罗，他是西班牙人，他的画棒极了，全世界的人都很喜欢他的画，因为看到他的画会让人联想到很多，而且米罗老爷爷的画特别像我们小朋友的画，下面我们再来仔细欣赏一下这幅米罗老爷爷的画。

2．赏析作品、大胆表达对作品的感受。

（1）引导幼儿观察画中的主体形态、线条、色彩。

教师：在这幅画中你看到了什么？

你觉得这幅画上哪儿的线条挺特别的？特别在哪儿？这样的线条给你什么样的感觉？

这幅画上什么地方的颜色（是什么颜色？）很特别？你猜猜大画家米罗为什么要这样画？这块颜色给你什么样的感觉？

（2）请你用这幅画上看到的来编成一个有趣的故事，并起名字。

教师：如果你们也像画家爷爷那样用这些弯曲的线和有趣的大大小小的点来画一幅画，可以吗？

（三）幼儿绘画，教师巡回指导

教师：下面请你们也来做做大画家，请结合纸上的线或色来画一幅像米罗爷爷一样的画。教师观察，适时介入指点。（先画好的幼儿可自由观赏课件中米罗的其他作品，感受米罗作品的风格。）

（四）开放性评价

1．展示作品，幼儿给自己觉得好的作品贴星星（每人一颗），如图9.5所示。

图9-5 儿童欣赏米罗作品后自由绘画

2．师幼针对星星较多的作品共同探讨评论。

（案例来源：河北省唐山市都市宝贝美术培训中心 张亚男）

四、活动评析

本次活动选材独特，符合学前儿童喜欢观察细节的年龄特点。米罗的作品天马行空，正好符合儿童的思维特点，给予他们自由想象的空间。在活动开始时，教师以儿童为欣赏主体，引导他们主动观看画面，获得自身独特的感受并大胆表达。在活动中，教师简单演示画面构成的点、线、面要素，给予幼儿自由表达的提示，解决幼儿在美术创作活动中表达的困难。教师还注意让幼儿尝试将画面画满，获得更丰富的效果，潜移默化地将对比、构图的方法教给儿童，有利于儿童绘画能力的提高。

【在线测试】

一、单选题

1．学前儿童美术欣赏常用的教学方法是（　　）。
　　A．讲解法　　　　B．观察法　　　　C．对话法　　　　D．操作法
2．下列不属于艺术作品的形式特征的是（　　）。
　　A．线条　　　　B．情感表现　　　　C．构图　　　　D．画面内容
3．"这样的线条给你什么样的感觉？"这样的问题可以在（　　）提出。
　　A．内容的感知阶段　　　　　　B．美术形式的分析阶段
　　C．作品意义的领会阶段　　　　D．评价阶段
4．在美术欣赏时，下列提问不宜使用的是（　　）。
　　A．你看到了什么？　　　　　　B．你觉得色彩给你什么样的感觉？
　　C．看到这幅作品，你想到了什么？　D．这幅画很美，是不是？
5．"能够初步感受美术作品中形象的造型美"是（　　）幼儿美术欣赏的目标。
　　A．2～3岁　　　　B．3～4岁　　　　C．4～5岁　　　　D．5～6岁

二、实践题

1．每人选取一幅优秀美术作品，尝试用儿童化的语言来介绍其内容、美术形式、作品

意义，并设计一个与之相关的游戏。

2. 以行动学习小组为单位，分别选择不同年龄段美术欣赏教学内容，设计活动方案，准备相关材料，在班级进行模拟试教。

【真题训练】

本章节在教师资格证考试中，较少出单独的题，通常渗透到主题活动设计和美术欣赏主题活动设计与组织中。

第九章参考答案

【拓展阅读】

### 幼儿园开展名画美术欣赏活动的指导策略

幼儿名画欣赏活动是通过欣赏艺术大师著名的艺术作品，充分调动幼儿的感知、想象、情感、思维等多种心理功能，感受作品色彩、造型、构图等艺术手法及情感表现，从而唤起幼儿内心深处的审美体验，发展其审美情感及审美评价的创造性活动。名画欣赏是幼儿园美术欣赏的重要组成部分，对培养幼儿艺术欣赏兴趣与能力有着积极的作用。幼儿园如何有效开展名画欣赏活动呢？以下策略或许值得借鉴。

（一）选择适宜的名画作品

1. 选择贴近幼儿生活经验的名画作品

名画种类繁多，但并不是每一幅作品都能令幼儿感兴趣。幼儿受语言表达、认知能力等方面的限制，较难理解画家所要表达的情感。很多名画以一种高高在上的姿态成为教师和幼儿遥不可及的存在，但是当名画的内容与幼儿的生活经验相关时，幼儿便容易产生共鸣。因此，教师应关注幼儿生活，选择贴近幼儿生活经验的画作。如米罗的《星空》、凡·高的《向日葵》、毕加索的《梦》等，将艺术之美与儿童现实生活中的美好事物联系在一起，让他们充分利用生活经验去感知作品、解读作品，在积极的情感体验中，萌发善于发现生活中美好事物的能力。这样，名画欣赏不但成为幼儿美术活动的一部分，也成为幼儿美好生活的一部分。

2. 选择符合幼儿审美倾向的名画作品

许多美术大师深受幼儿稚拙的表达方式和内容的启发，吸取了很多幼儿的绘画语言。毕加索曾经说过："我花了一辈子去学习怎么像孩子一样画画。"凡·高、马蒂斯、毕加索、米罗以及我国现当代著名画家丰子恺、吴冠中等的画中也都带有儿童绘画的审美倾向，如立体物平面化、强烈的色彩对比、夸张变形等。这些画家的绘画作品贴近幼儿的审美倾向，容易获得幼儿审美上的认同，是开展名画欣赏活动的最佳选择。

3. 选择同一画家的系列作品或同一题材不同画家的作品

许多教师偏爱用米罗、毕加索等艺术大师的绘画作品引导幼儿进行欣赏活动。但大多数教师是围绕某一画家的一幅作品进行欣赏。绘画是视觉艺术，但由于幼儿年龄小，注意的时间长度及广度、观察力的细致度都是有限的，因此如果在一次活动中只欣赏一幅作品，对幼儿来说是很单调和乏味的。教师可采用呈现多幅作品对比欣赏的方式，来比较画家系列作品表现风格及绘画语言的相同性，如米罗的《星空》系列、吴冠中的《春如线》系列等。也可以选择同一题材不同画家的画作来比较表现手法及风格的不同，如教师可以将米罗的《星空》、莫奈的《星空》、凡·高的《星空》等以星空为主题的绘画作品结合在一起，引导幼儿进行星空主题的欣赏活动，让幼儿获得更加强烈鲜明的审美体验。

（二）设计名画欣赏过程

我国现代著名画家丰子恺认为美术欣赏的过程是：第一诉于感觉，第二发生感动，第三感情移入，第四美的判断，第五美的批评。欣赏都是从感性出发，去感悟作品，产生情感，然后慢慢过渡到理性的分析，发展对美的判断和批评。幼儿在美术欣赏的过程中，往往也是从感知美术作品开始，然后产生联想或想象，最后引起情绪及情感上的反应。根据幼儿的年龄特点及审美特点，可以将名画欣赏活动分为以下几个过程。

1．感受与描述

感知作品是欣赏活动的第一个环节，不涉及作品含义及价值的探讨与评论。教师要给幼儿足够的时间静静欣赏作品，鼓励幼儿大胆表达自己的感受；可以用提问的方式，给幼儿一些观察的线索，如"这幅画画了什么""你看到了什么""看上去像什么"，帮助幼儿描述作品外在的、直接可辨的视觉对象。

2．分析与交流

在幼儿对名画作品有了初步直观的感受之后，可以进一步引导幼儿分析名画表现的美的形式，如造型、色彩、构图等绘画语言，以及对比、均衡、变化等。由于幼儿受心理发展水平的限制，不太注意作品形式的结构，更多关注作品的内容，教师必须引导幼儿感知、体验作品的形式语言，通过对作品的分析，加深幼儿的审美体验。在欣赏米罗作品《星空》过程中，幼儿往往被眼睛、夸张变形的图案吸引，容易忽略作品的各种流动的线条，这就需要教师通过提问"这些线条给你什么样的感觉"等，与幼儿平等地互动和交流，帮助幼儿感受线条、颜色等带来的美感。

3．理解与提升

对作品的理解需要联系创作者创作时的社会历史背景。如果不了解毕加索生活在"二战"年代的历史背景，就无法更好地体会《格尔尼卡》中支离破碎的肢体。如果不了解蒙克接二连三痛失亲人的生活经历，就无法感受《呐喊》中的压抑和苦闷。但是要注意的是，在欣赏中，教师不应刻意要求幼儿理解画家的意图，而是先鼓励幼儿根据自己对作品的体验和理解来解释作品，再尽量根据名画作品的内容适当介绍画家的小故事、作品创作背景等，帮助幼儿理解作品的内涵。

4．评价与表现

每个人对美的理解和感受是不同的。有的幼儿可能不喜欢《呐喊》及《格尔尼卡》，有的幼儿觉得自己画得比波洛克好。因此教师只需要让幼儿简单地说出自己喜欢和不喜欢作品的原因，帮助他们加深印象，提高审美判断，并鼓励他们用各种方式表现对作品的理解与感受。

（三）创新名画欣赏方法

1. 开放性与封闭性相结合的提问方式帮助幼儿感受作品

提问法是美术欣赏活动中最常运用的方法。幼儿思维发展的特点使他们经常根据感性经验来感知作品，因此开放性的问题比如"画上有什么？""看了这幅画你有什么感觉？""画家的心情怎么样？为什么？"等更能帮助幼儿打开思路，与作品产生共鸣。开放性的问题能够帮助幼儿拓展思维，但是由于认知水平的局限和审美偏好的影响，幼儿在欣赏作品时往往只关注绘画作品的细节而忽视了对作品的整体把握，因此适当采用封闭性的问题，能够帮助幼儿深入感知作品。

2. 多通道的感官参与，丰富幼儿的审美体验

在名画欣赏活动中，教师可以根据名画的特点，综合采用直观展示、音乐烘托、肢体表现等多种方式丰富幼儿的审美体验。直观展示是名画欣赏的重要手段，展示的画面要清晰、层次分明，这样幼儿才能直观地感受作品的美。欣赏过程中，教师应把握作品的基调，选择与名画内容相适宜的音乐作品烘托气氛，加深幼儿的感受，例如米罗的《星空》系列作品与莫扎特音乐都有着孩童般的纯真，二者可相结合。此外，动作的参与在体验作品情感方面具有独到的作用，由于幼儿在语言表达上会遇到一些障碍，可以引导幼儿用一些肢体动作表达画面所要表达的意境。如在吴冠中的作品《春如线》的欣赏过程中，教师选择了笛子演奏的民族乐曲《春光美》作为背景乐，乐曲中的风声、雨声、鸟鸣声激发幼儿产生了丰富的联想。当画面与音乐相融合，引发幼儿产生美的体验和感受后，为了帮助幼儿进一步加深对作品的理解，教师启发幼儿运用肢体动作表现画面所要表达的意境，幼儿有的表演蝴蝶翩翩起舞，有的表演小草慢慢长高，有的表演鱼儿游，有的摇起手臂表演随风飘舞的柳条……进一步融入作品表达的春天气息的美好意境中。

3. 多媒体课件的运用，帮助幼儿进一步理解作品的内涵

多媒体教学集视、听、参与为一体，可使用生动有趣的形象使抽象的概念直观化、具体化，能有效拓展幼儿想象与联想的空间。如欣赏米罗的《星空》，教师通过多媒体课件，先让幼儿整体欣赏画作，然后展现局部画面，一步步解读作品，米罗作品中的许多元素轻松地被幼儿解读出来。最后，教师用展现米罗童年生活的动画课件带领幼儿走进米罗童年的蒙特洛伊，走进他梦中的故乡，感受到他故乡玫瑰色的土地、热烈奔放的斗牛士、美丽的鲜花、可爱的动物和昆虫，然后让幼儿再次欣赏作品，挖掘米罗作品中标志性的元素，进一步理解作品的内涵。

4. 多形式的表达，使幼儿在自主创作中获得快乐

当幼儿还不能或者不善于运用语言表达时，他们会运用肢体动作、声音、图画来表达思想和情感，所以在欣赏活动中，教师应充分考虑幼儿的年龄特点和个体差异，尽可能地提供适宜的材料、设计一些与欣赏作品相适宜的创作内容，让幼儿根据自己的喜好和能力，自由想象、大胆表现、愉快体验。

（节选自：张少雅. 幼儿名画欣赏活动的问题及对策[J]. 幼儿教育研究，2018（01）：5-7.）

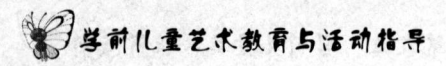

## 学习评价与反思

# 第十章　学前儿童艺术综合活动

**【本章导读】**

　　幼儿园的艺术活动形式多样,除了专门开展的绘画、手工、歌唱、韵律、打击乐等集体教学活动以外,艺术活动还通常与其他领域的活动相互渗透,也会融入一日活动的各个环节。幼儿园活动具有综合的特点,艺术综合活动如何开展?艺术教育如何与其他领域融合?又如何在区域活动中开展呢?期望学习完本章的内容后,你会有所收获。

**【学习目标】**

1．理解统整学前儿童艺术教育活动的基本思想。
2．掌握学前儿童美术活动与其他领域课程的统整规律。
3．学会设计综合性的教育活动方案。

**【学习重点】**

1．掌握学前儿童美术活动与其他领域课程的统整规律。
2．学会设计综合性的教育活动方案。

**【思维导图】**

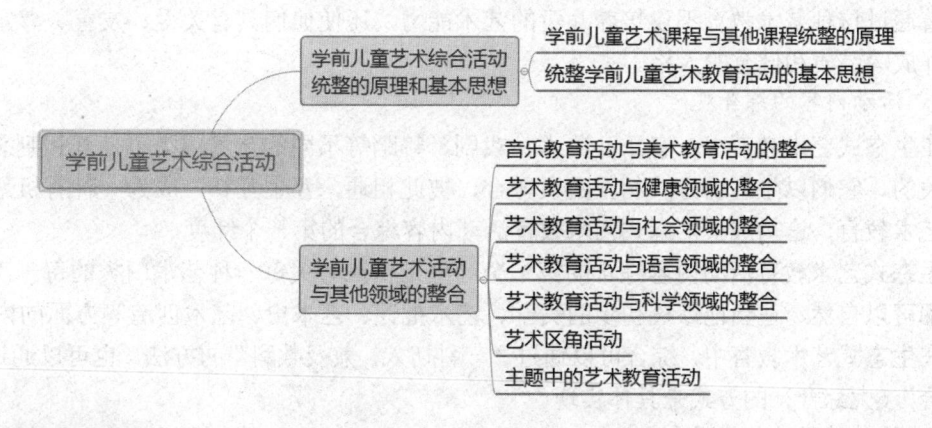

```
                            ┌─ 学前儿童艺术综合活动   ┌─ 学前儿童艺术课程与其他课程统整的原理
                            │  统整的原理和基本思想   └─ 统整学前儿童艺术教育活动的基本思想
                            │
学前儿童艺术综合活动 ───────┤                        ┌─ 音乐教育活动与美术教育活动的整合
                            │                        ├─ 艺术教育活动与健康领域的整合
                            │   学前儿童艺术活动     ├─ 艺术教育活动与社会领域的整合
                            └─  与其他领域的整合    ─┤─ 艺术教育活动与语言领域的整合
                                                     ├─ 艺术教育活动与科学领域的整合
                                                     ├─ 艺术区角活动
                                                     └─ 主题中的艺术教育活动
```

**【典型案例】**

　　在幼儿园实习的黄心舒同学回学校后问陈老师:"我发现一个问题:我们在学校学的是艺术、语言、健康、社会、科学五大领域,但是幼儿园的课程没有五大领域的明显区分,都是主题式的课程,那我们学的东西还用得上吗?"陈老师笑笑说:"你们实习的幼儿园课程是主题式的综合课程,是以主题的形式融合五大领域的内容,你们需要先掌握每一领域的教育教学方法和特点,才能进一步地把握综合性的课程。"

# 第一节　学前儿童艺术综合活动统整的原理和基本思想

## 一、学前儿童艺术课程与其他课程统整的原理

### （一）生态式艺术教育及其基本特征

生态式艺术教育是以人本主义思想为核心，吸收我国美育思想体系中"天人合一"的精神，通过艺术建立人与自然间的真正和谐；同时，也吸收了西方美育体系中以"人定胜天"观念为内核的理性精神，充分发挥人的主动性、创造性。

生态式艺术教育的终极目标就是从人的整体发展出发，达到人在实践中的全面自由发展。也就是说，人通过这种发展达到三个统一：个人与社会的统一，人与自然的统一，感性与理性的统一。这是人类在自我实现和自我解放中的最高理想。

生态式艺术教育把每一个单元都视为一个生态系统，强调在每一个单元内部，艺术学科与其他学科之间、艺术学科内部的各艺术门类之间、艺术欣赏与艺术创作之间的相互融合、互生互补，以形成和保持一种良好的生态关系。

作为一种有机融合的艺术教育，生态式艺术教育具有以下基本特征。

1. *儿童发展的整合观*

生态式艺术教育以儿童艺术能力与人文素养的整合发展为总体目标。儿童的艺术能力，除了基本的艺术知识和技能，还包括艺术感知与欣赏能力、艺术想象与创造能力、艺术评价能力、交流与合作能力等。生态式艺术教育注重儿童艺术能力与人文素养的整合发展，期待着通过这种艺术教育不仅培养儿童的艺术能力，还使他们具有关爱、友善、尊重、分享、开放等品质和健全的人格。

2. *活动内容的综合观*

在生态式艺术教育中，音乐、美术、戏剧、舞蹈等不同的艺术门类不是互相割裂、互不相关的，它们以生态的方式相互交叉融合，彼此相通，互生互补，成为一种有机融合的综合艺术教育，这构成了生态式艺术教育活动内容综合的第一个纬度。

生态式艺术教育活动内容综合的第二个纬度是指在有关每一种艺术门类的每一次活动中，都可以自然、适当地渗透初步的美学、艺术批评、艺术史、艺术创造等方面的内容。

在生态式艺术教育中，综合可以通过"一科切入，兼及数科"的方法，也可以通过"多科综合"（大综合）的方式来具体实现。

3. *活动过程的整体观*

生态式艺术教育的活动中自然、适当地渗透着初步的美学、艺术批评、艺术史、艺术创造等方面的内容，表现在每一次具体的活动进程中，就有了艺术感知与体验、艺术创造与表现、艺术评价与反思等几个基本的环节。这几个环节有时一环连一环，环环相扣，有时互相交叉、渗透，感知与体验中有创造，创造与表现中有反思，评价与反思中又蕴含着感知与创造，构成了完整多样的生态式艺术教育的活动过程。生态式艺术教育的每一次活

动都应包括几个基本环节，但它们的组合方式可以是多样的，如可以有线性组合模式（感知与体验—创造与表现—评价与反思）、渗透性组合模式（感知与体验+反思—创造与表现+反思—评价与反思）等多种模式。

### （二）学前儿童艺术教育与其他教育的统整

学前儿童由于年龄的特点，其思维形式是具体形象的。艺术教育恰恰以生动逼真的形象、鲜明艳丽的色彩和灵活多变的造型适应了学前儿童成长的需要。同时，艺术活动还以较高的自由度，满足了学前儿童尽情发挥和表现的欲望，因此，艺术活动是学前儿童非常喜欢的一种教学手段。随着现代教育的发展，新的观念要求我们在艺术教学中渗透各领域的教学内容，有机整合是艺术教育创新发展的新途径。

《幼儿园教育指导纲要（试行）》将幼儿园教育内容划分为五大领域，从学科领域分类上讲，艺术教育是一门相对独立的学科，具有自身教育的特点、规律和独特的教育功能与价值，但从幼儿园教育应促进儿童全面、协调、健康发展的角度上讲，艺术教育又不能各自为战，应与其他领域的教育活动相互渗透，形成一个有机联系的育人体系。

## 二、统整学前儿童艺术教育活动的基本思想

统整（integrate）有"结合、使成整体"的含义，从哲学意义上讲"是指由系统整体性及其系统核心的统摄、凝聚作用而导致的使若干相关部分或因素合为一个新的统一整体的建构、序化的过程"。将统整理念用于幼儿园课程改革中，它与整合、综合具有相似的意义，其核心内涵是指联系的建立。20世纪80年代以来，国内外幼教工作者和理论工作者在课程改革中经过不断的探究与反思，逐步认识到将统整作为一种教育理念和活动方式应用于幼儿园课程改革实践中，为儿童提供整合的课程，对儿童学习和发展具有重要的意义。

### （一）统整反映了培养完整儿童的课程理念

《幼儿园教育指导纲要（试行）》指出，"幼儿园教育应尊重幼儿的人格和权利，尊重幼儿身心发展的规律和学习特点……关注个性差异，促进每个幼儿富有个性的发展"。这一要求反映在课程目标上就是要将儿童发展成为"完整的人"。

儿童作为一个正在迅速成长发展中的个体，要求幼儿园为其提供完整的学习生活，而不是让其被动地过着成人为其预设的学习生活，这就要求我们确立一种统整的教育理念，只有将儿童完整的生活要素整合于幼儿园各学科领域活动中，才能促进幼儿健康和谐发展。因此，幼儿园课程必须以儿童生活完整性为基础，针对儿童认识事物整体性的特点，统整自然、社会、自我三者的关系，以完整的教育目标要素统率幼儿园课程，才能致力于幼儿的自然性、社会性、自主性的和谐健康发展，培养人格完整的儿童。

从当前幼儿园课程改革实践来看，强调教育的整体性，以统整的思想指导幼儿园课程改革，在我国幼教界已无更多的歧义，但人们对统整理念的理解却有狭义与广义之分。从狭义角度看，统整主要是针对原有学科领域课程的具体局限，在不同学科领域间进行整合。这种看法具有一定普遍性的影响。此类统整又以其整合的基础不同划分为不同形式：其一是以某一学科领域为主，适当地与其他学科领域进行综合；其二是以问题或活动为中心，

淡化学科领域的界限,使几大学科领域融合为一个有机联系的课程体系。从广义的角度看,统整应从制约课程的各主要因素的关系出发构建新的课程体系。有的学者认为,此类统整应包含学科领域与社会和学习者三方面相互间的有机联系。

广义的统整,既要关注课程内容的统合,又要从整体上分析把握课程的目标、内容和学习活动方式,还要考虑课程教学的组织方式。两相比较,由于狭义统整具有更明确的目的性、可操作性,它在目前幼儿园课程结构改革中发挥着积极的作用。但是,从幼儿园课程改革与社会发展的长远趋势来看,广义统整具有更加全面系统的特点。无论是从哪种角度来思考课程统整的含义,其实质都是从培养完整儿童的层面,强调课程的综合性、选择性、平衡性,力图恢复学前儿童生活的完整性,克服课程脱离学前儿童自身生活和社会生活的倾向,帮助学前儿童在生活世界中选择感兴趣的探究主题,让学前儿童过自己有价值的生活。

### (二)统整倡导回归生活世界的幼儿园生态式课程观

幼儿园课程统整是以学前儿童整体发展为核心的,不同学科领域内容统整的基础是什么呢?杜威认为,学校科目相互联系的中心,不是科学、不是文学、不是历史、不是地理,而是儿童本身的社会生活。因此,回归幼儿生活,融入幼儿生活世界才是幼儿园课程统整的正确道路。由此可见,回归幼儿生活的生态式教育也是统整幼儿园课程的必由之路。

第一,学前儿童生活是幼儿园艺术课程统整的基础。这里所指实际生活包括幼儿园一日生活、家庭生活与社区生活等不同的方面。幼儿园一日生活又可分为专门性学习活动、游戏活动及生活活动等几个不同的层面。这些不同的生活活动在学前儿童的发展中具有各自特殊的教育价值,也是学前儿童艺术教育不可或缺的重要环节。因此,关注学前儿童生活中艺术教育的因素,就要加强幼儿园、家庭、社区相互间的有机联系,以学前儿童生活为主线统整幼儿艺术教育活动,使之成为一个真正的教育整体,从而引导学前儿童观察身边的事物与现象,将其作为艺术探索的对象,在生活中学习,在生活中成长,是对幼儿园艺术课程改革的基本要求。

第二,学前儿童生活是幼儿园艺术课程统整的源泉。学前儿童关注的对象是自己生活中熟悉的事物,他们愿意探究的也是生活中那些充满奥秘的、新奇的现象和问题,这就赋予了学前儿童艺术教育鲜明的生活化特征。因此,在选择教育内容时必须从学前儿童的生活入手,教师要改变自己的教育观念,变关注知识、关注教材为关注学前儿童、关注生活,使学前儿童的学习与他们的真实生活紧密联系,从他们关心的事物与现象中选择艺术教育内容。由于儿童的生活世界是丰富多彩和富有变化的,因而艺术教育还具有随机性、渗透性的特点,应视其情况在一日生活的各环节中适时开展。在日常生活中,教师要善于抓住学前儿童感兴趣的问题,如霓虹灯的变化、五颜六色的花、搬运食物的蚂蚁等,从中引出学前儿童观察、探索学习的有趣课程,使生活成为一种实践、一种参与、一种体验。教师可以充分利用幼儿园的活动空间创设丰富多彩的学习情境,引导学前儿童在与环境相互作用中获得充分发展。总之,生活是学前儿童学习的大课堂。只要教师善于发现,善于选择,善于利用,就一定能不断地开发出新的、适应学前儿童发展的艺术活动课程。

## 第二节　学前儿童艺术活动与其他领域的整合

### 一、音乐教育活动与美术教育活动的整合

《幼儿园教育指导纲要（试行）》明确指出：各领域的内容应相互渗透，从不同角度促进幼儿情感、态度、能力、知识、技能等方面的发展。《幼儿园教育指导纲要（试行）》还把美术和音乐纳入一个艺术领域，这是因为它们都是培养学前儿童的审美情趣和表现美、创造美的活动，是艺术教育不可分割的两个方面。另外，音乐教育有唱有跳，活泼有趣，美术教育则需要学前儿童安静地创作、大胆地想象，适当地将音乐、舞蹈等艺术学科的教育形式和手段有机整合到美术教育活动中，不仅可以丰富活动形式，调节活动的节奏，使学前儿童产生愉悦的情绪，而且还能使学前儿童在美术探究的过程中，获得求美心理的满足。

例如，在教学前儿童画鱼之前，先让学前儿童学唱《小金鱼》《三条鱼》等歌曲，丰富学前儿童的感性认识，增加学前儿童的感受力和表现力，为绘画做好铺垫。这样的有机整合、动静交替，符合学前儿童的年龄特点，有助于学前儿童身心的健康发展。再如，在画小燕子的探究活动中，教师就设计《小燕子》的弹唱和舞蹈活动环节，借助儿歌、舞蹈的艺术方式丰富课堂的气氛，使学前儿童提高对小燕子的认识，并使用肢体语言描述小燕子的形象、活动等。孩子们以极大的兴趣参与其中，这样不仅提高了孩子们探究的积极性和观察的精度，而且获得了美的感受和身体的协调发展。

### 二、艺术教育活动与健康领域的整合

艺术活动既是幼儿表现自己的认识、想象与感受的方式，也是幼儿抒发、宣泄情感的方式。任何一种教育活动都具有多重教育目标，艺术教育活动本身蕴涵着多种有价值的教育因素，应注意发掘和加以利用。

**知识链接**

《幼儿园教育指导纲要（试行）》中有关健康领域的目标有：(1)身体健康，在集体生活中情绪安定、愉快。(2)生活、卫生习惯良好，有基本的生活自理能力。(3)知道必要的安全保健常识，学习保护自己。(4)喜欢参加体育活动，动作协调、灵活。《3~6岁儿童学习与发展指南》中健康领域的动作发展目标之一是"具有一定的平衡能力，动作协调、灵敏"，建议"利用多种活动发展身体平衡和协调能力"。

健康领域的目标在艺术活动中能得到有效地渗透。例如，各种音乐游戏、歌表演、律动等活动能发展儿童的动作协调能力；歌唱活动《刷牙歌》能帮助孩子形成良好的生活卫生习惯。在废物利用的制作活动中，可渗透环境保护和可持续发展的思想。又如，在绘画自画像的活动中，又可蕴涵认识自己、加强自信心等心理健康教育因素。

艺术教育中渗透健康教育，主要包括心理的健康和身体的健康两个方面。

（1）在艺术教育中渗透心理健康教育。

① 在艺术活动中建立师幼平等的对话关系。

② 提供充分的时间让幼儿交流、对话。

③ 变"单一评价"为"多元评价"，变"被动"评价为"主动"评价。

（2）在艺术教育活动中渗透健康知识。

### 三、艺术教育活动与社会领域的整合

社会领域的目标在艺术活动中也能得到体现。艺术领域中的各类活动都提供了儿童表达、创造、表现的机会，这有助于儿童自尊、自信和自主的形成；集体绘画、韵律活动中的合作有助于培养儿童的交往能力和与同伴的友好相处；《好妈妈》《我爱我的幼儿园》《国旗国旗多美丽》等具有教育意义的歌曲能给予儿童爱父母长辈、爱集体、爱祖国的情感体验。

**知识链接**

《幼儿园教育指导纲要（试行）》中有关社会领域的目标有：① 能主动地参与各项活动，有自信心。② 乐意与人交往，学习互助、合作和分享，有同情心。③ 理解并遵守日常生活中基本的社会行为规则。④ 能努力做好力所能及的事，不怕困难，有初步的责任感。⑤ 爱父母长辈、老师和同伴，爱集体、爱家乡、爱祖国。《3～6岁儿童学习与发展指南》中社会领域的目标有"愿意与人交往；能与同伴友好相处；具有自尊、自信、自主的表现；关心尊重他人；喜欢并适应群体生活；遵守基本的行为规范"。

艺术教育中渗透社会教育，主要体现在以下几个方面。

（1）艺术教育中渗透社会文化方面的教育，如国家、民族的生活习惯、历史文化、风土人情以及宗教信仰等。

（2）艺术教育中渗透社会行为规范方面的教育，如重阳节画"我和奶奶"，环保教育、文明教育等。

（3）艺术教育中渗透合作与交往方面的教育。中、大班幼儿可采用小组合作的方式完成艺术活动，锻炼幼儿的合作意识、团结意识和与人交往的能力。

学前儿童艺术教育的社会性功能与目的，除上述激发学前儿童的爱国主义精神、培养学前儿童的精神文明行为外，还在于通过艺术教育促进儿童了解社会，逐步建立正确的社会观。通过儿童艺术教育，能对整个社会文化环境产生一种间接的、潜移默化的影响，形成良好的社会性文化氛围，以影响和改变人类的生存环境，使环境更为艺术化，学前儿童艺术教育应该为此提供必要的准备。

### 四、艺术教育活动与语言领域的整合

语言是思维的外壳，艺术教育与语言关系密切。我们知道，学前阶段是个人语言发展的最佳时期，艺术教育活动要促进学前儿童思维的发展，必须促进其语言的发展，让幼儿多练习说话，多和同龄的伙伴进行交流。在美术活动中学前儿童动手操作的时间较多，教

师要经常引导幼儿展开联想，创编故事。教师在鼓励孩子把活动中所思、所想、所作、所为都用自己生动形象的绘画"语言"表达出来的同时，也要让学前儿童自己用语言表达出所画所想。

当学前儿童完成一幅或一套作品后，启发他邀请小朋友一起分享，促进相互交流、学习，锻炼学前儿童的胆识和表达能力。也可以定期举办小小画展，让学前儿童当解说员，为大家讲述画面所表达的内容。长期坚持这样的练习，对学前儿童的语言发展将起到很好的促进作用，反过来语言的正确表达又激发了学前儿童创作的激情和欲望。这样不但可以使教师了解儿童探究过程中的思维发展水平，还能在教师与学前儿童、学前儿童之间的交流中碰撞出智慧的火花，促进智力发展。

艺术教育和语言教育相互渗透，主要包含以下两个方面的内容。
（1）在艺术活动中自然渗透语言，幼儿用语言来交流自己的想法。
（2）与作品相关的文化知识的传递和文学作品的介入使两者相互渗透。

### 五、艺术教育活动与科学领域的整合

要培养逻辑思维与形象思维相结合的新型复合人才，必然要加强科学与艺术之间的联系，必然要从科学教育与艺术教育内容的融合性和综合性上着手。

教育活动的设计与实施，关键是根据两个领域之间的知识交叉点进行必要的系统整合，这种整合不是分段或分领域进行的，更不是机械的拼凑与合并。而是在活动目标、内容、过程、设计等方面依同构原理对单一活动所承载的交叉知识经验或教学要素进行系统呈现，并让幼儿在与环境的相互作用中，潜移默化地、整个地获取和习得。这就要求教师具有系统整合交叉知识的能力和综合设计教育活动的能力。

在艺术教育中渗透科学教育，主要包含以下几个方面的内容。
（1）对科学知识的回顾和认识。
（2）学习运用科学的方法和思维。在美术活动中，最突出的是——有序地观察，整体感知——从上到下、从左到右、从中心向四周——整体把握。
（3）在理解作品的过程中渗透数学概念，如大和小，立体和平面。
（4）在创作作品的过程中运用数学概念，如拼贴折剪立体手工、打拍子等。

在幼儿园，如果我们从艺术领域入手，以风筝制作为教育内容的切入点，并通过风筝的放飞活动，让孩子们在愉悦的互动活动中体验风及风力与风筝升空的关系，从而进一步将教育内容拓展到飞机、航天器、神六、航天员等方面，使艺术领域的制作活动与科学领域的认识探索活动、孩子们的情感态度等，进行有效沟通和联系，并由表及里、由外而内、迁想状物、举一反三，我们就不必在科学领域的活动中，煞费苦心地在孩子的胸前放一张报纸并督促孩子拼命奔跑而不落后来认识风或风力了。

剪雪花，几乎是所有幼儿园都进行过的教育活动，在地处北方的幼儿园，可以先让幼儿玩雪和赏雪，如堆雪人、画雪地画等，在这一过程中逐步引导幼儿对雪花进行自然状态下的感性认识，进而借助仪器进行更细致的科学认识和观察活动，并以此激发和满足幼儿探索、发现雪花的形状和结构特点的好奇心；然后将采集的雪花装入器皿，观察其溶化过程，再对溶化的雪水进行加热让幼儿观察雪水的蒸发过程；最后进行剪雪花的教学活动……

如此，科学教育与艺术教育自然融合，活动形式丰富多彩，幼儿参与程度高，探索欲望强，幼儿既对雪花以及水的三态有了科学的认识，同时也在轻松愉悦的氛围中掌握了有关艺术技能，使得剪雪花这一教学活动变得更加有意义。

## 六、艺术区角活动

幼儿园美工区和表演区是教师根据教育目标和学前儿童发展水平，通过有目的的环境创设和材料投放，让幼儿按自己的意愿和能力选择感兴趣的艺术活动，自由欣赏和创作艺术作品的个别化学习场所。艺术区角活动是低结构化的教育活动，既可以是教学活动的延伸和拓展，也可以由学前儿童自发生成。艺术区角活动的组织一般有以下流程。

### （一）计划和预约

对于学前儿童来说，这样的计划往往是一种个人内心的活动，他们或者与同伴商量："今天我想玩泥工，你也来好吗？"或者向教师表达意愿："老师，今天我要进美工区继续做昨天没做完的手工。"教师可借助活动区入区卡、活动区计划板等形式让学前儿童预约活动，养成学前儿童做计划的习惯。

### （二）认识和了解

教师每当向美工区投放新材料、新工具和设置新主题时，应有针对性地向学前儿童推介，比如，小班幼儿刚开始学习进入美工区游戏时，教师就需要对进区规则进行讲解，对画纸、彩笔、胶泥、胶水、剪刀等美工材料和工具的使用、存放进行详细的说明，帮助学前儿童自主选择。

### （三）选择和准备

这是学前儿童进区后的第一件事情，他们根据本周的活动内容或自己的计划自主选择活动材料。教师应引导学前儿童养成有条理地准备材料的习惯，培养学前儿童有序做事的能力。

### （四）尝试与创作

尝试各种美术活动和自主创作是美工区活动的核心部分，教师应以游戏伙伴、观察者、引导者的身份介入学前儿童的创作中，不随便打扰学前儿童的创作，适时、适度地发挥作用。

### （五）收拾与整理

在区域活动结束或学前儿童个人的创作结束时，教师须提醒学前儿童收拾整理区域材料，将所有材料归位放置，培养学前儿童良好的区域游戏习惯和生活秩序。设置材料标记、准备充足的收纳工具是教师在活动前应该做好的准备。

### （六）分享与交流

每一次活动区游戏结束后，教师都应当组织学前儿童展示作品，互相欣赏、分享创作体验，引发幼幼互动，促使幼儿进行充分的交流和表达，唤起学前儿童对创作过程的愉快回忆，提高入区游戏的兴趣，提升审美能力。

以上艺术区角活动流程并不是每一次活动都要完整走完，学前儿童也可不预约和计划，自由进入区角活动；教师也可将一些简单的美工材料和表演道具投放到艺术区，让幼儿自己发现和尝试其特性和使用方法；幼儿在区角自主开展游戏时，一边创作一边分享交流，并不需要每次都由教师专门组织开展分享。教师只有遵循学前儿童的需求，适时、适当的组织活动，才能使艺术区角活动成为促进学前儿童自主发展的优质艺术活动。

## 七、主题中的艺术教育活动

主题教育活动是一种混合取向的教育活动，也是一种幼儿园综合课程理念下的教育活动，它以幼儿的生活、经验、兴趣、发展需要为课程设计的主要依据。主题教育活动的设计过程与专门的艺术教学活动不同，前者往往是"先内容，后目标"，而后者则是"先目标，后内容"。一个主题教育活动包含的活动内容和教学形式可以有很多，如包含语言、数学、音乐、美术，甚至科学、社会和健康等领域的内容，活动的形式可以是集体教学活动，也可以是区角游戏活动，还可以是亲子活动，等等。根据"先目标，后内容"的设计过程，一般是由教师先根据幼儿的经验和主题的需要选择活动内容，再根据活动内容设置活动目标，并且允许有一定的灵活性。如图10-1和图10-2所示，围绕某一主题可以开展语言、音乐、美术、科学、社会、数学、健康、体育等多种活动，艺术教育活动渗透在主题中开展。

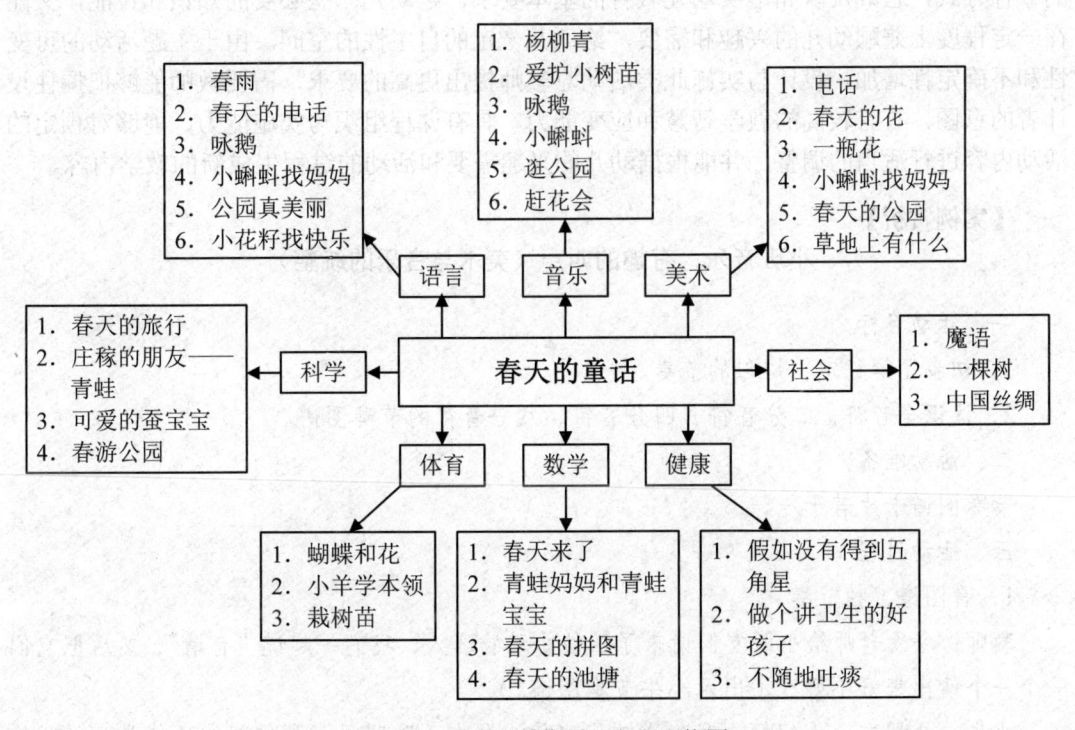

图10-1 "春天的童话"主题网络图

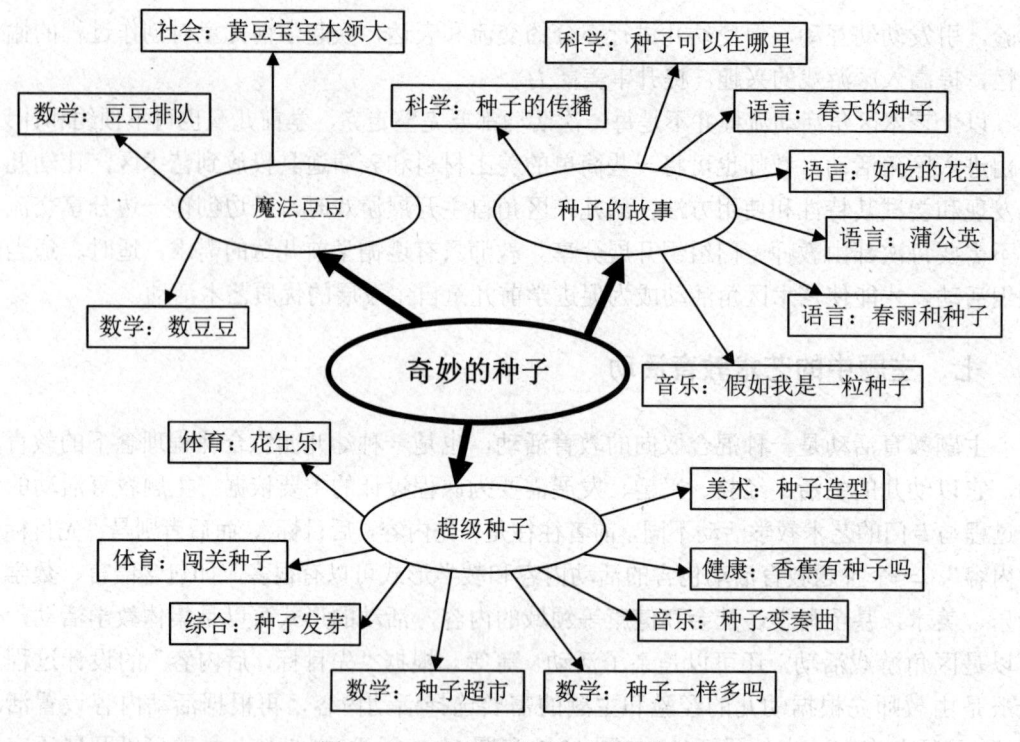

```
       社会：黄豆宝宝本领大        科学：种子可以在哪里
 数学：豆豆排队    科学：种子的传播    语言：春天的种子
                                      语言：好吃的花生
            魔法豆豆      种子的故事
                                      语言：蒲公英
 数学：数豆豆                         语言：春雨和种子
              奇妙的种子     音乐：假如我是一粒种子
     体育：花生乐                美术：种子造型
                    超级种子
     体育：闯关种子              健康：香蕉有种子吗
     综合：种子发芽              音乐：种子变奏曲
           数学：种子超市  数学：种子一样多吗
```

图 10-2 "奇妙的种子"主题网络图

  以主题活动的形式开展幼儿园教育教学活动，是近年来我国幼儿园越来越多选择使用的一种方式，它既反映和落实幼儿教育的基本要求，给幼儿一些必要的知识和技能，又能在一定程度上兼顾幼儿的兴趣和需要，给幼儿一定的自主性的空间。由于主题活动的可变性和不确定性增加，设计与实施此类活动对教师提出更高的要求，需要教师能够把握住设计者的意图，具有较高的教学智慧和应变能力，具有课程组织与实施能力，能够对预定的活动内容进行适当的调整，并能根据幼儿的兴趣需要和活动的进程生成新的教学内容。

**【案例赏析】**

小班音乐：有趣的叫声（美术与音乐的统整）

一、活动目标

1. 初步了解稳定、均匀的节奏。
2. 认识全音符、二分音符、四分音符、八分音符的节奏图谱。

二、活动准备

节奏图谱卡片若干。

三、活动过程

1. 看图谱，拍节奏

教师：今天老师给小朋友们请来了四位小动物客人，我们一起说"有请"，然后把它们一个一个请出来好不好？（出示小牛节奏图谱。）

小牛：小朋友，你们好。我知道咱们班的小朋友可聪明了，那你们能不能学一学我的叫声呀？（幼儿学叫。）

教师：真棒！老师也来学一学。（小牛叫一次，是四拍，每一拍拍一次手，共拍四次手。）咦？老师学的和小朋友学的一样吗？（引导幼儿说出学习叫的时候拍了四次手。）

教师：有的小朋友说我学叫的时候拍手了，现在我再来学一次，小朋友们一起来数一数我拍了几次手。

教师：好，跟老师一起来拍一次。

2．出示小猫节奏图谱

教师：让我们来听一听小猫是怎样叫的。（小牛叫一次，小猫叫两次，每叫一次是两拍，两拍，拍两次手。）

3．出示小鸭节奏图谱

教师：让我们来听一听小鸭子是怎样叫的。（小鸭子的叫声又响亮又短促，小牛叫一次，它叫四次，每叫一声为一拍，一拍，拍一次手。）

4．出示小鸡节奏图谱

教师：呀，两只小鸡挤在一起都想坐这个小板凳呢，它们叫的特别快，你们听。（小鸡的叫声很急很快，小牛叫一次，它叫八次，每叫两次为一拍，叫两次，拍一次手。）

5．听儿歌，拍节奏

教师：小朋友学的真不错，小动物们听了可高兴了，它们还给你们带来了好听的儿歌，你们想不想听？（儿歌前半句随歌词做动作，小动物叫声的时候拍手做。）

教师：请小朋友们一起来跟我学一学。

儿歌：《有趣的叫声》

我是小牛，我就这样叫，哞——
我是小猫，我就这样叫，喵——喵——
我是小鸭，我就这样叫，嘎嘎嘎嘎
我是小鸡，我就这样叫，叽叽叽叽叽叽叽叽

四、活动延伸

教师：说得真不错！今天跟小动物们一起玩得开不开心呀？好，听小猫说什么？

小猫：喵——，小朋友们，今天能够和你们一起玩，真高兴，在说再见之前，我还要告诉小朋友们一个秘密，你们看，我们每个小动物旁边，都有一个这样的小符号，他们的名字叫音符，下次让我们一起来玩好吗？好，那再见了！

五、活动评析

在此项活动中，教师灵活地将音乐活动与美术相结合，将抽象的音乐元素用美术形象符号表示出来，抽象形象具体化，在幼儿心中形成影像记忆。在游戏活动中不断丰富孩子的识谱能力，运用幼儿常见的小动物形象，让幼儿有亲近感和认同感。在学习声音和模仿动作的过程中，不仅锻炼了孩子的语言模仿力和肢体的协调性，而且给予幼儿创造空间，这也是《幼儿园教育指导纲要（试行）》中音乐能力的最高境界。

## 小班健康活动：小动物做早操（艺术与健康的统整）

一、活动目标

1．练习走、爬、钻等各种动作，并能有所创新。

2．培养积极参加活动的兴趣和勇气。

3．愿意和同伴交流协商，提高社交能力。

二、活动准备

1．晨间体育锻炼活动中让幼儿自由玩钻圈、平衡木和爬垫。

2．鸡、猫、乌龟头饰各为幼儿人数的三分之一。

3．三位佩带鸡妈妈、猫妈妈、乌龟妈妈头饰的老师站在场地周围。

4．鸡妈妈前设置一个平衡木，猫妈妈前设置一个铁圈，乌龟妈妈前设置爬垫，垫子上用皱纹纸装饰成草地。

5．录音机、磁带、各种糖果若干斤。

三、活动过程

1．激发兴趣

（1）教师带领"小动物"们来到场地上，亲切地说："小动物们，我们要做早操了！"在音乐伴奏下，幼儿做伸臂、弯腰、踢腿的动作走到场地中央。

（2）教师：小动物们，你们的妈妈今天都来和你们做游戏了，谁能不怕困难，钻过圈、走过小桥、爬过垫子，找到妈妈，妈妈就会给你一个最好的礼物，你们愿意吗？

2．游戏"小动物找妈妈"

（1）教师：小动物们，你们要去找你们的妈妈了，小鸡宝宝找鸡妈妈，但是前面有一座座桥。小猫宝宝找猫妈妈，但是前面有一个山洞。小乌龟宝宝找乌龟妈妈，但是前面有一大片草地。小动物们，你们怎么办呢？（幼儿自由回答。）对了，我们要走过小桥，钻过山洞，爬过草地，不怕困难找到妈妈，妈妈会给你一个最好的礼物，拿到了礼物就回到老师这里，好吗？

（2）第一次游戏。教师细心观察，鼓励幼儿大胆走、爬、钻，游戏结束后请动作多样的幼儿上来个别示范，进行表扬。教师提出第二次游戏的要求："请小朋友用各种方法走、爬、钻。"

（3）请幼儿找一个好朋友相互交换头饰进行第二次游戏。教师观察幼儿是否有新的动作，即时表扬。

（4）教师提出第三次游戏要求："想想看还能怎样走、爬、钻，看谁最动脑筋。"请幼儿和相应的小朋友交换头饰，进行第三次游戏。

3．放松身体，学会分享，增进友谊

（1）幼儿听音乐做健康操。

（2）请幼儿坐在场地上和同伴一起交换糖果、品尝糖果。

四、活动评析

本次活动以情景游戏的形式进行，将活动目标自然地渗透活动的各个环节，让幼儿边玩边学习一些动作的技能技巧，很适合小班幼儿的活动特点，在活动中幼儿自然地把自己当作乌龟宝宝、小鸡宝宝和小猫宝宝，走过小桥，钻过山洞，爬过草地，非常积极地投身到游戏当中，在走、钻、爬的过程中，大部分幼儿都能动作协调地完成任务。

## 中班语言活动：七色花（艺术与语言的统整）

一、活动目标

1．能够大胆地用较为连贯的语言表达自己的想法。

2．认真倾听故事，简单地理解故事的内容。

3．体验与同伴合作带来的快乐。

二、活动准备

七色花瓣、花蕊、胶棒、水彩笔。

三、活动过程

1．导入故事

（1）出示七色花，引起幼儿的兴趣。

教师：老师今天给小朋友请来一个神秘的朋友。

请小朋友观察这朵花与其他的花有什么不一样。

（2）教师：这是一朵神奇的花，花瓣有七种颜色。

请幼儿说一说这朵花分别都有什么颜色，并给这朵花起个好听的名字。

（3）讲故事，引导幼儿理解故事内容。

（4）教师：说一说故事里的小朋友都许了什么愿望，哪个愿望让他最高兴，为什么？

2．说愿望

（1）请幼儿说一说自己的愿望。

教师：假如你也拥有一朵七色花，你希望它能实现你的什么愿望？（说一说自己的愿望，鼓励幼儿大胆发言。）

（2）教师：希望我们每个小朋友的愿望都能实现，让我们一起制作七色花吧！将愿望画在花瓣上。

3．分组制作

（1）幼儿自愿分组，七人一组，选自己喜欢颜色的花瓣。

（2）将花瓣一片一片地粘在花蕊上。

（3）教师分组指导，引导幼儿进行合作。

4．分享愿望

（1）请每个幼儿都讲一讲自己的愿望。

（2）请幼儿说一说本组是如何进行合作的。

（3）展示七色花，共同分享。

四、活动评析

此活动是语言和手工结合的一个不错的活动。以提问形式导入，让幼儿细心观察并描述眼前所见七色花的颜色，并为七色花起名字。游戏环环相扣，让幼儿敢于表达内心想法，讲述故事提问到位，让幼儿大胆地说出自己的愿望，进而引发制作七色花的兴趣。制作过程中的自愿分组是为幼儿提供社会性锻炼的机会，每一名幼儿在自己的小组中如何给自己定位，如何和小朋友一起合作并说出自己的意图是本次活动的一个亮点。

### 小班社会活动：小鸟的家（艺术与社会的统整）

一、活动目标

1．了解鸟的生活环境以及与人们的关系。

2．对小鸟有同情心，能用实际行动表达对小鸟的爱护。

二、活动准备

幼儿用书，自制鸟窝材料：纸盒、绳、草、棉花、投影仪、录音机、鸟叫声的磁带。

三、活动过程

1．播放小鸟的叫声引出图片

教师：听，是什么声音？

教师：你听到的小鸟的声音是快乐的还是悲伤的？（幼儿自由谈论自己的感受。）

2．出示图片

教师：让我们来看看小鸟是开心的还是悲伤的？

（1）小鸟怎么了？

（2）这里发生什么事了？

（3）小鸟的家没了，以后会发生什么事？

3．组织幼儿讨论

怎么爱鸟护鸟？指导幼儿分组讨论，鼓励幼儿大胆地说出爱鸟护鸟的办法。教师参与幼儿讨论，倾听孩子的想法，并进行适当的引导。

4．师幼共建小鸟的家

（1）教师根据需要引导幼儿：我们幼儿园也有很多树，我们除了多种树，不乱砍伐树木之外，还可以请小鸟来幼儿园安家。

（2）组织幼儿做鸟窝，找些柔软的东西放进去，为小鸟做一个柔软又舒服的家。

四、活动评析

本活动设计选材贴近幼儿生活，符合幼儿身心发展特点，是一个不错的案例。从播放小鸟的叫声导入，引导幼儿讨论，澄清和细化对小鸟的"家"的认识，幼儿亲自动手操作则能够加深认识和理解。本次活动环节分明，思路清晰，整个过程紧扣目标，在活动中充分尊重幼儿的主体性，结合小班特点，采用讨论、探讨等方法，让幼儿充分表现，表达感受，效果不错。

### 中班造型游戏：图腾柱（艺术与科学的统整）

一、活动目标

1．以绘画、手工等造型方式绘制和制作各种表情的人物、动物的脸或头像。

2．感知搭建材料具有的不同性质，探索体验不同的物质材料能做出多样的造型。

二、活动准备

1. 户内：各种质地的空瓶罐、积木，各种大小不一的包装箱、各色纸张、画笔颜料、胶水等。

2. 户外：各种柱体物、小石头、纸箱、砖头、木块、泥沙等。

三、活动过程

1. 引导幼儿观察人物和动物的脸。在此基础上，提供多种绘画或手工材料，指导幼儿表现各种状态和表情的脸。如笑脸、狰狞的脸、悲伤的脸等。

2. 指导幼儿以分工合作的方式，将画好的脸或制作的脸粘贴（固定）在大小适宜的包装盒或积木上。

3. 组合搭建图腾柱。

将粘贴好脸型的包装盒（积木）依据大小、形状进行由低到高的垒积，并形成图腾柱。垒积过程中注意各种脸型的方向、色彩，平面与立体脸型的搭配。

引导幼儿体验、理解图腾柱的结构，例如，如何搭建才能使图腾柱稳固而不倒，怎样使用材料能使图腾柱搭建得更高等。

4. 可指导幼儿将制作好的各种脸形悬挂或粘贴在室内的柱形物上做装饰。

5. 利用其他操作材料搭建图腾柱。如各种瓶、罐等，让幼儿在垒积过程中了解各种材料的轻重、大小关系及物理属性；体验各种材质与图腾柱的搭建关系。

四、活动延伸

在室外开展图腾柱的造型游戏。如砖、石的搭建造型，泥沙建构活动等。进一步让幼儿在操作中充分体验和比较不同材质的造型方式和结果。

五、活动评析

该活动的设计与实施就是从科学、艺术两位一体的目标出发，有效整合交叉关系，并且活动过程集玩、做、学、启、用为一体，易于激发幼儿的好奇心、满足操作和探索欲望。需要说明的是，在活动设计伊始和幼儿与环境的交互过程中，尽可能多地让幼儿接触、体验各种物质材料，为幼儿的创造性操作提供多渠道认知条件、扩大幼儿认知范围，为幼儿奠定丰富的造型基础和科学认知基础。同时，通过活动中幼儿间的合作、交流、模仿，让幼儿发现和寻找解决不同物质材料的应用问题和加工处理方法，创造出有意义或立意清晰、新颖的造型作品。这一活动过程及其结果的呈现方式是艺术的，但操作过程和幼儿所习得的却不囿于艺术范畴本身。一方面，充分体现艺术领域中美的丰富性和满足幼儿操作的需要；另一方面，幼儿在活动中体验到了生活环境中各种材料的物理性质及其作用，极大地丰富了幼儿认知经验，并能在现实生活中、未来的学习过程中加以运用。为幼儿探索能力的持续发展和能力迁移奠定良好基础。

（资料来源：杨静，沈建洲. 论幼儿园科学教育与艺术教育之融合[J]，集美大学学报，2010（4）：81-85.）

【在线测试】

实践题

1. 请你画一棵主题树，分析一个幼儿园课程中的主题的结构构成，用"树"的形式列出大小主题的关系，了解主题课程的设计原理。

2. 以行动学习小组为单位，分析一篇优秀的艺术综合活动方案，做好活动准备，尝试模拟试教。

【真题训练】

活动设计题

请根据下列素材，设计大班主题活动方案，要求写出主题活动的名称、主题活动的总目标、两个子活动。每个子活动包括活动名称、活动目标、活动准备和活动的主要环节。

周一早晨户外活动，幼儿被园子里五颜六色的花吸引了，有的在指认花的颜色，红的、黄的、白的、紫的；有的在数花瓣，三瓣的、五瓣的、六瓣的；有的在争论花的名称。他们发现有的花朵长得一样，但是颜色不一样；有的花朵有香味，有的花朵没有香味……户外活动的时间结束了，幼儿还一直很兴奋地谈论着……

（选自2016年下半年幼儿园教师资格证考试真题）

【拓展阅读】

## 幼儿园语言与艺术整合课程研究

随着幼儿教育事业日渐受到广泛关注，对幼儿园教育教学活动进行改革创新势在必行，只有结合新时期的新教育理念对幼儿教育活动进行改革创新，才能够增强幼儿教育的科学性，实现对幼儿的有效培养。所以在幼儿教育实践中，教师应该积极探索将语言和艺术进行有机结合的整合课程，充分发挥语言和艺术在陶冶幼儿情操方面的重要作用，启迪幼儿智慧，浸润其心灵，让幼儿在幼儿园教育活动中能够健康成长。

一、幼儿园语言和艺术整合课程的核心理念

《3~6岁儿童学习与发展指南》针对幼儿园艺术领域的教育活动进行了适当的限定，认为应该引导幼儿逐步发现和感受生活中美的事物，并让幼儿和多种形态的艺术形式相接触，在学习活动中获得美的体验。在幼儿园教育中，幼儿园教师应该注意结合审美教育思想对教育活动进行创新，为幼儿营造适合其健康成长的环境，真正让幼儿在成长过程中能够逐步发现美和感受美，完成对艺术美的创造，为幼儿精神生活水平的提高创造良好的条件。在具体的语言和艺术整合课程实践中，幼儿园教师对教学活动进行改革创新，应该注意落实《3~6岁儿童学习与发展指南》的指导思想，让幼儿能通过观察、认知、游戏和展示，真正完成对语言和艺术课程的学习，取得理想的学习效果，为幼儿的未来发展提供坚实的保障。唯有如此，在幼儿园教育实践中，语言和艺术整合课程的作用才能够得到全面系统的发挥，整体教学质量也会有所提高，对幼儿的快乐成长产生积极影响。

## 二、加强语言和艺术课程目标体系的构建

在对幼儿园语言和艺术课程进行整合创新的过程中,学前教育工作者要想促进教育作用的发挥,实现对幼儿发现美、欣赏美和创造美能力的培养,为幼儿艺术发展创造良好的条件,为幼儿的未来全面发展奠定坚实的基础,就应该加强对语言和艺术课程目标体系建设工作的重视,并积极探索相应的建设措施,以促进教育现状的改善和教育质量的全面提高,为幼儿教育水平的提高提供相应的保障。在具体建设目标体系的过程中,一方面应该正确认识育人目标的重要性,让幼儿在发现美、感受美、欣赏美和创造美的过程中对自然和社会形成相应的认识,促进幼儿健康快乐地成长,真正感受到生活中的关爱和关怀,促进幼儿社会责任感的初步构建。另一方面,结合语言和艺术课程体系的构建,应该建设相应的课程目标,保证能够对课程教学活动提供相应的指导,促进语言和艺术课程教学质量的全面提高。在具体教学活动中,应该注意搭建多元化的教学平台,通过不同的活动形式对幼儿的语言和艺术素养加以培养,为幼儿的终身发展奠定基础。同时,为新教学模式的构建做出正确的指引,让教师能够全面结合幼儿的成长情况和发展需求完成对新教学模式的构建,促进其学习品质的提高。在具体教学实践活动中,也应该注意构建因材施教的教育体系,并引导幼儿参与实践活动,结合幼儿的实践活动情况对幼儿实施相应的教育和评价,为幼儿的成长做出正确的引导。唯有如此,在科学教学目标的指导下,幼儿教育中的语言和艺术整合教学作用才能够得到最大限度的发挥,整体教学质量也会有所提高,对幼儿的健康成长产生着积极的影响,能够为幼儿教育事业的稳步发展做出应有的贡献。

## 三、加强对语言和艺术整合课程教学模式的构建

语言和艺术整合课程教学模式构建与幼儿的健康成长存在紧密的联系。在当前幼儿教育实践中,在明确教学理念、确定教学目标的基础上,应该认识到构建教学模式的重要性,并结合幼儿教育发展需求完成对课程教学模式的构建,以促进语言和艺术整合课程教学工作的全面优化开展,借助语言和艺术的重要作用促进教育质量的提高,为幼儿教育事业的发展贡献相应的力量。

### (一)引导幼儿接触自然,在自然中发现美和感受美

苏联著名教育学专家在对教育教学工作进行研究的过程中,明确提出教育工作中最重要的点就是希望孩子能够在学习过程中感受自然,体悟自然界中伟大的秘密。幼儿园教师在教学活动中应该尝试将自然界中的事物融入教学活动中,用自然界的美唤醒幼儿对美的感知,促进其感受美和创造美的情感得到激发,为幼儿的健康成长做出正确的引导。基于此,在对幼儿教育进行改革创新的过程中,结合语言和艺术整合课程的设计需求,教师应该适当地引导孩子接触美丽的大自然,在活动中认识美和感受美,使幼儿教育作用进一步发挥。具体来说,在幼儿语言和艺术整合课程中,教师可以将"四季"作为主题开展优质教育活动,让幼儿能够长时间与自然界进行接触,在自然的变化中观察和感受自然的美。同时,教师也应该注意发挥教育引导作用,让幼儿在生活中感悟自然美的奇妙变化,寻求美,并尝试将自己的理解和感悟用简单的语言表达出来,如"春天的阳光是温暖的,但是不会晒人;我最喜欢秋天,树上的叶子像小蝴蝶一样漂亮"。这样幼儿就能够在语言和艺术整合课程中快乐成长,幼儿教育质量也会有所提高。

（二）让幼儿在五大活动领域中欣赏和体验美，深化幼儿的思想认知

在幼儿成长过程中，其认知活动存在一定的特殊性，表现出明显的具体形象性和无意义性特征，并且幼儿的抽象思维和逻辑思维处于萌芽时期，有意性也开始初步发展，因此幼儿认知活动不仅来自于主体本身，也与客体存在一定的联系，是主客体共同作用的结果。《3～6岁儿童学习与发展指南》明确指出，在幼儿的成长时期，每一个幼儿心中都会藏有一颗美好的种子，而借助幼儿园艺术教育活动，能够为种子的成长创造良好的条件和机会，促使幼儿逐步产生对美的感知和体验，幼儿的想象力和创造力也能够得到进一步凸显，促使幼儿用自己的方式去体验和创造美。基于此，在对幼儿园语言和艺术整合课程进行改革创新的过程中，可以结合"四季"教育主线在不同的领域中积极对语言和艺术活动进行有效的拓展，让幼儿在成长过程中能够对艺术中的美形成自身的体验，并有效提高幼儿对美的认知，让幼儿对语言和艺术教育中的内容形成更深刻的认识。如此，幼儿园语言和艺术课程教学水平就能够显著提高，对幼儿教育事业的稳定发展产生至关重要的影响。

（三）在表演游戏中让幼儿表达美，深化幼儿对美的认知

游戏是幼儿园教育活动中的重要构成元素，幼儿园的大部分教育教学活动与游戏都存在着紧密的联系，所以在语言和艺术整合课程中也应该融入游戏教育，让幼儿在表演类的活动中能够表达美，促进幼儿思想认识水平的提高。同时，在表演类活动中，合理组织幼儿参与活动，还能够实现对幼儿语言能力、创造力和社交能力的培养，促进幼儿形成对美的深刻认识，为幼儿的健康成长提供相应的保障。在对幼儿园语言和艺术课程进行整合和创新的过程中，幼儿教师可以联系幼儿的生活实际，引导幼儿参与表演类游戏活动，借助幼儿参与游戏活动，让其能够在表演中感受到艺术和语言的魅力，发现其中蕴含的美，并将具体的体验转化为艺术语言，促进其表达美的能力的显著提高。

（四）为幼儿搭建展示活动平台，让幼儿能够实现对美的展示和创造

在语言艺术课程体系中，结合语言和艺术整合课程的实际要求，可以通过节目展示的形式让幼儿去表达和发现，通过创造展示感受艺术美感，甚至完成对美的创造，让幼儿在幼儿园艺术活动中充分地感受到语言艺术的美感，促进幼儿健康成长。在具体教学实践活动中，幼儿教师应该为幼儿搭建展示活动平台，为幼儿参与语言和艺术课程活动创造良好的条件，并对幼儿实施相应的教育和引导，让幼儿能够在活动中将自己的情感表达出来，并结合个人理解完成对相关艺术活动的创造，实现对幼儿创造美能力的培养。如在参与某童话故事的表演活动后，已经充分调动了幼儿的学习积极性，激发起了幼儿学习的兴趣，教师对幼儿实施适当的教育和引导，让幼儿发挥自身想象和联想能力，对表演活动进行拓展和延伸，完成初步艺术创造活动。这样，幼儿就能够实现对美的展示和创造，幼儿园语言和艺术整合课程的作用也才可能最大限度地得到实现。同时，教师的干预还可以体现在游戏时间和次数的安排上。如果教师发现小朋友并没有理会自己的引导，很有可能是以小朋友的现有水平无法理解或者做到教师的提示，对这种情况教师也不必气馁，因为游戏本身就带有促进儿童发展的作用，当儿童在进行积木游戏时，肯定是从低水准开始，当他们不再满足于低水准的游戏时，自然而然地会朝着高水准的游戏区靠拢。这时候教师只需

要合理地安排好幼儿的游戏时间和次数，保证幼儿有充足的机会去促进自己发展。幼儿在玩积木时不仅仅是在玩，这其中还包括幼儿的思考，所以教师不能急，要给幼儿充分的时间，当幼儿通过自己的努力搭建出复杂的成果时，他的水平也会相应地得到提高。

（资料来源：庞帅华.幼儿园语言与艺术整合课程研究[J].天津市教科院学报，2017(12):83-84+87.）

## 幼儿艺术教育综合实施的策略

一、加强艺术教育领域内各种艺术表现手法的相互联系和有机结合

一方面，表现在艺术作品之间的形式综合，可以某一内容为切入点，以显性形式带动隐性形式进行感知、体验、表现、创造。比如，从音乐欣赏切入，感受、理解和表现作品的旋律和节奏，继而可以发现文学和美术中的旋律和节奏；同时，将各种艺术形式结构引起主体的不同情感体验之间的对应性和沟通性进行综合；还可以从不同艺术形式中提取相关的要素或概念综合，用同一个主题组织教育活动或围绕不同艺术形式的相关要素，用不同的主题组织教育活动。

二、体现艺术教育的多功能性

《幼儿园教育指导纲要（试行）》在艺术领域目标中明确了艺术教育的价值取向不再是注重知识、技能的传递，而是注重幼儿对艺术的感受和体验，培养幼儿健康的情感和态度，满足幼儿对艺术的表现与表达。这一理念明确提出并加以强化，在认识上是非常重要的一个进步。在幼儿园的艺术教育活动中，教师应引导幼儿对周围生活环境和艺术作品的欣赏，使之初步感受并喜爱环境、生活和艺术中的美，培养幼儿对艺术学习的兴趣和爱好；启发幼儿学会从不同距离、不同角度通过视听器官和更多的动觉参与去感受和体验艺术的美；创设丰富的艺术环境使幼儿有机会选择自己喜爱的方式大胆地表现自己的情感和体验，形成粗浅的艺术经验和艺术能力，使艺术教育真正成为幼儿自由表达、精神创造的活动。

三、发挥艺术教育的中介作用

当代教育趋向整体化、综合教育、主题教育等模式的共同特征之一就是将艺术活动作为中间环节把各领域协调融合成一体。所以，艺术教育在不同领域的交叉和融合过程中发挥的中介作用是其他各领域所不能比拟的。所以，幼儿园的艺术教育与健康、科学、语言和社会各领域呈交叉关系。发挥艺术教育在其他教育领域中的中介作用，要求教师根据教育内容的需要，将艺术教育作为一种途径、背景在其他教育领域中进行渗透。

四、重视幼儿日常生活的艺术性

《幼儿园教育指导纲要（试行）》明确指出：教育活动内容的组织要有机联系，相互渗透，注重综合性、趣味性、活动性，寓教育于生活、游戏之中。幼儿的艺术活动充满着游戏性，带有很大的随机性和即兴性，因此，幼儿园的艺术教育不能仅仅局限在教师预设的教育活动或特定的环境中，应渗透在幼儿日常生活的各个环节之中，应利用幼儿生活中的各种资源，有意识地进行艺术教育，使生活环境成为幼儿学习艺术的重要途径，充分拓展幼儿热爱真善美率真天性的空间。

总之，通过艺术教育内容和形式的综合、艺术教育在其他领域和生活环境中的渗透、重视艺术教育的多功能性的发挥，为幼儿营造多种艺术形式相互支持和相互补充的艺术学

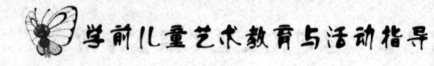

习氛围，拓宽幼儿的艺术视野和审美空间，促进幼儿整体性的和谐发展。

（资料来源：王援. 试论幼儿艺术教育综合实施的策略[J]. 中国科技信息，2007（10）：226-228.）

## 学习评价与反思

# 第十一章　学前儿童艺术教育活动的评价

**【本章导读】**

　　教育部颁布的《幼儿园教育指导纲要（试行）》中明确指出："教育评价是幼儿园教育的重要组成部分。教师应自觉地运用评价手段，了解教育活动对幼儿发展的适宜性和有效性，以利调整、改进工作，提高教育质量。"同时，评价的过程还是教师运用专业知识审视教育实践，发现、分析、研究、解决问题的过程，也是教师自我成长的重要途径。对于幼儿园教师来说，对幼儿园艺术教育活动进行评价既是一个实践过程，也是一个反思过程，是一个将评价和活动统一起来，努力提升评价有效性的过程。因此，在幼儿园艺术教育活动中，评价是一个持续不断的过程，与艺术教育活动本身是联结在一起的。

**【学习目标】**

1．了解学前儿童艺术教育活动评价的原则。
2．掌握学前儿童艺术教育活动评价的要点。

**【学习重点】**

掌握学前儿童艺术教育活动评价的要点。

**【思维导图】**

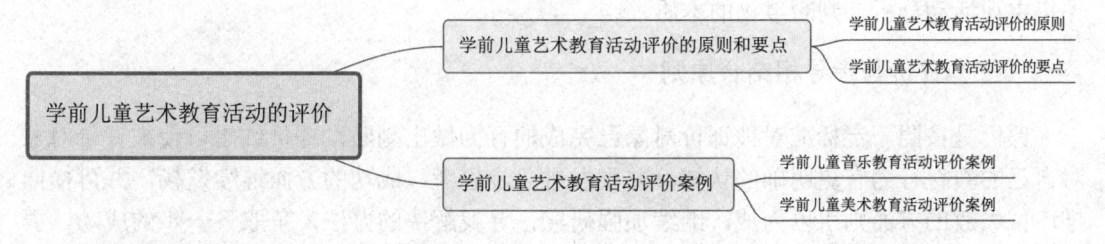

学前儿童艺术教育活动的评价
- 学前儿童艺术教育活动评价的原则和要点
  - 学前儿童艺术教育活动评价的原则
  - 学前儿童艺术教育活动评价的要点
- 学前儿童艺术教育活动评价案例
  - 学前儿童音乐教育活动评价案例
  - 学前儿童美术教育活动评价案例

**【典型案例】**

　　在一次大班绘画活动《马路上的车》中，瑞瑞小朋友画了很多既像长方形又不像长方形的车，这些车无规则地行驶在马路上，开车的司机个个面目狰狞，车之间和马路边站着歪歪斜斜的人，有人双手捂着耳朵，有人飞在半空中，天空一片乌黑。老师让他自己来说说自己的画，他说："一次和奶奶过斑马线，一辆很大的车突然喇叭大叫，并从奶奶的身边飞快地开过，奶奶吓得摔倒在地上，后来我们都很怕过马路了，你看，路上好多车，有些车开得好快好快，把人们吓得站不正了，还有人被吓得飞到天上呢，希望以后司机们车能开慢一点，要遵守交通规则……"老师耐心地听着，并肯定了瑞瑞的想法，可晚上回家后，爸爸看到他的画，问他："你怎么回事，别的都画得好好的，怎么那个太阳是黑色的？"妈妈也过来说:"哎呀,你怎么把人和汽车都画到树上去了?"第二天,瑞瑞来到幼儿园把自己的画撕了,老师问他怎么了,他一直不肯说。

# 第一节 学前儿童艺术教育活动评价的原则和要点

学前儿童艺术教育评价是有目的、有系统地对学前儿童艺术能力发展和活动进行客观了解的过程,其目的是为进一步更好地开展和指导艺术教育活动提供依据。经过评价和反思,对学前儿童未来的发展做出预测,并进一步制定出新的教育目标和相应的教育方案。

## 一、学前儿童艺术教育活动评价的原则

### (一)全面性原则

学前儿童艺术教育活动评价要针对活动的各个组成部分和构成要素全面进行。既要对学前儿童在活动中的表现、学习和发展情况等做出评价,又要对教师在实施艺术教育活动过程中的观念、态度、组织形式、活动目标适宜程度以及师幼互动等方面的情况做出全方位的评价。评价收集的信息要全面,力求全面分析艺术教育活动各个方面的价值。

### (二)客观性原则

客观性原则是指学前儿童艺术教育活动评价应秉持客观、公正、科学、实事求是的态度,科学地确定和使用评价标准。特别是对学前儿童进行评价时,从客观实际出发,决不能凭主观臆断或带有个人感情色彩,必须客观,公正,经过一系列的分析、综合概括、抽象等主观活动分析、判断事物的本质。

### (三)评价与指导相结合原则

评价是按照一定标准对被评价对象已完成的行为做出判断,评价结果可使被评价对象对自己的教育行为有更明确的认知,并引发进一步思考,成功的方面继续发扬,并可横向推广;失败的方面则引以为戒,继续加强研究,寻找解决的办法,争取下一步的成功。要做到这一点,就要将评价与指导结合起来。指导把评价结果上升到一定理论高度加以认识,帮助评价对象更好地了解自己,扬长避短,争取更大进步。从评价到指导,再从指导到评价,循环往复,促进教师成长,提高艺术教育活动的质量。

### (四)诊断性原则

艺术教育活动的评价要有诊断作用,评价不仅要指出现状和评定差异,还要指出造成现状和产生差异的原因。例如,以学前儿童的活动表现和活动结果来诊断他们的音乐发展水平是否达到了音乐教育活动的目标和要求;以他们在音乐活动中的兴趣、情感及性格等方面的反应来诊断音乐教育活动方法和过程的科学性、适宜性。例如,某位教师在组织学

前儿童进行音乐活动时，精神饱满，富有激情，个人音乐技巧表演也很娴熟、优美，但是参加活动的孩子无精打采，注意力不集中，反应迟缓。在活动后进行的诊断性评价中，分析出其中存在的问题——该教师过于自我表现，组织活动时极少与孩子视线接触，忽视了交流、互动，造成孩子与教师之间的距离感，孩子失去了参与活动的兴趣和积极性。

### （五）针对性原则

学前儿童艺术教育活动评价的针对性是指评价要针对一定的具体问题。评价可以围绕当前存在的主要问题，也可以针对某一个具体音乐教育内容。例如，某个幼儿园以往在进行艺术活动时只使用图片、木偶等教具。在"教育现代化"的观念渗透于幼教领域的今天，该幼儿园也积极尝试运用多媒体教学课件组织艺术教育活动。为检验教学改革成果，幼儿园近期组织的评价工作就应该围绕多媒体教学课件在艺术教育活动中的应用来进行。

## 二、学前儿童艺术教育活动评价的要点

### （一）活动目标的评价

活动目标是由教师按照一定的教育要求和学前儿童本身发展的需要制定的一种对活动结果的预期目标。活动目标的评价可以从三个方面入手。

（1）评价活动目标与艺术教育的总目标、年龄阶段目标以及单元目标是否有紧密的联系。每一个活动目标都是总目标、年龄阶段目标的具体化；每一个活动目标的实现，都是向阶段目标和终极目标迈进了一步。因此，在评价艺术教育活动目标时，有必要从目标体系的统一性出发，分析该目标与其上一级目标的联系，以此评价目标的合理性。

（2）评价活动目标是否涵盖了认知、情感态度、操作技能三方面的要求。当然，这并不是说教师的每一次活动目标制定都要人为地去"凑"这三个方面，而是可以根据具体的活动内容和学前儿童的实际情况有侧重地制定相应目标，可以有重点地对目标进行主次之分、先后之分。

（3）评价活动目标是否与学前儿童的实际情况相适应。虽然年龄阶段目标概括的是某一具体年龄的学前儿童一般的发展趋势和教育要求，但是不同班级、不同儿童还会存在一定差异，所以评价活动目标还必须看教师制定的目标是否与本班儿童的实际水平和发展特点相联系。例如，中班儿童的韵律活动中有"享受并体验用动作、表情和姿态与他人交流的方法和乐趣"的活动目标，教师就要根据各班实际情况区别对待，如果班级的音乐发展水平相对较差，男孩子较多，不善于动作表现的孩子较多，同时大多数孩子没有与同伴合作进行动作表演方面的经验，就不宜盲目地照搬这一目标，而应相应地放低要求，或放慢教学进度，分解出若干个递进分目标实施。

### （二）活动内容的评价

活动内容是实现活动目标的中介，评价艺术教育活动的内容，主要是针对活动内容的选择和设计两个方面。

首先，评价活动内容的选择是否与艺术教育目标相一致，是否与艺术教育所涉及的范围、领域相一致，是否与学前儿童的能力发展水平相一致。

其次，要看活动材料本身的审美性和艺术性，教师选择的艺术活动材料应当具备艺术的审美特性，使学前儿童在美的陶冶中获得教育。

另外，应对活动内容的设计和组织进行评价。评价在一个具体的艺术活动中各部分内容的比例关系是否合理，评价活动内容与活动形式是否相适应，评价活动内容的组织安排是否突出重点、难点，评价活动内容各个部分之间过渡衔接是否流畅，等等。

### （三）活动方法的评价

活动方法是实现活动目标的手段和途径，既包括教师的主动引导和教学方法，又包括学前儿童主体的探索和操作方法。在艺术教育活动中，方法的设计和运用起着举足轻重的作用。

评价活动方法主要体现在以下几个方面。

（1）评价方法的选择和运用是否与活动的目标和内容相呼应。
（2）评价方法的选择和运用是否顾及了学前儿童的年龄特点和接受水平。
（3）评价活动的方法是否强调并体现了学前儿童的自主性和主体性。
（4）评价活动的方法是否注意到了与艺术活动环境和有关设备相联系。

### （四）活动过程的评价

对活动过程的评价是一个动态的评价过程，涉及教师、学前儿童及其他方方面面。一般来说，活动过程的评价可从以下几方面着手。

1. 评价教师的行为

主要是指对教师在活动过程中的教态、精神面貌做出一定评价，观察教师在活动中教态是否亲切自然、精神饱满而有一定热情，是否能做到正确或清晰地示范讲解，是否善于调动学前儿童积极性，是否能巧妙而熟练地运用角色的变化引导学前儿童学习，是否善于设置一定提问以有效激发学前儿童独立思考等。

2. 评价活动中教师与学前儿童的互动情况

主要是分析与评价教师在活动中是否注意到为学前儿童创设一定活动环境，以激发他们主动学习的兴趣；是否注意到充分激发学前儿童的兴趣、意志、自信、独立等良好的心理品质，是否注意到与学前儿童的情感交流，以及为他们之间的情感沟通创设机会和条件等。

3. 评价活动的组织形式

主要是分析和评价在音乐活动展开过程中，教师是否适当地采用了集体活动、合作活动以及个别活动等多种组合和变化；是否在活动过程中体现了因材施教；是否注意到了不同组织形式中学前儿童的人际交往；等等。

4. 评价活动的结构安排

主要是评价活动的结构安排是否紧凑，有序，是否注意到每一个环节和步骤之间的层次性、系列性、递进性，是否体现了结构安排上的动静交替等。

### （五）活动环境和材料的评价

活动的环境、材料与活动的目标、内容有必然联系。对活动的环境、材料的评价主要包括：环境和材料的选择与设计是否能体现艺术教育活动目标，是否与艺术活动内容相适应,是否适合学前儿童的实际需要和操作能力;活动材料是否适于艺术活动展开,如提供的材料和教具是否有一定艺术性和表现性,是否能够在数量上有所保证;活动过程中,环境和材料是否得到最大限度的开发和利用,即是否充分地发挥了环境和材料应有的作用。

### (六) 活动效果的评价

活动效果的评价主要是指从学前儿童方面反映出来的教育结果。它包括从以下几个层面对学前儿童的评价:一是活动过程中参与和学习的态度——注意力是否集中,表现是否积极、主动等;二是活动过程中的情绪、情感反应——精神是否饱满,情绪是否愉快、轻松等;三是达到活动预期目标的情况。

**相关链接**

《幼儿园教育指导纲要(试行)》中指出:教育工作评价宜重点考查以下方面:① 教育计划和教育活动的目标是否建立在了解本班幼儿现状的基础上。② 教育的内容、方式、策略、环境条件是否能调动幼儿学习的积极性。③ 教育过程是否能为幼儿提供有益的学习经验,并符合其发展需要。④ 教育内容、要求能否兼顾群体需要和个体差异,使每个幼儿都能得到发展,都有成功感。⑤ 教师的指导是否有利于幼儿主动、有效地学习。

## 第二节 学前儿童艺术教育活动评价案例

### 一、学前儿童音乐教育活动评价案例

小班音乐游戏:小兔子和狐狸

(天津市河北区第五幼儿园 孙静)

一、设计意图

我班幼儿曾经玩过音乐游戏《找小猫》,对于他们来说在音乐中玩一玩、藏一藏是熟悉而又感兴趣的。活动过后孩子们总是要求一玩再玩,兴趣始终不减。针对孩子这一需求,我选择了这一活动。它与《找小猫》相同的地方是在音乐中都有"藏"这一游戏情节,能进一步满足幼儿对藏的需求。但不同的是它又拓展了新的经验,有了新的难度,对孩子提出了更高的挑战。如:① 出现了角色的对立冲突,小兔子与大狐狸、小猫与猫妈妈是截然不同的两对角色,孩子们在玩的时候心情也必然不同,从轻松自然地与妈妈做游戏转向于紧张的情节中;② 伴随两种对立角色而自然衍生出感受、分辨不同的音乐形象;③ 进一步对孩子提出了控制自己的要求。

二、活动目标

1. 感受小兔子和狐狸两种不同的音乐形象,能随音乐游戏。
2. 喜欢参加音乐伴随下的游戏活动,有初步控制自己的能力。

三、活动重点

感受小兔子和狐狸两种不同的音乐形象，能随音乐游戏。

四、活动难点

有初步的控制自己的能力。

五、活动准备

1．狐狸头饰一个；狐狸家的背景一块；树、山、蘑菇等背景四块；花草若干；光盘、磁带、钢琴。

2．熟悉音乐中歌曲部分，会唱歌曲，能随歌曲做简单的模仿动作。

六、活动过程

1．听音乐入场，引导幼儿熟悉"森林"场景

幼儿听音乐进教室，教师重点关注幼儿动作是否合拍，鼓励幼儿在律动中相互交流。

2．复习歌曲，引导幼儿有感情地演唱

（1）发声练习：《小动物怎样叫》。

（2）复习歌曲：重点关注孩子是否能在歌曲中融入小兔子的情感，引导幼儿有感情地演唱。

3．引发幼儿游戏兴趣，学习音乐游戏

（1）引导幼儿完整感受、理解音乐。幼儿边听音乐边感受兔子和狐狸音乐的不同，然后提问："小兔子藏好了？后面的音乐是谁？"

（2）引导幼儿理解简单的规则。提问："大狐狸一出来小兔子们怎么办？在森林里能藏到哪里去？"

（3）完整游戏。

① 第一遍游戏。重点关注：孩子是否能分辨两种不同性质的音乐，根据音乐形象进行游戏。孩子在藏的时候是否有动的、出声音的。

② 第二遍游戏。加深幼儿对游戏规则的理解。游戏后引导幼儿休息一会儿。（森林中播放轻松的音乐）

③ 改变情节，增加游戏性，进行第三次游戏。狐狸口吻："饿死我了，刚刚明明看到这么多小兔子，怎么一转眼就都不见了！我猜他们一定是藏到了大蘑菇、桃子树的后面，哼！我把它们都拔了，这下看你们往哪藏！"（减少遮挡物的数量）

引导幼儿讨论："这下可怎么办呢？我们还要出去玩呢，再碰到狐狸我们往哪藏呢？"鼓励孩子积极想办法说一说能往哪藏？肯定鼓励孩子不一样的藏法。

4．游戏结束，体验游戏的快乐

"噢，狐狸走喽，让我们一起来庆祝吧！"随着兔子舞音乐做简单的动作，鼓励幼儿做自己喜欢的动作，边跳边离开教室。

七、活动延伸

在表演区中提供不同音乐形象的音乐磁带、胸卡等，供幼儿分辨音乐形象。

八、活动反思

此活动基本完成了预定目标，孩子们能自始至终积极主动地融入游戏的情境中，对游

戏的把握和理解都比较准确。

考虑到小班幼儿动作反应比较慢，而心理上更需要一个相对比较安全的氛围，我活用了文本。把游戏中的"藏"设定在看见了狐狸以后，让孩子有较充裕的时间去藏，而且后面加了一些渐强的音乐，使幼儿在心理上有一定的安全感。

此次活动中通过唱、玩、跳、藏达到了行动上的动静交替。考虑到活动中孩子在心情上始终是兴奋、紧张的，在游戏的中间特意设定了一个放松心情的环节，让孩子们在森林的意境中跟随轻松的音乐有一个心情舒缓的过程。

根据小班年龄特点，活动始终设定在一个贯穿的情境中，孩子自然地玩与学。游戏中狐狸拔走大树的情境设置，增强了游戏性，对孩子提出了难题，使其玩得更加投入，在原先的基础上有了提高。

九、活动评析

这个音乐活动充分体现了幼儿音乐教育的重要特点：让幼儿在愉快的享受中学习音乐。

1．从活动目标上看：本音乐活动的目标符合小班幼儿的认知水平和年龄特点，采用发展目标的表述方式，有情感目标和技能目标，能体现音乐游戏活动的特点。

2．从活动准备上看：能精心为幼儿准备了相应的背景道具——模拟森林的情景，教师选择的材料具备艺术审美特性，使幼儿一进入活动室就对周围的环境产生浓厚的兴趣，并在后面游戏的躲藏中得到充分地利用，带给幼儿的是极大的享乐，大大激发了幼儿参与音乐活动的热情，并在美的陶冶中获得教育。

3．从活动方法上看：本活动以游戏法贯穿全局，让幼儿在轻松愉快的故事情节中表演。同时，教师适当运用了集体、分组以及个别指导的方式开展活动，也能关注到能力较弱的幼儿，使整个活动过程顺畅、有序。

4．从活动内容上看：音乐活动能贴近幼儿生活，与小班幼儿能力发展水平一致，活动安排能突出重点、难点，过程环环相扣，让幼儿跟随故事情节的变化投入表演，增强了幼儿的表演欲。

5．从活动过程上看：活动设计新颖独特，能考虑活动的动静交替和循序渐进，动作简单易学，整个游戏以小兔子和狐狸的故事情节贯穿全局，激发了幼儿积极参与游戏的积极性，并能在游戏过程中体验不同音乐背景下不同音乐变化的乐趣。教师在活动中教态亲切自然、精神饱满而有一定热情，能注重与幼儿的情感交流，教师按照活动目标，胸有成竹地引导幼儿从表演小兔跳、演唱小动物叫，到感受新音乐形象，表演音乐游戏，每一个环节都能看到教师亲切和蔼的指导语、循循善诱的提问，以及处处表现为对幼儿平等、尊重的交流方式（跪、蹲在地上与幼儿交谈）。最让人感动的是，当幼儿被狐狸发现拉走时，教师马上以兔妈妈的身份将幼儿抱起并救出来，及时避免小班幼儿由此产生的恐惧感，使幼儿既兴奋又有安全感，从而更加主动地去感受和表现音乐。整个音乐活动幼儿情绪愉快、轻松，较好地达到了预期目标。

（点评：天津师范大学学前教育学院李新）（有修改删减）

（资料来源：夏力．回归生活：幼儿园教育活动案例及评析[M]．上海：复旦大学出版社，2012．）

## 二、学前儿童美术教育活动评价案例

### 大班美术欣赏：美丽的儿童画
（贵阳市第二实验幼儿园 祝培培）

一、设计意图

在我班幼儿升入大班后发现，虽然孩子们已经有了一定的绘画基础，但在幼儿园的绘画作品中，我经常会发现孩子在一个画面上，只画一两个形象，而忽略不画背景。画面单调，缺乏主题，当然，出现这种现象的原因是多方面的，但是，我们如果只一味地注重培养幼儿的创造性，孩子只注重将自己喜欢或者认为比较重要的内容画出来，教师没有给幼儿进行恰当的绘画技巧方面的培养，那幼儿呈现的画面效果，往往也还是单调的。因此，在意识到这点之后，我有意识地、循序渐进地设计了一系列培养幼儿绘画技能的美术教学活动，希望通过一段时间的培养，我班幼儿能在绘画方面得到响应的进步。

二、活动目标

1．学习用点、线、图形或色块等不同方法添画背景。

2．了解画面中主体与背景的关系，并能为"蜗牛"添画简单的背景画面。

三、活动重点

学习用点、线、图形或色块等不同方法添画背景。

四、活动难点

能够用不同的方法为"蜗牛"添画背景。

五、活动准备

课件；幼儿课前填充过的颜色的画；"蜗牛"（只填充了主体蜗牛的颜色，无添画背景）；彩笔。

六、活动过程

1．主题与背景

（1）出示一幅没有背景的范画与添画了背景的范画引导幼儿比较。

（2）认识主体与背景。

2．不同的背景

（1）点（圈、圆）添画背景。

出示幻灯片，引导幼儿观察。提问：这些画面是怎样的背景画面？教师逐一出示几张用点添画背景的范画，引导幼儿欣赏、比较。

（2）线条添画背景。

出示幻灯片，引导幼儿逐一欣赏几张用线条添画背景的范画。

提问：

① 画面中背景是怎样的？

② 同样是用线条添画背景，但是有什么不同？（线条的粗细、排列等）

（3）图形添画背景。

引导幼儿观察范画中背景的不同。

提问：还可以用什么图形添画背景？图形在背景上还能怎样排列？

（4）色块添画背景。

① 出示用一种颜色涂满画面背景的范画，引导幼儿观察。

提问：这幅画的背景和前面几幅有什么不同？

② 背景涂色还可以这样。

教师出示范画，引导幼儿观察画面背景中色块的分割与颜色搭配。

（5）情节式背景。

引导幼儿观察此种画面的特点。

提问：画面中有谁？在哪里？在干什么？你是怎么看出来的？

3．添画背景

（1）出示无背景的画（画面中只有一只蜗牛）引导幼儿讨论：你会怎样为这幅画添画背景？

（2）幼儿添画背景。

七、活动延伸

通过此节活动的开展，继而在我班继续开展美术类活动，例如，通过游戏学习画小动物，欣赏名画，装饰画等，循序渐进，一步一步地培养我班幼儿的绘画能力。

八、活动反思

课后，从孩子们添画背景的作品中，看出这节教学活动的效果是较理想的，孩子们在欣赏画面的过程中，自己轻松地总结、学习背景添画的方法，但是唯一遗憾的是，在一节教学活动中，向孩子们介绍了多种添画背景的方法，似乎多了一些，幼儿对知识点的掌握就不是很牢固，或许，在一节教学活动中只介绍一两种背景的添画方法，孩子们会掌握得更好。因此，有了这次的铺垫，下一步，我将更多元地、逐步地向幼儿加强画面中背景添画的绘画技巧以及一些如何搭配画面颜色等的基础，培养他们简单的绘画技巧。

九、活动评析

本活动的选材来自幼儿自发的兴趣，真正顺应幼儿的需求。活动目标清晰、到位，能根据大班幼儿现有水平和年龄特点，设定认知目标和技能目标，突出美术欣赏活动的特点。

在活动准备和材料准备上，教师能精心为幼儿准备不同的背景范画，幼儿感到新鲜又好玩，非常积极参与活动，取得较好效果。

在活动过程中能做到循序渐进和层层递进。教师能很好地利用欣赏作品的方式，引导幼儿自己去比较自己的作品，从中学到怎样合理地安排画面，怎样添画背景。活动中，教师让幼儿欣赏了一些背景装饰较有特色的画，通过提问、讨论等方式调动了幼儿的兴趣，然后引导幼儿学习如何运用点、线、面等去装饰画面背景，以及一些情景式的画面背景，使幼儿很好地掌握了知识点。

活动内容安排能突出重难点，过程环环相扣，特别是在最后的添画环节，幼儿在前面教师组织的一系列的循序渐进的环节中，已经慢慢掌握了添画背景的一些方法，又通过教师引导幼儿讨论，自己再想象、创造，很多孩子都为"蜗牛"添画出了很多不同，却丰富、有趣的背景。

整个活动中，孩子们完全站在自主学习的立场，学会自己去发现、去总结、去学习，这样的美术教学活动不再是教师示范，幼儿跟画的固定模式，也不再是孩子自己毫无目的地乱画，这样的教学活动更好地让孩子自己在学习的过程之中掌握绘画的技能，较好地达到了预期目标。

建议：本活动介绍新授的添画背景方法多了些，大班幼儿在一个教学活动中介绍1~2种更易于掌握；可适当增加一些色彩搭配的内容。

（点评：贵阳市第二实验幼儿园　黄宝秀）（有修改删减）

（资料来源：夏力．回归生活：幼儿园教育活动案例及评析[M]．上海：复旦大学出版社，2012．）

## 【在线测试】

### 一、名词解释

客观性原则、活动目标

### 二、单选题

不属于学前儿童艺术教育活动评价的原则的是（　　）。

A．全面性原则　　　　B．客观性原则　　　　C．诊断性原则　　　　D．活动性原则

### 三、简答题

1．学前儿童艺术教育活动评价的原则有哪些？
2．学前儿童艺术教育活动目标评价包括哪些内容？
3．学前儿童艺术教育活动过程评价包括哪些内容？

## 【真题训练】

单选题

教师根据幼儿的图画来评价幼儿发展的方法叫作（　　）。

A．观察法　　　　B．作品分析法　　　　C．档案袋评价法　　　　D．实验法

（选自2015年下半年幼儿园教师资格证考试真题）

## 【拓展阅读】

### 学前儿童美术活动过程评价表

| 一级指标 | 二级等级指标 |
| --- | --- |
| 1. 构思方面<br>构思方面是观察和评价学前儿童是否能在创作之前预先想好创作的主题和内容标准 | （1）事先构思出主题和主要内容，动手之后围绕构思进行创作；<br>（2）预想出局部内容，完成一项后再做新计划；<br>（3）动笔后构思，由动作痕迹出发，想到什么画什么；<br>（4）只有动作活动，没有形象创造，表现为在纸上随意抹涂或反复玩泥、撕纸 |
| 2. 主动性和兴趣性方面<br>主动性和兴趣性方面是观察和判断学前儿童是否主动发起、是否情愿投入美术活动，在活动中是否热情，感到愉快和满足的标准 | （1）自觉从事美术活动，对美术活动投入极大的热情，完全沉浸在活动中；<br>（2）欣然从命，愉快地从事美术活动；<br>（3）活动前犹豫不定，活动中企图放弃或张望别人做什么；<br>（4）在成人的要求下勉强进行美术活动 |
| 3. 专注性方面<br>专注性方面是观察评价学前儿童对美术活动的注意集中与持久程度的标准 | （1）能较长时间地持续从事已选定的活动，不受外界影响；<br>（2）能在同年龄幼儿一般可维持的时间内持续从事活动，中途偶有离开的现象发生，但还是能坚持到活动完成；<br>（3）需要鼓励，才能把活动进行完毕；<br>（4）活动中途改变或停止活动 |
| 4. 创造性方面<br>创造性方面是判断学前儿童在美术活动中是否具有独创表现意识和能力的标准 | （1）别出心裁地构思与利用材料进行造型；<br>（2）重新组织以前学过的造型式样、方式和技能进行造型；<br>（3）重复以前学过的造型式样、方式和技能进行造型；<br>（4）只能按教师当时示范的造型式样、方法和技能造型 |
| 5. 操作的熟练性方面<br>操作的熟练性方面是判断学前儿童从事美术活动的动作是否灵活、准确的标准，这与儿童的年龄大小、美术能力的发展及兴趣有关 | （1）掌握工具姿势正确、轻松，操作动作连贯、迅速、准确，作品质量好；<br>（2）掌握工具姿势正确，操作动作平稳，但欠准确，中途修改，作品质量较好；<br>（3）掌握工具动作正确但笨拙，操作动作迟缓、准确性差，有失误不知修改，作品显得粗糙；<br>（4）掌握工具的姿势笨拙有误，只有重复性动作，不能完成作品 |

（参考资料：程英. 学前儿童艺术教育与活动指导[M]. 上海：华东师范大学出版社，2014.）

## 学习评价与反思

# 参 考 文 献

[1] 陈金菊．学前儿童艺术教育[M]．长春：东北师范大学出版社，2014．
[2] 林琳，朱家雄．学前儿童美术教育[M]．上海：华东师范大学出版社，2010．
[3] 夏力．回归生活：幼儿园教育活动案例及评析[M]．上海：复旦大学出版社，2012．
[4] 程英．学前儿童艺术教育与活动指导[M]．上海：华东师范大学出版社，2014．
[5] 王慧然．幼儿音乐教育[M]．北京：北京师范大学出版社，2012．
[6] 谭楣．幼儿园五大领域核心经验[M]．北京：中国轻工业出版社，2017．
[7] 李季湄，冯晓霞．《3～6岁儿童学习与发展指南》解读[M]．北京：人民教育出版社，2013．
[8] 许卓娅．韵律活动[M]．南京：南京师范大学出版社，2016．
[9] 许卓娅．打击乐器演奏活动[M]．南京：南京师范大学出版社，2016．
[10] 许卓娅．欣赏活动[M]．南京：南京师范大学出版社，2016．
[11] 许卓娅，吴巍莹．学前儿童音乐教育与活动指导[M]．长沙：湖南大学出版社，2018．
[12] 许卓娅．学前儿童艺术教育[M]．上海：华东师范大学出版社，2008．
[13] 王秀萍．幼儿园音乐领域教育精要：关键经验与活动指导[M]．北京：教育科学出版社，2014．
[14] 吴巍莹．幼儿园"韵律活动"概念的历史发展与精确化[J]．学前教育研究，2011（2）：8-11．
[15] 高静．大班音乐欣赏活动：赛马[J]．当代学前教育，2018（01）：34-35．
[16] Claire Golomb．儿童绘画心理学[M]．李甦，译．北京：中国轻工业出版社，2008．
[17] 张晓红，徐志国．学前儿童艺术教育与活动指导（美术）[M]．南京：江苏凤凰教育出版社，2013．
[18] 张念芸．学前儿童美术教育：修订版[M]．北京：北京师范大学出版社，2006．
[19] 庞丽娟．幼儿园美术教学法[M]．北京：北京师范大学出版社，1990．
[20] 伊斯贝尔，雷恩斯．幼儿创造力与艺术教育[M]．王工斌，等，译．北京：北京师范大学出版社，2012．
[21] 董伟．儿童美术活动[M]．南宁：广西美术出版社，2012．
[22] 楼必生，屠美如．学前儿童艺术综合教育研究[M]．北京：北京师范大学出版社，1997．
[23] 屠美如．儿童美术欣赏教育研究[M]．北京：教育科学出版社，2001．

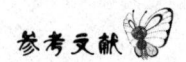

[24] 孔起英. 幼儿园美术领域教育精要：关键经验与活动指导[M]. 北京：教育科学出版社，2015.

[25] 孔起英. 学前儿童美术教育[M]. 南京：南京师范大学出版社，2010.

[26] 安·佩洛. 艺术语言：以探索为基础的幼儿园美术活动[M]. 于开莲，译. 北京：教育科学出版社，2011.

[27] 于开莲. 幼儿手工制作活动中的问题解决与教师指导[J]. 学前教育研究，2008（02）：53-56.

[28] 教育部教育管理信息中心组编. 全国优秀幼儿艺术教育活动课例评析[M]. 重庆：西南师范大学出版社，2010.

[29] 李桂英，许晓春. 学前儿童艺术教育：美术分册[M]. 北京：高等教育出版社，2011.

[30] 杨静，沈建洲. 论幼儿园科学教育与艺术教育之融合[J]. 集美大学学报，2010（4）：81-85.

[31] 王援. 试论幼儿艺术教育综合实施的策略[J]. 中国科技信息，2007（10）：226-228.

[32] 庞帅华. 幼儿园语言与艺术整合课程研究[J]. 天津市教科院学报，2017（12）：83-84+87.

# 附录 A  3~6 岁儿童学习与发展指南

## 说　明

一、为深入贯彻《国家中长期教育改革和发展规划纲要（2010—2020 年）》和《国务院关于当前发展学前教育的若干意见》（国发〔2010〕41 号），指导幼儿园和家庭实施科学的保育和教育，促进幼儿身心全面和谐发展，制定《3~6 岁儿童学习与发展指南》（以下简称《指南》）。

二、《指南》以为幼儿后继学习和终身发展奠定良好素质基础为目标，以促进幼儿体、智、德、美各方面的协调发展为核心，通过提出 3~6 岁各年龄段儿童学习与发展目标和相应的教育建议，帮助幼儿园教师和家长了解 3~6 岁幼儿学习与发展的基本规律和特点，建立对幼儿发展的合理期望，实施科学的保育和教育，让幼儿度过快乐而有意义的童年。

三、《指南》从健康、语言、社会、科学、艺术五个领域描述幼儿的学习与发展。每个领域按照幼儿学习与发展最基本、最重要的内容划分为若干方面。每个方面由学习与发展目标和教育建议两部分组成。

目标部分分别对 3~4 岁、4~5 岁、5~6 岁三个年龄段末期幼儿应该知道什么、能做什么，大致可以达到什么发展水平提出了合理期望，指明了幼儿学习与发展的具体方向；教育建议部分列举了一些能够有效帮助和促进幼儿学习与发展的教育途径与方法。

四、实施《指南》应把握以下几个方面：

1. 关注幼儿学习与发展的整体性。儿童的发展是一个整体，要注重领域之间、目标之间的相互渗透和整合，促进幼儿身心全面协调发展，而不应片面追求某一方面或几方面的发展。

2. 尊重幼儿发展的个体差异。幼儿的发展是一个持续、渐进的过程，同时也表现出一定的阶段性特征。每个幼儿在沿着相似进程发展的过程中，各自的发展速度和到达某一水平的时间不完全相同。要充分理解和尊重幼儿发展进程中的个别差异，支持和引导他们从原有水平向更高水平发展，按照自身的速度和方式到达《指南》所呈现的发展"阶梯"，切忌用一把"尺子"衡量所有幼儿。

3. 理解幼儿的学习方式和特点。幼儿的学习是以直接经验为基础，在游戏和日常生活中进行的。要珍视游戏和生活的独特价值，创设丰富的教育环境，合理安排一日生活，最大限度地支持和满足幼儿通过直接感知、实际操作和亲身体验获取经验的需要，严禁"拔苗助长"式的超前教育和强化训练。

4. 重视幼儿的学习品质。幼儿在活动过程中表现出的积极态度和良好行为倾向是终身学习与发展所必需的宝贵品质。要充分尊重和保护幼儿的好奇心和学习兴趣，帮助幼儿逐步养成积极主动、认真专注、不怕困难、敢于探究和尝试、乐于想象和创造等良好学习品质。忽视幼儿学习品质培养，单纯追求知识技能学习的做法是短视而有害的。

## 一、健康

健康是指人在身体、心理和社会适应方面的良好状态。幼儿阶段是儿童身体发育和机能发展极为迅速的时期，也是形成安全感和乐观态度的重要阶段。发育良好的身体、愉快的情绪、强健的体质、协调的动作、良好的生活习惯和基本生活能力是幼儿身心健康的重要标志，也是其他领域学习与发展的基础。

为有效促进幼儿身心健康发展，成人应为幼儿提供合理均衡的营养，保证充足的睡眠和适宜的锻炼，满足幼儿生长发育的需要；创设温馨的人际环境，让幼儿充分感受到亲情和关爱，形成积极稳定的情绪情感；帮助幼儿养成良好的生活与卫生习惯，提高自我保护能力，形成使其终身受益的生活能力和文明生活方式。

幼儿身心发育尚未成熟，需要成人的精心呵护和照顾，但不宜过度保护和包办代替，以免剥夺幼儿自主学习的机会，养成过于依赖的不良习惯，影响其主动性、独立性的发展。

### （一）身心状况

**目标1　具有健康的体态**

| 3~4岁 | 4~5岁 | 5~6岁 |
|---|---|---|
| 1. 身高和体重适宜。参考标准：<br>男孩：<br>身高：94.9~111.7厘米<br>体重：12.7~21.2公斤<br>女孩：<br>身高：94.1~111.3厘米<br>体重：12.3~21.5公斤<br>2. 在提醒下能自然坐直、站直 | 1. 身高和体重适宜。参考标准：<br>男孩：<br>身高：100.7~119.2厘米<br>体重：14.1~24.2公斤<br>女孩：<br>身高：99.9~118.9厘米<br>体重：13.7~24.9公斤<br>2. 在提醒下能保持正确的站、坐和行走姿势 | 1. 身高和体重适宜。参考标准：<br>男孩：<br>身高：106.1~125.8厘米<br>体重：15.9~27.1公斤<br>女孩：<br>身高：104.9~125.4厘米<br>体重：15.3~27.8公斤<br>2. 经常保持正确的站、坐和行走姿势 |

注：身高和体重数据来源：《2006年世界卫生组织儿童生长标准》4、5、6周岁儿童身高和体重的参考数据。

教育建议：

1. 为幼儿提供营养丰富、健康的饮食。如：
- 参照《中国孕期、哺乳期妇女和0~6岁儿童膳食指南》，为幼儿提供谷物、蔬菜、水果、肉、奶、蛋、豆制品等多样化的食物，均衡搭配。
- 烹调方式要科学，尽量少煎炸、烧烤、腌制。

2. 保证幼儿每天睡11~12小时，其中午睡一般应达到2小时左右。午睡时间可根据幼儿的年龄、季节的变化和个体差异适当减少。

3. 注意幼儿的体态，帮助他们形成正确的姿势。如：
- 提醒幼儿要保持正确的站、坐、走姿势；发现有八字脚、罗圈腿、驼背等骨骼发育异常的情况，应及时就医矫治。

- 桌、椅和床要合适。椅子的高度以幼儿写画时双脚能自然着地、大腿基本保持水平状为宜；桌子的高度以写画时身体能坐直，不驼背、不耸肩为宜；床不宜过软。

4．每年为幼儿进行健康检查。

目标 2　情绪安定愉快

| 3~4 岁 | 4~5 岁 | 5~6 岁 |
| --- | --- | --- |
| 1．情绪比较稳定，很少因一点小事哭闹不止。<br>2．有比较强烈的情绪反应时，能在成人的安抚下逐渐平静下来。 | 1．经常保持愉快的情绪，不高兴时能较快缓解。<br>2．有比较强烈情绪反应时，能在成人提醒下逐渐平静下来。<br>3．愿意把自己的情绪告诉亲近的人，一起分享快乐或求得安慰。 | 1．经常保持愉快的情绪。知道引起自己某种情绪的原因，并努力缓解。<br>2．表达情绪的方式比较适度，不乱发脾气。<br>3．能随着活动的需要转换情绪和注意。 |

教育建议：

1．营造温暖、轻松的心理环境，让幼儿形成安全感和信赖感。如：
- 保持良好的情绪状态，以积极、愉快的情绪影响幼儿。
- 以欣赏的态度对待幼儿。注意发现幼儿的优点，接纳他们的个体差异，不简单与同伴做横向比较。
- 幼儿做错事时要冷静处理，不厉声斥责，更不能打骂。

2．帮助幼儿学会恰当表达和调控情绪。如：
- 成人用恰当的方式表达情绪，为幼儿做出榜样。如生气时不乱发脾气，不迁怒于人。
- 成人和幼儿一起谈论自己高兴或生气的事，鼓励幼儿与人分享自己的情绪。
- 允许幼儿表达自己的情绪，并给予适当的引导。如幼儿发脾气时不硬性压制，等其平静后告诉他什么行为是可以接受的。
- 发现幼儿不高兴时，主动询问情况，帮助他们化解消极情绪。

目标 3　具有一定的适应能力

| 3~4 岁 | 4~5 岁 | 5~6 岁 |
| --- | --- | --- |
| 1．能在较热或较冷的户外环境中活动。<br>2．换新环境时情绪能较快稳定，睡眠、饮食基本正常。<br>3．在帮助下能较快适应集体生活。 | 1．能在较热或较冷的户外环境中连续活动半小时左右。<br>2．换新环境时较少出现身体不适。<br>3．能较快适应人际环境中发生的变化。如换了新老师能较快适应。 | 1．能在较热或较冷的户外环境中连续活动半小时以上。<br>2．天气变化时较少感冒，能适应车、船等交通工具造成的轻微颠簸。<br>3．能较快融入新的人际关系环境。如换了新的幼儿园或班级能较快适应。 |

教育建议：

1．保证幼儿的户外活动时间，提高幼儿适应季节变化的能力。
- 幼儿每天的户外活动时间一般不少于两小时，其中体育活动时间不少于 1 小时，季节交替时要坚持。
- 气温过热或过冷的季节或地区应因地制宜，选择温度适当的时间段开展户外活动，也可根据气温的变化和幼儿的个体差异，适当减少活动的时间。

2. 经常与幼儿玩拉手转圈、秋千、转椅等游戏活动，让幼儿适应轻微的摆动、颠簸、旋转，促进其平衡机能的发展。

3. 锻炼幼儿适应生活环境变化的能力。如：

- 注意观察幼儿在新环境中的饮食、睡眠、游戏等方面的情况，采取相应的措施帮助他们尽快适应新环境。
- 经常带幼儿接触不同的人际环境，如参加亲戚朋友聚会，多和不熟悉的小朋友玩，使幼儿较快适应新的人际关系。

（二）动作发展

**目标1　具有一定的平衡能力，动作协调、灵敏**

| 3～4岁 | 4～5岁 | 5～6岁 |
| --- | --- | --- |
| 1. 能沿地面直线或在较窄的低矮物体上走一段距离。<br>2. 能双脚灵活交替上下楼梯。<br>3. 能身体平稳地双脚连续向前跳。<br>4. 分散跑时能躲避他人的碰撞。<br>5. 能双手向上抛球 | 1. 能在较窄的低矮物体上平稳地走一段距离。<br>2. 能以匍匐、膝盖悬空等多种方式钻爬。<br>3. 能助跑跨跳过一定距离，或助跑跨跳过一定高度的物体。<br>4. 能与他人玩追逐、躲闪跑的游戏。<br>5. 能连续自抛自接球 | 1. 能在斜坡、荡桥和有一定间隔的物体上较平稳地行走。<br>2. 能以手脚并用的方式安全地爬攀登架、网等。<br>3. 能连续跳绳。<br>4. 能躲避他人滚过来的球或扔过来的沙包。<br>5. 能连续拍球 |

教育建议：

1. 利用多种活动发展身体平衡和协调能力。如：

- 走平衡木，或沿着地面直线、田埂行走。
- 玩跳房子、踢毽子、蒙眼走路、踩小高跷等游戏活动。

2. 发展幼儿动作的协调性和灵活性。如：

- 鼓励幼儿进行跑跳、钻爬、攀登、投掷、拍球等活动。
- 玩跳竹竿、滚铁环等传统体育游戏。

3. 对于拍球、跳绳等技能性活动，不要过于要求数量，更不能机械训练。

4. 结合活动内容对幼儿进行安全教育，注重在活动中培养幼儿的自我保护能力。

**目标2　具有一定的力量和耐力**

| 3～4岁 | 4～5岁 | 5～6岁 |
| --- | --- | --- |
| 1. 能双手抓杠悬空吊起10秒左右。<br>2. 能单手将沙包向前投掷2米左右。<br>3. 能单脚连续向前跳2米左右。<br>4. 能快跑15米左右。<br>5. 能行走1千米左右（途中可适当停歇） | 1. 能双手抓杠悬空吊起15秒左右。<br>2. 能单手将沙包向前投掷4米左右。<br>3. 能单脚连续向前跳5米左右。<br>4. 能快跑20米左右。<br>5. 能连续行走1.5千米左右（途中可适当停歇） | 1. 能双手抓杠悬空吊起20秒左右。<br>2. 能单手将沙包向前投掷5米左右。<br>3. 能单脚连续向前跳8米左右。<br>4. 能快跑25米左右。<br>5. 能连续行走1.5千米以上（途中可适当停歇） |

教育建议：

1．开展丰富多样、适合幼儿年龄特点的各种身体活动，如走、跑、跳、攀、爬等，鼓励幼儿坚持下来，不怕累。

2．日常生活中鼓励幼儿多走路、少坐车；自己上下楼梯、自己背包。

**目标3　手的动作灵活协调**

| 3~4岁 | 4~5岁 | 5~6岁 |
| --- | --- | --- |
| 1．能用笔涂涂画画。<br>2．能熟练地用勺子吃饭。<br>3．能用剪刀沿直线剪，边线基本吻合 | 1．能沿边线较直地画出简单图形，或能边线基本对齐地折纸。<br>2．会用筷子吃饭。<br>3．能沿轮廓线剪出由直线构成的简单图形，边线吻合 | 1．能根据需要画出图形，线条基本平滑。<br>2．能熟练使用筷子。<br>3．能沿轮廓线剪出由曲线构成的简单图形，边线吻合且平滑。<br>4．能使用简单的劳动工具或用具 |

教育建议：

1．创造条件和机会，促进幼儿手的动作灵活协调。如：

- 提供画笔、剪刀、纸张、泥团等工具和材料，或充分利用各种自然、废旧材料和常见物品，让幼儿进行画、剪、折、粘等美工活动。
- 引导幼儿生活自理或参与家务劳动，发展其手的动作。如练习自己用筷子吃饭、扣扣子，帮助家人择菜叶、做面食等。
- 幼儿园在布置娃娃家、商店等活动区时，多提供原材料和半成品，让幼儿有更多机会参与制作活动。

2．引导幼儿注意活动安全。如：

- 为幼儿提供的塑料粒、珠子等活动材料要足够大，材质要安全，以免造成异物进入气管、铅中毒等伤害。提供幼儿用安全剪刀。
- 为幼儿示范拿筷子、握笔的正确姿势以及使用剪刀、锤子等工具的方法。
- 提醒幼儿不要拿剪刀等锋利工具玩耍，用完后要放回原处。

（三）生活习惯与生活能力

**目标1　具有良好的生活与卫生习惯**

| 3~4岁 | 4~5岁 | 5~6岁 |
| --- | --- | --- |
| 1．在提醒下，按时睡觉和起床，并能坚持午睡。<br>2．喜欢参加体育活动。<br>3．在引导下，不偏食、挑食。喜欢吃瓜果、蔬菜等新鲜食品。<br>4．愿意饮用白开水，不贪喝饮料。<br>5．不用脏手揉眼睛，连续看电视等不超过15分钟。<br>6．在提醒下，每天早晚刷牙、饭前便后洗手 | 1．每天按时睡觉和起床，并能坚持午睡。<br>2．喜欢参加体育活动。<br>3．不偏食、挑食，不暴饮暴食。喜欢吃瓜果、蔬菜等新鲜食品。<br>4．常喝白开水，不贪喝饮料。<br>5．知道保护眼睛，不在光线过强或过暗的地方看书，连续看电视等不超过20分钟。<br>6．每天早晚刷牙、饭前便后洗手，方法基本正确 | 1．养成每天按时睡觉和起床的习惯。<br>2．能主动参加体育活动。<br>3．吃东西时细嚼慢咽。<br>4．主动饮用白开水，不贪喝饮料。<br>5．主动保护眼睛。不在光线过强或过暗的地方看书，连续看电视等不超过30分钟。<br>6．每天早晚主动刷牙，饭前便后主动洗手，方法正确 |

教育建议：

1. 让幼儿保持有规律的生活，养成良好的作息习惯。如：早睡早起、每天午睡、按时进餐、吃好早餐等。

2. 帮助幼儿养成良好的饮食习惯。如：
- 合理安排餐点，帮助幼儿养成定点、定时、定量进餐的习惯。
- 帮助幼儿了解食物的营养价值，引导他们不偏食不挑食、少吃或不吃不利于健康的食品；多喝白开水，少喝饮料。
- 吃饭时不过分催促，提醒幼儿细嚼慢咽，不要边吃边玩。

3. 帮助幼儿养成良好的个人卫生习惯。如：
- 早晚刷牙、饭后漱口。
- 勤为幼儿洗澡、换衣服、剪指甲。
- 提醒幼儿保护五官，如不乱挖耳朵、鼻孔，看电视时保持3米左右的距离等。

4．激发幼儿参加体育活动的兴趣，养成锻炼的习惯。如：
- 为幼儿准备多种体育活动材料，鼓励他选择自己喜欢的材料开展活动。
- 经常和幼儿一起在户外运动和游戏，鼓励幼儿和同伴一起开展体育活动。
- 和幼儿一起观看体育比赛或有关体育赛事的电视节目，培养他对体育活动的兴趣。

**目标2　具有基本的生活自理能力**

| 3～4岁 | 4～5岁 | 5～6岁 |
| --- | --- | --- |
| 1. 在帮助下能穿脱衣服或鞋袜。<br>2. 能将玩具和图书放回原处 | 1. 能自己穿脱衣服、鞋袜、扣纽扣。<br>2. 能整理自己的物品 | 1. 能知道根据冷热增减衣服。<br>2. 会自己系鞋带。<br>3. 能按类别整理好自己的物品 |

教育建议：

1. 鼓励幼儿做力所能及的事情，对幼儿的尝试与努力给予肯定，不因做不好或做得慢而包办代替。

2. 指导幼儿学习和掌握生活自理的基本方法，如穿脱衣服和鞋袜、洗手洗脸、擦鼻涕、擦屁股的正确方法。

3. 提供有利于幼儿生活自理的条件。如：
- 提供一些纸箱、盒子，供幼儿收拾和存放自己的玩具、图书或生活用品等。
- 幼儿的衣服、鞋子等要简单实用，便于自己穿脱。

**目标3　具备基本的安全知识和自我保护能力**

| 3～4岁 | 4～5岁 | 5～6岁 |
| --- | --- | --- |
| 1. 不吃陌生人给的东西，不跟陌生人走。<br>2. 在提醒下能注意安全，不做危险的事。<br>3. 在公共场所走失时，能向警察或有关人员说出自己和家长的名字、电话号码等简单信息。 | 1. 知道在公共场合不远离成人的视线单独活动。<br>2. 认识常见的安全标志，能遵守安全规则。<br>3. 运动时能主动躲避危险。<br>4. 知道简单的求助方式 | 1. 未经大人允许不给陌生人开门。<br>2. 能自觉遵守基本的安全规则和交通规则。<br>3. 运动时能注意安全，不给他人造成危险。<br>4. 知道一些基本的防灾知识 |

教育建议:
1. 创设安全的生活环境,提供必要的保护措施。如:
- 要把热水瓶、药品、火柴、刀具等物品放到幼儿够不到的地方;阳台或窗台要有安全保护措施;要使用安全的电源插座等。
- 在公共场所要注意照看好幼儿;幼儿乘车、乘电梯时要有成人陪伴;不把幼儿单独留在家里或汽车里等。
2. 结合生活实际对幼儿进行安全教育。如:
- 外出时,提醒幼儿要紧跟成人,不远离成人的视线,不跟陌生人走,不吃陌生人给的东西;不在河边和马路边玩耍;要遵守交通规则等。
- 帮助幼儿了解周围环境中不安全的事物,不做危险的事。如不动热水壶,不玩火柴或打火机,不摸电源插座,不攀爬窗户或阳台等。
- 帮助幼儿认识常见的安全标识,如:小心触电、小心有毒、禁止下河游泳、紧急出口等。
- 告诉幼儿不允许别人触摸自己的隐私部位。
3. 教给幼儿简单的自救和求救的方法。如:
- 记住自己家庭的住址、电话号码、父母的姓名和单位,一旦走失时知道向成人求助,并能提供必要信息。
- 遇到火灾或其他紧急情况时,知道要拨打110、120、119等求救电话。
- 可利用图书、音像等材料对幼儿进行逃生和求救方面的教育,并运用游戏方式模拟练习。
- 幼儿园应定期进行火灾、地震等自然灾害的逃生演习。

## 二、语言

语言是交流和思维的工具。幼儿期是语言发展,特别是口语发展的重要时期。幼儿语言的发展贯穿于各个领域,也对其他领域的学习与发展有着重要的影响:幼儿在运用语言进行交流的同时,也在发展着人际交往能力、理解他人和判断交往情境的能力、组织自己思想的能力。通过语言获取信息,幼儿的学习逐步超越个体的直接感知。

幼儿的语言能力是在交流和运用的过程中发展起来的。应为幼儿创设自由、宽松的语言交往环境,鼓励和支持幼儿与成人、同伴交流,让幼儿想说、敢说、喜欢说并能得到积极回应。为幼儿提供丰富、适宜的低幼读物,经常和幼儿一起看图书、讲故事,丰富其语言表达能力,培养阅读兴趣和良好的阅读习惯,进一步拓展学习经验。

幼儿的语言学习需要相应的社会经验支持,应通过多种活动扩展幼儿的生活经验,丰富语言的内容,增强理解和表达能力。应在生活情境和阅读活动中引导幼儿自然而然地产生对文字的兴趣,用机械记忆和强化训练的方式让幼儿过早识字不符合其学习特点和接受能力。

## （一）倾听与表达

**目标1　认真听并能听懂常用语言**

| 3~4岁 | 4~5岁 | 5~6岁 |
|---|---|---|
| 1．别人对自己说话时能注意听并做出回应。<br>2．能听懂日常会话 | 1．在群体中能有意识地听与自己有关的信息。<br>2．能结合情境感受到不同语气、语调所表达的不同意思。<br>3．方言地区和少数民族幼儿能基本听懂普通话 | 1．在集体中能注意听老师或其他人讲话。<br>2．听不懂或有疑问时能主动提问。<br>3．能结合情境理解一些表示因果、假设等相对复杂的句子 |

教育建议：

1．多给幼儿提供倾听和交谈的机会。如：经常和幼儿一起谈论他感兴趣的话题，或一起看图书、讲故事。

2．引导幼儿学会认真倾听。如：
- 成人要耐心倾听别人（包括幼儿）的讲话，等别人讲完再表达自己的观点。
- 与幼儿交谈时，要用幼儿能听得懂的语言。
- 对幼儿提要求和布置任务时要求他注意听，鼓励他主动提问。

3．对幼儿讲话时，注意结合情境使用丰富的语言，以便于幼儿理解。如：
- 说话时注意语气、语调，让幼儿感受语气、语调的作用。如对幼儿的不合理要求以比较坚定的语气表示不同意；讲故事时，尽量把故事人物高兴、悲伤的心情用不同的语气、语调表现出来。
- 根据幼儿的理解水平有意识地使用一些反映因果、假设、条件等关系的句子。

**目标2　愿意讲话并能清楚地表达**

| 3~4岁 | 4~5岁 | 5~6岁 |
|---|---|---|
| 1．愿意在熟悉的人面前说话，能大方地与人打招呼。<br>2．基本会说本民族或本地区的语言。<br>3．愿意表达自己的需要和想法，必要时能配以手势动作。<br>4．能口齿清楚地说儿歌、童谣或复述简短的故事 | 1．愿意与他人交谈，喜欢谈论自己感兴趣的话题。<br>2．会说本民族或本地区的语言，基本会说普通话。少数民族聚居地区幼儿会用普通话进行日常会话。<br>3．能基本完整地讲述自己的所见所闻和经历的事情。<br>4．讲述比较连贯 | 1．愿意与他人讨论问题，敢在众人面前说话。<br>2．会说本民族或本地区的语言和普通话，发音正确清晰。少数民族聚居地区幼儿基本会说普通话。<br>3．能有序、连贯、清楚地讲述一件事情。<br>4．讲述时能使用常见的形容词、同义词等，语言比较生动 |

教育建议：

1．为幼儿创造说话的机会并体验语言交往的乐趣。
- 每天有足够的时间与幼儿交谈。如谈论他感兴趣的话题，询问和听取他对自己事情的意见等。
- 尊重和接纳幼儿的说话方式，无论幼儿的表达水平如何，都应认真地倾听并给予积极的回应。

- 鼓励和支持幼儿与同伴一起玩耍、交谈，相互讲述见闻、趣事或看过的图书、动画片等。
- 方言和少数民族地区应积极为幼儿创设用普通话交流的语言环境。

2．引导幼儿清楚地表达。如：
- 和幼儿讲话时，成人自身的语言要清楚、简洁。
- 当幼儿因为急于表达而说不清楚的时候，提醒他不要着急，慢慢说；同时要耐心倾听，给予必要的补充，帮助他理清思路并清晰地说出来。

**目标3　具有文明的语言习惯**

| 3～4岁 | 4～5岁 | 5～6岁 |
|---|---|---|
| 1．与别人讲话时知道眼睛要看着对方。<br>2．说话自然，声音大小适中。<br>3．能在成人的提醒下使用恰当的礼貌用语 | 1．别人对自己讲话时能回应。<br>2．能根据场合调节自己说话声音的大小。<br>3．能主动使用礼貌用语，不说脏话、粗话 | 1．别人讲话时能积极主动地回应。<br>2．能根据谈话对象和需要，调整说话的语气。<br>3．懂得按次序轮流讲话，不随意打断别人。<br>4．能依据所处情境使用恰当的语言。如在别人难过时会用恰当的语言表示安慰 |

教育建议：

1．成人注意语言文明，为幼儿做出表率。如：
- 与他人交谈时，认真倾听，使用礼貌用语。
- 在公共场合不大声说话，不说脏话、粗话。
- 幼儿表达意见时，成人可蹲下来，眼睛平视幼儿，耐心听他把话说完。

2．帮助幼儿养成良好的语言行为习惯。如：
- 结合情境提醒幼儿一些必要的交流礼节。如对长辈说话要有礼貌，客人来访时要打招呼，得到帮助时要说谢谢等。
- 提醒幼儿遵守集体生活的语言规则，如轮流发言，不随意打断别人讲话等。
- 提醒幼儿注意公共场所的语言文明，如不大声喧哗。

（二）阅读与书写准备

**目标1　喜欢听故事，看图书**

| 3～4岁 | 4～5岁 | 5～6岁 |
|---|---|---|
| 1．主动要求成人讲故事、读图书。<br>2．喜欢跟读韵律感强的儿歌、童谣。<br>3．爱护图书，不乱撕、乱扔 | 1．反复看自己喜欢的图书。<br>2．喜欢把听过的故事或看过的图书讲给别人听。<br>3．对生活中常见的标识、符号感兴趣，知道它们表示一定的意义 | 1．专注地阅读图书。<br>2．喜欢与他人一起谈论图书和故事的有关内容。<br>3．对图书和生活情境中的文字符号感兴趣，知道文字表示一定的意义 |

教育建议：

1．为幼儿提供良好的阅读环境和条件。如：

- 提供一定数量、符合幼儿年龄特点、富有童趣的图画书。
- 提供相对安静的地方，尽量减少干扰，保证幼儿自主阅读。

2. 激发幼儿的阅读兴趣，培养阅读习惯。如：
- 经常抽时间与幼儿一起看图书、讲故事。
- 提供童谣、故事和诗歌等不同体裁的儿童文学作品，让幼儿自主选择和阅读。
- 当幼儿遇到感兴趣的事物或问题时，和他一起查阅图书资料，让他感受图书的作用，体会通过阅读获取信息的乐趣。

3. 引导幼儿体会标识、文字符号的用途。如：
- 向幼儿介绍医院、公用电话等生活中的常见标识，让他知道标识可以代表具体事物。
- 结合生活实际，帮助幼儿体会文字的用途。如买来新玩具时，把说明书上的文字念给幼儿听，了解玩具的玩法。

**目标2 具有初步的阅读理解能力**

| 3～4岁 | 4～5岁 | 5～6岁 |
| --- | --- | --- |
| 1. 能听懂短小的儿歌或故事。<br>2. 会看画面，能根据画面说出图中有什么，发生了什么事等。<br>3. 能理解图书上的文字是和画面对应的，是用来表达画面意义的 | 1. 能大体讲出所听故事的主要内容。<br>2. 能根据连续画面提供的信息，大致说出故事的情节。<br>3. 能随着作品的展开产生喜悦、担忧等相应的情绪反应，体会作品所表达的情绪情感。 | 1. 能说出所阅读的幼儿文学作品的主要内容。<br>2. 能根据故事的部分情节或图书画面的线索猜想故事情节的发展，或续编、创编故事。<br>3. 对看过的图书、听过的故事能说出自己的看法。<br>4. 能初步感受文学语言的美 |

教育建议：

1. 经常和幼儿一起阅读，引导他以自己的经验为基础理解图书的内容。如：
- 引导幼儿仔细观察画面，结合画面讨论故事内容，学习建立画面与故事内容的联系。
- 和幼儿一起讨论或回忆书中的故事情节，引导他有条理地说出故事的大致内容。
- 在给幼儿读书或讲故事时，可先不告诉名字，让幼儿听完后自己命名，并说出这样命名的理由。
- 鼓励幼儿自主阅读，并与他人讨论自己在阅读中的发现、体会和想法。

2. 在阅读中发展幼儿的想象和创造能力。如：
- 鼓励幼儿依据画面线索讲述故事，大胆推测、想象故事情节的发展，改编故事部分情节或续编故事结尾。
- 鼓励幼儿用故事表演、绘画等不同的方式表达自己对图书和故事的理解。
- 鼓励和支持幼儿自编故事，并为自编的故事配上图画，制成图画书。

3. 引导幼儿感受文学作品的美。如：
- 有意识地引导幼儿欣赏或模仿文学作品的语言节奏和韵律。
- 给幼儿读书时，通过表情、动作和抑扬顿挫的声音传达书中的情绪情感，让幼儿体会作品的感染力和表现力。

**目标3  具有书面表达的愿望和初步技能**

| 3~4岁 | 4~5岁 | 5~6岁 |
|---|---|---|
| 1. 喜欢用涂涂画画表达一定的意思 | 1. 愿意用图画和符号表达自己的愿望和想法。<br>2. 在成人提醒下，写写画画时姿势正确 | 1. 愿意用图画和符号表现事物或故事。<br>2. 会正确书写自己的名字。<br>3. 写画时姿势正确 |

教育建议：

1. 让幼儿在写写画画的过程中体验文字符号的功能，培养书写兴趣。如：
   - 准备供幼儿随时取放的纸、笔等材料，也可利用沙地、树枝等自然材料，满足幼儿自由涂画的需要。
   - 鼓励幼儿将自己感兴趣的事情或故事画下来并讲给别人听，让幼儿体会写写画画的方式可以表达自己的想法和情感。
   - 把幼儿讲过的事情用文字记录下来，并念给他听，使幼儿知道说的话可以用文字记录下来，从中体会文字的用途。
2. 在绘画和游戏中做必要的书写准备，如：
   - 通过把虚线画出的图形轮廓连成实线等游戏，促进手眼协调，同时帮助幼儿学习由上至下、由左至右的运笔技能。
   - 鼓励幼儿学习书写自己的名字。
   - 提醒幼儿写画时保持正确姿势。

## 三、社会

幼儿社会领域的学习与发展过程是其社会性不断完善并奠定健全人格基础的过程。人际交往和社会适应是幼儿社会学习的主要内容，也是其社会性发展的基本途径。幼儿在与成人和同伴交往的过程中，不仅学习如何与人友好相处，也在学习如何看待自己、对待他人，不断发展适应社会生活的能力。良好的社会性发展对幼儿身心健康和其他各方面的发展都具有重要影响。

家庭、幼儿园和社会应共同努力，为幼儿创设温暖、关爱、平等的家庭和集体生活氛围，建立良好的亲子关系、师生关系和同伴关系，让幼儿在积极健康的人际关系中获得安全感和信任感，发展自信和自尊，在良好的社会环境及文化的熏陶中学会遵守规则，形成基本的认同感和归属感。

幼儿的社会性主要是在日常生活和游戏中通过观察和模仿潜移默化地发展起来的。成人应注重自己言行的榜样作用，避免简单生硬的说教。

### （一）人际交往

**目标1  愿意与人交往**

| 3~4岁 | 4~5岁 | 5~6岁 |
|---|---|---|
| 1. 愿意和小朋友一起游戏。<br>2. 愿意与熟悉的长辈一起活动 | 1. 喜和小朋友一起游戏，有经常一起玩的小伙伴。<br>2. 喜欢和长辈交谈，有事愿意告诉长辈 | 1. 有自己的好朋友，也喜欢结交新朋友。<br>2. 有问题愿意向别人请教。<br>3. 有高兴的或有趣的事愿意与大家分享 |

教育建议：

1. 主动亲近和关心幼儿，经常和他一起游戏或活动，让幼儿感受到与成人交往的快乐，建立亲密的亲子关系和师生关系。

2. 创造交往的机会，让幼儿体会交往的乐趣。如：
- 利用走亲戚、到朋友家做客或有客人来访的时机，鼓励幼儿与他人接触和交谈。
- 鼓励幼儿参加小朋友的游戏，邀请小朋友到家里玩，感受有朋友一起玩的快乐。
- 幼儿园应多为幼儿提供自由交往和游戏的机会，鼓励他们自主选择、自由结伴开展活动。

**目标2　能与同伴友好相处**

| 3~4岁 | 4~5岁 | 5~6岁 |
| --- | --- | --- |
| 1. 想加入同伴的游戏时，能友好地提出请求。<br>2. 在成人指导下，不争抢、不独霸玩具。<br>3. 与同伴发生冲突时，能听从成人的劝解 | 1. 会运用介绍自己、交换玩具等简单技巧加入同伴游戏。<br>2. 对大家都喜欢的东西能轮流、分享。<br>3. 与同伴发生冲突时，能在他人帮助下和平解决。<br>4. 活动时愿意接受同伴的意见和建议。<br>5. 不欺负弱小 | 1. 能想办法吸引同伴和自己一起游戏。<br>2. 活动时能与同伴分工合作，遇到困难能一起克服。<br>3. 与同伴发生冲突时能自己协商解决。<br>4. 知道别人的想法有时和自己不一样，能倾听和接受别人的意见，不能接受时会说明理由。<br>5. 不欺负别人，也不允许别人欺负自己 |

教育建议：

1. 结合具体情境，指导幼儿学习交往的基本规则和技能。如：
- 当幼儿不知怎样加入同伴游戏，或提出请求不被接受时，建议他拿出玩具邀请大家一起玩；或者扮成某个角色加入同伴的游戏。
- 对幼儿与别人分享玩具、图书等行为给予肯定，让他对自己的表现感到高兴和满足。
- 当幼儿与同伴发生矛盾或冲突时，指导他尝试用协商、交换、轮流玩、合作等方式解决冲突。
- 利用相关的图书、故事，结合幼儿的交往经验，和他讨论什么样的行为受大家欢迎，想要得到别人的接纳应该怎样做。
- 幼儿园应多为幼儿提供需要大家齐心协力才能完成的活动，让幼儿在具体活动中体会合作的重要性，学习分工合作。

2. 结合具体情境，引导幼儿换位思考，学习理解别人。如：
- 幼儿有争抢玩具等不友好行为时，引导他们想想"假如你是那个小朋友，你有什么感受？"让幼儿学习理解别人的想法和感受。

3. 和幼儿一起谈谈他的好朋友，说说喜欢这个朋友的原因，引导他多发现同伴的优点、长处。

**目标3　具有自尊、自信、自主的表现**

| 3~4岁 | 4~5岁 | 5~6岁 |
|---|---|---|
| 1．能根据自己的兴趣选择游戏或其他活动。<br>2．为自己的好行为或活动成果感到高兴。<br>3．自己能做的事情愿意自己做。<br>4．喜欢承担一些小任务 | 1．能按自己的想法进行游戏或其他活动。<br>2．知道自己的一些优点和长处，并对此感到满意。<br>3．自己的事情尽量自己做，不愿意依赖别人。<br>4．敢于尝试有一定难度的活动和任务 | 1．能主动发起活动或在活动中出主意、想办法。<br>2．做了好事或取得了成功后还想做得更好。<br>3．自己的事情自己做，不会的愿意学。<br>4．主动承担任务，遇到困难能够坚持而不轻易求助。<br>5．与别人的看法不同时，敢于坚持自己的意见并说出理由 |

教育建议：
1. 关注幼儿的感受，保护其自尊心和自信心。如：
- 能以平等的态度对待幼儿，使幼儿切实感受到自己被尊重。
- 对幼儿好的行为表现多给予具体、有针对性的肯定和表扬，让他对自己优点和长处有所认识并感到满足和自豪。
- 不要拿幼儿的不足与其他幼儿的优点做比较。
2. 鼓励幼儿自主决定，独立做事，增强其自尊心和自信心。如：
- 与幼儿有关的事情要征求他的意见，即使他的意见与成人不同，也要认真倾听，接受他的合理要求。
- 在保证安全的情况下，支持幼儿按自己的想法做事；或提供必要的条件，帮助他实现自己的想法。
- 幼儿自己的事情尽量放手让他自己做，即使做得不够好，也应鼓励并给予一定的指导，让他在做事中树立自尊和自信。
- 鼓励幼儿尝试有一定难度的任务，并注意调整难度，让他感受经过努力获得的成就感。

**目标4　关心尊重他人**

| 3~4岁 | 4~5岁 | 5~6岁 |
|---|---|---|
| 1．长辈讲话时能认真听，并能听从长辈的要求。<br>2．身边的人生病或不开心时表示同情。<br>3．在提醒下能做到不打扰别人 | 1．会用礼貌的方式向长辈表达自己的要求和想法。<br>2．能注意到别人的情绪，并有关心、体贴的表现。<br>3．知道父母的职业，能体会到父母为养育自己所付出的辛劳 | 1．能有礼貌地与人交往。<br>2．能关注别人的情绪和需要，并能给予力所能及的帮助。<br>3．尊重为大家提供服务的人，珍惜他们的劳动成果。<br>4．接纳、尊重与自己的生活方式或习惯不同的人 |

教育建议：
1. 成人以身作则，以尊重、关心的态度对待自己的父母、长辈和其他人。如：
- 经常问候父母，主动做家务。
- 礼貌地对待老年人，如坐车时主动为老人让座。

- 看到别人有困难能主动关心并给予一定的帮助。
2. 引导幼儿尊重、关心长辈和身边的人，尊重他人劳动及成果。如：
- 提醒幼儿关心身边的人，如妈妈累了，知道让她安静休息一会儿。
- 借助故事、图书等给幼儿讲讲父母抚育孩子成长的经历，让幼儿理解和体会父爱与母爱。
- 结合实际情境，提醒幼儿注意别人的情绪，了解他们的需要，给予适当的关心和帮助。
- 利用生活机会和角色游戏，帮助幼儿了解与自己关系密切的社会服务机构及其工作，如商场、邮局、医院等，体会这些机构给大家提供的便利和服务，懂得尊重工作人员的劳动，珍惜劳动成果。
3. 引导幼儿学习用平等、接纳和尊重的态度对待差异。如：
- 了解每个人都有自己的兴趣、爱好和特长，可以相互学习。
- 利用民间游戏、传统节日等，适当向幼儿介绍我国主要民族和世界其他国家和民族的文化，帮助幼儿感知文化的多样性和差异性，理解人们之间是平等的，应该互相尊重，友好相处。

## （二）社会适应

**目标 1　喜欢并适应群体生活**

| 3～4 岁 | 4～5 岁 | 5～6 岁 |
| --- | --- | --- |
| 1. 对群体活动有兴趣。<br>2. 对幼儿园的生活好奇，喜欢上幼儿园 | 1. 愿意并主动参加群体活动。<br>2. 愿意与家长一起参加社区的一些群体活动 | 1. 在群体活动中积极、快乐。<br>2. 对小学生活有好奇和向往 |

教育建议：

1. 经常和幼儿一起参加一些群体性的活动，让幼儿体会群体活动的乐趣。如：参加亲戚、朋友和同事间的聚会以及适合幼儿参加的社区活动等，支持幼儿和不同群体的同伴一起游戏，丰富其群体活动的经验。
2. 幼儿园组织活动时，可以经常打破班级的界限，让幼儿有更多机会参加不同群体的活动。
3. 带领大班幼儿参观小学，讲讲小学有趣的活动，唤起他们对小学生活的好奇和向往，为入学做好心理准备。

**目标 2　遵守基本的行为规范**

| 3～4 岁 | 4～5 岁 | 5～6 岁 |
| --- | --- | --- |
| 1. 在提醒下，能遵守游戏和公共场所的规则。<br>2. 知道不经允许不能拿别人的东西，借别人的东西要归还。<br>3. 在成人提醒下，爱护玩具和其他物品 | 1. 感受规则的意义，并能基本遵守规则。<br>2. 不私自拿不属于自己的东西。<br>3. 知道说谎是不对的。<br>4. 知道接受了的任务要努力完成。<br>5. 在提醒下，能节约粮食、水电等 | 1. 理解规则的意义，能与同伴协商制定游戏和活动规则。<br>2. 爱惜物品，用别人的东西时也知道爱护。<br>3. 做了错事敢于承认，不说谎。<br>4. 能认真负责地完成自己所接受的任务。<br>5. 爱护身边的环境，注意节约资源 |

教育建议：

1. 成人要遵守社会行为规则，为幼儿树立良好的榜样。如：答应幼儿的事一定要做到、尊老爱幼、爱护公共环境、节约水电等。

2. 结合社会生活实际，帮助幼儿了解基本行为规则或其他游戏规则，体会规则的重要性，学习自觉遵守规则。如：

- 经常和幼儿玩带有规则的游戏，遵守共同约定的游戏规则。
- 利用实际生活情境和图书故事，向幼儿介绍一些必要的社会行为规则，以及为什么要遵守这些规则。
- 在幼儿园的区域活动中，创设情境，让幼儿体会没有规则的不方便，鼓励他们讨论制定规则并自觉遵守。
- 对幼儿表现出的遵守规则的行为要及时肯定，对违规行为给予纠正。如：幼儿主动为老人让座时要表扬；幼儿损害别人的物品或公共物品时要及时制止并主动赔偿。

3. 教育幼儿要诚实守信。如：

- 对幼儿诚实守信的行为要及时肯定。
- 允许幼儿犯错误，告诉他改了就好。不要打骂幼儿，以免他因害怕惩罚而说谎。
- 小年龄幼儿经常分不清想象和现实，成人不要误认为他是在说谎。
- 发现幼儿说谎时，要反思是否是因自己对幼儿的要求过高过严造成的。如果是，要及时调整自己的行为，同时要严肃地告诉幼儿说谎是不对的。
- 经常给幼儿分配一些力所能及的任务，要求他完成并及时给予表扬，培养他的责任感和认真负责的态度。

**目标3 具有初步的归属感**

| 3～4岁 | 4～5岁 | 5～6岁 |
| --- | --- | --- |
| 1. 知道和自己一起生活的家庭成员及与自己的关系，体会到自己是家庭的一员。<br>2. 能感受到家庭生活的温暖，爱父母，亲近与信赖长辈。<br>3. 能说出自己家所在街道、小区（乡镇、村）的名称。<br>4. 认识国旗，知道国歌。 | 1. 喜欢自己所在的幼儿园和班级，积极参加集体活动。<br>2. 能说出自己家所在地的省、市、县（区）名称，知道当地有代表性的物产或景观。<br>3. 知道自己是中国人。<br>4. 奏国歌、升国旗时能自动站好。 | 1. 愿意为集体做事，为集体的成绩感到高兴。<br>2. 能感受到家乡的发展变化并为此感到高兴。<br>3. 知道自己的民族，知道中国是一个多民族的大家庭，各民族之间要互相尊重，团结友爱。<br>4. 知道国家一些重大成就，爱祖国，为自己是中国人感到自豪。 |

教育建议：

1. 亲切地对待幼儿，关心幼儿，让他感到长辈是可亲、可近、可信赖的，家庭和幼儿园是温暖的。如：

- 多和孩子一起游戏、谈笑，尽量在家庭和班级中营造温馨的氛围。
- 通过和幼儿一起翻阅照片、讲幼儿成长的故事等，让幼儿感受到家庭和幼儿园的温暖，老师的和蔼可亲，对养育自己的人产生感激之情。

2. 吸引和鼓励幼儿参加集体活动，萌发集体意识。如：
- 幼儿园和班级里的重大事情和计划，请幼儿集体讨论决定。
- 幼儿园应经常组织多种形式的集体活动，萌发幼儿的集体荣誉感。
3. 运用幼儿喜闻乐见和能够理解的方式激发幼儿爱家乡、爱祖国的情感。如：
- 和幼儿说一说或在地图上找一找自己家所在的省、市、县（区）名称。
- 和幼儿一起外出游玩，一起看有关的电视节目或画报等；和他们一起收集有关家乡、祖国各地的风景名胜、著名的建筑、独特物产的图片等，在观看和欣赏的过程中激发幼儿的自豪感和热爱之情。
- 利用电视节目或参加升旗等活动，向幼儿介绍国旗、国歌以及观看升旗、奏国歌的礼仪。
- 向幼儿介绍反映中国人聪明才智的发明和创造，激发幼儿的民族自豪感。

## 四、科学

幼儿的科学学习是在探究具体事物和解决实际问题中，尝试发现事物间的异同和联系的过程。幼儿在对自然事物的探究和运用数学解决实际生活问题的过程中，不仅获得丰富的感性经验，充分发展形象思维，而且初步尝试归类、排序、判断、推理，逐步发展逻辑思维能力，为其他领域的深入学习奠定基础。

幼儿科学学习的核心是激发探究兴趣，体验探究过程，发展初步的探究能力。成人要善于发现和保护幼儿的好奇心，充分利用自然和实际生活机会，引导幼儿通过观察、比较、操作、实验等方法，学习发现问题、分析问题和解决问题；帮助幼儿不断积累经验，并运用于新的学习活动，形成受益终身的学习态度和能力。

幼儿的思维特点是以具体形象思维为主，应注重引导幼儿通过直接感知、亲身体验和实际操作进行科学学习，不应为追求知识和技能的掌握，对幼儿进行灌输和强化训练。

### （一）科学探究

**目标1　亲近自然，喜欢探究**

| 3~4岁 | 4~5岁 | 5~6岁 |
| --- | --- | --- |
| 1. 喜欢接触大自然，对周围的很多事物和现象感兴趣。<br>2. 经常问各种问题，或好奇地摆弄物品 | 1. 喜欢接触新事物，经常问一些与新事物有关的问题。<br>2. 常常动手动脑探索物体和材料，并乐在其中 | 1. 对自己感兴趣的问题总是刨根问底。<br>2. 能经常动手动脑寻找问题的答案。<br>3. 探索中有所发现时感到兴奋和满足 |

教育建议：

1. 经常带幼儿接触大自然，激发其好奇心与探究欲望。如：
- 为幼儿提供一些有趣的探究工具，用自己的好奇心和探究积极性感染和带动幼儿。
- 和幼儿一起发现并分享周围新奇、有趣的事物或现象，一起寻找问题的答案。
- 通过拍照和画图等方式保留和积累有趣的探索与发现。

2. 真诚地接纳、多方面支持和鼓励幼儿的探索行为。如：
- 认真对待幼儿的问题，引导他们猜一猜、想一想，有条件时和幼儿一起做一些简易的调查或有趣的小实验。
- 容忍幼儿因探究而弄脏、弄乱、甚至破坏物品的行为，引导他们活动后做好收拾整理。
- 多为幼儿选择一些能操作、多变化、多功能的玩具材料或废旧材料，在保证安全的前提下，鼓励幼儿拆装或动手自制玩具。

**目标 2　具有初步的探究能力**

| 3～4岁 | 4～5岁 | 5～6岁 |
| --- | --- | --- |
| 1．对感兴趣的事物能仔细观察，发现其明显特征。<br>2．能用多种感官或动作去探索物体，关注动作所产生的结果 | 1．能对事物或现象进行观察比较，发现其相同与不同。<br>2．能根据观察结果提出问题，并大胆猜测答案。<br>3．能通过简单的调查收集信息。<br>4．能用图画或其他符号进行记录 | 1．能通过观察、比较与分析，发现并描述不同种类物体的特征或某个事物前后的变化。<br>2．能用一定的方法验证自己的猜测。<br>3．在成人的帮助下能制订简单的调查计划并执行。<br>4．能用数字、图画、图表或其他符号记录。<br>5．探究中能与他人合作与交流 |

教育建议：

1．有意识地引导幼儿观察周围事物，学习观察的基本方法，培养观察与分类能力。如：
- 支持幼儿自发的观察活动，对其发现表示赞赏。
- 通过提问等方式引导幼儿思考并对事物进行比较观察和连续观察。
- 引导幼儿在观察和探索的基础上，尝试进行简单的分类、概括。如：根据运动方式给动物分类，根据生长环境给植物分类，根据外部特征给物体分类等等。

2．支持和鼓励幼儿在探究的过程中积极动手动脑寻找答案或解决问题。如：
- 鼓励幼儿根据观察或发现提出值得继续探究的问题，或成人提出有探究意义且能激发幼儿兴趣的问题。如：皮球、轮胎、竹筒等物体滚动时都走直线吗？怎样让橡皮泥球浮在水面上？
- 支持和鼓励幼儿大胆联想、猜测问题的答案，并设法验证。如：玩风车时，鼓励幼儿猜测风车转动方向及速度快慢的原因和条件，并实际去验证。
- 支持、引导幼儿学习用适宜的方法探究和解决问题，或为自己的想法收集证据。如：想知道院子里有多少种植物，可以进行实地调查；想知道球在平地上还是在斜坡上滚得快，可以动手试一试；想证明影子的方向与太阳的位置有关，可以做个小实验进行验证等。

3．鼓励和引导幼儿学习做简单的计划和记录，并与他人交流分享。如：
- 和幼儿共同制订调查计划，讨论调查对象、步骤和方法等，也可以和幼儿一起设法用图画、箭头等标识呈现计划。
- 鼓励幼儿用绘画、照相、做标本等办法记录观察和探究的过程与结果，注意要让记录有意义,通过记录帮助幼儿丰富观察经验、建立事物之间的联系和分享发现。
- 支持幼儿与同伴合作探究与分享交流,引导他们在交流中尝试整理、概括自己探究的成果,体验合作探究和发现的乐趣。如一起讨论和分享自己的问题与发现,一起想办法收集资料和验证猜测。

4. 帮助幼儿回顾自己探究过程,讨论自己做了什么,怎么做的,结果与计划目标是否一致,分析一下原因以及下一步要怎样做等。

**目标3　在探究中认识周围事物和现象**

| 3～4岁 | 4～5岁 | 5～6岁 |
| --- | --- | --- |
| 1. 认识常见的动植物,能注意并发现周围的动植物是多种多样的。<br>2. 能感知和发现物体和材料的软硬、光滑和粗糙等特性。<br>3. 能感知和体验天气对自己生活和活动的影响。<br>4. 初步了解和体会动植物和人们生活的关系 | 1. 能感知和发现动植物的生长变化及其基本条件。<br>2. 能感知和发现常见材料的溶解、传热等性质或用途。<br>3. 能感知和发现简单物理现象,如物体形态或位置变化等。<br>4. 能感知和发现不同季节的特点,体验季节对动植物和人的影响。<br>5. 初步感知常用科技产品与自己生活的关系,知道科技产品有利也有弊 | 1. 能察觉到动植物的外形特征、习性与生存环境的适应关系。<br>2. 能发现常见物体的结构与功能之间的关系。<br>3. 能探索并发现常见的物理现象产生的条件或影响因素,如影子、沉浮等。<br>4. 感知并了解季节变化的周期性,知道变化的顺序。<br>5. 初步了解人们的生活与自然环境的密切关系,知道尊重和珍惜生命,保护环境 |

教育建议:

1. 支持幼儿在接触自然、生活事物和现象中积累有益的直接经验和感性认识。如:
   - 和幼儿一起通过户外活动、参观考察、种植和饲养活动,感知生物的多样性和独特性,以及生长发育、繁殖和死亡的过程。
   - 给幼儿提供丰富的材料和适宜的工具,支持幼儿在游戏过程中探索并感知常见物质、材料的特性和物体的结构特点。

2. 引导幼儿在探究中思考,尝试进行简单的推理和分析,发现事物之间明显的关联。如:
   - 引导5岁以上幼儿关注和思考动植物的外部特征、习性与生活环境对动植物生存的意义。如兔子的长耳朵具有自我保护的作用;植物种子的形状有助于其传播等。
   - 引导幼儿根据常见物质、材料的特性和物体的结构特点,推测和证实它们的用途。如:带轮子的物体方便移动;不同用途的车辆有不同的结构等。

3. 引导幼儿关注和了解自然、科技产品与人们生活的密切关系,逐渐懂得热爱、尊重、保护自然。如:
   - 结合幼儿的生活需要,引导他们体会人与自然、动植物的依赖关系。如:动植物、季节变化与人们生活的关系、常见灾害性天气给人们生产和生活带来的影响等。
   - 和幼儿一起讨论常见科技产品的用途和弊端,如:汽车等交通工具给生活带来的方便和对环境的污染等。

## （二）数学认知

**目标 1　初步感知生活中数学的有用和有趣**

| 3~4 岁 | 4~5 岁 | 5~6 岁 |
| --- | --- | --- |
| 1.感知和发现周围物体的形状是多种多样的，对不同的形状感兴趣。<br>2.体验和发现生活中很多地方都用到数。 | 1.在指导下，感知和体会有些事物可以用形状来描述。<br>2.在指导下，感知和体会有些事物可以用数来描述，对环境中各种数字的含义有进一步探究的兴趣。 | 1.能发现事物简单的排列规律，并尝试创造新的排列规律。<br>2.能发现生活中许多问题都可以用数学的方法来解决，体验解决问题的乐趣。 |

教育建议：

1．引导幼儿注意事物的形状特征，尝试用表示形状的词来描述事物，体会描述的生动形象性和趣味性。如：

- 参观游览后，和幼儿一起谈论所看到的事物的形状，鼓励幼儿产生联想，并用自己的语言进行描述。如：熊猫的身体圆圆的，全身好像是一个个的圆形组成的。
- 和幼儿交谈或读书讲故事时，适当地运用一些有关形状的词汇来描述事物，如看图片时，和幼儿讨论奥运会场馆的形状，体会为什么有的场馆叫"水立方"，有的叫"鸟巢"。

2．引导幼儿感知和体会生活中很多地方都用到数，关注周围与自己生活密切相关的数的信息，体会数可以代表不同的意义。如：

- 和幼儿一起寻找发现生活中用数字做标识的事物，如电话号码、时钟、日历和商品的价签等。
- 引导幼儿了解和感受数用在不同的地方，表示的意义是不一样的。如天气预报中表示气温的数代表冷热状况；钟表上的数表明时间的早晚等。
- 鼓励幼儿尝试使用数的信息进行一些简单的推理。如知道今天是星期五，能推断明天是星期六，爸爸妈妈休息。

3．引导幼儿观察发现按照一定规律排列的事物，体会其中的排列特点与规律，并尝试自己创造出新的排列规律。如：

- 和幼儿一起发现和体会按一定顺序排列的队形整齐有序。
- 提供具有重复性旋律和词语的音乐、儿歌和故事，或利用环境中有序排列的图案（如按颜色间隔排列的瓷砖、按形状间隔排列的珠帘等），鼓励幼儿发现和感受其中的规律。
- 鼓励幼儿尝试自己设计有规律的花边图案、创编有一定规律的动作，或者按某种规律进行搭建活动。
- 引导幼儿体会生活中很多事情都是有一定顺序和规律的，如一周七天的顺序是从周一到周日，一年四季按照春夏秋冬轮回等。

4．鼓励和支持幼儿发现、尝试解决日常生活中需要用到数学的问题，体会数学的用处。如：

- 拍球、跳绳、跳远或投沙包时，可通过数数、测量的方法确定名次。
- 讨论春游去哪里玩时，让幼儿商量想去哪里玩？每个想去的地方有多少人？根据统计结果做出决定。
- 滑滑梯时，按照"先来先玩"的规则有序地排队玩。

**目标2 感知和理解数、量及数量关系**

| 3~4岁 | 4~5岁 | 5~6岁 |
|---|---|---|
| 1．能感知和区分物体的大小、多少、高矮长短等量方面的特点，并能用相应的词表示。<br>2．能通过一一对应的方法比较两组物体的多少。<br>3．能手口一致地点数5个以内的物体，并能说出总数。能按数取物。<br>4．能用数词描述事物或动作。如我有4本图书 | 1．能感知和区分物体的粗细、厚薄、轻重等量方面的特点，并能用相应的词语描述。<br>2．能通过数数比较两组物体的多少。<br>3．能通过实际操作理解数与数之间的关系，如5比4多1；2和3合在一起是5。<br>4．会用数词描述事物的排列顺序和位置 | 1．初步理解量的相对性。<br>2．借助实际情境和操作（如合并或拿取）理解"加"和"减"的实际意义。<br>3．能通过实物操作或其他方法进行10以内的加减运算。<br>4．能用简单的记录表、统计图等表示简单的数量关系 |

教育建议：

1．引导幼儿感知和理解事物"量"的特征。如：
- 感知常见事物的大小、多少、高矮、粗细等量的特征，学习使用相应的词汇描述这些特征。
- 结合具体事物让幼儿通过多次比较逐渐理解"量"是相对的。如小亮比小明高，但比小强矮。
- 收拾物品时，根据情况，鼓励幼儿按照物体量的特征分类整理。如整理图书时按照大小摆放。

2．结合日常生活，指导幼儿学习通过对应或数数的方式比较物体的多少。如：
- 鼓励幼儿在一对一配对的过程中发现两组物体的多少。如，在给桌子上的每个碗配上勺子时，发现碗和勺多少的不同。
- 鼓励幼儿通过数数比较两样东西的多少。如数一数有多少个苹果，多少个梨，判断苹果和梨哪个多，哪个少。

3．利用生活和游戏中的实际情境，引导幼儿理解数概念。如：
- 结合生活需要，和幼儿一起手口一致点数物体，得出物体的总数。
- 通过点数的方式让幼儿体会物体的数量不会因排列形式、空间位置的不同而发生变化。如鼓励幼儿将一定数量的扣子以不同的形式摆放，体会扣子的数量是不变的。
- 结合日常生活，为幼儿提供"按数取物"的机会，如游戏时，请幼儿按要求拿出几个球。

4．通过实物操作引导幼儿理解数与数之间的关系，并用"加"或"减"的办法来解决问题。如：
- 游戏中遇到让4个小动物住进两间房子的问题，或生活中遇到将5块饼干分给两个小朋友问题时，让幼儿尝试不同的分法。
- 鼓励幼儿尝试自己解决生活中的数学问题。如家里来了5位客人，桌子上只有3

个杯子，还需要几个杯子等。
- 购少量物品时，有意识地鼓励幼儿参与计算和付款的过程等。

**目标 3　感知形状与空间关系**

| 3~4岁 | 4~5岁 | 5~6岁 |
|---|---|---|
| 1. 能注意物体较明显的形状特征，并能用自己的语言描述。<br>2. 能感知物体基本的空间位置与方位，理解上下、前后、里外等方位词。 | 1. 能感知物体的形体结构特征，画出或拼搭出该物体的造型。<br>2. 能感知和发现常见几何图形的基本特征，并能进行分类。<br>3. 能使用上下、前后、里外、中间、旁边等方位词描述物体的位置和运动方向。 | 1. 能用常见的几何形体有创意地拼搭和画出物体的造型。<br>2. 能按语言指示或根据简单示意图正确取放物品。<br>3. 能辨别自己的左右。 |

教育建议：

1. 用多种方法帮助幼儿在物体与几何形体之间建立联系。如：
   - 引导幼儿感受生活中各种物品的形状特征，并尝试识别和描述。如感受和识别盘子、桌子、车轮、地砖等物品的形状特征。
   - 鼓励和支持幼儿用积木、纸盒、拼板等各种形状材料进行建构游戏或制作活动。如用长方形的纸盒加两个圆形瓶盖制作"汽车"。
   - 收拾整理积木时，引导幼儿体验图形之间的转换。如两个三角形可组合成一个正方形，两个正方形可组合成一个长方形。
   - 引导幼儿注意观察生活物品的图形特征，鼓励他们按形状分类整理物品。

2. 丰富幼儿空间方位识别的经验，引导幼儿运用空间方位经验解决问题。如：
   - 请幼儿取放物体时，使用他们能够理解的方位词，如把桌子下面的东西放到窗台上，把花盆放在大树旁边等。
   - 和幼儿一起识别熟悉场所的位置。如超市在家的旁边，邮局在幼儿园的前面。
   - 在体育、音乐和舞蹈活动中，引导幼儿感受空间方位和运动方向。
   - 和幼儿玩按指令找宝的游戏。对年龄小的幼儿要求他们按语言指令寻找，对年龄大些的幼儿可要求按照简单的示意图寻找。

## 五、艺术

艺术是人类感受美、表现美和创造美的重要形式，也是表达自己对周围世界的认识和情绪态度的独特方式。

每个幼儿心里都有一颗美的种子。幼儿艺术领域学习的关键在于充分创造条件和机会，在大自然和社会文化生活中萌发幼儿对美的感受和体验，丰富其想象力和创造力，引导幼儿学会用心灵去感受和发现美，用自己的方式去表现和创造美。

幼儿对事物的感受和理解不同于成人，他们表达自己认识和情感的方式也有别于成人。幼儿独特的笔触、动作和语言往往蕴含着丰富的想象和情感，成人应对幼儿的艺术表现给予充分的理解和尊重，不能用自己的审美标准去评判幼儿，更不能为追求结果的"完美"而对幼儿进行千篇一律的训练，以免扼杀其想象与创造的萌芽。

## （一）感受与欣赏

**目标 1　喜欢自然界与生活中美的事物**

| 3~4 岁 | 4~5 岁 | 5~6 岁 |
| --- | --- | --- |
| 1．喜欢观看花草树木、日月星空等大自然中美的事物。<br>2．容易被自然界中的鸟鸣、风声、雨声等好听的声音所吸引 | 1．在欣赏自然界和生活环境中美的事物时，关注其色彩、形态等特征。<br>2．喜欢倾听各种好听的声音，感知声音的高低、长短、强弱等变化 | 1．乐于收集美的物品或向别人介绍所发现的美的事物。<br>2．乐于模仿自然界和生活环境中有特点的声音，并产生相应的联想 |

教育建议：

1．和幼儿一起感受、发现和欣赏自然环境和人文景观中美的事物。如：
- 让幼儿多接触大自然，感受和欣赏美丽的景色和好听的声音。
- 经常带幼儿参观园林、名胜古迹等人文景观，讲讲有关的历史故事、传说，与幼儿一起讨论和交流对美的感受。

2．和幼儿一起发现美的事物的特征，感受和欣赏美。如：
- 让幼儿观察常见动植物以及其他物体，引导幼儿用自己的语言、动作等描述它们美的方面，如颜色、形状、形态等。
- 让幼儿倾听和分辨各种声响，引导幼儿用自己的方式来表达他对音色、强弱、快慢的感受。
- 支持幼儿收集喜欢的物品并和他一起欣赏。

**目标 2　喜欢欣赏多种多样的艺术形式和作品**

| 3~4 岁 | 4~5 岁 | 5~6 岁 |
| --- | --- | --- |
| 1．喜欢听音乐或观看舞蹈、戏剧等表演。<br>2．乐于观看绘画、泥塑或其他艺术形式的作品 | 1．能够专心地观看自己喜欢的文艺演出或艺术品，有模仿和参与的愿望。<br>2．欣赏艺术作品时会产生相应的联想和情绪反应 | 1．艺术欣赏时常常用表情、动作、语言等方式表达自己的理解。<br>2．愿意和别人分享、交流自己喜爱的艺术作品和美感体验 |

教育建议：

1．创造条件让幼儿接触多种艺术形式和作品。如：
- 经常让幼儿接触适宜的、各种形式的音乐作品，丰富幼儿对音乐的感受和体验。
- 和幼儿一起用图画、手工制品等装饰和美化环境。
- 带幼儿观看或共同参与传统民间艺术和地方民俗文化活动，如皮影戏、剪纸和捏面人等。
- 有条件的情况下，带幼儿去剧院、美术馆、博物馆等欣赏文艺表演和艺术作品。

2．尊重幼儿的兴趣和独特感受，理解他们欣赏时的行为。如：
- 理解和尊重幼儿在欣赏艺术作品时的手舞足蹈、即兴模仿等行为。
- 当幼儿主动介绍自己喜爱的舞蹈、戏曲、绘画或工艺品时，要耐心倾听并给予积极回应和鼓励。

## （二）表现与创造

**目标 1　喜欢进行艺术活动并大胆表现**

| 3~4 岁 | 4~5 岁 | 5~6 岁 |
|---|---|---|
| 1．经常自哼自唱或模仿有趣的动作、表情和声调。<br>2．经常涂涂画画、粘粘贴贴并乐在其中 | 1．经常唱唱跳跳，愿意参加歌唱、律动、舞蹈、表演等活动。<br>2．经常用绘画、捏泥、手工制作等多种方式表现自己的所见所想 | 1．积极参与艺术活动，有自己比较喜欢的活动形式。<br>2．能用多种工具、材料或不同的表现手法表达自己的感受和想象。<br>3．艺术活动中能与他人相互配合，也能独立表现 |

教育建议：
1．创造机会和条件，支持幼儿自发的艺术表现和创造。
- 提供丰富的便于幼儿取放的材料、工具或物品，支持幼儿进行自主绘画、手工、歌唱、表演等艺术活动。
- 经常和幼儿一起唱歌、表演、绘画、制作，共同分享艺术活动的乐趣。

2．营造安全的心理氛围，让幼儿敢于并乐于表达表现。如：
- 欣赏和回应幼儿的哼哼唱唱、模仿表演等自发的艺术活动，赞赏他独特的表现方式。
- 在幼儿自主表达创作过程中，不做过多干预或把自己的意愿强加给幼儿，在幼儿需要时再给予具体的帮助。
- 了解并倾听幼儿艺术表现的想法或感受，领会并尊重幼儿的创作意图，不简单用"像不像""好不好"等成人标准来评价。
- 展示幼儿的作品，鼓励幼儿用自己的作品或艺术品布置环境。

**目标 2　具有初步的艺术表现与创造能力**

| 3~4 岁 | 4~5 岁 | 5~6 岁 |
|---|---|---|
| 1．能模仿学唱短小歌曲。<br>2．能跟随熟悉的音乐做身体动作。<br>3．能用声音、动作、姿态模拟自然界的事物和生活情景。<br>4．能用简单的线条和色彩大体画出自己想画的人或事物 | 1．能用自然的、音量适中的声音基本准确地唱歌。<br>2．能通过即兴哼唱、即兴表演或给熟悉的歌曲编词来表达自己的心情。<br>3．能用拍手、踏脚等身体动作或可敲击的物品敲打节拍和基本节奏。<br>4．能运用绘画、手工制作等表现自己观察到或想象的事物 | 1．能用基本准确的节奏和音调唱歌。<br>2．能用律动或简单的舞蹈动作表现自己的情绪或自然界的情景。<br>3．能自编自演故事，并为表演选择和搭配简单的服饰、道具或布景。<br>4．能用自己制作的美术作品布置环境、美化生活 |

教育建议：
尊重幼儿自发的表现和创造，并给予适当的指导。如：
- 鼓励幼儿在生活中细心观察、体验，为艺术活动积累经验与素材。如，观察不同树种的形态、色彩等。
- 提供丰富的材料，如图书、照片、绘画或音乐作品等，让幼儿自主选择，用自己喜欢的方式去模仿或创作，成人不做过多要求。
- 根据幼儿的生活经验，与幼儿共同确定艺术表达表现的主题，引导幼儿围绕主题展开想象，进行艺术表现。
- 幼儿绘画时，不宜提供范画，特别不应要求幼儿完全按照范画来画。
- 肯定幼儿作品的优点，用表达自己感受的方式引导其提高。如，"你的画用了这么多红颜色，感觉就像过年一样喜庆""你扮演的大灰狼声音真像，要是表情再凶一点就更好了"等。

# 附录 B　国务院关于当前发展学前教育的若干意见

# 附录 C　幼儿园教育指导纲要（试行）

# 附录 D　幼儿园工作规程

# 附录 E　幼儿园教师专业标准（试行）